글로벌 무역의 이해

Elhanan Helpman 지음
이성규 · 황해두 옮김

UNDERSTANDING GLOBAL TRADE

Σ 시그마프레스

글로벌 무역의 이해

발행일 | 2013년 6월 5일 1쇄 발행
저자 | Elhanan Helpman
역자 | 이성규 · 황해두
발행인 | 강학경
발행처 | (주) 시그마프레스
편집 | 우주연
교정 · 교열 | 류미숙

등록번호 제10-2642호
주소 서울특별시 영등포구 양평로 22길 21 선유도코오롱디지털타워 A401~403호
전자우편 sigma@spress.co.kr
홈페이지 http://www.sigmapress.co.kr
전화 (02)323-4845, (02)2062-5184~8
팩스 (02)323-4197

ISBN 978-89-6866-027-6

Understanding Global Trade

* 책값은 책 뒤표지에 있습니다.
* 이 도서의 국립중앙도서관 출판시도서목록(CIP)은 서지정보유통지원시스템 홈페이지(http://seoji.nl.go.kr)와 국가자료공동목록시스템(http://www.nl.go.kr/kolisnet)에서 이용하실 수 있습니다.
(CIP제어번호: CIP2013007061)

역자 서문

글로벌 무역(global trade)에 대한 우리의 '이해(understanding)'는 지난 여러 세대에 걸쳐서 크게 증진되어 왔다. 이는 국제무역을 발생시키는 여러 복잡한 요인들에 대한 원천(sources)과 통찰력(insights)을 얻기 위하여 '이론'과 '실증분석'을 사용해 온 학자들의 끊임없는 노력의 결과 덕택이다. 세계경제가 끊임없이 변화하고 있기 때문에 경제학자들은 (i) 글로벌 무역에 대한 기존의 생각들을 되풀이해서 재검토해 왔고, (ii) 새로운 실증적 결과들에 의해 기존의 분석방법을 수정해 왔고, (iii) 이론으로부터 도출되는 새로운 주장들을 검증하기 위한 새로운 방법들을 고안해 왔다. 이러한 '진취적 연구정신(research enterprise)'은 변화무쌍한 세계경제와 이를 설명하기 위한 새로운 분석적 · 실증적 연구방법의 개발 간에 부단한 노력을 기울이는 계기를 마련해 주었다.

글로벌 무역에 대한 이해를 효과적으로 돕기 위하여 본서는 지난 2세기 동안의 학문적 연구들로부터 얻을 수 있는 통찰력이나 시사점들에 대한 '종합적 개관(槪觀)'을 제공하고 있다. 그러한 연구문헌들은 광범위하고 다양할 뿐만 아니라 이론적, 실증적 그리고 역사적 연구들로 이루어져 있다. 이러한 연구들은 글로벌 경제의 활동과 역할에 대한 풍부하고도 유익한 설명들을 제시해 준다.

글로벌 무역은 정책결정자들뿐만 아니라 일반 시민들에게도 매우 중요한 관심사이다. 그러나 글로벌 무역은 이들에게 보편적으로 잘못 이해되고 있다. 본서는 국제무역을 발생시키는 시장의 힘과 비교우위의 원천에 관해 정책결정자들, 일반 시민들, 연구자들, 그리고 학생들에게 간결하고 압축적으로 설명하고자 하고 있다. 비록 본서에 수학적 방정식들은 하나도 없지만 표현의 간결함, 정확성, 그리고 설득력 등에 있어서는 거의 수학적일 정도로 정교하다.

본서는 글로벌 무역의 상태에 대한 최신 정보를 가능한 한 신속하게 제공하기 위하여 먼저 현재의 연구문제들을 이해하는 데 중요한 여러 주제와 관련된 과거의 연구들을 논의한 후, 가장 최근의 연구동향들에 대해 살펴보고 있다. 특히 '전통적 무역이론'에 '규모의 경제(economies of scale)'와 '독점적 경쟁(monopolistic competition)' 이론의 통합을 시도하고 있다. 이러한 시도는 '세계무역의 구조'를 더 잘 이해하기 위한 중요한 분석적 틀(framework)을 제공해 준다. 이러한 접근방법은 (i) 어떤 국가에서 생산 가능한 제품들의 범위가 갖는 중요성을 강조해 주고 있을 뿐만 아니라, (ii) 비교우위의 새로운 원천들을 제시해 주고 있으며, 또한 (iii) 이를 바탕으로 한 실증적 예측들이 실제 자료들에서 지지되고 있음을 보여주고 있다.

또한 본서는 생산 및 분배와 관련된 국제조직이 미래에 어떤 형태를 띠게 될 것인지와 이것이 무역흐름에 미치는 영향에 대해서도 면밀히 검토하고 있다. 본서는 아담 스미스와 리카도에서 오늘날에 이르기까지

국제무역의 이론적 전개과정을 체계적으로 개관하고 있으며, 특히 변화하는 환경을 반영하기 위하여 (i) 이론의 새로운 모형화, (ii) 새로운 실증적 자료의 축적, 그리고 (iii) 분석적 틀의 수정 등에 관해 자세히 검토하고 있다.

본서는 비교우위의 원천을 새로이 파헤치고, 이를 바탕으로 각국이 어떻게 제품생산에 전문화하고, 이를 외국에 수출하는지를 설명하고 있다. 비록 해외무역이 한 나라의 전체 후생을 크게 증가시키지만 해외무역으로 '이익을 보는 사람들'과 '손해를 보는 사람들'이 생겨남으로써 분배적 갈등을 일으키기도 한다. 헬프먼(Helpman) 교수는 국제무역이 한 나라의 소득분배에 미치는 여러 메커니즘에 대해서도 독창적 설명을 전개하고 있다.

마지막으로 본서는 1980년대와 최근 10여 년간의 무역이론의 발달과정에 있어서 '커다란 변화'에 대해서도 간결하고 독창적으로 설명하고 있다. 본서는 특히 연구자들이 무역흐름의 분석을 산업부문에서 '기업수준'(기업 내 무역)으로 어떻게 이동해 왔는지를 보여주고 있다. 이는 국제 노동 분업에 있어서 다국적 기업, 옵쇼어링(offshoring), 그리고 아웃소싱(outsourcing)의 역할이 점차 증대하고 있음을 의미한다. 최근의 연구결과들에 대한 헬프먼 교수의 탁월한 설명은 현재 진행되고 있는 글로벌 무역을 이해하는 데 필수적이다.

앨허넌 헬프먼(Elhanan Helpman) 교수는 현재 하버드대 갈렌 스톤(Galen L. Stone) 석좌교수로 있으며 국제경제학 분야에서 세계 최고의 명성을 지닌 것으로 평가받고 있다. 헬프먼 교수는 현재 국제무역이론, 경제성장이론, 정치경제학 분야에서 가장 두드러진 기여를 하고 있다. 특히 '신무역이론(new trade theory)'과 '신성장이론(new growth theory)' 의 공동 주창자로 널리 알려져 있다. 헬프먼 교수의 국제무역, 경제성장, 정치경제학 관련 주요 업적들은 『시장구조와 해외무역』(*Market Structure and Foreign Trade*, 폴 크루그먼 교수(Paul Krugman)와 공저), 『무역정책과 시장구조』(*Trade Policy and Market Structure*, 폴 크루그먼 교수와 공저), 『글로벌 경제의 혁신과 성장』(*Innovation and Growth in the Global Economy*, 진 그로스먼(Gene Grossman) 교수와 공저), 『특수이익의 정치학』(*Special Interest Politics*, 진 그로스먼 교수와 공저), 『이익집단과 무역정책』(*Interest Groups and Trade Policy*, 진 그로스먼 교수와 공저), 『경제성장의 미스터리』(*The Mystery of Economic Growth*), 『글로벌 무역의 이해』(*Understanding Global Trade*) 등에 잘 설명되어 있다.

본서의 가치를 알아주고 번역 작업을 추진해 준 (주)시그마프레스 사장님과 고영수 부장님, 그리고 작업에 심혈을 기울여 준 류미숙 과장님 및 편집부 직원들께 깊은 감사의 말씀을 전한다.

2013년 5월 1일

역자를 대표하여 이성규가 쓰다.

저자 서문

'글로벌 무역(global trade)' 을 **이해**하기 위하여 무엇보다도 우리는 '국제무역이 어떻게 이루어지며', 또 '국가들 간의 국경을 넘나들며 생산조직이 어떻게 구성되는지' 를 이해할 필요가 있다. 그러나 이러한 주제들에 대한 학문적 연구는 지난 2세기 동안에 걸쳐서 전개되어 온 결과 그 양은 어마어마하지만, 많은 연구들은 너무 전문적(technical)이어서 비전문가들이 이해하기 어렵다는 문제점을 가지고 있다. 그럼에도 불구하고 그동안의 전문적 연구들은 폭넓은 독자들에게 의미심장한 많은 **통찰력들**과 흥미 있는 **결과들**을 제공해 줄 수 있을 것이다. 다시 말하면, 그간의 연구들이 전문적(분석적)으로 이루어졌다고 할지라도 정책결정자들, 정치학자들, 다른 사회과학자들뿐만 아니라 글로벌 무역을 이해하는 데 필요한 과학적인 기초지식을 겸비하지 못한 사람들을 총망라해서 폭넓은 독자들에게 많은 통찰력들과 흥미 있는 결과들을 충분히 제시해 줄 수 있을 것이다. 이 책을 집필한 주요 목적은 그러한 사람들에게 이러한 문제들(issues)에 대한 이해를 증진시키고자 하는 데 있다. 이러한 목적을 달성하기 위하여 이 책은 최소한의 전문 용어들을 사용하여

'쉬운 말' 로 서술하였다. 간혹 전문 용어를 사용하더라도 그 의미를 쉽게 설명해 두었다.

또한 나는 이 책을 통해 경제학을 공부하는 학부생 및 대학원생들과 기타 전문적인 경제학자들이 이 책의 논의에 흥미를 가질 수 있기를 희망하면서 집필하였음을 기억해 주기 바란다. 왜냐하면 이 책은 글로벌 무역과 관련된 주요 문제들에 관한 **전문가들의 생각**을 개관(槪觀)하고 있기 때문이다. 글로벌 무역에 대한 우리의 '이해' 는 지난 여러 세대에 걸쳐서 크게 증진되어 왔다. 이는 해외무역과 해외직접투자를 발생시키는 여러 복잡한 **요인**들에 대한 원천들과 통찰력을 얻기 위하여 '이론' 과 '실증분석' 을 사용해 온 학자들의 수많은 노력의 결과이다. 세계경제가 끊임없이 변화해 오고 있기 때문에 경제학자들은 (i) 글로벌 무역에 대한 기존의 생각들을 되풀이해서 재검토해 왔고, (ii) 새로운 실증적 결과들에 의해 기존의 분석적 틀(framework)을 수정해 왔고, (iii) 이론으로부터 도출되는 새로운 주장들(propositions)을 검증하기 위한 새로운 방법들을 고안해 왔다. 이러한 **진취적 연구 정신**(research enterprise)은 '변화무쌍한 세계경제' 와 '이를 설명하기 위한 새로운 분석적 · 실증적 연구방법의 개발' 간에 부단한 경쟁을 초래하는 계기를 제공해 왔다. 다시 말하면, 이러한 진취적 연구 정신은 경제학자들로 하여금 변화무쌍한 세계경제를 제대로 이해하고 설명하기 위하여 새로운 분석적 · 실증적 연구방법을 개발하려는 계기를 마련해 주었다.

독자들에게 글로벌 무역의 상태에 대한 최신 정보를 가능한 한 신속하게 제공하기 위하여 이 책은 먼저 현재의 연구 문제들을 이해하는 데 중요한 여러 주제들과 관련된 '과거의 연구들' 을 논의한 후, 다음으로 '가장 최근의 연구 동향들' 에 대해 살펴보고자 한다. 특히 최근 수십 년간에 걸친 연구들에 관해 자세하게 논의할 예정이다. 그 결과, 일부 식견이 있는 독자들은 이러한 연구들로부터 도출된 어떤 결론들은 아직 세월의 시험(test of time)을 견디지 못하고 있기 때문에 지나치게 중시되어서는 안 될 것이라고 느낄지도 모른다. 반면에 다른 독자들은 이 책에서 다루지 못한 다른 중요한 주제들도 좀 더 자세히 다룰 필요가 있다고 느낄지도 모른다. 그래서 나는 다른 저자들이 왜 나와 다른 선택을 했는지 충분히 이해할 수 있다. 그럼에도 불구하고, 이 책이 나의 편향성(biases)을 반영하고 있지만 그동안의 연구들에 관해 '균형 잡힌 시각(balanced view)' 을 제공하려고 애써 왔다. 다시 말하면, 이 책은 글로벌 무역에 관해 **차별적이지만 균형 잡힌** 시각에서 고찰하고 있다. 따라서 이 책은 글로벌 무역과 관련하여 '중요하고, 유익하고, 그리고 항구적' 이라고 생각되는 주제들에 대한 나의 최선의 생각들을 반영하고 있다.

나는 이 책의 원고를 개선하기 위하여 기꺼이 시간을 할애해 준 수많은 사람들에게 진심으로 감사를 드린다. 먼저, 본문에 사용된 통계자료들을 기꺼이 제공해 준 여러 학자들의 호의에 무한한 감사를 드린다. 그뿐만 아니라 나는 Pol Antràs, Harry Flam, Adam Guren, Oleg Itskhoki, Kevin O' Rourke, Gianmarco Ottaviano, Stephen Redding, 그리고 Daniel Trefler 등으로부터 많은 유익한 논평을 받았으며, 이분들의 친절과 노고에 대해서도 큰 감사를 드린다. 또한 나의 오랜 공동연구자인 Gene Grossman 교수에게도 충심으로 감사를 드린다. Gene Grossman 교수는 이 책의 원고를 크게 개선시킨 자세하고도 유익한 논평들을 아낌없이 해주었다. 또한 편집 작업을 도와 준 Jane Trahan에게도 큰 감사를 드린다. 그녀는 여느 때와 마찬가지로 언어적 표현의 어려움을 해결하는 데 많은 도움을 주었다. 마지막으로, 연구 사업에 참여할 기회를 제공해 준 캐나다고등연구소(Canadian Institute for Advanced Research)와 재정적 지원을 해준 미국과학재단(National Science Foundation)에 대해서도 감사를 드린다.

앨허넌 헬프먼(Elhanan Helpman)
미 하버드대 갈렌 스톤(Galen L. Stone) 석좌교수

차례

제1장

서론

국제적 상호의존성은 세계경제의 중요한 특징이다. 국가들 간의 경제적 부(富)는 무역, 해외직접투자, 금융자본의 이동에 의하여 상호 간에 복잡하게 연결되어 있다. 생산 네트워크(production networks)는 국가와 대륙 간에 확대되어 있기 때문에 한 국가의 제품의 공급은 몇 개의 외국 국가들의 경제활동에 크게 의존하게 된다. 2008년의 **'글로벌 위기**(global crisis)' 는 이 같은 상호의존성을 가장 극명하게 보여준다. 이 위기는 세계의 무역량을 약 1/4로 감소시켰을 뿐만 아니라, 건전한 '금융' 제도들을 가진 국가들에게 부정적 충격을 가져왔다. 더 나아가 역사적 기록은 '원거리 무역' 은 경제발전과 상호 간에 복잡하게 작용할 뿐만 아니라, 세계경제의 진전에도 중요한 역할을 하였음을 보여준다. 따라서 국제무역을 추진하는 요인이 무엇인가와 국제무역이 어떻게 경제적 성과에 영향을 미치는가에 대한 이해는 중요하다. 이 책은 광범위한 연구문헌을 활용하여 이 같은 종류에 대한 이해를 조명하고

자 한다.

상당히 장기간에 걸쳐서도 중요한 연구목적이 변하지 않는 자연과학과 다르게, 사회과학에서는 전반적으로, 그리고 특히 경제학에서는 연구목적들이 자주 변하고 재구성된다. 이 같은 측면에서 **국제무역**도 전혀 예외는 아니다. 경제적, 기술적, 정치적 또는 제도적 변화의 결과, 국가와 지역경제에 변화가 발생하게 되면, 외국무역의 내재적 특성도 따라서 변화하게 된다. 더 나아가 이 같은 변화는 역사적 관점에서 볼 때 드물게 발생하기보다는 자주 발생된다. 그 결과 국제무역에 대한 체계적 사고는 지속적으로 변화하는 환경에 대하여 반복적으로 적응해 왔다. 따라서 이 같은 역동적 변화를 파악하고자 하는 동기를 국제무역이 발생한 시기부터 현재까지 세계무역의 구조에 대한 학문적 연구의 진화를 설명하는 데에 본서의 기본 원칙으로 삼고자 한다.

'**원거리 무역**(long-distance trade)' 은 근대경제에서 아주 중요한 역할을 하였을 뿐만 아니라, 인류가 사냥을 위하여 무리를 이루어 사는 사회에서 식량을 생산하기 위하여 정착해 사는 사회로 진화함에 따라서 대두된 신석기혁명(Neolithic Revolution) 이후에 달성한 경제발전의 중요한 특징이기도 하다. 무역의 중요성은 도시와 초기 문명이 형성되면서 크게 증가하였다. 사막의 대상(caravans)들은 메소포타미아(Mesopotamia)와 동부 지중해(Leveant)의 중간에 위치한 지역과 무역을 하면서 비옥한 반원(半圓) 지역(Fertile Crescent)[1]을 따라서 여행하였고, 이 같은 무역로(trading routes)는 시간이 지남에 따라서 아시아

1) [역자 주] 'crescent' 는 초승달이고, 이슬람 지역을 뜻하기도 한다. 유럽을 기준으로 원거리 무역이 문화적으로 다른 지역으로 확대됨을 의미한다.

와 유럽의 먼 지역으로 확대되었다. McCormick(2001)에 의하면 로마제국은 유럽과 서부 아시아, 북부 아프리카 세 대륙을 연결하는 광범위한 **무역 네트워크**를 운영하였다. 기름과 곡물을 포함한 상당히 많은 물량이 바다와 육지를 통하여 이동하였고, 로마제국은 이 같은 무역의 상당부분에 대하여 보조금을 제공하였다. 유럽에서는 주로 남북교역로 또는 지중해(Mediterranean)를 통하여 이 같은 상품들이 이동하였다.

5세기에 서로마제국의 몰락으로 이 같은 역동적 무역발전의 많은 부분이 정지하게 되었다. Ward-Perkins(2005)는 로마제국에 위치한 지역에서 생활수준의 저하를 연구하였다. 그는 인류고고학적 연구를 통하여 이탈리아 북부 지방의 농부는 가까이 위치한 나폴리에서 만들어진 식탁에서 식사하고, 북아프리카에서 수입한 양손잡이 항아리에 주류를 저장하고, 타일로 된 지붕 아래서 지낼 정도로 로마인들은 사치스럽고 풍요롭게 살았다고 지적한다. 원거리 무역은 고급제품을 광범위하게 이용 가능하게 함으로써 이 같이 높은 수준의 향유가 비단 지도층에만 국한되지 않고 일반대중에게도 이용 가능하도록 허용하였다.[2)] Ward-Perkins(2005, 그림 5.4, p. 98)에 따르면 남부 프랑스에서 대량으로 생산된 도자기의 한 종류가 전 유럽과 북부 아프리카에 걸쳐서 광범위하게 사용되었음을 보여주고 있다. 장기적으로 지배적인 견해는 로마제국의 멸망은 '암흑기(dark ages)' 로 이어졌다고 지적한다.[3)]

---

2) [역자 주] 원거리 무역이 고급제품의 이용을 가능하게 함으로써 많은 로마인들의 효용을 증가시켰고, 로마정부도 이 같은 상품의 운송과 저장활동에 대하여 보조금을 지원하였다.

3) McCormick(2001, 제4장)과 Ward-Perkins(2005)는 모두 도자기(pottery)에 대한 고고학적 증거는 생활수준과 무역의 척도로 사용될 수 있다고 설명한다. 예를 들어, McCormick은 "3세기부터 아프리카의 재화들은 오스티아(Ostia)와 로마(Rome)에

McCormick(2001)은 원거리 지역 간의 통신과 인간의 이동성의 진화에 대하여 자세하게 연구하였다. 그는 상업거래에 대한 좋은 자료가 부족함에도 불구하고 광범위한 원거리 무역이 있었고, 이 같은 원거리 무역은 8세기에 프랑스의 카롤링거(Carolingian) 왕조에서 특히 번성하였다고 주장한다. 유럽의 향료 수입은 아랍제국 제약술의 이국적 의료기술과 새로운 약으로 대체되었고, 비단은 유럽 서북부로 계속하여 수입되었다. McCormick은 유럽이 이 같은 수입품을 결제하기 위하여 부피가 작으면서도 상대적으로 작은 범위 안에서 가격이 높은 상품의 생산에 특화하였다고 설명한다.[4] 정교한 분석이 아니더라도 유럽은 고급 면방직 상품과 주석상품을 수출하였다고 보는 것은 타당하다. 아마도 모피제품과 프랑크족(Frankish, 서유럽인)의 칼은 분명히 이슬람 세계로 수출되었을 것이다. 그러나 800년경에 유럽의 가장 큰 수출품목은 스페인과 아프리카와 아시아의 발달한 경제에서 많은 수요가 있었던 유럽 노예였다. **노예무역**은 유럽경제의 발전에 중요한 역할을 하였다.

Findlay와 O' Rourke(2007)는 1000년경에 8개 지역 간의 무역의 흐름을 보여주는 무역제품의 목록표를 작성하였다.[5] 이 자료에 의하면 서부유럽은 칼을 동부유럽으로, 노예와 칼을 이슬람 지역으로 수출하는 반면

도착하는 추적 가능한 물건들 중에서 대량으로 증가하는 추세가 발견되었다. 아프리카 재화들은 티버(Tiber)에 아직까지 산을 형성하고 있는 5천 3백만 개로 추산되는 부서진 용기에 담긴 스페인산 기름의 수입을 대체하였다." Ward-Perkins도 역시 이 산에 대하여 논의하였다.

4) [역자 주] 동일한 화학제품이라 할지라도 영국은 부피가 작고 고가인 정교한 화학제품을 수출하는 데 반하여, 한국은 부피가 크고 저가인 다소 조잡한 화학제품을 수출하는 경우와 유사한 설명이다.

5) 이 지역들은 서부유럽, 동부유럽, 이슬람 지역, 사하라 남부지역, 중앙아시아, 남아시아, 남동아시아, 동아시아 등이다.

에, 동부유럽은 노예와 모피, 은을 서부유럽으로, 모피와 칼을 중앙아시아로 수출하였다. 이슬람 지역은 후추와 향료, 면방직 제품, 비단, 은을 서부유럽으로 수출하고, 면방직 제품과 은을 동부유럽으로 수출하였다. 이슬람 지역은 면방직 제품을 중앙아시아로, 면방직 제품과 칼, 말을 사하라 남부지역으로 수출하였다. 마지막으로 동아시아가 이슬람 지역, 중앙아시아, 남아시아, 남동아시아 지역으로 비단을, 이슬람 지역과 남아시아로 자기제품을, 중앙아시아로 차를, 동남아시아로 구리를 수출하였다.

중세는 베니스와 제노아와 같은 도시국가들의 부상과 상업혁명의 출현과 함께 무역이 확대되었다(Findlay and O' Rourke, 2007, 제3장). 계량적 자료는 거의 수집하기가 어렵지만, Findlay와 O' Rourke(p. 140)는 향료무역에 대한 Wake(1986)의 발견을 사용하여 설명한다. 후추 수입은 1400년에서 1500년 사이에 완만하게 20% 증가한 반면에, 클로브(cloves)와 넛맥(netmeg)과 같이 후추를 제외한 향료는 같은 기간에 두 배로 증가하였다. 이 기간의 초기에 베니스는 후추의 약 60%를 수입하였고, 다른 향료들은 반이 안 되게 수입하였다.

1492년 콜럼버스(Christopher Columbus)의 북미대륙 발견과 1498년 바스코 다 가마(Vasco da Gama)의 희망봉을 통한 동인도 해로의 발견은 세계역사와 원거리 무역에 획기적인 영향을 가져왔다는 주장이 있지만, 역사학자들은 이 같은 발견의 즉각적 효과에 대해서는 서로 다른 관점에서 논쟁하였다. 포르투갈과 카스틸, 아라곤과 같은 이베리안 국가들은 분명히 영향을 받았지만, 이 세계의 다른 국가들은 그 후에 영향을 받게 되었다. 그러나 이 같은 발견들은 시장의 **글로벌 통합**(global integration)에 얼마나 중요한 영향을 미치게 되었는가? 어떤 역사학자들은 이 같은 획기적 발전 이전에 세계시장이 통합되었다고 주장하는 반면에, 다른 역사학자들은 세계시장의 통합이 솔직히 이 같은 발견 직후에 진전되었다고 주장한다. 이 같은 발견으로 인하여 미국이나 인도를 향한 항해의 빈도수가 크게 증가하였고, 선적의 톤수도 크게 증가하였다. 그러나 O' Rourke와 Williamson(2002)은 시장통합의 중요한 측정치인 '지역 간의 가격수렴(price convergence)' 은 19세기가 되기까지 진전되지 않았음을 보여준다.[6)]

Findlay와 O' Rourke(2007)는 de Vries(1993)의 자료를 기초로 10년마다 아시아로 출항한 선박의 수와 아시아 국가들로부터 귀항한 선박의 톤수를 설명하고 있다. 〈그림 1.1〉은 아시아로 출항한 선박수를 보여주고 있다.[7)] 분명하게 포르투갈이 16세기에 이 해로를 지배하였고, 그 후에 네덜란드가 새로운 지도자로 부상하였다. 더 나아가 포르투갈로부터 출항하는 선박의 수는 시간이 지나갈수록 감소하였다. 그럼에도 불구하고 선박이 대형화되고 포르투갈을 출항해서 포르투갈로 귀항하는 선박의 비율이 상대적으로 높았기 때문에 16세기에 포르투갈로 귀항한 선박의 톤수는 감소하지 않았다(Findlay and O' Rourke, 2007, p. 185). 그러나 네덜란드와 영국, 프랑스가 새로운 경쟁자로 대두되면서부터 포르투갈의 선박 톤수는 감소하기 시작하였다.

비록 신세계의 발견과 인도항로의 발견은 그 후의 몇 세기 동안 유럽경제의 진화에 아주 중요한 역할을 하였지만, O' Rourke와 Williamson

---

6) O' Rourke와 Williamson(1999)은 19세기 후반과 20세기 전반의 '세계화' 과정의 전반적 윤곽을 제시하고 있다.

7) 저자는 Kevin O' Rourke가 자료를 제공하고, 또 〈그림 1.1〉을 구성하기 위하여 이 자료의 활용을 허락한 데 대해서도 감사한다.

그림 1.1 10여 년간 아시아를 향하여 출항한 선박의 수

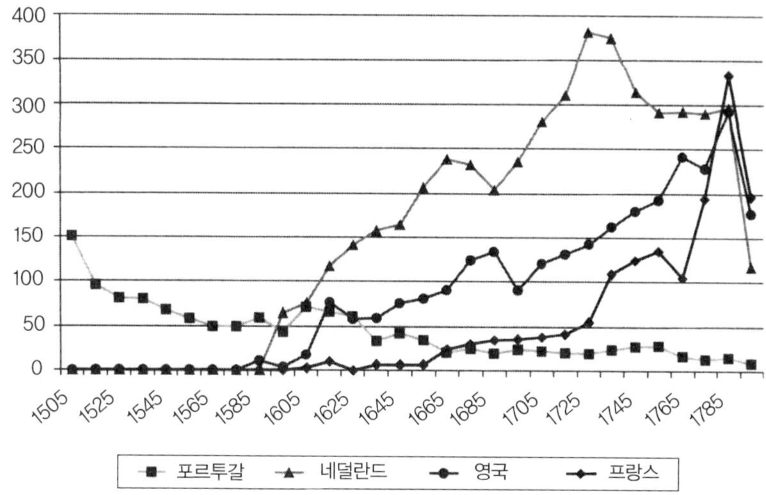

자료 : Findlay와 O' Rourke(2007, 그림 4.5)의 자료를 이용하여 그린 것임.

(2002)은 가격수렴이론에 비추어 볼 때 소득 대비 무역금액은 19세기까지 아주 낮은 비율로 유지되었다고 주장한다. Estevadeordal, Frantz 그리고 Taylor(2003)의 연구에 의하면 1800년에 수출과 수입의 합계 금액이 국내총생산(GDP)에서 차지하는 비중은 겨우 2%에 불과하였고, 제1차 세계대전 바로 직전인 1913년에 21%로 처음으로 최고치를 기록하였다가 양차 세계대전 사이에는 감소하였다.[8] 이러한 추세는 〈그림 1.2〉에 나타나 있다. 또한 〈그림 1.3〉에 나타난 바와 같이 2차 세계대전 이후에는 무역량이 국민소득보다 빠른 속도로 증가하면서 1970년대 초반에 소득에 대한 무역 비율이 1913년의 정상 수준을 초과하였다. 오늘날 소득에 대한 무역 비율은 그 어느 때보다 아주 높은 편이다.

8) 저자는 Alan Taylor가 자료를 이용하여 이 도표를 그리게 해준 데 대하여 감사한다.

그림 1.2 세계 GDP 대비 세계 수입과 수출의 합계

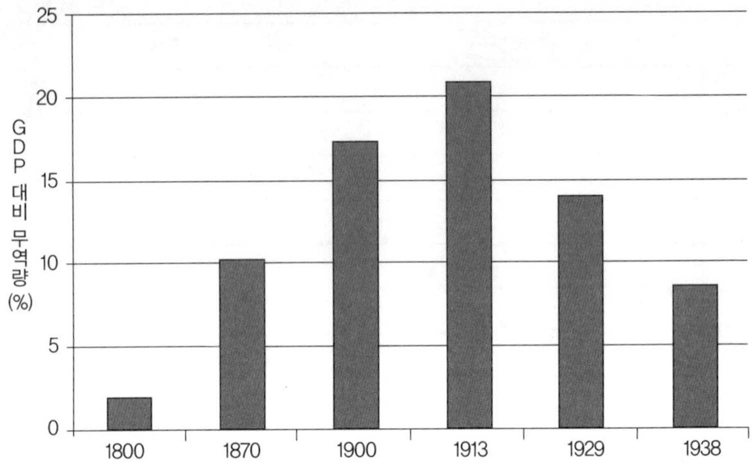

자료 : Estevadeordal, Frantz 그리고 Taylord의 자료(2003).

그림 1.3 세계 수출과 GDP의 10년에 걸친 평균성장률

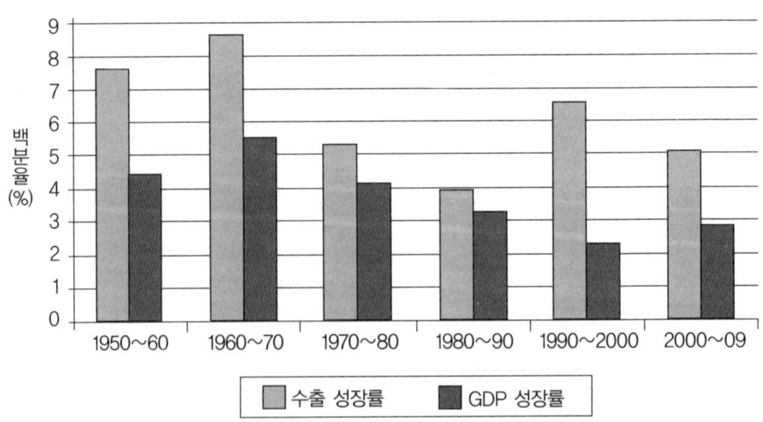

자료 : 세계무역기구(WTO) 및 국제무역통계(ITS), 2009(2010년 4월 6일 당시 온라인으로 접근).

O' Rourke와 Williamson(2002)은 18세기 이전의 원거리 무역은 향료와 비단, 모직과 같이 수입하는 국가에서 생산되지 않는 비경쟁제품이 대부분을 차지하였다고 지적한다. 19세기 초반에 와서는 밀과 면방직과 같은 간단한 공산품을 포함한 필수품들(basic needs)의 거래액이 원거리 무역에서 차지하는 비중이 크게 증가하게 되었다. 19세기에는 운송비용의 놀랄 만한 감소와 제조업의 부상에 힘입어 무역은 빠른 속도로 증가하였다. 그 결과 다른 시장 간에 동일한 상품에 대한 가격격차는 크게 감소하였다. 원거리 무역에서 취급하는 상품이 비경쟁제품으로부터 필수품들로의 이동은 무역이 빠른 속도로 증가하는 데 기여하였다. 마지막 국면에서 제조업의 추가적 성장과 다양화와 더불어 **'제품 차별화**(product differentiation)' 의 증대와 같은 새로운 요인들도 세계무역의 성장을 더욱 가속화시키는 데 기여하였다. 다시 말하면, 원거리 무역의 초기 단계의 소규모 무역과 그 후의 무역성장은 물질적으로 생산과 소비의 전환에 의하여 크게 영향을 받게 되었다.

원거리 무역의 진전은 경제발전과 관련되어 있고, 이들 간의 상호연관성은 아주 복잡하다. 특히 우리는 원거리 무역이 경제발전을 가져오고, 경제발전이 원거리 무역의 확대를 가져오기 때문에, 예를 들어 경제발전이 무역확장을 가져온다는 가설과 같이 한쪽 방향(unidirectional)으로서의 영향이라고 주장할 수 없다. 더 나아가 무역이 **경제발전**에 미치는 영향은 제도적 개선과 정치적 수단을 포함한 다양한 경로(multiple channel)를 통하여 발생하게 된다.

미주대륙 발견 후에 원거리 무역은 유럽과 중국 간에 경제상황의 격차 증가에 기여한 중요한 역사적 현상이라고 자주 인용된다. 유럽과 중국은 18세기 중엽까지 비슷하게 발전해 왔지만, 유럽에서 산업혁명이 발생한 결과 유럽은 중국보다 경제발전에서 앞서게 되었다. 그 결과 유럽과 중국 간 개인별 소득격차가 크게 확대되었다(Pomeranz, 2000 참조). 산업혁명은 무역에 의해서만 발생한 것은 아니지만, 무역은 **산업혁명**의 진전에 기여하였다. Allen(2009)은 영국에서의 저렴한 석탄과 높은 임금은 노동을 기계로 대체하는 기술발전을 유도하고, 이 같은 기술혁신은 영국의 경제성장을 활성화하는 데 기여하였다고 지적한다.[9] 유럽대륙에서 새로운 기술이 확산됨에 따라서 네덜란드의 경제성장이 먼저 촉진되었고, 이어서 다른 유럽국가의 경제성장도 촉진시키게 되었다.

Acemoglu, Johnson 그리고 Robinson(2005)은 1500년 이후 유럽의 성장은 영국, 프랑스, 네덜란드, 포르투갈, 스페인과 같이 신세계와 무역을 하면서 식민지를 획득한 대서양과 접근한 국가들에 집중되었다고 지적한다. 이러한 상업적 기회들은 상인들과 기업인들의 정치적 권력을 강화시키는 반면에 군주의 권력을 약화시켰다. 그 결과 정부의 집행력에 대한 제한은 확대되는 반면에 사회 전체적으로 소유권(property right)은 더욱 확고하게 보장되면서 동시에 확대되었다. 군주의 권한 축소와 경제활동의 자유화는 신세계와의 무역이 의도적으로 가져온 결과는 아니지만, 대서양 무역국가들로 하여금 다른 유럽국가들보다 앞서서 이 같은 경제 및 정치개혁의 실시를 가능하도록 허용하였다.[10]

그렇지만 신세계와의 무역은 카스티야(Castilian) 제도가 필립 2세의 권력을 제한하는 데 부적합한 것으로 판명되었던 스페인에는 부정적

9) Pomeranz(2000)는 또한 석탄의 역할을 강조한다.

10) 1968년의 영국의 명예혁명(Glorious Revolution)은 정치제도에서 이 같은 변화의 중요한 예가 될 수 있다. North와 Weingast(1989)에 따르면 명예혁명은 영국의 재정을 크게 개선하였고, 재정의 개선은 그 후 경제발전에 중요한 역할을 하였다.

효과를 가져왔다. 미주로부터 은(silver)의 유입은 필립 2세로 하여금 과다한 내국세뿐만 아니라 외국은행으로부터 대량차입을 초래함으로써 결국에는 높은 비용부담을 가져온 전쟁에 개입하도록 부추겼다. Drelichman(2005) 그리고 Drelichman과 Voth(2008)에 의하면 왕권과 의회 간에 발생한 투쟁은 국내 제도를 약화시켰고, 국내 의견의 분열은 스페인의 경제성장에 불행한 결과를 초래하였다.[11]

비록 원거리 무역과 국제무역은 정확하게 동일한 현상이 아닐지라도, 원거리 무역의 상당한 부분이 국제무역이기 때문에 원거리 무역과 국제무역은 가깝게 관련되어 있다. 미국의 두 주(state)에 해당되는 캘리포니아와 매사추세츠 간의 무역은 캐나다의 두 주(province)인 브리티시 콜롬비아와 퀘벡 간의 무역과 마찬가지로 원거리 무역에 해당되지만 국제무역에 해당되지는 않는다. 그리고 터키와 시리아 또는 이스라엘과 요르단 간의 무역은 상대적으로 가까운 거리의 무역이지만 국제무역으로 분류된다. 그럼에도 불구하고 우리의 논의는 국경 간 상품의 이동을 강조하는 국제무역에 초점을 맞추고자 한다.

지리적 특성은 한 국가 내에서 다른 지역 간의 무역흐름을 형성하는데 중요하지만, 국가 간의 다른 특징은 국제무역의 구조를 형성하는 데 중요한 역할을 한다. 더 나아가 한 국가 내에서의 지역은 다른 국가들 간의 지역보다 더 통합되어 있다. 그럼에도 불구하고 국제무역 분야와 지역경제 분야는 Ohlin(1933)이 이미 강조한 교통비용, 경제활동의 집적(agglomeration), 소비와 관련되지 않은 생산활동 측면에서 공통되는

11) 이 같은 경우에 군주는 부채의 연속적인 불이행자(defaulter)가 되고, 그 결과 스페인의 경제발전을 저해하게 되었다.

특징들을 가지고 있다.

본서는 이론과 실증적 자료의 상호작용을 조명하면서 국제무역 분야의 역사적 진화를 설명하고자 한다. 또한 무역이론들을 검증하고 도전하기 위하여 실증적 증거를 대량으로 수집하고, 이 같은 새로운 실증적 증거를 수용하기 위하여 발달한 이론적 주장의 관점에서, 특히 무역이론이 발달한 맥락을 중요시하면서 이론적 주장을 설명하고자 한다. 이론들의 일부를 확인하는 그리고 다른 이론들과 상반되는 실증적 조사를 하고, 새로운 자료의 관점에서 이론을 최근의 형태로 발전시키는 이론화 과정은 국제무역을 이해하는 데 만족스러운 형태로 유지되어 왔다. 더 나아가 이 같은 방식의 이론화 과정은 국제경제의 변화하는 속성의 관점에서 불가피하다고 생각된다. 다시 말하면, 한때는 타당한 이론들도 국가경제를 설명하는 데 부적절할 수도 있고, 이 같은 변화와 더불어 국제적 전문화와 분업도 변화하게 된다. 예를 들면, 제2차 세계대전 이후에 발달한 대안적인(alternative) 무역이론은 정통(orthodox) 무역이론에서 가정한 완전경쟁시장과 동일한 생산함수 또는 동일한 기술에서 탈피하여 독점적 경쟁시장과 상이한 생산함수 또는 상이한 기술수준을 사용하고 있다.

제2장에서는 19세기와 20세기 초에 발달한 두 가지 중요한 외국무역의 패러다임에 대하여 설명한다. 전자는 리카도(David Ricardo)의 **'비교우위이론'** 이고, 후자는 헥셔(Eli Hechskcher)와 올린(Bertil Ohlin)의 **'요소부존도이론'** 이다. 각 이론은 당시의 시대적 배경과 현실을 반영하여 발달하게 되었다. 전자는 국가 간 노동생산력의 차이에 의하여 무역의 흐름이 결정된다고 설명하는 반면에, 후자는 노동, 자본, 토지와 같

은 생산 이용 가능성을 가져오는 요소부존도가 다르기 때문에 무역이 발생하게 된다고 설명한다. 두 이론의 경우 모두 무역을 하는 근본적 원인은 특수한 문제를 해결하기 위하여 고안되었음을 보여준다. 이 두 이론은 20세기에 걸쳐서 광범위하게 연구되었고, 동시에 무역으로부터의 이익과 시장개방이 바람직한가에 대한 상이한 사회집단들 간에 야기되는 이해의 갈등, 자유무역협정과 다자주의 협상을 포함하는 무역정책의 영향, 국제무역과 경제성장의 관계와 같이 다양한 문제들을 해결하기 위하여 적용되어 왔다.

제3장에서는 무역으로부터의 이익과 국민소득의 분배적 갈등[12)]을 설명한다. 국가경제의 무역정책의 영향은 그 자체로 한 권의 책을 별도로 구성할 만큼 가치가 있는 광범위한 주제이기에 저자는 이 책과 같이 의도적으로 간결성을 중요시하는 짧은 책에서는 취급하지 않기로 하였다.[13)] 무역과 성장의 관계 또한 Helpman(2004, 제5장)에서 자세히 다루었기 때문에 이 같은 내용에 새롭게 추가할 부분이 없어서 여기에서는 언급하지 않겠다.

20세기의 대부분의 기간에 걸쳐서 해외무역에 대한 사고 전개에서 지배적 위치를 차지하였던 **신고전학파**의 무역이론은 장점이 많지만 제2차 세계대전 이후의 특별한 특징을 지닌 몇 가지 현상들을 설명하는 데는

---

12) [역자 주] 한 국가의 소득이 인구에 비하여 어떻게 배분되었는가를 나타내는 지니계수(Gini coefficient)와 같은 개인별 소득분배(personal distribution of income)가 아니라 한 국가의 국민소득이 노동자와 자본가 간에 어떻게 나누어지는가를 설명하는 기능별 소득분배(functional distribution of income)를 뜻한다.

13) [역자 주] 이 같은 접근방법은 미시경제학이 시장과 시장의 실패로 구성되어 있는데, 간단명료하게 문외한(layman)도 알 수 있도록 시장작동 원리를 가르치는 것이 상당히 어렵기 때문에 구태여 시장실패까지 설명하지 않겠다는 주장과 유사하다.

부적절한 것으로 판명되었다. 이 같은 움직임은 이 책의 제4장에서 다루게 될 1980년대 초에 '신' 무역이론이라고 불리는 무역이론의 주된 혁명을 가져왔다. 이 혁명의 동기는 실증분석이었고, **'규모경제'** 와 **'독점적 경쟁'** 을 강조하는 **'신' 무역모형**들은 새로운 실증분석을 유발하였다. 다시 한 번 더 1990년대에 와서 세계무역의 성격의 변화가 계속되고 새로운 자료가 이용 가능하게 되자, 1980년대에 발전한 무역모형의 부적절함이 노출되기 시작하였다. 그 결과 2차 혁명이 2000년대 초반에 진행되었고, 이번에는 개별 기업들의 특징과 어떻게 기업들이 국제거래를 하고 있는가에 초점을 맞추었다. 재화의 무역에 초점을 맞춘 무역이론의 2차 혁명의 첫 번째 단계는 제5장에서 논의된다. 외국 현지에 자회사들(affiliates)을 소유하는 **해외직접투자**(Foreign Direct Investment, FDI)와 해외생산, 아웃소싱(outsourcing)에 초점을 맞추는 두 번째 단계는 제6장에서 논의된다.

독자들은 '해외직접투자' 가 왜 아직까지 논의되지 않았는가에 대하여 의아해할 수 있다. FDI는 먼 과거에는 중요하지 않았고, 1990년대에 와서야 비로소 그 중요성이 부각되게 되었는가? 그 대답은 FDI를 포함한 국제적 자본의 이동은 경제역사에서 중요한 역할을 하였고, 특히 신세계 발견 이후 식민지의 확장과 함께 그 중요성이 증가하였다. FDI와 해외금융자산의 형태에 의한 해외자산보유는 19세기에 무역의 확장과 더불어 빠르게 성장하였고, 국내총생산(GDP) 대비 해외자산보유는 19세기 후반에 확대되었다. 비록 제1차 세계대전 이후 해외무역과 마찬가지로 해외자산보유는 붕괴되었지만, 제2차 세계대전 이후에는 다시 급속하게 확장되었다(Obstfeld and Taylor, 2004).

제2차 세계대전 이후 해외자산보유 확장의 대부분은 이 책에서 취급하지 않는 포트폴리오(portfolio) 투자였다. 해외무역과 가깝게 관련된 FDI는 제6장에서 다루고 있다. FDI의 흐름은 제2차 세계대전 이후 빠르게 성장하였고, 2001년 '닷컴 거품(dotcom bubble)'이 붕괴 전에 정점에 달하였다가, 닷컴 거품과 같이 붕괴되었다. FDI의 흐름은 2006년과 2007년 사이에 2001년의 정점을 다시 찾을 정도로 회복되었다(UNCTAD, 2009 참조). 중요하게도 다국적기업이 중추적 역할을 하는 전 세계적 생산 네트워크의 부상은 제4장과 제5장에서 논의된 광범위한 틀 안에서만 이해가 가능하게 된다.

마지막 장인 제7장에서는 미래의 방향을 반영하면서, 이 책의 주된 장에서 설명하지 않은 두 개의 진행 중인 연구과제에 대하여 간략히 논의하기로 한다. 국제무역과 FDI에 대한 연구가 상당히 특화되었기 때문에, 저자는 이 같은 주제에 대하여 알려진 내용에 대한 비전문적(일반적) 설명이 독자들로 하여금 우리를 둘러싼 세계에 대하여 보다 잘 이해하는 데 크게 도움이 되기를 간절히 희망한다.

제2장

비교우위

대부분 국가들은 고대시대부터 상호 간에 무역을 해 왔다. 솔로몬 왕은 예루살렘에 신전을 건설하기 위하여 3천 년 전에 튀루스(Tyre, 옛 페니키아의 항구도시)의 하이람(Hiram)왕으로부터 레바논의 향나무를 주문하였고(열왕기상 5.9절 참조), 근대 예루살렘의 많은 거주자들은 이탈리아 타일을 사용하여 마루를 깔았다.

경제학자들은 "무엇이 무역을 추진하는가?"라는 질문에 대하여 오랫동안 심사숙고해 왔다. 레바논의 향나무와 같이 이 질문에 대한 답은 간단하게 보일 수도 있다. 만일 누군가가 고급이면서도 향기가 나는 목재로 예루살렘에 신전 또는 궁궐을 짓기를 고집한다면, 이 나무의 생산지인 레바논에서 수입해야 한다. 그리고 마찬가지 논리로 예루살렘에서 이탈리아 타일을 사용하여 마루를 깔고자 한다면, 이탈리아에서 타일을 수입해야 한다. 그러나 이 같은 답이 전적으로 만족스러운 것은 아니다. 누구나 자연스럽게 인정하듯이, 레바논의 자연 환경 때문에 향나무는 그곳에서만 자란다. 그러나 어떤 이유에서 사람들은 다른 목재를 사용하지 않고 향나무 사용을 고집하였을까? 추측컨대 다른 좋은 대체재들의 가격이 아마도 저렴하지 않았기 때문일지도 모른다. 그러나 만약 그렇다면 그 이유는 무엇일까?

이탈리아 석재로 만들어진 이탈리아 타일은 예루살렘에서도 만들 수 있기 때문에 이탈리아 타일의 경우는 더 복잡하다. 우리는 이탈리아로부터 석재를 수입하여 수입한 국가에서 타일을 절단할 수 있다. 그렇다면 이탈리아로부터 단순하게 석재를 구매하는 것보다 타일을 구매하는 것을 정당화시키는 이탈리아 타일이 지닌 특별한 요인은 무엇인가? 그리고 이 경우에 우리는 또한 "어떤 이유에서 터키와 같이 다른 나라에서 제조된 타일을 수입하거나, 아니면 수입하는 나라의 석재로부터 타일을 생산하는 대신에 이탈리아 타일을 선호하는가?"라는 질문을 할 수도 있다.

이 같은 질문들은 물론 한 가지 답만을 가지고 있는 것은 아니다. 국제무역을 하는 이유는 여러 가지가 될 수 있다. 이 같은 답의 많은 부분은 특화 형태를 형성하는 요인들과 관련되어 있다. 몇 가지 대표적인 답을 제시하라고 하면 국가마다 기술과 부존자원, 선호도, 제도 또는 시장구조의 차이라고 할 수 있다. 예를 들면, 아담 스미스(Adam Smith)는 약 250년 전인 1776년에 출판된 『**국부론**(*Wealth of Nations*)』에서 국가 내에서의 특화(전문화)와 국가들 간의 특화 사이에는 유사한 점이 있음을 인지하였다.

> 한 가족의 사려 깊은 가장은 어떤 물건의 제작비용이 구매비용보다 더 비쌀 경우에는 결코 집에서 제작하지 않겠다는 가훈을 가지고 있다. 옷감을 만드는 사람은 그 자신의 구두를 제작하려고 시도하지 않고, 구두

> 를 만드는 사람으로부터 구두를 구입한다. 구두를 제조하는 사람은 그 자신의 옷감을 만들 시도를 하지 않고, 재단사를 고용한다. 농부는 구두와 옷감 모두 생산하려고 하지 않고, 그 같은 다른 재주를 갖춘 기술자를 고용한다. 모든 기술자들은 그들의 이웃보다 어떤 우위를 가진 산업에 특화하는 것이 자신에게 이익이 된다는 것을 알고, 자신들이 생산한 제품의 일부를 가지고 다른 재화를 구매하거나, 또는 자신들이 생산한 재화의 일부의 가격으로 다른 재화를 필요로 할 경우에 다른 재화를 구매한다.
>
> 개인 각각의 행위에 대한 신중한 결정은 왕국(국가)의 신중한 결정에도 대부분 타당하게 적용될 수 있다. 어떤 상품을 생산하는 데 자국 생산비보다 외국의 생산비가 더 저렴할 경우에는 자국의 생산력 또는 생산비용 측면에서 **절대우위**를 가진 상품의 생산에 특화하여 생산한 자국 상품의 일부를 사용하여 외국에서 생산된 상품을 수입하는 것이 더 효율적인 방법이다.(Smith, 1937, p. 424)

그러나 이 같은 유추는 전적으로 만족스러운 설명은 아니다. 첫째, 어떤 노동자 또는 기능공 수준에서의 특화는 다른 국가에서 쉽게 모방될 수 있다. 이탈리아의 유능한 재단사의 존재는 프랑스와 독일에서 의복의 재단을 이익이 없게 하거나, 아니면 바람직하지 않게 하는가? 만일 그렇다면, 이탈리아는 프랑스인과 독일인이 생산하던 모든 의복을 공급하게 된다. 이 같은 결론은 많은 상품들이 여러 국가에서 생산되는 현실과 크게 다르다. 만일 어떤 국가가 어떤 특정 재화의 생산에서 우월하다고 하더라도 이들은 국가가 이 같은 재화의 독점적 생산자가 되기가 어렵다는 점을 고려할 때 '완전특화'는 거의 달성되기 어렵다. 둘째, 무엇이 외국으로 하여금 "우리가 어떤 특정 상품을 생산하는 것보다 더 싸게 상품을 공급할 수 있는가?" 어떤 국가들은 레바논의 향나무와 이탈리아의 타일과 같이 특정한 재화에 대하여 자연적 우위를 갖기도 하기 때문에 다른 국가들이 동일한 품질의 수준으로 이 같은 재화를 생산하기에는 자연적 우위를 가진 국가들보다 생산비용이 훨씬 높게 된다. 스미스는 다음과 같이 설명한다.

> 한 국가가 특정 상품들을 생산할 때 지니는 자연적 우위가 어떤 경우에는 너무나 커서 다른 국가가 이 같은 비교우위와 아무리 집중적으로 경쟁을 하더라도 실패하게 된다는 것을 잘 알고 있다. 유리와 온상, 온벽을 사용함으로써 훌륭한 품질의 포도를 스코틀랜드에서 재배할 수 있고, 외국에서 만들어진 훌륭한 포도주와 동일한 품질의 포도주를 외국에서 수입하는 가격에 비하여 30배 비싸게 생산할 수도 있다. 스코틀랜드에서 단순히 보르도산 적포도주(claret)와 부르고뉴산 적포도주(burgundy) 제조를 장려하기 위하여 모든 외국 포도주 수입을 금지시키는 것은 타당한 법인가? 그러나 만일 스코틀랜드에서 어떤 형태로라도 고용을 증가시킬 필요가 있다는 어리석은 선언이 있었다면, 외국으로부터 동일한 수량을 수입하게 될 때의 비용이 30배가 되게 생산하는 어리석음을 겪게 된다. 이 같이 고용증가를 위한 자급자족은 비록 전혀 현란하지 않지만 양 재화 중에서 어느 쪽을 자급자족하든지 30번째 또는 심지어 300번째의 추가적 고용창출을 위하여 저렴하게 수입할 수 있는 상품을 자국에서 생산하게 될 수도 있다.(Smith, 1937, p. 425)

위의 설명은 어떤 국가의 특정 제품의 생산에 소요되는 국내자원의 사용량이 외국으로부터 동일한 재화를 획득하는 데 필요한 자원을 초과할 경우에는 국내에서 생산하지 않는 것이 현명함을 보여준다. 그러나 다른 새로운 질문이 제기된다. 무엇이 국내와 외국 간의 대체적 공급망의 상대적 비용을 결정하는가? 이 같은 비용은 적어도 대부분의 경우에는 신(God)에 의하여 결정되는 것이 아니고, 대부분의 경우 특정한 생산물 시장에서 발생하는 현상보다 복잡한 요인에 의하여 결정된다.[14] 일반적 법칙으로 생산비용은 이용 가능한 기술, 이용 가능한 다양한 생산요소, 다른 재화를 생산하기 위하여 이 같은 생산요소에 대한 수요에 의하여 결정되기 때문에 상대적인 비용은 다른 재화시장과 노동시장, 기계와 장비시장, 이와 유사한 다른 시장의 영향을 받게 된다. 다시 말하면, 상대가격은 많은 부문과 다른 형태의 시장의 상호작용을 통하여 경제학자들이 '**일반균형**(general equilibrium)'[15]이라고 부르는 모형에 의하여 결정된다. 이 같은 상호의존성은 국제무역과 해외직접투자를 아주 도전적 학문으로 만든다.

비교우위에 대한 전통적인 설명은 부문 간 무역패턴(trade pattern)에 집중하였고, 어떤 한 부문이 자동차 또는 의복과 같이 유사한 제품으로 구성된 부문에서의 공급을 결정하는 요인들을 강조하였다. 국가들 간의 무역흐름은 분명히 공급체계의 특징에 의하여 결정되지만, 전적으로 그 같은 특징에 의하여 결정되는 것은 아니다. 한 국가의 무역은 분야별 공급과 수요수준의 차이에 의하여 결정된다. 밀의 재배량이 밀의 소비량보다 많은 국가는 밀을 수출하게 되고, 밀의 재배량이 밀의 소비량보다

---

14) [역자 주] 생산요소시장의 구조, 기술진보, 수요독점적 착취, 경제지대 등의 영향을 받게 된다는 설명이다.

15) [역자 주] 부분균형(partial equilibrium)은 소비자균형 또는 생산자균형과 같이 다른 부문과의 상호작용을 고려하지 않고 가계(household) 또는 기업(firm)의 변화만 분석하는 반면에, 일반균형은 서로 다른 부문 간의 상호작용을 고려하는 분석이다. 일반균형의 특징으로는 동시성과 파급효과를 들 수 있다.

부족한 국가는 밀을 수입하게 된다. 이 같은 이유에서, 수요패턴(demand pattern)의 구조를 형성하는 요인들도 외국무역에 영향을 미치게 된다.

그러나 **비교우위**의 '기술적 이론'의 창시자인 리카도(David Ricardo)와 그 후에 비교우위의 '요소비율(factor proportions) 이론'을 소개한 헥셔(Eli Heckscher)와 올린(Bertil Ohlin)도 수요에 대한 고려가 무역흐름을 결정하는 데 중요한 역할을 한다고 강조하지는 않았다.[16)]

2.1 생산기술

리카도(David Ricardo)는 1817년에 출판된 『**정치경제와 과세의 원칙**(*On the Principle of Political Economy and Taxation*)』이란 책의 제7장에서 처음으로 **비교우위**에 대한 포괄적인 설명을 발전시켰다.[17)] 또한 제7장에서 그는 경제활동과 관련된 범위 내에서 동일한 국가 내에서 지역 간의 차이에 비하여 국가 간의 차이를 가져오게 되는 두드러진 요인에 대하여 명확하게 설명하였다. 영국의 요크셔에서 사용되는 물질적 자본의 이윤율이 런던에서 사용되는 물질적 자본의 이윤율을 초과할 경우에는 자본은 신속하게 런던에서 요크셔로 이동하게 된다.[18)] 이 같은 생산

16) [역자 주] 스웨덴의 Linder가 "소득이 비슷한 국가 간에 무역이 활발하게 발생하게 된다."고 설명하는 과정에서 대표수요이론(representative demand)을 부각시키면서 수요 측면이 부각하게 되었다. 더 쉽게 설명하면 생산가능곡선의 형태가 동일한 경우에는 생산비용이 동일하기 때문에 무역이 발생하지 않게 된다. 그러나 규모의 경제가 있다거나, 제품 차별화에 대한 수요가 있다면 무역이 발생할 수도 있게 된다.

17) [역자 주] 특히 제7장의 앞부분에서 경제성장을 촉진하는 두 가지 요인으로 무역과 기술진보를 지적하고 있다.

18) [역자 주] 자본차익거래(capital arbitration)라고 할 수 있다.

요소의 이동방향은 노동에서도 마찬가지이다. 만일 어떤 국가의 특정 지역의 실질 임금이 다른 지역의 실질 임금보다 크다면 노동자들은 후자의 지역으로부터 전자의 지역으로 고용되기 위하여 이동하게 된다. 그러나 사람과 물질적 자본은 국가 간에 아주 신속하게 이동할 수 없다. 그 결과 생산에 사용되는 생산요소의 가격은 동일한 국가 내의 다른 지역 간에는 크게 다를 수 없지만, 국가들 간에는 아주 크게 다를 수 있고, 실제로 크게 다르다. 이는 리카도의 비교우위에 대한 견해의 중심을 구성하는 주장이고, 이 이론은 그 후 몇 세대에 걸쳐 학자들에게 받아들여졌다.

재화의 상대적 가치는 생산에서 구현된 노동의 상대적 금액에 의하여 결정된다는 '**노동가치설**(labor theory of value)' 에 기초한 리카도의 포도주와 옷감 무역의 예를 고려해 보자. 그는 포르투갈이 옷감을 얻기 위하여 포도주를 교환하는 비율은 "두 제품이 영국 또는 포르투갈에서 모두 생산된다면 그것이 외관상으로 보이는 것과 같이 포도주와 옷감을 각각 생산하는 데 투입된 노동력의 비율에 의하여 결정되는 것은 아니다." 라고 지적하고 있다(Ricardo, 1971, p. 153). 다시 말하면, 한 국가에서 상대적 가격을 결정하는 것은 무역관계에서 결정되지 않는다. 그는 더 나아가 아래와 같이 부연 설명하였다.[19)]

> 영국은 옷감을 한 단위 생산하는 데 1년에 노동자 100명이 필요하고, 만일 영국이 포도주를 생산하려고 시도할 경우에는 포도주 한 단위 생

---

19) [역자 주] 경쟁우위는 동일한 제품에 대하여 국가 간에 가격 또는 비가격경쟁력을 뜻하는 반면에, 비교우위는 동일한 국가에서 두 가지 제품의 생산이 상대적으로 얼마나 효율적인가를 나타낸다. 어떤 교수의 비교우위가 강의보다는 요리에 있음에도 불구하고 이 교수는 비교우위를 무시하고 강의하고 있는 예는 좋은 예는 아니지만, 비교우위를 설명하는 간결한 예가 될 수 있다.

산하는 데 1년에 노동자 120명이 필요한 상황에 처해 있다. 따라서 영국은 옷감을 수출하여 얻은 수입(收入)으로 포도주를 수입하는 것이 유리하다는 것을 알게 된다.

포르투갈에서 포도주 한 단위를 생산하기 위해서는 1년에 노동자 80명이 필요한 반면에, 옷감 한 단위를 생산하기 위해서는 1년에 노동자 90명이 필요하다. 따라서 포르투갈의 입장에서는 옷감을 영국에 수출하고, 그 수입(收入)을 가지고 영국으로부터 포도주를 수입하는 것이 유리하다. 이 같은 교환 또는 무역은 포르투갈이 영국으로부터 수입하는 옷감을 영국보다 더 적은 노동력으로 생산한다 하더라도 발생하게 된다. 비록 포르투갈이 90명의 노동력을 사용하여 옷감 한 단위를 생산한다 하더라도 포르투갈의 입장에서는 자국의 자본 일부를 포도주를 생산하기 위하여 사용하는 것이 옷감을 생산하기 위하여 자본을 포도 재배로부터 옷감생산으로 전환하는 것보다 영국으로부터 더 많은 옷감을 수입할 수 있기 때문에 옷감 한 단위를 생산하는 데 100명의 노동력이 소요되는 영국으로부터 수입하는 것이 더 유리하다.

그래서 영국은 노동력 80인이 소요되는 포르투갈 포도주 한 단위를 얻기 위하여 노동력 100인이 소요되는 옷감 한 단위를 생산하게 된다. 이 같은 형태의 교환은 동일한 국가의 개인들 간에 발생하지는 않는다. 영국인 노동력 100인의 산출물이 영국인 노동력 80인의 산출물과는 교환될 수 없지만, 영국인 노동력 100인의 산출물이 포르투갈 노동력 80인의 산출물과 러시아 노동력 60인의 산출물과 동아시아 인디언 120인의 산출물과는 교환될 수 있다. 한 국가와 여러 국가 간에 이 같은 측면에서 차이점은 한 국가 내에서 자본을 한 지역에서 다른 지역으로 쉽게 이동시키는 경우에 비하여, 한 국가가 더 많은 이윤을 가져오는 고용을 증가시키기 위하여 자본을 다른 국가로 이동시키는 경우에 야기되는 어려움이 상당히 크다는 점을 고려하면 쉽게 설명될 수 있다. (Ricardo, 1971, pp. 153~154)

리카도는 이 같은 상황에서 영국이 옷감을 더 효율적으로 생산하기 위하여 사용하는 자원을 옷감을 생산하는 데 '절대우위(absolute advantage)'를 지닌 포르투갈로 이동시키는 것이 유리하다고 지적한다. 그러나 한 국가에서 다른 국가로 자원을 이동시키기가 상대적으로 어렵기 때문에[20] 이 같은 생산의 효율성은 실현될 수 없다고 강조한다.

이 같은 논의는 경제학에서 가장 뛰어난 결과를 포함하고 있다. **특화(전문화)**와 무역의 형태(trade pattern)는 절대우위가 아닌 '**비교우위**(comparative advantage)'에 의하여 결정된다.[21] 영국은 동일한 옷감을 생산하는 데 포르투갈보다 더 많은 노동자를 고용함에도 불구하고 포도주를 생산하는 데 비하여 옷감을 생산하는 비용이 100/120이고, 포르투갈은 이 같은 비율이 90/80이다. 종합적으로 볼 때 90/80이 100/120보다 높기 때문에 영국은 포르투갈로 옷감을 수출한다. 다시 말하면, 영국 노동자들은 옷감을 생산하는 데 더 효율적인 반면에, 포르투갈은 포도주를 생산하는 데 더 효율적이다. 이 같은 기술적 자료는 두 나라의 임금에 어떤 영향을 미치게 되는가? 만일 포르투갈 노동자의 임금이 영국 노동자의 임금에다 100/90을 곱한 금액과 120/80을 곱한 금액의 구간보다 높은 경우에는 두 재화 모두 영국에서 생산하게 되고, 이와 반대로 이 구간의 비율보다 낮은 경우에는 두 재화 모두 포르투갈에서 생산하게 되기 때문에 포르투갈 노동자의 임금은 영국 노동자의 임금에다 100/90을 곱

20) [역자 주] 여기서 자원의 이동은 노동과 자본의 이동을 뜻한다.

21) 이 서술은 생산요소 서비스의 무역이 국제무역흐름의 결정요인으로서 절대우위에 대한 고려를 할 경우에는 고려되어야 하기 때문에 더 자세한 설명을 필요로 한다(Jones, 1980 참조).

한 금액과 120/80을 곱한 금액의 중간에 있게 된다.

만일 영국과 포르투갈 노동자의 임금이 이 구간에 없을 경우에는 해당 국가의 임금인하를 가져오게 될 노동에 대한 추가적 수요는 없게 된다.[22] 정확한 상대적 임금이 결정되고, 그 결과 포도주에 대한 옷감의 정확한 상대가격이 결정되는 과정은 수요조건에 의하여 결정된다.[23] 옷감에 대한 수요의 상대적 증가는 포르투갈 노동자의 상대적 임금을 100/90에 가깝게 하락시키고, 이와 반대로 포도주에 대한 수요의 상대적 증가는 포르투갈 노동자의 임금을 120/80으로 상승시키게 된다. 그럼에도 불구하고 상대임금의 결정과 독립적으로 영국은 옷감을 수출하고, 포르투갈은 포도주를 수출한다. 리카도의 체계는 질적인 결과인 무역 흐름의 방향을 예측할 수 있지만, 무역량을 예측할 수는 없다. 영국과 포르투갈의 기술적 특성에 대한 파악 자체만으로는 무역량을 측정하기가 충분하지 않다. 우리는 또한 옷감과 포도주에 대한 그들의 선호도를 이해할 필요가 있다.[24]

리카도의 통찰력은 얼마나 광범위하게 적용할 수 있는가? 이에 대한 답은 우리가 무엇을 그의 논쟁의 핵심으로 고려하는가에 의하여 결정된

---

22) 이 같은 주장은 노동은 옷감 또는 포도주 생산에 고용될 수 있고, 다른 고용의 기회는 없다는 가정에 기초한다.

23) 수요조건이 상대가격의 결정에 미치는 역할은 1848년 Mill(1909)의 '국제가치에 대하여' 라는 글에서 처음으로 논의되었다.

24) 비록 Ricardo는 명백하게 논의하지는 않았지만, 그의 예는 영국과 포르투갈의 숙련 능력의 차이보다는 영국과 포르투갈의 기술적 능력의 차이를 나타내는 것으로 해석할 수 있다. 이 같은 설명은 모든 영국 노동자들을 포르투갈로 이동시키는 것이 가능하다면 이동시키는 것이 효율적이라는 Ricardo의 지적과 일치한다. 이 지적은 포르투갈에 사는 영국 노동자들은 포르투갈의 기술을 획득할 수 있기 때문에 포르투갈 노동자의 산출량과 동일한 산출량을 생산한다는 암묵적 가정에 기초하고 있다.

다. 만일 우리가 부문 간 생산성 수준의 국가 간의 차이를 핵심요인으로 본다면 **'상대적 생산성'** 이 비교우위의 주된 원인이 되고 그의 통찰력은 매우 일반적인 것이 된다. 만일 이와 반대로 우리가 그의 논쟁의 핵심을 무역흐름 '방향(direction)' 의 정확한 예측이라고 한다면, 많은 제품과 많은 국가같이 복잡한 세계에서는 그의 비교우위는 이 같은 목적을 충족시키기에는 충분하지 않기 때문에 리카도의 통찰력은 매우 일반적인 것이 되기 어렵다고 할 수 있다.

이 같은 설명을 이해하기 위해서 모든 제품이 최종 소비재인 많은 국가와 많은 제품이 있는 세계를 가정하자.[25] 모든 나라는 노동을 이용하여 공산품을 생산할 수 있는 자체 기술을 가지고 있고, 이 목적을 달성하는데 다른 생산요소는 필요 없다고 가정한다. 더 나아가 모든 제품은 산출량과 관계없이 단위당 산출량에 대하여 고정된 노동투입량을 가지고 있다. 리카도 모형과 마찬가지로 국가들 간에 상대적 노동소요량은 국가마다 다르고, 노동자들은 다른 국가로 이민가지 않는다고 가정한다.

만일 우리가 모든 국가의 임금수준(wage rates)을 알고 있다면 각 국가의 임금 단위당 산출량에 소요되는 노동투입량을 곱함으로써 모든 국가들이 각 제품을 생산하기 위해 소요되는 비용을 계산할 수 있다. 그다음 단계에 우리들은 각 국가마다 산출량 단위당 생산비용을 비교할 수 있다. 이 같은 방법으로 각 제품마다 '최소비용 국가' 를 확인할 수 있게 된다. 만일 제품에 대한 가장 저렴한 생산비를 보유한 국가가 옷감을 생산한다고 하고, 이 제품이 독특한 특성[26]을 보유할 경우, 예를 들어 영국

---

25) McKenzie(1953~1954)는 중간재가 있는 Ricardian 모형을 포함하는 분석을 하였다.

26) [역자 주] 대체재가 없는 시장에서의 생산자는 시장지배력이 거의 무한대에 가깝기

이라고 하면 유일한[27] 생산자가 되기 때문에, 영국은 옷감 소비를 원하는 모든 국가에 대하여 옷감을 수출하게 된다.[28] 만일 모든 산업에서 최소비용 생산자가 독특한 독점기업이라면 이 같은 논리의 전개는 모든 제품의 생산에 생산비용을 극소화할 수 있는 국가가 그 제품의 유일한 수출국가가 된다. 리카도의 모형에서 영국은 옷감의 최소비용 생산자이기 때문에 옷감을 수출하는 반면에, 포르투갈은 포도주의 최소비용 생산자이기 때문에 포도주를 수출한다.

이러한 논리로부터 두 가지 질문이 대두된다. 첫째, 몇 가지 제품에 대하여 최소비용 생산국이 하나 이상일 때 어떤 현상이 발생하게 되는가? 둘째, 무엇이 임금을 결정하게 되는가? 특히 임금의 결정과정은 특화 형태와 독립적인가?

먼저 몇 개 국가들이 동일하게 낮은 단위 임금인 경우를 고려해 보자. 구체적으로 설명하기 위하여 포르투갈과 프랑스는 포도주 단위당 생산

때문에 독점시장이 되고, 이와 반대로 무수한 대체재가 있는 시장에서의 생산자는 시장지배력이 거의 0에 가까운 완전경쟁시장이 된다. 전자의 경우는 가격설정자(price-maker)가 되고, 후자의 경우는 가격순응자(price-taker)가 된다. 이 중간형태의 시장이 독점적 경쟁시장이 되고, 가까운 대체재가 존재하는 시장이고 시간이 지날수록 시장지배력이 약해짐에 따라서 수요곡선이 수평선이 되기 때문에 초과이윤이 감소하게 된다. 이 같은 상황에서 최고경영자는 초과이윤을 증가시키기 위하여 제품차별화(product differentiation)를 시도하게 된다. 제품차별화를 경영학에서는 머천다이징(merchandizing)이라고 하고, 두 가지 중요한 요인으로는 마케팅과 연구·개발(Research and Development, R&D)을 들 수 있다.

27) [역자 주] 여기서 '유일한'은 배타적(exclusive), 독점적(monopolistic)과 동일한 의미로 사용되고 있다.

28) 이 같은 주장은 무역에 대한 운송비, 관세, 또는 다른 장애가 없고, 모든 경제 주체가 가격순응자가 되게끔 모든 시장에서 경쟁이 있다고 가정한다. 그러나 경쟁시장에 대한 이 같이 극단적 가정에 대해서는 제4장에서 논의하고자 한다.

비가 동일하고, 다른 모든 국가들은 단위당 생산비가 많이 든다고 가정하자.[29] 그리고 나면 우리는 모든 국가들이 포도주를 수입하고, 포르투갈 또는 프랑스가 포도주를 수출하고, 포르투갈과 프랑스 모두 수출한다고 예측할 수 있다. 말하자면 포르투갈과 프랑스가 모두 포도주를 수출하거나, 프랑스가 포도주를 수출하고 포르투갈은 포도주를 수입하거나, 프랑스는 포도주를 수입하고 포르투갈은 포도주를 수출하는 경우로 나누어진다. 프랑스와 포르투갈의 무역의 방향을 파악하기 위해서는 우리들은 포도주의 생산과 소비에 대한 추가적 정보가 필요하다. 예를 들어, 만일 포르투갈이 유일한 포도주의 최소비용 생산국이라면 포르투갈이 생산하지 않는 다른 재화들을 수입하기 위하여 포도주를 수출해야만 한다.[30] 그러나 포르투갈이 포도주 이외에 다양한 재화의 최소비용 생산국이라면 우리들은 포르투갈의 포도주 생산과 소비와의 차이를 산출하기 위하여 포르투갈이 얼마나 많은 포도주를 생산하고, 얼마나 많은 포도주를 소비하는가를 파악할 필요가 있다. 만일 생산이 소비를 초과하면 포르투갈은 포도주를 수출하게 되지만, 이와 반대로 소비가 생산을 초과하면 포르투갈은 포도주를 수입하게 된다. 분명히 최소비용 생산국이 하나 이상 있게 된다면 전적으로 리카도 형태(Ricardian)의 고려에 기초한 무역흐름에 대한 예측이 모호해질 수도 있다. 이 같은 모호성은 생산과 소

---

29) 저자는 이 논의에서 포도주는 동질적(homogeneous) 제품이라고 가정한다. 즉, 프랑스와 포르투갈의 포도주 생산자는 상호 간에 완전한 대체가 될 수 있는 포도주를 생산한다. 이 같은 가정은 포도주뿐만 아니라 의복, 제약, 또는 자동차와 같이 많은 다른 제품들에서도 타당하지 않은 가정이다. 본서의 제4장에서 제품 차별화와 브랜드 다양화에 대하여 논의할 예정이다.

30) 저자는 이 같은 형태의 분석에 공통적으로 발견되듯이 모든 국가는 균형무역(balanced trade)이라고 가정한다. 균형무역으로부터의 이탈은 실제로 중요하지만, 무역의 방향에 미치는 영향은 적다.

그림 2.1 4개 산업에서의 상대적 노동투입량

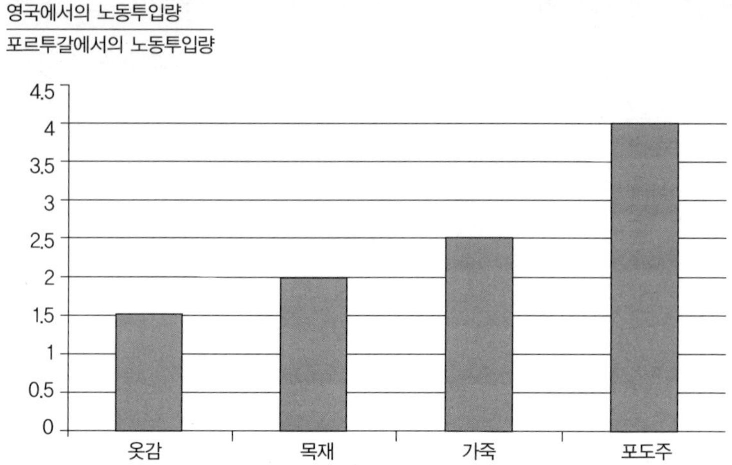

비에 대한 추가적 정보가 있어야만 해결될 수 있다.

그다음 단계로 분석을 단순하게 하기 위하여 영국과 포르투갈 두 국가만 있고, 각 국가가 4개의 산업만 가지고 있다고 가정하고, 임금과 특화양식 간의 관계를 고려해 보자. 〈그림 2.1〉은 상대적인 노동투입량을 나타내고 있다. 이 예에서 영국은 옷감을 생산하는 데 포르투갈보다 50% 더 많은 노동력이 요구된다. 그리고 포도주를 생산하는 데 포르투갈보다 4배나 더 많은 노동력이 요구된다. 이 같은 극단적인 두 산업 이외에 목재와 가죽제품이 있다. 영국은 목재제품을 생산하기 위하여 포르투갈보다 2배의 노동력이 필요하고, 가죽제품을 생산하기 위하여 포르투갈보다 2.5배의 노동력을 필요로 한다. 〈그림 2.1〉은 4개 산업에 대한 포르투갈의 노동투입량을 기준으로 본 영국의 노동투입량의 상대적 크기를 보여주고 있다. 원점에 가까운 옷감산업이 가장 낮고, 그다음으로 목재산업, 가죽산업, 포도주산업 순으로 나타나 있다.

리카도의 예와 마찬가지로 이 그림에서도 포르투갈은 보다 효율적 경제이다. 그 결과 포르투갈의 임금은 영국보다 더 높다. 만일 포르투갈의 임금이 영국의 임금보다 50% 미만으로 더 높은 경우에는 모든 재화를 포르투갈에서 생산하는 것이 저렴하고, 만일 포르투갈의 임금이 영국 임금보다 4배 이상 더 높은 경우에는 모든 재화를 영국에서 생산하는 것이 저렴하기 때문에 포르투갈의 임금은 영국 임금에 비하여 1.5배와 4.0배 사이의 더 높은 임금 구간에 위치하게 된다. 다음으로, 포르투갈의 임금이 영국 임금보다 50% 더 높지만, 100%보다 더 낮다면, 영국은 옷감의 최소비용 생산자가 되고, 포르투갈은 목재와 가죽, 포도주의 최소비용 생산자가 된다. 이러한 상황에서 옷감에 대한 세계 수요는 영국으로 흡수되고,[31] 다른 재화에 대한 세계 수요는 포르투갈로 흡수된다. 이 같은 세계 수요를 충족시키기 위해서는 영국은 옷감을 추가적으로 생산하는 과정에서 노동자를 더 고용해야 하고, 포르투갈도 다른 재화를 추가적으로 생산하기 위하여 노동자를 더 고용해야 한다. 그러나 수요가 증가된 의류를 제조하기 위하여 요구되는 노동력이 영국의 노동력에 못 미칠 수도 있는 반면에, 다른 재화들을 생산하기 위하여 요구되는 노동력은 포르투갈의 노동력을 초과하게 될 수도 있다.[32] 이 같은 경우에 포르투갈

31) [역자 주] 여기서 'siphoned'는 'absorbed'로 해석하였고, 도시가 발달함에 따라서 노동력이 도시로 이동하는 현상을 나타내는 'labor absorption'과 같은 의미로 사용되고 있다. 미국의 Arthur Lewis는 도시로 노동력을 이동시켜도 시골 노동자의 한계생산력이 감소하지 않는다는 위장실업(disguised unemployment)이 나타나는 잉여노동력(surplus labor) 모형으로 임금이 상승하지 않는다고 보았고, Theodore Schultz는 농번기에 노동력의 이동은 노동자의 한계생산력의 감소를 가져오게 된다는 'slack labor' 모형을 발전시켰다.

32) 예산 제약 때문에 노동에 대한 수요가 두 나라의 노동공급을 초과할 수 없고, 또한 노동에 대한 수요가 두 나라의 노동공급에 미치지 못하는 것은 불가능하다.

의 상대적 임금은 매우 낮은 수준에 있게 된다.

동일한 논리로 만일 포르투갈의 임금이 영국 임금보다 2배 이상 상승하지만 2.5배보다 작게 상승한다면, 영국은 옷감제품과 목재제품에서 최소비용 생산자가 되고, 포르투갈은 가죽제품과 포도주에서 최소비용 생산자가 된다. 그 결과 옷감제품과 목재제품에 대한 세계 수요의 증가는 영국에서 노동에 대한 수요의 증가를 가져오게 되고, 가죽제품과 포도주에 대한 세계 수요의 증가는 포르투갈에서 노동에 대한 수요의 증가를 가져오게 된다. 이 같은 조정과정에서 영국의 노동에 대한 수요가 영국의 노동공급과 일치하고, 포르투갈의 노동에 대한 수요가 포르투갈의 노동공급과 일치하는 상대적 임금수준이 이 구간에 존재할 수도 있다. 이 임금수준에서 각 국가마다 노동에 대한 수요는 필요한 재화를 생산하는 데 소요되는 제조업자의 노동에 대한 수요와 일치하게 된다. 이 같은 균형 임금의 경우가 아니라면, 우리들은 이 범위 내에서 모든 상대적 임금수준에서 영국에서의 노동수요는 여전히 노동공급에 미치지 못하고, 이와 반대로 포르투갈에서의 노동공급은 여전히 노동에 대한 수요를 초과하기 때문에 포르투갈에서 임금이 더 상승되어야 한다는 결론에 도달하게 된다. 특히 포르투갈의 임금이 영국 임금보다 적어도 2.5배 더 높고, 4배보다는 더 낮은 수준에 있다면, 영국은 옷감제품, 목재제품, 가죽제품에서 최소비용 생산자가 되고, 포르투갈은 포도주에서만 최소비용 생산자가 된다는 것을 알 수 있다.

이 같은 사례가 설명하는 것은 임금은 특화 형태(specialization pattern)와 독립적으로 결정될 수 없음을 보여준다. 어떤 국가가 어떤 제품을 생산하는가는 밀(Mill, 1909)이 지적한 바와 같이 임금 구조, 수요 조건과 각 국가에서의 이용 가능한 노동량에 따라 결정된다.

Dornbush, Fischer 그리고 Samuelson(1977)은 상당히 많은 수의 제품을 생산할 수 있는 기술적 노하우(know-how)를 구비한 두 국가 간의 무역을 연구할 수 있는 정교한 분석방법을 제시한다. 그들은 각 국가마다 지출비율이 동일하고, 지출이 가격과 소득에 대하여 독립적인 경우(예를 들면, 한 국가의 사람들이 그들 소득의 1/3을 의류에 지출하고, 다른 국가들의 국민들도 동일한 비율로 의류에 지출하고, 음식, 자동차와 다른 제품에 대해서도 이 같이 동일한 일정비율을 지출한다.), 상대적인 임금이 특화의 형태와 결부되어서 어떻게 결정되는가를 보여준다.[33] 상대적 임금을 발견하기 위해서는 〈그림 2.1〉과 유사한 형태로 국가들 중의 한 국가를 선정하여 많은 제품에 대하여 제품 단위당 생산에 필요한 상대적 노동투입량이 증가하는 순서대로 배열함으로써 시작할 수 있다. 이 과정을 거치게 되면 각 상대적 임금수준에서 영국이 낮은 비용으로 생산할 수 있는 제품과 포르투갈이 낮은 비용으로 생산할 수 있는 제품의 확인이 가능하게 된다. 이 같이 다양한 제품을 사용하여 분석할 경우에 작은 수의 제품이 영국과 포르투갈에서 각각 동일하게 낮은 비용으로 생산하는 경우도 발생할 수 있지만, 제품 전체에서 제품이 차지하는 비중이 작다는 점을 고려하여 이 같은 현상을 무시할 수 있다. 그리고 나면 우리는 영국이 최소비용으로 생산할 수 있는 제품에 대한 전 세계적 지출로부터 영국에서의 노동에 대한 수요를 산출할 수 있다. 동일한 방

---

33) Dornbush, Fischer 그리고 Samuelson(1977)의 모형은 다양한 제품을 직선상에 다른 크기의 간격(interval)으로 나타낼 수 있다. 이 같은 표현방법은 기술적 이유에서 편리하고, 경제적 통찰력도 있는 그대로 활용할 수 있다. 그들은 또한 수요를 단순화시키기 위하여 고정적 지출비율을 사용하여서 공급에 대한 Ricardo의 주장을 보다 명확하게 발전시켰다. Wilson(1980)은 더 일반적 모형을 제시하였다. Graham(1948)과 McKenzie(1954)는 이 같은 이론적 발전 초기에 중요한 공헌을 했다.

법으로 포르투갈이 최소비용으로 생산할 수 있는 제품에 대한 전 세계적 지출로부터 포르투갈에서의 노동에 대한 수요를 산출할 수 있다. 만일 이 같은 노동에 대한 수요가 노동의 공급과 일치하게 된다면 균형 임금을 달성할 수 있다. 균형 임금이 달성되지 않을 경우에는 다음과 같이 상대적 임금수준의 변화를 통하여 균형 임금이 달성된다. 영국에서 노동에 대한 수요가 노동공급을 초과하게 된다면, 노동시장이 청산되기 위하여 임금이 포르투갈의 임금보다 상승하게 된다. 이와 반대로 영국에서 노동에 대한 수요가 노동의 공급보다 작은 경우에는 포르투갈 임금보다 하락하게 된다. 우리는 이 두 가지 어떤 경우라도 상대 임금수준이 어떤 방향으로 이동하게 되는가를 알 수 있다. 우리는 이러한 절차를 적용하여 각 국가에서의 노동의 공급과 노동에 대한 수요를 일치시키는 유일한 임금수준을 산출할 수 있게 된다.

이 같은 분석은 외국과의 무역은 특화를 가져오고, 각 국가들은 몇 개의 제품의 생산에 특화하고, 자국이 생산하지 않는 재화와 서비스의 공급을 외국에 의존하게 된다는 사실을 명확하게 보여준다. 비록 이러한 형태의 특화가 응용분석의 측면에서 아주 극단적이기는 하지만, 리카도의 비교우위를 아주 극명하게 보여준다. 더 나아가 여기서 무역은 '특화' 와 '상호의존(interdependence)' 을 가져오게 한다. 상호의존은 한 국가에서 발생하는 경제활동이 교역상대국에 영향을 주게 됨을 시사한다. 이 같은 영향은 어떤 경우에는 바람직하고, 어떤 경우에는 바람직하지 않기도 하다. 이를 설명하기 위하여 Dornbush, Fischer 그리고 Samuelson 유형의 세계에서 영국과 포르투갈이라는 두 국가가 무역을 하는 경우를 고려해 보자. 초기에 각 국가는 비교우위에 따라서 특정 범위의 제품생산에 특화하는 상대적 임금수준이 있고, 모든 시장이 청산된다고 하자. 이 같은 경제 상황에서, 예를 들어, 영국에서 더 많은 여성이 노동시장에 참가함에 따라서 영국의 노동공급이 증가하였다고 가정하자. 이 같은 노동시장의 변화는 임금과 특화의 형태에 어떤 영향을 미치게 될 것인가? 그리고 이 같은 경제활동의 변화는 포르투갈에 이익이 되는가, 아니면 불이익이 되는가?

노동공급의 증가가 가져오는 영향을 이해하기 위하여 먼저, 상대 임금수준이 최초의 수준을 그대로 유지한다고 가정하게 된다면, 노동공급이 증가하기 전과 마찬가지로 각 국가들이 최소비용 생산국가 상태를 유지하기 때문에 특화 형태에 아무런 변화도 발생하지 않게 된다. 그러나 이 같은 상황에서 영국에서의 노동공급은 노동에 대한 수요를 초과하게 된다. 영국 노동시장의 변화로 인하여 양국의 노동시장이 균형을 달성하기 위해서는 영국에 비하여 포르투갈의 상대적 임금이 상승하게 된다. 그러나 상대적으로 하락한 영국의 임금수준을 가지고 영국에서 더 많은 종류의 제품을 생산하고, 포르투갈에서 더 적은 종류의 제품을 생산하는 것이 싸다. 당연히 이 같은 변화가 발생하기 전에 영국에서 싸게 생산되던 재화와 서비스는 이제 더 낮은 가격으로 생산된다. 그러나 이전에는 포르투갈이 최소비용으로 생산하던 제품 중의 일부는 이제 영국이 최소비용으로 생산할 수도 있기 때문에 생산기지가 포르투갈에서 영국으로 이전하게 됨에 따라서 특화 형태에 변화가 발생한다. 포르투갈에서 영국으로 생산이 이전된 산업에서 일하던 포르투갈 노동자가 포르투갈이 여전히 비교우위를 지니고 있는 산업으로 이동하는 데 시간이 소요되고, 영국 노동시장에 새롭게 참여한 영국 노동자가 새롭게 비교우위를 확보한 산업에 취업하거나, 아니면 전과 마찬가지로 비교우위를 유지하고 있는 산업으로 취업하는 데는 시간이 소요되기 때문에 요소의 재배분

(realloca- tion) 과정은 시간이 소요되기 마련이다.[34)]

노동시장을 포함한 재화시장의 재배분을 통한 조정과정이 완료되면 포르투갈은 실질임금 인상에 따른 상대임금의 이익으로 인하여 포르투갈의 생활수준은 개선된다(반드시 그 이전에 개선되는 것은 아니다.). 후생개선의 이유는 다음과 같다. 새로운 임금을 가지고 그 전에 포르투갈에서 생산되던 재화를 동일한 수량만큼 구입하게 되지만, 포르투갈에서 영국으로 생산활동이 이전된 제품을 포함한 영국제품을 더 많이 구입할 수 있게 된다. 다시 말하면, 포르투갈 임금의 구매력이 증가하게 된다. 동시에 영국 임금의 구매력은 감소하게 된다. 영국 노동자는 새로운 임금으로 원래 영국에서 생산되던 영국제품의 동일한 수량을 구입할 수 있다. 그렇지만 그는 원래는 포르투갈에서 생산되다가 영국으로 이동한 산업의 제품을 포함하여 포르투갈 제품을 덜 구입하게 된다. 당연히 노동시장에 새로이 진입한 영국 노동자는 전에 받지 못했던 소득을 벌게 된다. 그러나 종전에 노동시장에 진입한 영국 노동자는 영국 노동력이 확대됨에 따라 손실을 입게 된다.

영국 노동력의 확장으로부터 포르투갈의 이득을 이해하기 위한 다른 방법은 노동시장 확장이 두 나라에서 제조된 '재화의 상대가격' 에 미치는 영향을 고려하는 것이다. 영국 노동자의 임금률에 대한 포르투갈 노동자의 임금률 상승 결과 포르투갈의 수입가격에 비하여 포르투갈의 수출가격이 상승하게 됨에 따라서 경제학자들이 '**교역조건**(terms of trade)' 의 개선이라고 부르는 효과가 발생하게 된다.[35)] 이 같은 상황에

---

34) [역자 주] 이 같은 분석은 Walras적 중개인(auctioneer)이 경제활동에 필요한 정보를 아무런 비용 없이 즉각적으로 전파해 준다는 가정을 완화시키고 전개한 경우에 해당된다.

서 포르투갈은 매 수입단위에 대하여 더 적은 수출량을 지불함으로써 그 주민으로 하여금 보다 큰 소비의 혜택을 얻는 것을 가능하게 한다.[36] 수출은 수입의 지불수단으로 사용되기 때문에 국제경제 관계의 광범위한 평가에서 중요한 요소를 구성한다는 이해는 중요하다. 수출이라는 것은 다른 국가들에게 제공하는 재화와 용역으로 구성되어 있다는 점을 인지할 필요가 있다. 이 같은 이유에서 수출은 그 자체로서 가치가 있는 것이 아니라, 수입(import)을 지불하기 위한 교환 수단으로 사용되는 것이 더 중요하다고 볼 수도 있다.[37]

이제까지 우리는 노동력의 확장을 통하여 교역상대국의 후생이 개선되는 한 국가에서의 발전에 관해 묘사하였다. 더 나아가 이 같은 노동시장의 변화는 해당 국가의 노동자의 생활수준을 감소시킨다. 당연히 한 국가의 모든 발전이 같은 방식으로 교역상대국에 영향을 미치는 것은 아

35) [역자 주] 수입되는 상품가격에 비하여 수출하는 상품가격이 하락하는 현상을 교역조건의 악화라고 한다. 이 같은 상황에서는 GNI(Gross National Income) 또는 GDP(Gross National Product)가 GNP 또는 GDP보다 작게 된다.

36) [역자 주] 여기서 언급되는 교역조건은 순교역조건(net barter terms of trade)이다. 순교역조건이 악화되더라도 수출량이 수입량보다 크게 개선되는 경우에는 소득교역조건(income terms of trade)은 덜 악화되게 나타난다. Prebisch가 순교역조건의 악화를 이유로 '원조 대신에 무역(trade instead of aid)' 을 주장한 데 반하여, Spraos는 제2차 세계대전 이후 개도국의 수출이 증가한 측면을 반영할 수 있는 소득교역조건을 사용하게 되면 교역조건의 악화 정도가 약화된다고 지적한다.

37) 어떤 국가는 그 국가의 수출로 받는 지불대금의 일부를 외화자산의 형태로 보유하기도 한다. 그러나 만일 외화자산이 재화와 용역을 구입하는 데 결코 사용되지 않는다면, 이 같은 외화자산은 분명히 그 국가의 후생을 개선하는 데 기여하지 않게 된다. 따라서 외화자산이 즉각적으로 수입을 하는 데 사용되지 않더라도 궁극적으로는 사용된다고 보아도 무방하다. 16～17세기에 지배적 통치철학이었던 '중상주의' 는 수출이 수입을 초과하는 무역흑자를 사용하여 금 또는 은과 같은 귀금속을 축적하는 것이 그 국가의 번영과 직접적으로 연관이 있다는 주장은 최근의 학자들에게 거의 받아들여지지 않고 있다.

니고, 모든 발전이 교역상대국의 번성에 비대칭적 효과를 가져오는 것은 아니다. 후자의 경우를 조명하기 위하여, 앞의 사례에서 영국 노동력의 확장을 영국 노동자의 생산성의 향상으로 대체해 보자. 특히 가죽제품을 생산하는 데 투입되는 영국 노동자의 임금이 5% 인하되면, 목재제품을 생산하는 데 투입되는 영국 노동자의 임금도 5% 인하되는 방식으로 노동자의 생산성 향상은 모든 부문에 균일하게 영향을 미친다고 가정하자. 생산성의 향상은 영국이 '효과적으로' 더 많은 노동력을 부여받았다고 볼 수도 있기 때문에 어떻게 보면 생산성의 향상은 영국 노동공급의 확장과 비슷하다고 볼 수도 있다. 그 결과 포르투갈의 노동자는 그들 임금의 구매력이 증가함에 따라서 이익을 얻게 된다. 어떻든 앞의 노동공급이 증가한 경우와 다르게 노동자 단위당 임금이 아니라, 효과적인 노동 단위당 영국 임금은 하락하게 된다. 모든 노동자가 보다 효과적인 노동 단위로 부여받았기 때문에 후생에 관계되는 것은 효과적인 노동 단위당 노동자의 임금이 아니라, 그가 가진 모든 효과적인 단위의 보상이다. 이 계산은 영국 노동자들이 생산성의 향상으로부터 이익을 얻고, **실질임금**이 증가하게 됨을 보여준다. 분명히 이 경우에는 영국 노동자의 생산성 향상은 영국과 포르투갈의 노동자 모두에게 혜택을 주게 된다. 이것은 생산성 증가가 가져오는 경제성장이 성장하는 국가뿐만 아니라 그 교역상대국에도 혜택을 주는 것을 보여주는 좋은 사례가 될 수 있다. 교역상대국의 혜택은 그 나라의 교역조건의 개선을 통해서 이루어진다.

수송비용과 무역에 장애[38]가 되는 다른 요인들도 역시 세계무역의 흐

---

38) [역자 주] Wicksell의 자연이자율(natural rate of interest)은 자본시장에서 장애요인이 없을 때 자본에 대한 수요곡선과 자본의 공급곡선이 교차하는 점에서의 이자율이다. 자연실업률과 자연성장률은 모두 자연이자율에서 파생된 개념이다. 장애요인

름을 형성하는 데 중요한 역할을 한다. 무역과 관련된 자료를 설명하기 위하여 이 같은 이유를 반영하고자 하는 모형은 무역장애요인을 설명할 필요성을 야기한다. Dornbush, Fischer, 그리고 Samuelson(1977)은 수송비는 생산비용과 비례적이고, 비례성이 동일한 요인은 모든 생산물에 적용된다는 단순한 공식을 제시한다.[39] 이 같은 상황에서 모든 국가들은 가장 큰 비교우위를 가진 제품생산에 특화하는 반면에, 두 나라 모두에게 비교우위가 없는 제품은 국제교역품에서 제외된다. 비교역재(nontradable goods)는 현지에서 사용하기 위하여 생산된다. 수송비용이 높은 제품일수록 비교역재가 되는 것은 당연한 결과라고 할 수 있다.

여러 연구에서 리카도의 통찰력이 실증적 자료와 어느 정도 부합하는지를 분석하기를 시도하였다. 이 과정에서 야기되는 어려움은 리카도 이론의 실증적 시사점을 많은 국가들이 서로 무역을 하는 세계에 대하여 작동되도록 하는 데 있다. Eaton과 Kortum (2002)은 가장 성공적 모형을 발전시켰다.[40] 그들은 '녹는 빙하(melting iceberg)' 모형을 사용하여

이 발생하게 되면 균형점에서 벗어나기 때문에 비효율 또는 왜곡이 발생하게 된다.

39) 이것은 Samuelson(1954)이 처음으로 소개한 수송비용의 '녹는 빙하(melting iceberg)' 공식으로 알려져 있다. (이 유추는 출발항에서 선적되어서 먼 목표지를 향하여 운송 도중에 녹는 빙하이다.) Helpman(1976)은 수송기술을 생산기술과 동일한 방법으로 취급하는 국제무역모형을 개발하였고, Matsuyama(2007), Dornbush, Fischer, 그리고 Samuelson(1977)의 모형을 응용하여 외국시장에 공급하는 기술은 국내시장에 공급하는 기술과 다른 무역모형을 발전시켰다.

40) 1950년대와 1960년대에 리카도 이론을 검증하기 위하여 제3시장 진출에 소요되는 상대적인 비용과 상대적인 수출 간의 관계를 분석하기 위한 많은 연구가 발표되었다(McDougall, 1951, 1952; and Stern, 1962 참조). 실제로 발생하는 것과 마찬가지로, 이 이론은 여러 국가 간에 이 같은 변수들의 관계를 예측하지는 못하였다. 이와 같은 이유에서 이 같은 연구들의 발견은 흥미를 유발하기는 하였지만, 실증적 분석으로는 제한된 가치를 갖게 되었다.

상이한 교역대상국 간의 수송으로부터 발생하는 마찰비용을 분석하였다. 예를 들어, 영국에서 프랑스로의 선적은 포르투갈에서 프랑스로의 선적보다 비용이 더 소요된다. 더 나아가 그들은 여러 제품에 걸쳐서 2개의 변수를 가진 노동생산성의 특별한 분포를 가정하였다. 하나는 국가별로 특별한 변수이고, 다른 하나는 모든 국가들 간에 공통되는 변수이다.[41] 국가별로 특별한 변수는 국가 간에 걸쳐서 생산과정에서 생산요소가 얼마나 효율적으로 결합되는가를 설명하는 유일한 측정지표로 사용되는 **총요소생산성**(Total Factor Productivity, TFP)의 차이를 설명하기 위하여 필요하다.그러나 총요소생산성의 변형을 허용하지 않는 모형에 자료를 적용하는 것은 매우 어려운 작업이다. 공통되는 요소는 모든 국가 제품에 걸쳐서 유사한 생산성 분포를 부과하고 있다. 이것이 주된 제약이지만, 이 같은 제약은 측정해야 할 변수의 수를 감소시킨다. 중요한 가설은 한 국가의 생산성 수준들은 다른 국가들의 생산성 수준들과 독립적이라는 것이다. '녹는 빙하' 무역비용과 함께 이 같은 가정을 사용하면, 모든 국가는 모든 잠재적 공급자로부터 제품을 생산하는 데 소요되는 최소비용의 분포를 얻을 수 있다. 최소비용은 국내 물가와 모든 국가들의 산출량을 구매하기 위한 국내지출의 점유율을 결정하게 된다.[42] 그렇게 만들어진 등식들은 19개의 경제협력발전기구(OECD) 국가들의 표본에서 도출된 자료를 사용하여 측정되고, 측정치는 다양한 경제관계를 양적으로 측정하는 데 사용된다.

---

41) 보다 구체적으로 그들은 노동생산성은 Frechet 분포 또는 극단적인 모형 II의 형태를 갖는다고 가정한다.

42) Eaton과 Kortum(2002)은 그들 모형의 일반균형구조를 자세하게 설명하지 않았다. 그 대신, 국가별로 무역흐름을 예측하는 데 필요한 등식을 발전시켰을 뿐이다. Alvarex와 Lucas(2007)는 Eatom-Kortum 모형의 일반균형 시사점을 자세하게 설명하고 있다.

그림 2.2 미국의 생산성 증대에 따른 각국의 후생이득 : 미국의 후생이득 대비(%)로 표시

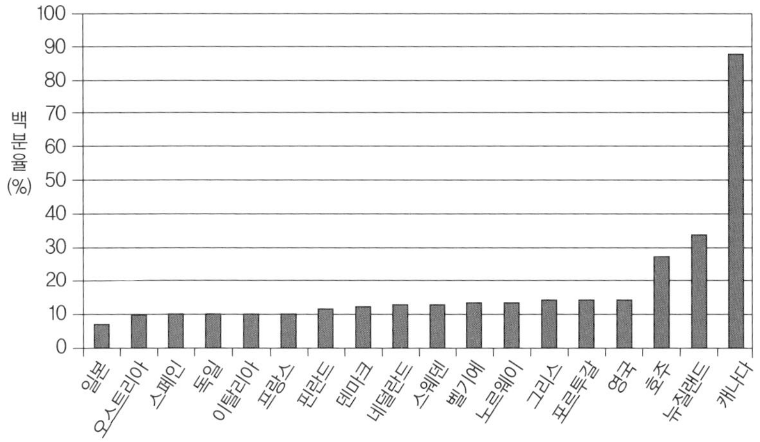

자료 : Eaton과 Kortum(2002)의 자료.

이 같은 관계에 대하여 통찰력을 얻기 위하여 Eaton과 Kortum의 미국 기술의 비례적 개선의 시뮬레이션(simulation)을 고려하자. 우리들은 기술적 승자와 그 국가의 교역상대국이 모두 혜택을 받는 두 국가 모형에서 후생증가 시사점에 대하여 논의하였다. 교역상대국이 혜택을 얻는 메커니즘(mechanism)은 '교역조건의 개선' 이다. 여러 국가의 모형에서도 개별 국가의 특성과 기술적 승자에 대한 장애요인들에 의하여 영향을 받는 개선된 교역조건으로부터의 이득이 국가별로 다르게 된다는 점 이외에 전달기구의 동일한 경로들이 작동한다. 〈그림 2.2〉는 Eaton과 Kortum의 시뮬레이션 모형의 결과를 OECD 회원 국가들의 후생증가를 미국의 후생증가에 대한 비율로서 보여주고 있다.

2.2 요소비율

외국무역에 대한 리카도의 견해는 전 세계에 걸쳐서 지배적 위치를 유지하였다. 1919년에 와서야 그의 이론에 대한 중요한 도전이 나타나기 시작하였다. 리카도의 이론에 대한 반대 주장은 스웨덴의 경제사학자인 헥셔(Eli Heckscher)가 제기하였고, 이어서 그의 수제자인 올린(Bertil Ohlin)이 발전시켰다.[43] 헥셔와 올린은 노동가치설에 기초한 비교우위에 대한 리카도의 고전적 모형을 근대의 가격이론에 기초한 신고전학파 구성으로 대체하였다. 고전학파는 노동이 유일한 생산요소라고 간주하는 반면에, 신고전학파는 노동을 자본과 토지와 같이 생산요소의 일부라고 간주한다.[44] 이 같은 분석방법에 의하면 '**요소비율**(factor proportions)'은 중심적 역할을 하고, 국가 간에 생산요소의 상대적 이용 가능성의 차이는 특화와 무역의 형태를 결정하는 데 중요한 결정요인이 된다.[45]

---

43) 헥셔의 원래의 글은 1919년에 스웨덴의 경제학술지인 *Economisk Tidskrift* 21권(pp. 497~512)에 게재되었다. 이 글은 1949년에 요약된 논문으로 처음 번역되었다. 전체 글에 대한 최근 형태의 번역인 '외국무역이 소득분배에 미치는 영향'이라는 제목의 글은 Flam과 Flanders(1991)에 소개되었다. 올린의 최초의 기여는 1924년 현재 스톡홀름대학교의 박사학위논문으로 제출되었다. '무역이론'이란 제목의 이 논문의 완전한 번역 역시 Flam과 Flanders(1991)에 게재되었다. 확장된 그의 논문은 1933년에 『지역간 무역과 국제무역』이란 제목의 책으로 출판되었다(Ohlin, 1933 참조).

44) [역자 주] 이 같은 이유에서 헥셔-올린 모형을 2요소-2재화-2국가 모형이라고도 한다. 앞의 2-2는 노동과 자본을, 뒤의 2는 각각 두 재화, 두 국가를 뜻한다.

45) [역자 주] 이 같은 설명을 쉽게 하기 위해서는 Eugen Bohm-Bawark의 우회생산(roundabout production)을 설명할 필요가 있다. 손으로 물고기를 잡으면 하루 10마리를 잡는데, 5일간 그물을 만들어서 물고기를 잡으면 하루 50마리를 잡을 수 있다. 더 발전시켜 5주간 어선을 만들어서 물고기를 잡으면 하루 500마리를 잡을 수 있게 된다. 노동이 자본재로 전환되는 구체적 설명은 아니지만 생산과정에서 자본재의 역할을 간단명료하게 설명하는 사례가 될 수도 있다.

헥셔는 외국과의 무역이 생산요소 소유자의 요소소득에 어떤 영향을 미치는가에 관심이 있었다.[46] 따라서 그는 노동, 자본, 토지를 주된 생산투입요소 또는 생산요소로 간주하는 경제모형을 발전시켰고, 두 국가 간의 무역이 생산요소에 대하여 어떤 형태의 보상을 주는가를 분석하였다. 이 과정에서 무역구조를 설명하기 위하여 **요소부존도**의 국가별 차이가 발생시키는 정책시사를 도출하였다. 비록 헥셔가 수식을 사용하여 그의 이론을 전개하지는 않았지만, 그의 구두설명[47]은 명확하였다.[48]

올린은 헥셔의 무역이론을 한 단계 더 발전시켰다. Flam과 Flanders (1991, p. 13)의 표현에 의하면, 올린은 헥셔의 무역이론에 대한 유명한 글을[49] Cassel로부터 배운 Walras의 일반균형이론에 창조적으로 결합시켰다.[50] '수학적 예증(Mathematical Illustration)' 이라는 명칭이 붙은 그의 논문 제3장에서 올린은 진정으로 많은 생산요소와 생산 부문에 대한 분석을 허용하면서도 모든 교역국가를 충족시킬 필요가 있는 방정식들을 풀어서 설명하였다. 더 나아가 헥셔가 시도하지 못한 요소

---

46) [역자 주] 다르게 표현하면, 개인별(personal) 소득분배가 아닌 기능별(functional) 소득분배에 관심이 있었다. 오일러의 법칙(Euler' s law)은 기능별 소득분배의 좋은 예가 될 수 있다.

47) [역자 주] 경제이론을 설명하는 방법으로는 구두설명, 도표를 이용한 설명, 수학적 설명이 있는데 Heckscher는 초보적 단계인 구두설명을 했다는 지적이다. 가장 상위의 설명은 직관에 의한 설명이다.

48) [역자 주] 1960년대 말과 같이 우리나라는 양질의 노동력을 싸게 공급할 수 있었고, 미국은 자본축적과 기술혁신에 앞서 있었다. 이 같은 상황에서 우리나라는 의류, 여행가방, 가발을 미국으로 수출하고, 미국은 항공기와 컴퓨터를 한국으로 수출하였다.

49) [역자 주] 'famous paper' 를 다르게 표현하면 'seminal article' 이라고 할 수 있다.

50) Heckscher와 같이 공부하고 나서, Ohlin은 Heckscher의 지적(intellectual) 경쟁자인 Gustav Cassel과 같이 학위논문을 진행하였다. Ohlin이 Cassel과 같이 작업하는 과정은 Ohlin과 Heckscher 사이에 긴장을 조성하였다(Flam and Flanders, 1991 참조).

가격에 대하여 반응하는 산출량 단위당 요소사용량에 대한 분석[51]을 포함시켰다.

외국무역에 대한 헥셔-올린(Heckscher-Ohlin) 견해의 기본적 논리는 제2.1절에서 논의한 바와 같이 많은 부문을 가진 두 국가 간의 세계를 검토함으로써 알 수 있다. 생산요소에 대한 고려를 반영하기 위하여 노동만 있는 경우가 아닌 노동과 자본 두 가지 주된 생산요소가 있다고 가정하자. 헥셔와 올린 모두 기술적 가능성은 모든 국가 간에 동일하다고 가정한다. 이 같은 가정은 모든 생산자가 어떤 장소에 있는지를 불문하고 동일한 산출량 생산에 소요되는 동일한 생산요소의 집합을 선택할 수 있음을 뜻한다. 규모의 경제(economies of scale) 또는 규모의 불경제가 없다는 가정[52]하에서 제조업의 단위당 생산비는 생산의 위치가 아닌 가격에 의하여 영향을 받게 된다. 이 같은 올린의 분석은 생산에 소요되는 상대적인 노동량이 다르기 때문에 국가 간에는 재화의 생산비용이 다르게 된다는 리카도의 주장과 견해가 다르다. 리카도와 대조적으로 헥셔와 올린의 세계에서는 만일 두 국가의 요소가격이 동일하다면 어떤 국가라도 어떠한 산출물에 대한 비교우위를 확보하지 못하는 상황에서 두 국가는 모든 산출물과 각 산출물에 대한 동일한 단위당 생산비용을 갖게 된

---

51) [역자 주] 요소부존도(factor endowment) 이외에 요소집약도(factor intensity)에 대한 분석을 가능하게 하였다.

52) 어떤 기술이 모든 생산요소의 비례적 확장보다 산출량을 더 큰 폭으로 증가시킬 경우에는 규모의 경제(economies of scale)가 있다고 한다. 이와 반대로 모든 생산요소의 비례적 확장보다 산출량이 더 작은 폭으로 증가할 경우에는 규모의 불경제가 있다고 한다. 만일 모든 생산요소의 비례적 확장과 동일한 폭으로 산출량이 증가할 경우에는 규모에 대한 수익이 불변이라고 한다. Heckscher, 특히 Ohlin은 규모의 경제가 비교우위와 독립적인 요인이라고 주장하였다. 우리는 본서의 제4장에서 규모의 경제에 대하여 검토할 예정이다.

다.[53] 이 같은 상황에서 무역이 발생하기 위해서는 두 가지 조건을 충족시켜야만 하고, 헥셔는 이 두 가지 조건에 대하여 분명하게 서술하였다.[54] "따라서 한 국가가 다른 국가에 비하여 갖는 생산요소의 상대적 희소성의 차이는 비교우위의 차이와 국제무역의 필요조건이 된다. 또 다른 조건은 한 상품을 생산하는 데 요구되는 생산요소 집합의 분포는 다른 상품을 생산하는 데 요구되는 생산요소 집합의 분포와 달라야만 한다. 만일 두 번째 추가적 조건이 없다면 다른 상품에 대한 한 상품의 가격은 상대적 생산요소의 가격의 차이와 관계없이 모든 국가 간에 동일하다 (Ohlin, 1919; Flam and Flanders, 1991, p. 48)." 다시 말하면, 생산요소의 가격은 국가마다 달라야 하고, 다른 부문 간에 요소집약도도 달라야만 한다. 만일 요소가격이 다르지 않다면, 모든 국가들은 모든 산업에서 동일한 비용구조를 갖게 된다. 더 나아가 만일 요소가격은 다르지만 모든 산출물이 동일한 생산요소 구성, 즉 동일한 요소집약도를 갖게 된다면 두 국가는 모든 산업에서 동일한 상대적 비용구조를 갖게 된다.

헥셔와 올린은 모두 상대적인 요소가격(상대적인 요소집약도)을 논의

53) [역자 주] 다르게 표현하면, 두 국가 간에 생산가능곡선(production possibility frontiers)이 동일하다면 생산비용 구조가 동일하기 때문에 무역이 발생하지 않는다는 지적이다.

54) 상대적 희소성의 역할, 즉 생산에서 생산요소의 상대적 가격에 대한 거의 동일한 서술은 올린에 의하여 수립되었다. "따라서 결론은 다른 지역 간의 무역은 생산요소의 상대적 희소성이 다르기 때문에 발생하게 된다. 이 같은 경우에 각 지역은 '외국'에 비하여 어떤 생산요소와 재화에 대해서는 절대적으로 가격이 낮다고 선언하는 반면에, 다른 생산요소와 재화에 대해서는 절대적으로 가격이 높다고 주장한다. 절대적 생산비용과 가격의 차이는 (지역 간) 무역이 발생하는 직접적 원인이 되고, 이 같은 생산비용의 차이는 각 국가로 하여금 다른 국가에 비하여 보다 저렴하게 생산할 수 있는 재화의 생산에 특화하게 유도한다.

할 때 서로 분리된 국가들의 자급자족 상태를 언급하였다. 그리고 그들은 무역을 함에 따라서 국가들 간의 상대적 생산요소 가격의 격차가 감소하게 되고, (유사한 단위들 간에 측정할 때) 무역은 생산요소 간의 모든 격차를 감소 또는 더 나아가 제거하기 때문에 결국에는 모든 국가들 간에 요소가격이 균등하게 된다고 강조한다.[55] 어떻든 편의상 영국과 포르투갈과 같이 두 국가가 요소가격의 균등화가 달성되지 않은 상태에서 무역을 하는 경우를 고려하자. 전과 마찬가지로 옷감, 목재, 가죽, 포도주 산업이 있다고 가정하자. 더 나아가 옷감이 가장 자본집약적 재화라고 가정하자. 다시 말하면, 옷감이 다른 세 제품에 비하여 노동단위당 더 많은 자본을 사용한다고 가정한다. 목재가 그 다음으로 자본집약적이고, 포도주는 가장 덜 자본집약적이다. 그리고 영국에서는 자본이 싸고, 포르투갈에서는 임금이 싸다고 가정한다. 그렇다면 영국은 포르투갈에 비하여 가장 자본집약적인 옷감을 생산하는 것이 다른 세 가지 제품을 생산하는 것보다 더 싸다. 그리고 영국에서 목재를 생산하는 상대적 비용이 영국에서 가죽이나 포도주를 생산하는 상대적 비용보다 더 작다. 그리고 마지막으로 영국에서 가죽을 생산하는 상대적 비용은 포도주를 생산하는 상대적 비용보다 더 작다. 〈그림 2.3〉에 상대적 생산비용이 나타나 있다. 어느 국가가 목재 또는 가죽에 비교우위를 갖는가는 '영국에서의 단위당 생산비용'이 '포르투갈에서의 단위당 생산비용'과 일치하는, 즉 그림의 수직축에 표시될 손익분기비용 비율 1의 위치에 의하여 결정된다.

만일 '1'이 옷감과 목재의 막대그래프 중간에 있다면 영국은 옷감에

55) 그렇지만 올린은 요소가격균등화가 실현되기는 어렵다고 보았다. 무역이 요소가격에 미치는 영향에 대해서는 이 장과 제4장에서의 진전된 논의를 참조하기 바란다.

그림 2.3 네 가지 산업에서의 단위당 생산비용

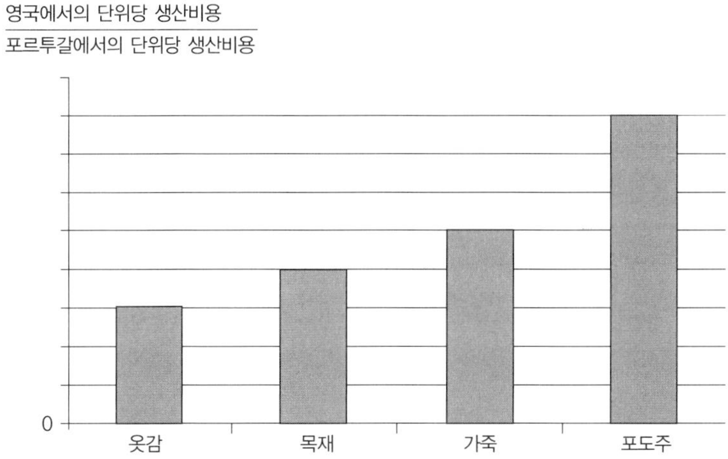

특화하고, 포르투갈은 목재와 가죽, 포도주에 특화하게 된다. 만일 '1' 이 목재와 가죽의 막대그래프 중간에 있다면 영국은 옷감에 특화하는 반면에 포르투갈은 가죽과 포도주에 특화하게 된다. 그리고 만일 '1' 이 가죽과 포도주의 막대그래프 중간에 있다면 포르투갈은 포도주에 특화하고, 영국은 다른 세 제품에 특화하게 된다. 당연히 '1' 은 옷감의 막대그래프 아래 또는 포도주의 막대그래프 위에 위치할 수 없다. 왜냐하면 이 같은 경우에는 한 국가가 다른 모든 제품에 대하여 비교우위를 가지게 되고, 교역상대국은 이윤을 확보하게끔 자국의 노동과 자본을 고용할 수 없게 된다. 이 같은 상황에서 모든 제품의 생산비용 측면에서 불리한 입장에 있는 국가에서는 임금과 자본에 대한 임대비용(rental rate)이 하락하게 된다. 따라서 만일 이 막대그래프가 균형 산출량을 나타낸다면, '1' 은 옷감의 막대그래프와 포도주의 막대그래프 중간 어딘가에 위치하게 된다.

이 분석은 자본의 상대적 비용이 저렴한 국가는 자본집약적 제품의 생

산에 특화하고, 노동의 상대적 비용이 낮은 국가는 노동집약적인 제품(덜 자본집약적 제품)에 특화하게 된다. 비교비용의 일련표(chain)[56]에서 분명한 구분은 정확한 특화 형태를 결정짓게 되지만, 특화 형태의 정성적인(qualitative) 특징은 리카도 무역모형의 유추와 마찬가지로 이 같은 구분의 위치결정과 독립적이라는 것이다. Dornbush, Fischer 그리고 Samuelson(1980)의 진정한 기여는 많은 재화와 고정된 지출구조를 가진 일반균형모형을 사용하여 헥셔-올린 모형을 분석함으로써 비교비용의 일련표에서 상대적 위치가 어떻게 결정되는가를 보다 구체적으로 보여주는 데 있다. 주목할 만한 다른 특징은 이 같은 일련표상의 구분은 두 국가에서의 '**상대적 요소보수**(relative factor rewards)' 를 동시에 결정한다는 점이다.

이 분석의 특징은 어떤 국가가 자본의 가장 낮은 비용을 가지고 있는가 하는 질문을 다시 부각시킨다는[57] 점이다. 무역흐름에 장애가 없다면 국제무역은 국가들 간에 상품의 가격을 일치시키게 한다. 따라서 만일 요소가격이 균등화되지 않는다면 노동에 비하여 자본의 부존도가 큰 국가는 상대적으로 낮은 자본에 대한 임대율(rental rate)과 높은 임금(wage rate)을 가지게 된다. 이 관점을 앞에서의 논쟁과 종합해서 분석하게 되면 포르투갈에 비하여 주어진 노동보다 주어진 자본이 많은 영국은 자본의 임대비용이 더 낮은 반면에 임금수준은 더 높게 된다. 그 결과 상대적으로 자본이 풍부한 영국은 자본집약적인 제품을 수출하는 반면

---

56) [역자 주] 여기서 'chain' 은 불연속함수(discrete function)가 아닌 연속함수(continuous function)라는 의미를 지닌다.

57) [역자 주] 본문에서 'beg the question' 은 문맥상 앞에서 논의는 했지만 구체적으로 어떤 국가가 가장 낮은 자본비용을 갖는가에 대한 설명이 부족하여 부연 설명하겠다는 뜻이다.

에, 상대적으로 노동이 풍부한 포르투갈은 노동집약적인 제품을 수출한다고 예측할 수 있다. 이 설명을 '헥셔-올린 이론'이라고 한다. 올린의 설명은 더 이상 명료하게 설명할 수 없을 정도로 명료하다.[58] "요약하면 특별하게 부족한 생산요소를 많이 사용하는 상품을 수입하고, 상대적으로 풍부한 생산요소를 많이 사용하는 상품을 수출하게 된다."(Ohlin, 1924, p. 90; Flam and Flanders, 1991)[59]

저자는 개방경제하에서 재화와 생산요소의 가격결정에 집중하여 분석한 반면에, 헥셔와 올린은 모든 국가가 외국무역에 참가하지 않는 자급자족(autarky) 경제[60] 또는 폐쇄경제하에서 재화와 생산요소의 가격결정에 대한 분석에 집중하였다. 주목할 만한 특징은 그들은 자급자족경제에서 자본의 상대적 비용이 낮은 국가는 자본집약재를 수출하고, 동일한 경제에서 노동의 상대적 비용이 낮은 국가는 노동집약재를 수출한다고 지적한다. 비록 두 가지 형태의 예측은 무역이 발생하기 전의 상황에 기초한 모형과 무역이 발생한 후의 상황에 기초한 모형이 언제나 동일하지는 않지만, 문헌에서 분명하게 설명한 넓은 상황의 집합에서는 일치하게 된다.[61]

---

58) [역자 주] 'transparent' 한 정도가 아니고, 'crystal-clear' 하다는 의미이다.

59) Ford(1982)는 국가들 간에 자본과 노동의 상대적 가격이 다를 경우에는, 헥셔-올린 모형이 리카도 모형의 기본되는 속성을 가질 때가 있다. 부문 간 상대적 노동소요량의 순위가 상대적인 비용과 일치하게 된다. 예를 들어, 모든 산업에서 노동과 자본 간에 대체탄력성의 값이 일정한 경우가 이에 해당된다. 이러한 상황에서는 리카도의 세계와 마찬가지로 상대적인 노동소요량이 지리적 또는 '자연적' 성격에 의하여 결정되지 않고 부문들 간에 걸쳐서 산출량 단위당 소요되는 자본의 변화에 의하여 결정된다.

60) [역자 주] '자급자족경제'는 '폐쇄경제'와 동일한 의미이고, '무역을 하는 정부'는 '개방경제'라는 뜻으로 사용된다.

61) 만일 요소집약도 역전이 있게 되면 사전 예측과 사후 예측은 일치하지 않을 수도 있다. 즉, 요소집약도에 의한 부문 간의 순서는 요소가격에 민감하다. 이 같은 상황에서

저자는 국가들 간에 요소가격이 상이하고 이 같은 차이가 상대비용의 순위를 가져오게 된다는 가설을 설정하고 무역구조를 논의하고 있다. 그렇지만 헥셔와 올린은 모두 외국무역에 대한 반응으로 요소가격이 수렴하게 되는 경향을 지적한다. 이러한 경향에 대하여 Samuelson(1948)의 연구를 시작으로 그 후의 학자들도 공식적으로 연구하기 시작하였다. 그들은 장애요인이 없는 국제무역은 교역상대국가들의 요소구성의 차이가 상당히 크지 않을 경우에는 무역이 요소가격을 균등하게 만든다고 주장한다. 이 발견은 '**요소가격균등화 이론**(Factor Price Equalization Theorem)'으로 알려져 있다. 더 나아가 모든 국가들이 동조적(homothetic) 선호를 가진 경우에는 각 국가들은 다른 국가들에 비하여 평균보다 충분하게 공급된 생산요소를 집중적으로 사용하는 제품을 수출하고, 각 국가들은 다른 국가들에 비하여 평균보다 희소하게 공급된 생산요소를 집중적으로 사용하는 제품을 수입하게 된다. 여기서 '동조적'이라 함은 국가들 간에 무역을 할 때 다양한 재화에 대한 소비자들의 지출이 소득에는 의존하지 않고 전적으로 가격에만 의존하는 경우를 뜻한다.[62)]

'요소가격균등화'는 국제무역의 신고전학파 이론의 발전에 중요한 역할을 하였다. 그러나 현실적으로 모든 국가에서 생산요소의 가격은 균등하지 않고, 임금과 같이 어떤 생산요소의 가격은 국가들 간에 커다란 차이가 있다. 따라서 요소가격균등화 모형은 현실의 모든 측면을 적절하게 반영하지 못한다는 것이 분명하다. 어떻든 더 중요한 질문은 헥셔–올

어떤 요소가격의 집합에서 결정된 요소집약도는 요소가격의 다른 집합에서 주어진 요소집약도와 다를 수도 있다. 이 주제에 대한 문헌의 검토는 Chipman(1966)을 참조하기 바람.

62) 이 중요한 결과를 단순하게 도출한 Dixit과 Norman(1980, 제4장), Helpman과 Krugman(1985, 제1장)을 참조하기 바람.

린의 요소부존도 이론이 세계무역의 구조를 적절하게 잘 반영하고 있는가에 있다.[63)]

판단을 구체화하기 위하여 먼저 요소가격균등화 정리에 대하여 중요한 정책시사점을 제시한 Leamer(1984)의 연구를 고려해 보자. 그는 다음과 같은 관점에서 문제를 전개한다. 모든 국가들이 언제라도 동일한 기술 풀(pool of technology)을 사용할 수 있고, 어떤 장소에 위치한 제조업자들도 동일한 요소가격에 직면하게 된다면, 산출량 단위당 사용된 생산요소의 구성은 동일해진다. 이 같은 상황에서 각 국가의 생산요소들의 완전고용을 확보할 수 있는 산출량 수준이 유일하게 결정될 경우에는 각 국가의 부문별 생산함수는 그들의 요소부존에 대하여 동일한 선형함수를 갖게 된다.[64)] 말하자면 각 국가들의 산출량 수준들은 생산요소의 부존도에 의하여 결정되고, 특정한 부문의 산출량에 대한 생산요소의 한계적 효과는 가죽제품의 경우 모든 국가들 간에 동일해야 한다. 후자는 만일 영국에서 노동 1단위를 추가할 경우에 영국의 가죽제품의 산출량은 5단위 증가하게 되고, 그리고 포르투갈에서 노동 1단위를 추가할 경우에 포르투갈의 산출량도 역시 5단위 증가하게 됨을 뜻한다. Leamer는 모든 국가들의 모든 부문에서 수출에서 수입을 차감한 순수출은 각 국가의 요소부존량의 선형함수라는 시사점을 도출하기 위하여 이 같은

63) 많은 경제모형들과 마찬가지로, 이 모형도 특정한 문제에 집중하고 다른 차원들에서 사실과 반대되는(counter-factual) 시사점들을 제시한다. 이 같은 경우에 큰 문제점은 그 모형이 집중하는 문제들에 대한 그 모형의 예측이 얼마나 확고한가에 달려 있다.

64) 이것은 부문별 숫자가 생산요소의 숫자와 동일해야 하고 그 결과 산출량 단위당 생산요소 소요량들이 부문 간에 독립적이어야 한다는 기술적 조건을 충족시킬 수 있는 방법으로 자료들을 구성할 것을 요구한다. Leamer(1984)는 정말로 그의 자료를 이 같은 방법으로 구성하였다.

표 2.1 자본, 광물 및 석유의 순수출에 미치는 한계효과 : 1975년의 경우

	자본	광물	석유
석유	−18.4	−0.4	0.6
원자재	−8.9	0.86	0.04
삼림제품	−1.7	0.53	0.08
열대농산물	−2.9	0.44	0.05
동물제품	−0.5	0.28	0.05
곡물	−4.5	0.97	0.24
노동집약적 제조업	1.9	−0.09	−0.07
자본집약적 제조업	17.9	−0.46	−0.17
기계류	29.1	−1.1	−0.27
화학제품	4.1	−0.15	−0.04

출처 : Leamer(1984, Table 6.1)

구체적 제약을 모든 국가가 동일한 지출구성(만일 어떤 국가가 소득의 10%를 음식비로 지출한다면 다른 모든 국가들도 동일하게 소득의 10%를 음식비로 지출한다.)을 보인다는 가정과 결합시킨다.[65] 이 같은 순수지출함수의 강한 특성은 생산함수의 계수들에 대한 측정을 쉽게 할 수 있게 한다. 〈표 2.1〉은 자본, 광물, 석유가 개별산업의 수출에 미치는 한

65) 저자는 부문별 자료를 집계하는 공통되는 수준들은 국가별로 동일한 산업 내에서 수입과 수출을 정리하기 때문에 무역흐름을 한 방향으로 나타내는 순수출을 관심이 있는 변수로 사용한다. 동일한 산업 내의 무역흐름에 대한 분석을 '산업 내 무역(intra-industry trade)'이라고 한다. 이 같은 쟁점들은 제4장에서 더 구체적으로 설명하게 된다. 현 단계에서는 어떤 국가가 수출이 수입보다 많은 경우에는 순수출이 플러스가 되고, 이와 반대로 수출이 수입보다 작은 경우에는 순수출이 마이너스가 된다고 이해하면 된다.

계효과를 보여준다.[66)]

〈표 2.1〉은 자본이 노동집약적 제조업, 자본집약적 제조업, 기계류, 화학제품 등 4개의 모든 제조업의 순수출에 대하여 긍정적 효과를 가져왔음을 보여준다. 동시에 자본은 석유, 원자재, 삼림제품, 열대농산물, 곡물과 같은 다른 사업에는 마이너스 효과를 가져왔다.[67)] 광물산업의 순수출에 대한 효과는 석유를 제외하고는 모두 반대방향으로 나타났다. 이것은 자본의 축적량이 큰 국가들은 제조업 제품에서는 순수출을 하고, 석유, 원자재, 농산물에서는 순수출을 작게 하는 반면에, 광물의 보유량이 많은 국가는 원자재와 농산물의 순수출이 많고, 석유와 제조업 제품의 순수출을 작게 하는 편이다. 〈표 2.1〉은 석유보유량이 큰 국가들은 광물의 보유량이 많은 국가들과 마찬가지로 제조업 제품의 순수출이 작고, 원자재와 농산물을 많이 수출한다. 석유보유량이 많은 국가들이 석유를 순수출하는 경우를 제외하고는 광물을 더 많이 보유한 국가들은 석유를 덜 수출한다.[68)]

이미 설명한 바와 같이 순수출함수의 선형성(linearity)은 선형 생산함수와 공통되는 지출구성이 결합한 결과이다. 이 두 가지 가정들은 모두 현실을 정확하게 묘사하는 것은 아니다. 비록 소비패턴(consump-

---

66) Leamer(1984)의 자료는 60개국과 11개의 생산요소를 포함한다. 이 같은 생산요소는 자본, 숙련도에 따른 세 가지 형태의 노동, 기후의 변화를 반영한 네 가지 형태의 토지, 석탄, 광물, 석유로 구성된다. 11번째의 부문은 국민총생산(GNP)의 나머지 부문으로 정의된다.

67) 우리들은 정확성의 상이한 정도를 가지고 측정된 이 같은 계수들의 크기에 대해서는 관심이 없고, 다만 계수들의 플러스 또는 마이너스와 같은 부호들에 관심이 있다.

68) Leamer(1984)는 자료의 점들을 비선형관계로 나타낼 수 있는 기계류와 화학제품을 제외하고는 모든 부문에서 선형관계가 모든 부문에서 좋은 측정임을 발견한다.

tion pattern)은 많은 국가 간에 유사하지만, 가난한 국가들과 부자 국가들 간에 상당히 큰 차이가 있다. 예를 들면, 1975년 부자 국가들인 오스트리아와 스위스는 소득의 약 20%를 식비로 사용하였다. 같은 해에 더 가난했던 인도와 필리핀은 소득의 반 이상을 식비로 사용하였다(Leamer, 1984, 표 1.6 참조). 이 같이 식비비율을 나타내는 숫자들은 잘 알려진 현상이다. 소득이 증가함에 따라서 가계의 예산에서 차지하는 식비의 비중은 감소한다. 말하자면 부자들은 가난한 사람들에 비하여 식비를 비례적으로 더 적게 사용한다. 1인당 국민소득에 대한 소득 차이의 결과 가계의 예산에서 차지하는 비중이 적어질 경우에는 소비선호도는 무역흐름과 별개의 독립적 근원이 될 수 있다. 그 이유를 알기 위해서는 가난한 국가가 부자 국가와 무역을 할 경우에는 음식에 대하여 비례하지 않을 정도로 큰 수요를 갖게 되기 때문에 가난한 국가의 무역은 요소부존도와 관계없이 음식수입에 대하여 편향된 수요가 크게 된다는 것을 주의해서 볼 필요가 있다. 유사한 논쟁들은 가계예산에서의 상대적 비중이 소득에 의존하는 제품들에 대하여 적용될 수 있다. Hunter(1991)는 무역에 대한 이 같은 선호도의 영향에 대하여 연구한 결과 선호도가 실제로 무역량의 상당한 부분을 설명할 수 있음을 발견하였다.[69)]

비록 Leamer의 선형 순수출함수들의 도출은 산출량 함수의 선형성을 요구하지만, 헥셔-올린 이론은 이 같은 제약을 필요로 하지 않는다.

---

69) Hunter의 모형(1991)에서 가계예산비중이 1인당 국민총생산에 의존하는 경우(즉, 선호도가 동조적이 아닌 경우)를 제외하고는 모든 국가 간에 동일한 선호도를 가정한다. 34개 국가의 11개 상품집계에 대하여 선형지출체계를 측정하였다. 동조적 선호로부터의 이탈에 의하여 야기된 무역의 크기를 측정하기 위하여 실제와 반대되는 경우에 대한 조사를 실시하였다. 이 조사의 결과는 동조적이 아닌 선호도에 의하여 발생하는 무역이 산업 간 무역흐름의 약 1/4 정도를 차지할 만큼 크다는 사실을 발견하였다.

그럼에도 불구하고 선형적 산출량 함수들은 많이 발견된다.[70] 산출량 수준에 대한 요소부존도의 한계적 효과는 단순히 두 산업과 두 생산요소의 관계에 대하여 처음으로 지적한 영국 경제학자의 명예를 위하여 흔히 '립진스키(Rybczynski) 계수' 라고 언급된다(Rybczynski, 1955 참조). 생산활동에 필요한 생산요소가 자본과 노동이라는 가정하에서 '립진스키 정리(Rybczynski Theorem)' 는 각 국가의 자본-노동 비율이 일정하다면 자본부존도의 증가는 자본집약 부문의 산출량을 과도하게 증가시키게 되고,[71] 노동집약 부문의 산출량을 과도하게 감소시키게 된다.[72] 마찬가지 이유로 노동력의 증가는 노동집약 부문의 산출량을 과도하게 증가시키고, 자본집약 부문의 산출량을 과도하게 감소시킨다. 다시 말하면 한 국가의 산출량 구성은 그 국가가 상대적으로 더 많은 요소부존도를 가진 생산요소를 집중적으로 사용하는 산업으로 편향되게(biased) 변화한다. 교역상대국 간에 소비패턴이 동일하다면 무역은 산출량 구성의 편향으로 인하여 발생하게 되고, 그렇기 때문에 헥셔-올린 이론이 제시하는 바와 같이 요소부존도의 상대적 차이 때문에 발생하게 된다.[73]

---

70) Leamer의 통찰력을 따라서 상당히 많은 연구들이 투입요소와 산출량 간의 선형적 관계를 검토하였다. 사례를 보기 위해서는 Harrigan(1995)과 Reeve(2006)를 참조하기 바람.

71) [역자 주] 쉽게 표현하면 자본집약산업의 산출량이 노동집약산업이 산출량보다 증가하게 된다. 즉, 기술진보가 중립적이 아니고 노동보다는 자본재를 더 사용하는 방향으로 편향된다는 주장이다.

72) [역자 주] 부문별 요소집약도 수준의 고정은 자주 상품 가격이 변하지 않고, 그 결과 생산요소의 가격도 변하지 않는다는 가정에서 유효하다. 다시 말하면, 만일 생산요소의 가격변동을 허용하게끔 가설을 완화시킬 경우에는 요소집약도 고정은 더 이상 유효한 이론이 될 수 없다.

73) [역자 주] 두 부문, 두 생산요소를 가진 생산함수에 대한 립진스키 이론, 헥셔-올린 이론, 그리고 많은 다른 결과들은 Jones(1965)에 의하여 가장 정교하게 발전되었다.

립진스키의 통찰력은 Jones와 Scheinkman(1977)에 의하여 많은 부문과 많은 생산요소를 포함할 수 있도록 확장되었다. 중요한 결과는 다른 모든 부문의 생산기술(산출량 단위당 생산요소의 구성 비율)을 고정시키고 요소부존도의 증가는 과도하게 어떤 산업의 산출량 증가를 가져오고, 과도하게 다른 산업의 산출량 감소를 가져온다. 단순한 두 부문 두 생산요소인 경우와 다르게 일반적인 경우에는 요소집약도에 의한 부문간의 순위를 설정하는 것은 불가능하다. 따라서 어떤 부문이 가장 자본집약적이고, 어떤 부문이 가장 비숙련 노동집약적이고, 어떤 부문이 세 번째로 가장 경작 가능한 토지집약적 산업인지 분명하게 구분하기가 어렵게 된다. 그렇지만 모든 생산요소가 다른 부문에서도 같이 사용되고, 요소부존도가 증가할 경우에는 산출량이 증가하게 되고, 모든 생산요소는 해당 생산요소의 사용이 확대될 경우에는 다른 생산요소의 사용을 축소시키기 때문에 다른 생산요소와는 적대 관계에 놓인다. '립진스키 계수'는 실증적으로 다음과 같은 속성을 지니고 있음을 시사한다. 〈표 2.1〉에서 생산요소가 무역의 흐름에 영향을 미치는 것과 마찬가지로 모든 생산요소는 어떤 산출량에 긍정적 효과를 가져오고, 다른 산출량에 부정적 효과를 가져온다. 이 같은 산출량 변화의 형태는 실제로[74] 실증적 분석에서 발견된다. 예를 들어, Fitzgerald와 Hallak (2004)은 자본, 숙련노동, 비숙련노동, 경작 가능한 토지의 립진스키 계수를 측정하였다. 그들은 자본은 목재제품과는 동지관계이고, 옷감 제품과는 적대관계인 반면에, 경작 가능한 토지는 비철금속과 동지관계이고 전기제품과는 적대관계임을 지적한다.[75]

---

74) [역자 주] 'indeed'는 강조하기 위하여 사용하기 때문에 강조용법으로 해석하는 것이 무난하다.

비록 여기에 묘사된 연구는 국제특화와 국제무역의 흥미가 있는 형태를 부각시켰지만, 헥셔-올린 이론을 직접적으로 검증하지 않고 있다. 헥셔-올린 이론에 따르면 모든 국가는 상대적으로 풍부한 생산요소를 집약적으로 사용하는 제품을 수출하고, 상대적으로 희소한 생산요소를 집약적으로 사용하는 제품을 수입한다. 분명히 이 같은 예측을 검증하기 위해서는 수입부문과 수출부문의 요소집약도를 설명할 수 있는 요소부존도가 무역흐름에 미치는 영향을 분석할 필요가 있지만, 이 마지막 영향 또는 요인은 위에서 언급한 논의에서 취급되지 않고 있다.

요소부존도와 요소집약도 그리고 무역 형태의 세 방향의 관계에 대한 직접적인 검증은 거의 발견하기가 어렵다. 그 결과 중요한 세 가지 방향의 관계를 사용하는 '**요소함유량**(factor content)' 이라는 대체적 분석방법이 수립되었다. 제품의 수출과 수입을 직접 분석하는 대신에, 올린의 논문에서 시작된 이 분석방법은 무역제품에서 체화된 수출제품과 수입제품에 포함된 추론된 요소함유량을 분석한다. 올린은 "각 지역은 다른 지역보다 낮은 비용으로 생산할 수 있는 재화의 생산에 종사하게 된다."고 서술한다. 다시 말하면, 생산에 소요되는 낮은 가격의 생산요소를 집중적으로 사용하는 재화의 생산에 특화하게 된다. 즉, 상대적으로 희소한 생산요소들을 대량으로 요구하는 상품들은 생산요소가 상대적으로 덜 희소한 지역으로부터 수입하게 된다. 따라서 간접적으로 풍부한 생산

75) [역자 주] Fitzgerald와 Hallak(2004)은 국가 간 생산성의 차이를 설명하지 않기 때문에 통상적인 립진스키 계수는 편향되어 있다고 지적한다. 이 같은 편향은 또한 대부분 제조업의 산출량 수준에서 자본은 긍정적 효과가 있게 되었다는 공통되는 발견을 설명한다.

요소들은 수출되고, 이와 반대로 희소한 생산요소들은 수입된다(Ohlin, 1924, p. 91). 올린 주장의 핵심[76]은 올린이 서술하는 제품의 국제무역은 생산요소 무역의 간접적인 수단이고, 또한 더 자세하게 설명하면 생산요소의 서비스[77]의 무역이라는 마지막 문장에 있다. 국가 간에 재화는 이동이 가능한 반면에, 생산요소의 이동이 가능하지 않을 경우에는 재화의 무역은 희소한 생산요소를 간접적으로 수입하고, 풍부한 생산요소를 간접적으로 수출하게 되는 생산요소 서비스 간의 간접적 교환을 가능하게 해 준다.

투입산출표(input-output table)를 발전시킨 레온티에프(Wassily Leontief)는 국제무역흐름에서 '요소함유량' 으로 알려진 실증적 분석의 잠재력을 인지한 첫 번째 학자이다. 1953년 미국철학학회(American Philosophical Society)에서 발표한 그의 논문에서 1947년 미국의 무역흐름에서 노동함유량(labor content)과 자본함유량(capital content)에 대하여 검토하였다(Leontief, 1953 참조). 레온티에프는 그의 투입산출표를 사용하여 1백만 달러의 가치에 해당되는 미국의 수출은 직접 또는 간접적으로 2,550,780달러 가치의 자본과 1년에 182.3인의 노동력이 체화되었다고 산출하였다. 다시 말하면, 미국 수출의 자본-노동비율은 1년의 노동력당 14,000달러에 가깝다. 같은 해에 미국의 투입산출표를 사용하여 레온티에프는 1백만 달러의 미국의 수입은 직접 또는 간접적

---

76) [역자 주] 저자는 'key' 라는 용어를 사용하였는데 문맥 흐름상 '핵심' 으로 해석할 수 있다. 보다 구체적으로는 올린 이론으로 정점되는 주장을 지적하는 표현이기도 하다.

77) [역자 주] 올린이 사용하는 'service' 는 은행, 운송, 보험, 로열티와 같은 3차 산업을 뜻하기보다는 생산요소를 산출물로 바꾸는 경제활동을 뜻한다고 보는 것이 타당하다.

으로 3,091,339달러 가치의 자본과 1년에 170인의 노동력이 체화되었다고 산출하였다. 그 결과 미국의 수입에서 체화된 자본-노동비율은 1년의 노동력당 18,000달러를 약간 초과함으로써 미국 수출의 자본-노동비율보다 아주 높게 나타났다. 이 같은 결과들은 제2차 세계대전 직후에 미국은 압도적으로 가장 높은 노동에 대한 자본의 비율을 가지고 있었고, 그렇기 때문에 자본집약적 재화를 수출하고, 노동집약적 재화를 수입하게 된다는 요소부존도 이론의 예측과 '반대되는' 것으로 평가될 수 있다. 이 발견은 **'레온티에프 역설**(Leontief Paradox)' 로 알려지게 되었다.

'레온티에프 역설' 을 논의하기에 앞서서, 우리는 Vanek(1968)에 의하여 가장 예리하게 공식화된 국제무역흐름의 생산요소 함유량에 대하여 더 바르게 이해할 필요가 있다. Vanek은 여러 국가와 많은 생산요소가 있는 경우를 가정하였다. 모든 국가는 동일한 규모에 대한 수익이 불변이라는 생산함수를 사용할 수 있고(즉, 모든 생산요소를 비례적으로 증가시키게 되면 산출량도 생산요소와 동일한 비율로 증가하는 기술), 모든 소비자들은 동일한 상대가격에 직면하여 동일한 소비구성을 선택한다(모든 소비자들은 동일한 동조선호를 가지고 있다.). 국가들은 장애요인이 없이 교류를 하고, 요소가격은 결국 동일하게 된다.[78] 그 결과 산출량 단위당 생산요소 투입량은 모든 국가 간에 동일하다. 이것이 뜻하는 것은 미국에서 옷감 한 단위를 생산하기 위하여 사용되는 생산요소투입의 구성은 영국, 포르투갈, 프랑스 또는 다른 어떤 국가에서도 옷감 한

78) 요소가격균등화의 가정은 강하다. 그것은 생산요소의 구성이 국가들 간에 크게 다르지 않다는 가정을 필요로 하고, 나중에 설명하게 될 바와 같이 내재된 가정은 요소함유량(factor content) 분석에 대하여 특히 강한 시사점을 가지고 있다.

단위를 생산하기 위하여 사용되는 생산요소투입과 동일하다. 이 같은 요소투입량은 부문 간에 걸쳐서 다를 수 있지만, 주어진 산업에서 요소투입량은 국가 간에 다르지 않다. 이 경우 모든 국가들은 동일한 투입산출표를 갖게 된다.

동일한 투입산출표와 동일한 요소부존도의 가정이 현실세계의 자료와 부합되지 않는 것은 당연하다고 할 수도 있다. 국가 간에 걸쳐서 임금과 자본의 임대율이 다를 뿐만 아니라, 국가 간에 경제발전단계가 유사한 OECD 국가들 간에도 투입산출표는 다르다(Traffer, 1993; Jakura, 2001 참조). 선진공업국과 개발도상국 간에 투입산출표의 격차는 더 크게 부각된다. 그럼에도 불구하고 Vanek의 체계는 이용 가능한 주어진 자료의 집합을 가지고 분명한 정책 시사점들을 검증할 수 있다는 점에서 여전히 유용하다. 특히 Vanek의 체계는 유일하게 무역흐름의 요소함유량을 예측할 수 있다.[79] 어떻게 예측할 수 있는가에 대한 설명은 다음과 같다.

모든 국가들이 주어진 산출량을 생산하기 위하여 동일한 생산요소를 사용하기 때문에 우리는 한 국가의 수입과 수출의 요소함유량을 계산하기 위하여 투입산출표의 공통되는 계수들을 사용할 수 있다. 예를 들어, 생산활동에서 토지와 자본을 집약적으로 사용하는 밀과 옷감을 고려해보자. 우리는 밀의 단위당 사용된 토지에다 밀의 수출을 곱한 금액과 옷감의 단위당 사용된 토지에다 옷감의 수출을 곱한 금액을 합함으로써 미국이 밀과 옷감을 수출하는 데 체화된 토지 서비스의 총금액을 계산할

---

79) 이 같은 예측은 요소가격균등화가 유지되는 한 기초적 생산요소의 숫자나 또는 생산부문의 숫자에 의존하지 않게 된다. 그렇지만 생산요소보다 더 많은 재화가 있을수록 요소가격균등화에 더 가깝게 수렴한다고 볼 수 있다.

수 있다. 우리는 동일한 방법을 사용하여 밀과 옷감의 수출에 체화된 자본 서비스의 총금액을 산출할 수 있다. 즉, 밀의 단위당 사용된 자본에다 밀의 수출을 곱한 금액과 옷감의 단위당 사용된 자본에다 옷감의 수출을 곱한 금액을 합함으로써 미국이 밀과 옷감을 수출하는 데 체화된 자본 서비스의 총금액을 계산할 수 있다. 더 일반적으로 우리는 전 부문에 걸쳐서 산출량 단위당 사용된 토지사용에다 수출을 곱함으로써 미국의 수출에 사용된 토지의 총금액을 산출할 수 있고, 전 부문에 걸쳐서 산출량 단위당 사용된 자본에다 수출을 곱함으로써 미국의 수출에 사용된 자본의 총금액을 산출할 수 있다. 우리는 동일한 계산방법을 사용하여 어떤 국가경제의 수출에 사용된 모든 생산요소의 총금액을 산출할 수 있다. 우리는 또한 동일한 절차를 따라서 미국 수입에 대한 요소함유량을 산출할 수 있다. 수출의 요소함유량과 수입의 요소함유량 간의 차이는 미국 순수출의 요소함유량 측정치를 산출하게 해 준다. 인적 자본과 같이 특정 생산요소가 플러스 값을 갖게 되면 미국은 생산요소의 서비스를 순수출을 하였음을 암시한다. 그리고 이 같은 특정 생산요소가 마이너스의 값을 갖게 되면 미국은 생산요소의 서비스를 순수입하였음을 암시한다. 이 같은 계산방법은 모든 제품의 수입과 수출에 체화된 생산요소 서비스의 순흐름(net flows)을 나타낸다.

무역흐름과 기술에 대한 정보는 부분별 요소집약도를 포함한 순수출의 요소함유량 계산에 포함된다. Vanek의 핵심 공헌은 이 같은 모형의 가설하에서 순수출의 요소함유량은 해당 국가의 요소부존도와 세계 요소부존도의 **비례적인 점유율**(pro rata share)과의 차이와 일치해야 함을 보여준 것이다. 미국의 경우를 예로 들면 미국의 지출이 전 세계 지출의 25%라고 하면, 미국의 순수출의 경작 가능한 토지의 함유량은 미국의 경작 가능한 토지의 요소부존도에서 전 세계의 경작 가능한 토지의 함유량의 1/4을 차감한 값과 일치해야만 한다. 같은 맥락에서 미국 순수출의 비숙련노동의 함유량은 미국의 비숙련노동의 요소부존도에서 전 세계 비숙련노동의 요소부존도의 1/4을 차감한 값과 일치해야 하고, 이 같은 산출방식은 다른 생산요소의 순수출 분석에도 동일하게 적용할 수 있다. 그리고 이 같은 관계의 탁월한 집합은 모든 국가의 모든 요소부존도 분석을 충족시킬 수 있다.

Vanek 등식에 내재된 논리는 다음과 같다. 제품의 순수출은 국내생산에서 국내소비를 차감한 금액과 일치한다.[80] 따라서 순수출의 요소함유량은 국내생산의 요소함유량에서 국내소비의 요소함유량을 차감한 금액과 일치해야 한다. 완전고용의 경제에서 국내생산의 요소함유량은 경제의 요소부존도와 일치하게 된다. 그 결과 순수출의 요소함유량은 국내의 요소부존도에서 국내소비의 요소부존도를 차감한 금액과 일치하게 된다. 그리고 소비함수가 동조적이라면 모든 국가들은 동일한 소비구조를 갖게 된다. 따라서 모든 국가에서 산출량 단위당 동일한 생산요소를 사용한다는 가정하에서 한 국가소비에서 구체화된 생산요소의 '구성(composition)'은 모든 국가 간에 동일하게 되고, 유일한 차이는 소비의 규모에서 야기될 수 있다. 어떤 국가들은 다른 국가들보다 더 많이 소비하기 때문에 더 많은 생산요소가 비례적으로 그들의 소비에 체화된다. 그 결과 각 국가들의 소비의 요소함유량은 전 세계의 요소부존도의 일부를 구성하게 되고, 이 일부는 총세계지출에서 그 국가의 비중과 일치하게 된다. 이것이 Vanek의 등식이다.

---

80) 소비 대신에 우리는 소비, 투자와 정부지출로 구성된 국내총자원사용량을 사용한다. 설명을 명확하게 하기 위하여 저자는 소비라는 용어를 사용한다.

Vanek의 등식들은 요소비율이론에서 중요한 역할을 하는 세 가지 요인인 요소부존도와 요소집약도, 무역흐름을 모두 연관시켜서 나타내고 있다.[81] 이 같은 이유에서 Vanek의 등식들은 이론을 검증하기 위하여 편리한 분석방법을 제시한다. Leamer(1980)는 레온티에프의 자료들을 재검토하기 위하여 Vanek 등식을 사용하였다. 그는 무역수지가 균형이거나, 아니면 거의 균형에 가까울 때 어떤 투입요소의 순수출의 요소함유량이 플러스 또는 마이너스가 된다고 지적하였다. 다시 말하면, 어떤 생산요소의 서비스는 순수출이 되는 반면에, 다른 생산요소의 서비스는 순수입이 된다. 자본과 노동이라는 두 가지 생산요소만 있는 경우에는 만일 노동 서비스의 순수출이 있게 되면 자본 서비스의 순수입이 있게 된다. 이와 반대로 노동 서비스의 순수입이 있게 되면 자본 서비스의 순수출이 있게 된다. 전자와 같이 노동 서비스의 순수출이 있는 경우에는 수출에 체화된 자본-노동비율이 수입에 체화된 자본-노동비율보다 작아진다. 그리고 후자와 같이 노동 서비스에 순수입이 있는 경우에는 수출에 체화된 자본-노동비율이 수입에 체화된 자본-노동비율보다 커진다. 그 결과 레온티에프의 계산은 만일 노동과 자본만이 생산활동에 필요한 두 가지 생산요소라면 1947년에 미국은 자본이 풍부하다는 가정과 상반된다. 노동과 자본만이 생산활동에 필요한 두 가지 생산요소가 될 수는 없다는 것은 당연하다. 토지와 자연자원의 다양성 이외에도 노동도 숙련된 노동, 비숙련노동으로 나누어지고, 자본도 다시 기계와 구조로 나누어진다. 그렇기 때문에 노동과 자본 두 가지 생산요소 중의 하나가 순수출이 되고, 다른 하나는 순수입이 되어야 할 필요는 없어진다. 정말

---

81) [역자 주] 연관된 변수를 모두 내생변수화(endogenous variable)시켰다는 지적이다.

로 레온티에프의 자료에서는 미국은 1년에 230억 달러에 달하는 자본을 순수출하고, 1년에 20억 달러에 달하는 노동을 수출하였다. 말하자면 미국은 자본과 노동 모두를 수출하였다. 자본과 노동을 모두 순수출한 미국은 수입에서의 자본-노동비율이 수출에서의 자본-노동비율보다 높더라도 만일 노동의 순수출에 대한 자본의 순수출 비율이 국내소비에서 체화된 노동에 대한 자본의 비율보다 크다면 자본이 풍부한 국가로 분류될 수 있다. Leamer는 순노동수출에 대한 순자본수출의 비율이 1년에 1인당 12,000달러인 반면에, 국내소비에 대한 자본-노동비율은 1년에 1인당 7,000달러에 가깝다고 계산하였다. 이 같은 Leamer의 계산은 바로 위의 조건을 충족시킨다. 따라서 레온티에프의 발견은 역설적이지 않게 된다.[82] 미국은 1947년에 노동에 대한 자본비율이 수출에 비하여 수입이 더 높았음에도 불구하고 자본풍부국으로 분류될 수 있다.[83]

Leamer의 분석은 이론이 자료를 해석하는 데 어떻게 사용되는가를 지적하였지만, 요소비율이론에 대한 검증을 제공하지는 않았다. 이론이 정확하다는 지속되는 가설하에서 그는 미국이 1947년에 자본이 풍부하다는 관념을 가지고 레온티에프의 주장을 바로잡을 수 있는 조건들을 도출하였다. 어떻든 이론을 검증하기 위하여 순수출의 요소함유량의 변화와 대응되게 Vanek의 요소부존도에 대한 측정도구(말하자면 한 국가의 요소부존도와 세계 요소부존도의 비례적 점유율[84] 간의 차이)에 변화를

82) [역자 주] 즉, 헥셔-올린 이론은 다시 원래의 이론적 위치를 되찾게 되었다는 지적이다.

83) 판명된 바와 같이, 1947년 미국 투입산출표의 자료에서 다른 관계들은 미국이 자본이 풍부한 국가라는 가설과 일치하지 않는다. Brecher와 Choudhri(1982)와 Vanek의 등식에 대한 실증적 분석을 한 그 후의 논의들을 참조하기 바란다.

84) [역자 주] 'pro rata share' 를 뜻한다. 반비례 관계를 설명할 때 직각쌍곡선을 사용하

가져올 필요가 있다. 이 같은 검증을 위하여 우리는 국가들의 충분한 표본에 대한 무역흐름과 요소부존도에 대한 자료를 필요로 한다. Bowen, Leamer, 그리고 Sveikauskas(1987)는 이 같은 형태의 검증을 처음으로 시도하였다. 그들은 1967년에 순수출의 요소함유량과 요소집약도 지표를 측정하기 위하여 미국의 투입산출표를 공통되는 기술 매트릭스로 사용하여 12개의 생산요소와 27개국에 대한 자료를 분석하였다. 그들은 순수출의 요소함유량과 요소집약도 지표 간에 관계가 확고하지 않음을 발견하였다. 요소함유량의 부호와 요소부존도의 부호가 대응될 수 있거나(말하자면 요소부존도가 플러스일 때 요소함유량도 플러스이거나 또는 요소부존도가 마이너스일 때 요소함유량도 마이너스인 상관관계), 아니면 그들에게 비슷하게 순위를 부여하는 정도에 대하여 분석하는 정교하지 않은 검증들은 좋은 결과가 없었다. 부호에 대한 실증적 분석은 표본의 1/3 정도 위배되었고, 순위 부여 분석은 1/2 정도가 위배되었다. 다시 말하자면, Vanek의 등식들은 이 같은 자료에 잘 부합되지 않는 것으로 판명된다.

Trefler(1995)는 1983년에 33개국과 9개의 생산요소로 구성되는 자료집합에 대하여 Bowen, Leamer, 그리고 Sveikauskasd의 분석을 반복하였으나 동일한 결론에 도달하였다. 그렇지만 그는 요소함유량과 요소부존도 지표 간에 대응되지 않는 근본적인 원인들을 확인하였다. 첫째, 요소함유량 지표는 요소부존도 지표와 비교하여 절대값 측면에서 체계적으로 너무 작다. 이것은 요소부존도의 차이에 의하여 예측되는 무역

듯이, 정비례관계를 설명할 때에는 원점을 통과하는 직선을 그리게 된다. 'pro rate'는 전형적인 비례관계를 나타낼 때 사용된다.

은, '**상실된 무역**(missing trade)' 으로 알려진 현상과 같이, 관찰되는 요소 서비스 무역을 크게 초과한다. 둘째, 가난한 국가의 요소부존도 지표들은 부자 국가들에 비하여 순수출의 요소함유량을 과대 예측한다. 그 결과 가난한 국가들은 부유한 국가들에 비하여 충분하지 않은 요소함유량을 수출하는 것처럼 나타나고, 이와 반대로 너무나 많은 요소함유량을 수입하는 것처럼 나타난다. 마지막으로, 가난한 국가들은 부자 국가들에 비하여 생산요소가 더 많이 풍족하게 나타난다. 이 같은 발견들은 이론적 모형의 가정들과 반대되게 국가들 간에 생산성 수준에 차이가 있을 수도 있음을 암시한다. 만일 개발도상국들이 선진공업국에 비하여 생산성에서 뒤처진다면, 요소부존도의 표준적 지표들은 선진공업국에 비하여 개발도상국 실제로 소요되는 요소부존도를 과대평가하게 된다. 이 같은 과대평가는 자료의 두 번째와 세 번째의 특징을 설명할 수 있다. 다시 말하면, 모든 국가들이 동일한 기술 풀(technology pool)을 사용할 수 있다는 가정은 너무 강하다. 실제로, 많은 실증적 분석이 국가들 간에 총요소생산성(TFP)이 크게 다름을 보여준다(Dollar and Wolff, 1993; Helpman, 2004 참조). 경제발전수준이 비슷한 국가들에 해당되는 선진공업국 7개국 간에도 총요소생산성은 상당히 큰 폭으로 다르다(Helpman, 2004).[85)]

Trefler(1995)는 생산성의 차이들을 설명하는 능력을 조사하기 위하여 Vanek 등식으로부터 2개의 수정된 모형들을 발전시켰다. 그는 수정

85) [역자 주] 자동차산업에서 미국의 GM과 일본의 Toyota를 비교해 보면 총요소생산성의 차이를 쉽게 설명할 수 있다. 1988년에 미국 GM의 산출량을 100으로 볼 때 일본 Toyota의 산출량은 40이었다. 그러나 Toyota는 'lean and green' 이라는 캐치프레이즈를 내걸고 적기조달체제와 환경기술을 발달시키면서 2005년에 GM을 추월하고 글로벌 챔피언이 되었다.

된 첫 번째 모형에서 국가들 간에 '**힉스 중립적**(Hicks-neutral)' 총요소생산성의 차이들을 허용하였다. 즉, 그는 각 국가마다 생산요소를 고용하는 효율성에서 비례적인 형태로 다른 것을 인정하였다. 이것은 만일 미국이 이탈리아보다 어떤 특정한 생산요소의 조합을 사용하여 산출량을 20% 더 생산할 수 있다는 의미에서 미국이 이탈리아보다 20% 더 효율적이라면, 미국은 또한 생산요소들의 모든 가능한 조합의 사용에서도 이탈리아보다 20% 효율적임을 뜻한다. 그는 두 번째 수정된 모형에서 국가들을 일인당 국민소득이 높은 국가들로 구성된 북부지역(North)과 가난한 국가들로 구성된 남부지역(South)의 2개의 집합으로 구분하였다.[86] 북부에 위치한 부자 국가들은 미국과 동일한 수준의 공통되는 기술을 보유하였다. 미국 기술에 비하여 그들의 기술이 생산요소 편향된 형태인 점을 제외하고는, 남부에 위치한 가난한 국가들도 역시 공통되는 기술을 보유하지만 북부에 비하여 모든 생산요소들은 상당히 다른 정도로 덜 생산적이다. 이것은 남부에 위치한 개발도상국의 고등학교 졸업자가 2시간 소요되는 작업을 미국에서의 고등학교 졸업자는 1시간 소요해서 할 수 있음을 뜻하고, 2 : 1의 비율은 또한 다른 모든 남부에 위치한 국가들의 고등학교 졸업자에게도 적용된다. 더 나아가 북부와 남부 고등학교 졸업자의 생산성의 차이의 비율은 대학졸업자들에게도 적용될 수 있음을 뜻한다. 예를 들어, 북부의 대학 졸업자가 1시간 걸려서 할 수 있는 작업량을 남부의 대학 졸업자는 3시간 걸려서 할 수 있는 경우를 가정할 수 있다. 이 같은 상황에서도 만일 모든 생산요소의 '효과적인' 단위들을 적용할 수만 있다면 요소가격균등화 이론은 여전히 유효할 수 있다.

86) [역자 주] "이탈리아는 풍부한 북부와 가난한 남부로 알려져 있다."라는 문장과 같은 뜻이다. Italy is famous for its affulent North and imporverished South.

고등학교 졸업자들의 사례에서 효과적인 단위에 기초한 요소가격균등화 이론은 남부의 고등학교 졸업자들은 북구의 고등학교 졸업자에 비하여 임금수준이 1/2에 지나지 않음을 시사한다.[87)]

Trefler는 수정된 2개의 모형들을 측정함으로써 '힉스 중립적' 모형이 더 좋은 결과를 가져옴을 발견하였다. 이 같이 수정된 모형을 사용함으로써 요소함유량 지표와 요소부존도 지표 간에 대응되지 않는 점은 크게 감소하였지만 그럼에도 불구하고 상당히 큰 편이다. 다시 말하면, 기술의 차이는 자료를 해석하는 데 도움을 주었지만 '상실된 무역(missing trade)'[88)]을 제거하는 데는 충분하지 않음을 보여준다.

이 같은 연구를 하는 과정에서 이론적 모형에서 구체화된 가정들이 자료를 분석하기에는 너무 강하다는 것이 분명해졌다. Trefler(1995)는 우리가 연구를 타당하게 진행하기 위해서는 적어도 국가들 간에 총요소생산성에서 비례적인 차이들을 허용해야 한다고 제안하는 반면에, Hakura(2001)는 (순수출이 아닌) 수출의 요소함유량을 산출하기 위하여 개별 국가의 투입산출표들을 사용하게 되면 자료의 적합성을 크게 개선할 수 있다고 제안한다.

---

87) Trefler(1993)는 수정된 Vanek의 등식들이 정확하게 유효하다고 가정하는 모형을 사용하여 국가별로 요소편향적인 기술차이를 측정한다. 그는 노동생산력의 결과적 측정치들은 임금과 상당히 높게 상관되어 있고, 자본생산력의 결과적 측정치들은 자본비용들과 상당히 높게 상관되어 있음을 보여준다.

88) [역자 주] 시장의 실패를 미시경제학에서 'missing market'이라고 표현할 때도 있다. 'missing market'은 상대가격의 변화에 따라서 자원배분이 효율적으로 작동하는 개념의 반대개념이다. 여기서 'missing trade'는 헥셔-올린 이론의 양 축에 해당되는 요소부존도 이론과 요소가격균등화 이론 간에 대응되지 않는 경우를 뜻한다. 'missing market'의 크기가 작아질수록 'market'이 작동하는 영역이 확대되는 것과 마찬가지로, 'missing trade'의 크기가 작아질수록 헥셔-올린 이론의 설명력은 증가하게 된다.

국가들 간에 산출량 단위당 생산요소 사용의 차이들은 기술의 변화와 요소가격의 변화라는 두 가지 요인으로부터 야기될 수 있다. 두 가지 요인은 모두 잠재적으로 중요하다. 정말로 Trefler가 자료에서 발견한 것처럼 요소가격의 차이는 순수출의 요소함유량을 0에 가깝게 편향되게 할 수도 있다. 왜 이런 편향이 야기되는가를 이해하기 위하여 노동과 자본이라는 생산요소가 있고, 미국과 같이 다른 국가에 비하여 자본은 상대적으로 싸고, 노동은 상대적으로 비싸다고 가정하자. 그러면 미국의 투입산출표를 사용하여 요소함유량에 대한 계산은 미국의 정확한 지표를 제공한다. 그러나 미국의 투입산출표를 사용하여 미국이 수입의 요소함유량을 산출하게 되면 다른 국가들은 생산요소의 가격차이들로 인하여 자본을 덜 사용하고, 노동을 더 사용하기 때문에 편향된 지표를 제공하게 된다. 그 결과 미국의 투입산출표로부터 도출된 미국 순수출의 요소함유량의 추정치는 자본함유량을 과소평가하는 반면에 노동함유량을 과대평가하게 된다. 이 같은 상황에서 미국의 수출은 요소부존도 지표에 비하여 너무나 작은 크기의 자본을 수출하고, 동시에 너무나 작은 크기의 노동을 수입하는 것 같이 나타나게 된다. Davis와 Weinstein (2001)은 국가들 간에 노동과 자본의 이용 가능성의 차이가 요소함유량 지표에 주는 영향을 바르게 잡는 것은 요소함유량 지표들이 요소부존도 지표들과 대응됨을 크게 개선한다고 지적하였다.[89] 더 나아가 **중간재**와 **비교역재**의 존재에 대한 설명도 모형의 적합성을 개선한다. 간추려서 말하면, '힉스 중립적' 기술의 차이들, 요소가격에 대한 요소부존도의

89) [역자 주] 요소함유량 지표와 요소부존도 지표 간의 상관계수가 크게 개선될 수 있다는 지적이다.

영향과 그로 인한 중간재 투입요소와 비교역재에 대한 투입-산출 계수들의 변화에 대한 고려는 종합적으로 자료를 더 타당하게 설명하는 데 기여한다.[90)]

---

90) Davis, Weinstein, Bradford, 그리고 Shimpo(1977)는 일본의 지역 간 무역에서 요소함유량을 설명하기 위하여 투입-산출표 계수들의 차이가 필요하지 않음을 발견한다. 이 같은 발견은 생산요소가격은 국가 간에 비하여 지역 간에 더 유사하다는 견해와 일치한다.

제3장

무역으로 이익을 얻는 사람들과 손해를 입는 사람들

스미스와 리카도는 특화와 무역은 교환을 하는 모든 당사자에게 이익을 발생시킨다고 믿었다. 특히 리카도는 무역제한 조치는 피해를 가져온다는 것을 주장하면서 이러한 견해를 국가로 확대하였다. 그의 최고 걸작인 『정치경제와 과세의 원리(*The Principles of Political Economy and Taxation*)』가 출판되기 2년여 전에 그는 1815년에 귀족적 지주계층에 의해 영국 의회에서 통과된 보호무역주의자의 주요 법률인 **곡물법**(Corn Laws)[91]과 관련된 논쟁에 관여되어 있었다.[92] 사실 리카도는 자유무역의 이익을 설명하기 위하여 '비교우위이론' 을 발전시켰다.

옷감과 포도주 무역에 대한 리카도의 사례를 상기해 보자. 영국은 포

91) [역자 주] 곡물법은 영국의 지주계층이 농산물을 비싸게 판매하기 위하여 대륙으로부터 농산물이 싼 가격으로 수입되는 것을 막기 위하여 제정되었다. 리카도는 자본축적과 기술진보를 위하여 이 법의 철폐를 주장하였고, 이 과정에서 비교우위이론을 발전시켰다.

92) 이 법은 영국이 자유무역정책을 실시한 1846년에 철폐되었다.

르투갈에서 생산하기 위해서는 단지 1년에 90명의 노동자가 필요한 일정량의 옷감을 생산하기 위해서는 1년에 100명의 노동자가 필요하다. 그리고 영국은 포르투갈에서 단지 1년에 80명의 노동자가 필요한 일정량의 포도주를 생산하기 위해서는 1년에 120명의 노동자가 필요하다. 구체적으로 설명하기 위하여, 사례에서 생산된 옷감의 양은 100단위 그리고 포도주의 양은 120단위라고 측정 단위를 선택해서 살펴보자. 두 재화의 생산에서 단위당 산출물에 사용되는 노동력은 일정하기 때문에, 이는 영국 노동자는 1년에 1단위의 옷감이나 1단위의 포도주를 생산할 수 있는 반면, 포르투갈 노동자는 1년에 10/9 단위의 옷감이나 1.5단위의 포도주를 생산할 수 있다는 것을 의미한다. 따라서 영국은 1년에 소요되는 노동자를 옷감 생산에서 포도주 생산으로 이동시킴으로써 1단위의 옷감을 1단위의 포도주로 전환할 수 있으며, 반면에 포르투갈은 1년에 소요되는 9/10의 노동자를 의류에서 포도주 생산으로 이동시킴으로써 1단위의 옷감을 1.35단위의 포도주와 전환할 수 있다. 이러한 상황에서 두 국가가 무역을 하지 않을 경우에 영국에서의 옷감 가격은 포도주의 가격과 같으며, 포르투갈에서의 옷감 가격은 포도주 가격의 35%까지 초과한다. 그리고 두 국가가 서로 무역을 할 때 옷감의 가격은 적어도 포도주의 가격까지 높아지지만 35%를 초과하지 않게 된다.

이 같은 과정을 쉽게 설명하기 위하여, 두 국가가 무역을 할 경우에 옷감의 가격이 포도주의 가격을 20%까지 초과한다고 가정해 보자. 무역에서 얻는 이익에 대한 이면의 이유들은 다음과 같이 설명될 수 있다. 영국이 무역을 하지 않을 때, 영국은 일정량의 옷감과 포도주를 생산하며 포도주는 옷감과 동등하게 비싼 상태이다. 무역을 개시함으로써 영국은 옷감 생산에 특화할 수 있으며 포르투갈로부터 영국이 필요로 하는 포도주 전부를 살 수 있다. 특히 영국이 자급자족(autarky)[93] 상태에서 소비하던 모든 옷감을 가지고 있고, 남은 산출물을 포르투갈에 판매한다고 가정해 보자. 포르투갈과의 교환에서 옷감은 포도주보다 20% 이상 비용이 소요되기 때문에, 영국은 자급자족 상태에서 자국의 노동자들이 생산했던 것보다 1.2배 이상의 포도주를 포르투갈로부터 얻게 된다. 이러한 경우에 영국인들은 자급자족 상태에서 소유해 왔던 똑같은 양의 옷감 소비를 향유하고 더 많은 포도주를 마시게 된다. 더 나아가 위에서 언급된 것보다 적은 양의 옷감을 포르투갈에 판매함으로써, 영국인들은 더 많은 포도주와 더 많은 옷감을 소비할 수 있다. 즉, 포르투갈과의 무역은 자급자족 상태의 소비수준을 능가하는 **소비가능곡선**을 이용할 수 있게 허용한다. 자급자족경제의 소비조합 근처에서 소비가능곡선의 확장은 무역에서 얻게 되는 이익의 핵심이며, 이는 보다 복잡한 생산 구조의 경제에서도 일반화된다. 비슷한 논리가 포도주에 특화한 포르투갈에도 적용되며, 포르투갈도 자급자족경제의 소비수준보다 더 많은 옷감과 더 많은 포도주를 산출하는 소비가능곡선을 실현할 수 있게 된다. 더 일반적으로 말하면, 무역은 국가들이 비교우위에 따라 특화를 할 때 더 나은 소비가능곡선을 산출한다.

논의를 완결하기 위해서는 보다 나은 소비가능곡선이 무역이익을 가져준다는 것을 보여줄 필요가 있다. 즉, 한 국가는 보다 높은 후생 수준을 산출하는 소비 기회들을 국가 스스로 이용할 때 보다 낮은 후생 수준을 가질 수는 없다. 그들은 좋은 기회들을 놓친 것을 상상할 수 없기 때

93) [역자 주] 자급자족은 무인도의 Robinson Cruso와 같이 혼자 있는 경우에는 가능하다. 국제경제학에서 자급자족은 해외부문이 없는 개방경제(open economy)에 반대되는 폐쇄경제(closed economy)를 뜻한다.

문에 비록 이 부분에 대한 논의는 일부 사람들에게 사소한 것처럼 인식될 수 있지만, 이것은 실제로 결코 명백한 것만은 아니다. 첫째, 이 논의는 국가의 후생이 우리에게 무엇을 의미하는지에 대한 명확한 설명이 필요하다. 둘째, 그것을 증명하기 위해서는 가장 간단한 경우라고 할지라도 약간의 깊은 경제적 통찰력이 요구된다. 그 이유는 생산적인 자원, 소득수준, 그리고 소비 기회의 분배는 모두 '시장의 힘'에 의해 결정되기 때문이다. 이러한 이유 때문에 선호되는 산출물이 이용 가능하게 될 것인가뿐만 아니라 그들이 시장의 힘에 의해서 산출될 수 있는가가 문제가 된다(제4장 참조).

이 장의 나머지 부분에서는 무역으로 이익을 보는 자(gainers)와 손해를 보는 자(losers) 사이의 **분배적 갈등**(distributional conflict)들을 강조하면서 좀 더 구체적으로 이 문제에 대하여 논의하고자 한다. 그러나 이러한 갈등들을 분석하기 전에 분배적 고려를 하지 않는 경제에 대하여 무역으로부터 발생하는 이익에 대한 일반적인 결론들을 설명하고자 한다.

3.1 분배적 갈등이 없는 경우

자급자족 상태에 있는 국가를 고려해 보자. 상업을 하지 않고 자급자족을 한 결과[94] 모든 제품에서 국내소비는 국내생산과 일치하게 된다. 산출량 수준은 다양한 경제활동에 대한 생산자원의 배분과 해당 국가의 기술적 노하우(technological know-how)와 결합하는 생산자원의 고용에 의해 결정된다.[95] 우리는 산출량 수준에서 재화의 특성, 선호도, 생산

94) [역자 주] 'isolation or commerce'에서 고립을 선택한 경우에 해당되는 표현이다.

요소 또는 기술에 대하여 아무런 제약을 부과하지 않는다.

그다음 단계로 다른 국가들과 무역을 할 기회가 발생하였다고 가정하자. 첫 번째 질문은 이 같은 기회가 소비 가능의 크기를 자급자족경제의 소비수준에 근접하게 확대하는지 여부에 대한 것이다. 이 목적을 위하여 생산 기회와 개별적 선호도에 대하여 모든 관계되는 정보를 확보한 중앙기구[96]가 해당 국가의 경제를 통제한다고 가정하자. 그 후에 이 기구는 다른 국가와 무역을 하지 않기로 폐쇄적 대외정책을 선택할 뿐만 아니라, 자급자족경제에서 각 개인이 가지고 있는 소비의 묶음(bundling)과 고용의무를 모든 개인들에게 임의로 할당할 수 있다고 가정하자. 분명히 이 같은 자급자족 상태에서 무역을 하는 상태로의 이동은 모든 개인의 처지를 개선시켜 준다. 다시 말하면, 무역의 기회는 자급자족의 기회를 포함한다.[97]

자급자족경제에서 개방경제로의 전환을 시도하면서 중앙정부는 두 가지 선택을 모색하게 된다. 첫 번째 방안은 중앙정부가 자급자족 상태에서의 고용과 산출량 수준을 고정시키면서 다른 국가들과 재화의 교환 가능성을 검토하는 방안이다. 중앙정부는 이 같은 제한된 무역거래에서 외국인으로부터 다른 재화를 구매하기 위하여 자국의 재화를 판매함으로써 자국 내 모든 개인들의 후생을 개선하는 의미에서 혜택이 될 수 있

95) [역자 주] 투입요소와 산출량과의 관계를 나타내는 생산함수(production function)를 쉽게 표현한 글이다.

96) [역자 주] 저자는 중앙기구(central authority)라고 표현하였으나 문맥상 중앙계획기구(central planning office)로 이해하는 것이 더 편리하다.

97) [역자 주] 무역을 하게 되면 산출량과 소비량이 자급자족의 경우보다 증가하게 된다는 것을 의미한다.

는 거래를 모색할 수도 있다. 쉽게 설명하기 위하여 이 경제의 모든 개인들은 많은 다른 재화 중에서 파스타와 치즈를 소비하고, 다른 국가와 파스타 1파운드를 수출하고 치즈 1파운드를 수입할 수 있다고 가정하자. 중앙정부는 파스타 1파운드의 소비를 감소시키고 치즈 1파운드의 소비를 증가시킴으로써 모든 개인들의 후생이 개선되었음을 알게 되었다. 만일 이 같은 거래가 후생증가에 기여하지 않는다면 중앙기구는 치즈 소비를 1파운드 감소시키고, 파스타 소비를 1파운드 증가시키는 반대방향의 거래를 검토할 수도 있다. 이 두 가지 형태의 교환 중에 어떤 한 가지 형태의 교환은 자국의 국민들에게 혜택을 가져올 수 있음을 증명할 수 있게 된다. 중앙기구는 모든 개인들의 후생을 개선할 수 있는 교환의 형태를 찾기 위해 보다 복잡한 교환을 심사숙고하는 것은 당연하다고 볼 수 있다.

두 번째 방안은 중앙정부가 생산활동에 사용되는 자원을 이동시킴으로써 어떤 제품의 생산을 감소시키고 다른 제품의 생산을 증가시킬 수도 있다. 쉽게 설명하기 하기 위하여, 다시 파스타와 치즈를 소비하는 경우를 고려해 보자. 중앙정부가 파스타 생산에 고용되었던 생산요소의 일부를 가져와서, 치즈를 제조하는 경제활동에 할당하였다고 하자. 보다 구체적으로 설명하면, 중앙정부가 파스타의 산출량을 2파운드 감소시킴으로써 치즈 산출량을 1파운드 증가시킬 수 있기 때문에 국내에서 파스타 산출량을 2파운드 감소시키고 치즈 산출량을 1파운드 증가시키는 '자원의 재배분' 은 좋은 거래가 될 수 없다. 그렇지만 이 경우에도 반대방향으로의 재배분은 좋은 거래가 될 수도 있다. 즉, 치즈 생산으로부터 파스타 생산으로 자원을 이동시키는 것은 좋은 거래라고 할 수 있다. 자원을 치즈 생산으로부터 파스타 생산으로 이동시킴으로써 중앙기구는 치즈 1파운드를 포기하고, 파스타 2파운드를 얻게 된다.[98] 그다음 단계에 중앙기구는 치즈 2파운드를 얻기 위하여 외국인에게 파스타 2파운드를 판매할 수 있다. 이러한 교환의 결과, 개방정책을 실시하는 경제는 모든 재화를 무역을 하기 전의 자급자족 상태와 동일하게 갖게 될 뿐만 아니라 더 많은 파운드와 치즈를 확보하게 되었다. 중앙정부는 모든 개인들을 행복하게 하기 위하여 추가로 확보한 치즈를 모든 개인들에게 분배할 수도 있다. 더 나아가 이 같은 주장으로부터 중앙정부는 더 많은 치즈를 확보할 뿐만 아니라, 추가적으로 확보한 치즈를 판매하여 다른 재화를 더 확보할 수도 있기 때문에 다른 모든 재화를 더 소비할 수 있게 될 것이다. 이 같이 개방경제하에서의 중앙정부는 자급자족경제하에서의 중앙정부에 비하여 증가한 재화를 개인들에게 배분할 수 있기 때문에 자급자족의 상태에 비하여 모든 개인들의 후생은 증가하게 된다.

위의 설명은 어떤 국가가 국제무역을 함에 따라서 어떤 과정을 거쳐서 더 많은 재화의 소비가 이용 가능하게 되는가와 중앙정부가 모든 개인들의 후생을 증가시키기 위하여 추가적으로 획득한 재화를 어떻게 사용하는가를 보여준다.[99] 그렇지만 아직 해답이 주어지지 않은 중요한 질문은 무역을 통하여 후생이 개선되는 결과의 이용 가능성은 시장 메커니즘에 의하여 자원배분이 결정되는 시장경제가 이 같은 무역으로부터의 이익

---

98) 이 논쟁의 암묵적 가정(implicit assumption)은 파스타와 치즈 간의 한계전환율은 우리가 파스타의 생산을 증가시키든지, 아니면 치즈의 생산을 증가시키든지, 전환의 방향에 의존하지 않는다는 것이다. 이것은 경제모형들에서 공통되는 가정이지만 무역에서 주장하는 논쟁에 반드시 필요한 가정은 아니다.

99) 이 설명에서 자원들은 한 부문에서 다른 부문으로 아무런 비용 소요 없이 이동하게 된다. 즉, 무역개방으로 야기될 수도 있는 조정비용을 무시한다. 이 같은 비용들은 일시적으로 유휴상태로 있게 되는 생산요소의 기회비용 또는 이동비용과 같이 분산시키는 실제비용의 형태를 갖게 된다.

을 확보하게 해 줄 수 있는지 여부에 대한 것이다. 그리고 더 나아가 이 같은 후생의 증가가 세금과 보조금과 같이 '시장을 중재하는(market-mediated)[100] 정부정책' 에 의하여, 또는 정부정책 없이도 달성될 수 있는지 여부에 대한 것이다. 우리는 무엇보다도 경제활동의 지배적인 조직 형태를 나타내는 시장경제에 관심이 있기 때문에 이 같은 질문을 제기하고, 무역을 통한 후생증가가 어떤 주어진 경제상황에서는 달성 가능하게 된다는 해답을 제시하고자 한다.

동일한 생산자와 소비자로 구성된 신고전학파 경제가 유용한 기준을 제시한다. 신고전학파 형태의 경제에서 기술은 생산요소의 감소하는 한계생산(더 많은 생산요소가 이용 가능하면 산출량에 대해 기여하는 생산요소의 마지막 단위는 작아진다.)을 가져오고 재산권(property right)은 잘 정의되어 있고, 외부효과는 없고(어떠한 기업과 개인도 다른 기업과 개인의 활동에서 혜택을 얻거나 손해를 입지 않고), 그리고 제품과 생산요소시장에서 경쟁이 있다(모든 기업과 개인은 그들의 행동이 가격에 아무런 영향을 미치지 않기 때문에 가격설정자가 아닌 가격순응자로서 행동한다.).[101] 이 경우 경제는 경쟁적 균형이 되고, **'후생경제학 제1정리'** 에 따라서 이 같은 균형은 파레토 효율적(Paretoe efficient)이 된다. **'파레토 최적**(Pareto optimal)' 은 모든 사람들을 더 나은 상태로 만들기

100) [역자 주] 정부가 적극적으로 개입하기보다는 '유도계획(indicative planning)' 과 같이 장기적 목표를 제시하는 프랑스의 정책과 유사한 기능을 뜻한다.

101) [역자 주] 시장지배력이 높은 기업은 가격설정자(price-maker)로 행동할 수 있는 반면에 완전경쟁시장에서의 기업은 가격순응자(price-taker)로서 행동하게 된다. 미시경제학을 크게 둘로 나누면 시장과 시장실패로 나눌 수 있다. 이 글은 시장실패에 대한 간추린 설명이다. 더 부연하면 규모경제, 외부효과, 공공재, 정보의 비대칭성, 요소시장의 불완전성이 있으면 시장실패의 문제가 야기된다.

위하여 자원배분을 변화시킬 가능한[102] 방법이 없는 상태를 뜻한다(Arrow & Hahn, 1971 참조).[103] 이 같은 경제형태에서는 모든 개인들은 동일한 선호도를 가지고, 생산요소를 동일한 조합으로 소요하기 때문에 모든 개인들의 후생도 동등하게 개선된다.[104]

모든 국가가 이러한 특징을 가지고 있다고 가정하자. 특히 모든 국가는 동등한 노동공급, 선호도와 자산에 대한 소유권을 가진 개인들로 구성되어 있고, 국가 간에는 개인들의 특성이 다를 수 있다고 가정하자. 그렇다면 후생경제학 제1정리는 모든 개인은 적어도 자급자족에 비하여 **무역균형점**에서 후생이 개선됨을 시사한다.[105] 여기에 어떤 과정을 거쳐서 후생이 개선되는지에 대한 설명이 있다. 한 국가가 국제무역을 하게 되면 한 국가는 진행되는 국가가격으로 제품을 교환하게 되는 선택을 할 수 있게 된다. 파스타와 치즈의 예에서 국제가격은 해당 국가로 하여금 파스타 1파운드로 치즈 2파운드를 얻을 수 있다. 보다 일반적으로 표현하면, 무역은 한 국가로 하여금 생산과정과 유사하게 재화의 한 집합에서 다른 집합으로의 전환을 가능하게 한다.[106] 그래서 주어진 파스타와 치즈의 (국내)가격에서 이 국가는 1파운드의 파스타를 1파운드의 치즈로

---

102) [역자 주] 'possible'은 물리적 제약이 없이 가능하다는 의미이고, 'feasible'은 물리적 제약은 없지만 사회적 또는 다른 이유를 고려한 경우에도 가능하다는 의미로 사용된다,

103) [역자 주] 사회적 후생이 극대화 또는 포화된 상태여서 어떤 사람의 후생을 증가시키기 위해서는 다른 사람의 후생을 감소시키지 않고는 불가능한 상태를 뜻한다.

104) 모든 개인이 자원의 동일한 조합을 소요하고, 각 개인은 똑같은 소득을 가지고 있기 때문에 동일한 예산제약에 직면하게 된다. 이 상황에서 모든 개인은 동일한 선호를 가지고 있기 때문에 똑같은 소비 바구니를 갖게 된다.

105) Dixit과 Norman(1980)의 정교한 증명을 참조하기 바란다.

106) [역자 주] James Meade의 삼각형을 도출하는 과정에서 한 국가의 생산균형점이 자급자족점, 특화점, 교환점으로 이동하는 과정을 다르게 표현한 내용이다.

전환할 수 있거나, 반대방향으로도 전환할 수 있다. 이 과정은 파스타가 투입요소이고 치즈가 산출량이거나, 치즈가 투입요소이고 파스타가 산출량인 생산과정과 유사하다. 이 같은 이유에서 우리는 국제가격이 다양한 재화가 다른 재화로 전환되는 비율을 가능하게 한다는 점에서 국제무역을 생산 가능[107]의 확장으로 생각할 수도 있다.[108] 이 같은 관점에서 보게 되면 국제무역은 후생을 감소시킬 수 없게 된다. 왜냐하면 주어진 가격의 변환율에서 무역을 통한 재화 간의 변환율은 일정하다는 가정하에서 한 국가가 무역을 하게 되면 무역을 하지 않는 자급자족의 후생수준을 최저점으로 놓고 무역을 하게 되므로 경쟁적 균형은 피레토 최적이 되기 때문이다. 다시 말하면, 무역을 하면 무역을 하지 않는 '자급자족점'과 무역을 하는 '무역균형점'으로 나눌 수 있는데, 만일 무역이 손해를 가져온다면 자급자족점을 유지할 수 있는 선택을 할 수 있다는 점에서 무역은 경제상황을 그대로 유지하거나 개선할 수 있다는 주장이다.[109] 그 결과 무역균형점에서 후생은 적어도 자급자족점보다 높게 된다. 더 나아가 외국무역을 활용함으로써 중앙기구는 모든 재화를 이용할 수 있고 사실 모든 개인들은 주어진 국제가격에서 파레토 최적이 되는 무역균형점에서 엄격하게 개선된 후생을 얻을 수 있다.

---

107) [역자 주] 저자는 생산가능곡선이라는 정확한 표현을 사용하지 않지만, 주어진 최상의 기술로 고정된 두 생산요소의 결합을 통하여 생산할 수 있는 두 재화의 극대량의 조합을 나타내는 생산가능곡선으로 보는 것이 이해를 쉽게 할 수도 있다. 즉, 무역을 하면 안 할 경우에 비하여 생산가능곡선은 원점으로부터 멀어지게 된다.

108) 여기서 우리는 국제무역이론에서 정상적으로 무역불균형을 취급하듯이 무역균형의 제약을 위배하게 된다.

109) 만일 어떤 국가의 무역흐름이 국제가격에 영향을 줄 만큼 충분히 크다면 이 전환율은 일정하지 않게 된다. 그렇지만 이 같은 가능성은 본문에서의 주장에 영향을 주지 않는다.

정부 개입이 없는 무역으로부터 모든 개인들이 이익을 얻게 된다는 결론은 '모든 개인들이 비슷하다' 는 가정에 결정적으로 의존하고 있다. 우리가 앞으로 보게 될 경우와 같이 모든 개인들이 (선호도와 생산 측면에서) **다르다면** 무역은 어떤 개인들에게 피해를 가져올 수도 있다. 비록 이 같은 경우라 할지라도 정부가 개입하여 무역으로부터 얻은 이득을 모두에게 나누어줄 수 있는 방안을 선택할 수도 있다.

3.2 두 가지 사례연구

자급자족경제에 대한 자료를 입수하는 것은 거의 불가능하다. 이와 같은 제약은 무역으로부터의 이득을 측정하는 데 어려움을 가져다준다. 이런 이유에서 자급자족경제에 대한 자료를 수집하는 대신에 경제학자들은 제약의 정도가 다른 다양한 무역정책의 후생효과에 대하여 분석한다. 무역정책은 관세장벽 또는 비관세장벽을 사용하기 때문에 무역흐름을 축소시키기는 하지만 무역흐름을 제거할 정도로까지는 진전되지 않는다. 그렇지만 이 같은 제약으로부터 야기되는 후생감소에 대한 측정치는 국제시장으로부터 완전히 배제한 결과를 신뢰성 있게 예측하는 데 사용될 수는 없다. 그럼에도 불구하고 (i) 무역에서 자급자족으로 이동한 경우와 이와 반대로 (ii) 자급자족에서 무역으로 이동한 경우 두 가지 역사적 사례가 있다. 첫 번째 경우는 1807~1809년의 기간에 **미국의 수출금지조치**이고, 두 번째 경우는 1859년의 **일본의 개방정책**이다. 이 두 가지 경우의 자료는 '자급자족의 후생비용' 과 '무역으로부터의 이익' 을 측정하기에 충분한 자료가 있다.

3.2.1 미국의 사례

나폴레옹 전쟁(Napoleon Wars, 1797~1815년) 동안에 영국은 유럽대륙을 봉쇄하고 중립국가들의 프랑스에 대한 선적을 방지하기 위해 미국선박에 대한 방해 공작을 전개하였다. 봉쇄 기간이 지난 후에 미국의 제퍼슨 대통령은 어느 나라와도 무역을 하지 않겠다는 **수출금지 조치**를 시행하도록 의회를 설득시켰다. Irwin(2005, p. 632)에 따르면, "영국 해군은 미국 동부해안을 순찰하고 정기적으로 미국 선박을 정지시키고, 수색하고 압수하고, 선박과 다른 재산을 압류하고, 심지어 군대복무를 회피한 선원들의 몸에 (영국의 피지배자가 되라고) 흔적을 남기기까지 하였다." 미국의 수출금지 조치의 목적은 영국을 징벌하고, 영국의 해군정책의 변화를 유도하는 데 있었다. 1807년 12월에 시작된 금수조치는 원래의 목적을 달성하지 못하고 1809년 3월에 14개월 만에 철회되었다.

역사적 증거는 미국의 금수조치가 무역의 흐름을 전적으로 통제하지는 못하였지만, 무역의 흐름을 저지하는 측면에서는 매우 효과적임을 보여준다. 영국 항구를 향한 미국의 선적 톤수는 80% 감소하였고, 미국 국내상품의 수출은 1807년 4천 870만 달러에서 1808년 940만 달러로 감소하였고, 국내소비를 위한 미국의 수입은 1807년 8천 510만 달러에서 1808년 4천 510만 달러로 감소하였다(Irwin, 2005).

미국 상품수출은 원면, 밀가루, 담배, 쌀에 집중된 반면에 미국의 수입은 더 많이 다양화되었다. 수출액을 가중치로 하고 산출한 이 네 가지 주된 수출상품의 국내가격은 1년이 안 되어서 27% 하락한 반면에, 수입상품의 가격지수는 금수조치가 해제될 즈음에는 30% 이상 상승하였다. 금수조치는 미국의 교역조건을 분명히 악화시켰다.

Irwin(2005)은 이 같은 무역제한으로부터 야기된 후생손실(welfare

loss)에 대하여 이론에 바탕을 둔 지표를 계산하고, 후생손실에 중요한 구성요소인 금수조치 이후의 가격으로 평가한 순수입의 가치가 4,690만 달러에 달한다고 지적한다. 추가적인 후생 구성요소를 고려하게 되면, 이 수치는 하향조정되어서 국민총생산(GNP)의 4.9%에 달하는 3,310만 달러가 된다. 이것은 Irwin 주장의 핵심이 되는 측정치이다.[110] 금수조치가 종료되지 않았기 때문에 GNP의 4.9%는 무역에서 얻을 수 있는 이익의 낮은 한계가 된다.[111] 이것은 제퍼슨의 정책이 미국경제에 상당히 큰 비용을 가져왔음을 보여준다. 이 같이 높은 비용과 영국의 정책을 변화시키는 금수조치의 효과가 결핍된 상황에서 얼마 지나지 않아서 미국이 금수조치를 철회하게 된 것은 놀랄 만한 일이 아니다.

3.2.2 일본의 사례

일본의 도쿠가와(Tokugawa) 지배자들은 1639년에 거의 자급자족의 정책을 실시하고 있었고, 이 정책은 1859년까지 200년 이상 지속되었다. 1868년 메이지 유신 전까지 사회소요의 기간 뒤에 일본은 아주 빠른 속도로 외국들과의 교역을 확대하였다. 어떤 측정치에 의하면, 일본의 1인당 수입은 1870년대 초기에 약 100배 증가하였다(Bernhofen and Brown, 2005 참조). 1870년대에는 일본 수출의 대부분은 가치 기준으로 볼 때 비단과 차(tea)였던 반면에, 일본의 수입은 수출보다 다양화되어서 강철, 철도와 철도시설, 기계류, 모직제품, 면직제품, 원당 등이었다. 이 수입품 중의 일부는 일본에서 제조되지 않는 제품이었다.

1846~1855년의 기간과 1871~1879년 기간에 일본의 주요 수출품들

---

110) Irwin의 낮은 추정치는 GNP의 4.2%이고, 높은 추정치는 GNP의 5.5%이다.

111) [역자 주] 금수조치가 종료될 경우에는 더 낮은 추정치가 나오게 된다는 지적이다.

의 가격은 크게 상승하였다. 특히 비단 원재료의 가격은 26% 상승하고, 보통 차(tea)의 가격은 50% 상승하고, 고급 차의 가격은 64% 상승함에 따라서 일본과 나머지 세계와의 가격 격차를 상당히 감소시켰다(Huber, 1971). 더 나아가 일본 수입품의 가격은 세계물가수준으로 수렴하였고, Huber는 일본의 **교역조건**(수입경쟁제품의 가격지수에 대한 수출제품의 가격지수의 비율)은 아주 크게 개선되어 약 3.5배 증가하였다고 계산하였다. 동시에 일본의 세계 상업체계로의 통합은 세계 물가수준에 작은 효과를 가져왔다. 이 같은 자료를 에도(Edo, 오늘날의 도쿄 지역)의 도시 임금수준과 함께 평가함으로써, Huber는 일본이 무역으로부터 얻는 이득이 실질 국민소득의 65%를 차지한다고 추정한다.

Huber의 추정치는 방법론과 에도의 임금수준을 수용하였다는 점에서 비판을 받아왔다.[112] 이와 대조적으로 Bernhofen과 Brown(2005)은 이론에 기초를 두고 일본의 무역으로부터의 이득의 상위한계를 도출하기 위하여 보다 만족스러운 분석을 제공한다. 그들은 무역을 통한 개방으로부터의 후생적 이득은 자급자족 경제의 가격으로 평가한 부문별 순수입(수입에서 수출을 차감한)의 가치를 초과할 수 없음을 보여준다. 만일 무역이 부문별 산출량 수준에 크게 영향을 주지 않거나, 또는 보다 일반적으로 무역균형의 부문별 산출량 수준이 자급자족의 가격으로 평가받는 경우에는 자급자족 경제의 GDP는 무역균형의 산출량 가치를 크게 초과하지 않게 된다.[113] GDP 자료의 부족은 일본의 소득수준에 대하여 이 같이 측정된 무역으로부터의 이익의 가치를 평가하기 힘들게 한다. 그러나 상당히 타당한 소득수준의 범위에서 Bernhofen과 Brown은 일

112) Bernhofen과 Brown(2005)을 참조하시오.
113) 이 두 가지 산출량 지표의 차이는 고전학파 모형에서는 플러스의 값을 갖는다.

본의 무역으로부터의 이익의 상한은 5.4%에서 9.1%의 범위 내에서 변화함을 발견한다. 이 같은 추정치는 Huber의 추정치보다는 낮지만, 그럼에도 불구하고 크다고 볼 수 있다.

자급자족 상태에서의 가격이 신뢰할 만하고 무역 개방이 신속하게 이루어진 점에서 일본의 경우는 흥미롭다. 이 같은 상황에서 1860년대에 가격과 무역량의 변화는 기술 또는 요소부존도에 의하여 발생하였다고 보기는 어렵기 때문에 무역에 의하여 발생하였다는 평가는 타당하다.

이 장에서 논의한 무역으로부터의 이익은 개방경제가 자급자족 경제에 비하여 높은 가격으로 수출하고, 낮은 가격으로 수입한다는 능력으로부터 유래된다. 무역으로부터의 이득의 근원들이 직관적으로 이해는 가지만, 어떻게 시장이 아무런 장애요인 없이 자신의 기능만으로 바람직한 결과를 달성할 수 있는지가 분명하지 않기 때문에 이 같은 시장기능의 역할에 대한 증명은 정교한 분석을 필요로 한다. 그렇지만 무역은 국가들로 하여금 싸게 구입해서 비싸게 판매하는 것을 허용한다는 것을 이해하고 나서는 이 같은 직관은 무역흐름의 구조에 대하여 즉각적인 시사점을 갖게 된다. 우리는 국가들이 무역가격에 비하여 국내에서 생산하는 비용이 비싼 제품을 수입하고, 이와 반대로 무역가격에 비하여 국내에서 생산하는 비용이 낮은 제품을 수출하리라고 기대하게 된다. 많은 부문들과 복잡한 기술을 가진 경제에서는 다른 재화의 단위 비용들은 상호간에 복잡하게 관계되어 있기 때문에 모든 단일 제품에 대하여 이 같은 예측을 할 수 없게 된다. 그럼에도 불구하고 Deardorff(1980) 그리고 Dixit과 Norman(1980)은 이 같은 관계가 평균적으로 유효함을 보여준다. 그들은 특히 어떤 국가가 자급자족에서 무역을 하게 됨에 따라

그림 3.1 일본의 가격변화와 순수출 : 1869년

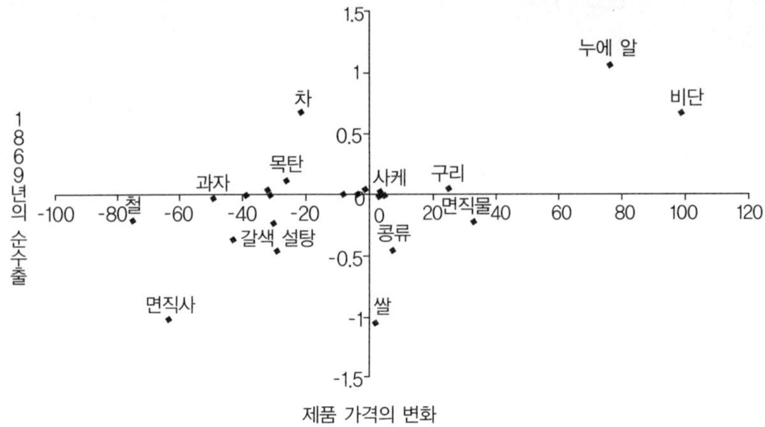

자료 : Bernhofen과 Brown(2004)의 자료를 이용하여 그린 것임.

서 상품가격의 수반되는 변화는 순수입과 음(−)의 상관관계가 되고, 아니면 수입금액도 마찬가지 순수입과 음(−)의 상관관계를 갖게 된다고 지적한다. 그리고 무역에 따른 가격변화는 순수출과 양(+)의 상관관계를 갖게 된다. 이것은 평균적으로 그 국가가 수입하는 제품의 가격은 하락하는 반면에, 그 국가가 수출하는 제품의 가격은 상승하게 된다.

Bernhofen과 Brown(2004)은 일본이 외국상업에 대하여 개방한 19세기부터의 일본 자료를 가지고 이 같은 예측을 검증한다. 그들의 주된 발견을 재활용한 〈그림 3.1〉은 Deardorff-Dixit-Norman의 결과가 제시하는 바와 같이 **가격상승**과 **순수출**은 **양의 상관관계**를 가짐을 분명히 보여준다.[114] 평균적으로 일본은 무역이 개발되었을 때 가격이 상승한 제품을 수출하고, 이와 반대로 가격이 하락한 제품을 수입하였다.

114) 저자는 이 도표를 위한 자료를 제공해 준 John Brown에 대하여 감사한다.

3.3 분배적 갈등

전형적으로 한 국가의 거주자들이 모두 같지 않다면 무역에 대한 '분배적 갈등(distributional conflicts)' 이 나타나고, 이 갈등은 무역에 대한 개별적 태도를 다르게 특징짓게 된다. 이러한 태도는 경제적 신분과 직장의 성격 그리고 무역이 그들의 소득에 미치는 영향에 따라 달라진다(O'Rourke and Sinnott, 2001; Scheve and Slaughter, 2001; Mayda and Rodrik, 2005 참조). 이러한 태도의 다양성을 이해하기 위해서 무역이 **개인별 소득분배**에 어떤 영향을 미치는지 이해할 필요가 있다.

리카도의 관점에서는 그의 가정에 의하면 모든 소득은 노동자에게 귀속되고 모든 노동자는 똑같이 임금을 지불받는 것을 보장하기 때문에 어떠한 분배적 갈등도 발생하지 않는다. 그 결과 모든 노동자는 개인적 선호도가 크게 다르다 할지라도 무역으로부터 이익을 얻게 된다.[115] 분배적 갈등을 분명하게 설명하기 위해서 다른 종류의 노동자 또는 노동 이외에 자본과 지대 같은 다른 형태의 생산요소 간에 구분할 필요가 야기된다.

설명을 쉽게 하기 위하여, 리카도의 무역사례와 같이 영국과 포르투갈이 옷감과 포도주를 무역하고, 가정을 약간 변형하여 영국과 포르투갈의 노동자는 옷감 전문가 또는 포도주 전문가와 같은 두 종류의 노동자만 있다는 다른 경우를 고려해 보자. 옷감 전문가는 어떻게 포도주를 생산하는지 모르고, 포도주 전문가는 의류를 어떻게 생산하는지 모른다. 이는 분

115) 이 결과는 무역균형에서 노동자 임금의 구매력은 적어도 자급자족 경제하에서의 모든 재화의 관점에서 보더라도 높게 된다. 그 이유는 해당 국가가 무역균형에서 제조하는 재화의 측면에서는 동일하지만, 외국에서 더 싼 수입된 제품의 측면에서 볼 때 더 높게 된다.

명 노동자 간에 대체가 불가능한 아주 극단적인 가정으로서 리카도 모형에서 사용된 노동자 간에 대체가 완전하다는 가정과 정반대되는 가정이다. 그러나 리카도의 세계와 유사하게 노동자당 산출량은 비록 산업 간에 또는 국가들 간에 다르더라도 모든 산업에서는 동일하다고 가정한다.

이 같은 세계에서는 모든 나라의 산출량 수준이 숙련노동자들의 공급과 그들의 생산성에 의하여 결정된다. 옷감 전문가들의 임금은 노동자당 옷감의 산출량의 가치에 의해 결정되고, 포도주 전문가들의 임금도 노동자당 포도주 생산량의 가치에 의하여 결정된다. 중요한 사실은 이 같은 산출량 수준들은 자급자족경제와 개방경제에서 동일하다는 것이다.

보다 구체적으로 설명하기 위하여 우선, 두 국가가 무역을 하지 않을 경우에 영국의 포도주 가격이 옷감보다 50% 높고 포르투갈에서는 포도주 가격이 옷감보다 35% 높다고 하자. 여기서 사용되는 정확한 숫자는 중요하지 않다. 중요한 것은 영국과 포르투갈에서 포도주가 옷감에 비하여 상대적으로 더 비싸다는 것이다. 포도주 가격에서 50%의 프리미엄은 영국인의 옷감에 대한 수요가 옷감의 공급과 정확하게 일치되게 하고, 포도주의 수요는 포도주의 공급과 같아지는 것을 가능하게 한다. 그리고 포르투갈에서 50%의 포도주 프리미엄은 포르투갈에서 포도주 시장의 청산을 보장한다.[116)]

다음으로 두 국가 간의 무역을 고려해 보자. 그들이 무역을 하게 되면 포도주 가격은 35%와 50%의 범위 내에서 옷감보다 비싸야 한다.[117)] 포

---

116) [역자 주] 수요와 공급이 일치하여 재고가 발생하지 않는다는 지적이다.

117) 만일 포도주의 가격이 옷감의 가격보다 50% 이상 높다면, 영국과 포르투갈은 모두 포도주를 수출하기를 원하게 되고, 포도주의 가격이 옷감의 가격보다 35% 이상 높

도주 가격이 옷감 가격에 비하여 40% 높다고 가정해 보자. 이때 영국은 포도주를 수입하기 위하여 옷감을 수출하는 반면에, 포르투갈은 옷감을 수입하기 위하여 포도주를 수출한다. 그리고 이 균형에서 영국의 옷감 전문가는 자급자족 경우에 비하여 후생이 개선되는 반면에, 영국의 포도주 전문가는 후생이 악화된다. 그리고 자급자족의 경우에 비하여 포르투갈의 포도주 전문가는 자급자족에 비하여 이익을 얻게 되고, 옷감 전문가는 손해를 입게 된다. 다시 말하면, 두 국가 모두 수입경쟁(import-competing) 산업의 특화된 생산요소는 무역으로부터 손해를 입게 되는 반면에, 수출산업의 특화된 생산요소는 이익을 얻게 된다. 이 같은 예에서 모든 국가의 수입경쟁 산업과 관련된 전문가 집단과 수출산업과 관련된 전문가 집단 간에 갈등이 발생한다. 영국과 포르투갈의 예는 수출과 수입대체산업에 종사하는 전문가 간의 갈등을 극명하게 보여준다.

이러한 갈등이 어떻게 야기되는가를 이해하기 위해서 영국의 경우를 고려해 보자. 영국의 옷감 전문가들은 그들의 임금의 구매력이 옷감의 관점에서 고정된 임금을 받는 반면에 영국의 포도주 전문가들은 그들의 임금의 구매력이 포도주의 관점에서 고정된 임금을 받게 된다. 옷감 전문가들의 옷감 임금(그들의 임금으로 구매할 수 있는 옷감의 금액)은 자급자족 균형에서 무역 균형과 같고, 포도주 전문가들의 포도주 임금(그들의 임금으로 구매할 수 있는 포도주의 금액)은 자급자족 균형에서 무

지 않다면 영국과 포르투갈은 모두 포도주를 수입하게 된다. 이 같은 결과들은 모두 가능하지 않게 된다. 포도주의 가격이 옷감의 가격에 비하여 35%와 50% 높은 구간에 위치하게 된다면, 영국은 포도주를 수입하는 반면에 포르투갈은 포도주를 수출하게 된다. 더 나아가 선호도에 대한 표준가정들하에서 영국이 기꺼이 수입하고자 하는 가격과 포르투갈이 기꺼이 수출하는 가격 구간에서 균형가격이 결정된다.

역 균형과 같다. 그렇지만 옷감 전문가들의 포도주 임금은 무역과 자급자족에서 다르고, 포도주 전문가들의 옷감 임금도 무역과 자급자족에서 다르다. 자급자족에서 포도주는 옷감보다 50% 더 비싼 반면에 무역을 하게 되면 포도주는 옷감보다 40% 더 비싸게 된다. 같은 논리로 개방경제에서는 그들의 임금으로 자급자족 경제와 비교하여 마찬가지의 포도주를 살 수 있지만, 더 적은 양의 옷감을 구입할 수 있기 때문에 개방경제에서의 포도주 전문가들의 임금의 구매력은 작아지게 된다. 옷감 전문가들은 무역으로 이익을 얻는 반면에 포도주 전문가들은 무역으로 손해를 입게 된다. 요약하면 모든 국가에서 **수출동맹 전문가**들은 무역으로 이익을 얻는 반면에 **수입동맹 전문가**들은 무역으로부터 손해를 입게 된다.

상당히 극단적인 예이지만 이 예는 광범위한 쟁점을 설명한다. 수입경쟁산업과 동맹관계에 있는 생산요소의 소유자들은 무역으로 손해를 입는 반면에 수출산업과 동맹관계에 있는 생산요소의 소유자들은 무역으로 이익을 얻게 된다. 위의 예에서 한 가지 생산요소는 수입경쟁 부문에 갇혀 있고, 다른 생산요소는 수출부문에 갇혀 있다는 의미에서 동맹은 상당히 극단적 의미로 사용되고 있다. 생산요소의 실질소득을 가져오는 상대가격의 변화로 인하여 다른 부문 간에 이 같은 이익과 손해가 실현되는 메커니즘(mechanism)이 작동하게 된다. 국제무역의 시작은 수출되는 상품의 상대가격을 인상시키고, 수입경쟁제품의 상대가격을 하락시킨다. 가격의 이 같은 변화는 수출동맹에서 사용되는 생산요소에 혜택을 주고, 수입동맹에서 사용되는 생산요소에 피해를 주는 생산요소 보상에 대한 변화를 가져오게 된다.

우리의 예보다 신축적인 생산요소의 부문 간 동질성을 강조하는 분석

틀에서 무역이 소득분배에 미치는 영향은 Jones(1971)에 의하여 발달되었다. 규모에 대한 수익불변인 생산함수(모든 생산요소를 동일한 비율로 증가시킬 때 산출량도 동일한 비율로 증가하는 생산함수)를 사용하여 옷감과 포도주를 생산한다고 가정하자. 옷감은 자본(기계)과 노동을 사용하여 생산되고, 포도주는 토지와 자본을 사용하여 생산된다. 리카도의 예와 마찬가지로, 노동은 동질적이고(포도주 또는 옷감 전문가들이 없다), 노동자들은 다른 부문 간에 자유롭게 이동할 수 있다. 이 같은 국가가 무역을 하게 되면, 이 국가는 옷감 또는 포도주를 생산하게 된다. 이 국가가 옷감을 수출하게 되면, 자본의 소유자는 무역으로부터 이익을 얻는 반면에, 옷감 생산자는 손해를 보게 된다. 무역이 포도주 전문가의 임금을 상승시키는 반면에, 옷감 전문가들의 임금을 하락시키기 때문에 임금 노동자들은 후생 측면에서 이익을 얻거나 손해를 보게 된다. 이 같은 상황에서 노동자들이 많은 포도주를 마시고 옷감을 적게 소비하면 무역으로부터 이익을 얻게 되지만, 노동자들의 소비성향이 옷감에 편향되어 있다면 무역으로부터 손해를 입게 된다. 어떻든 이 같은 설명은 앞의 예와 다르게 임금은 포도주 또는 옷감의 관점에서 고정되어 있지 않고, 무역을 하게 되면 두 재화의 측면에서 변화하게 된다. 그리고 이 같은 임금의 결정방식은 각 부문별로 갇혀 있던 다른 생산요소의 보상에도 동일하게 적용된다. 이 국가가 포도주를 수출하게 되면 토지 소유자들은 이익을 얻는 반면에, 자본 소유자들은 손실을 얻는 이외에 동일한 결론들이 도출된다. 일반적 결론은 수출부문과 동맹되어 있는 부문의 특수한 생산요소는 이익을 얻게 되는 반면에 수입경쟁 부문과 동맹되어 있는 부문의 생산요소는 손해를 입게 된다. 수출산업 또는 수입대체산업에 동맹되어있지 않고 자유롭게 이동할 수 있는 투입요소인 노동은 이익을 얻을 수도 있고, 손해를 입을 수도 있다.

우리는 지금까지는 어떤 생산요소는 어떤 부문에서 사용 가능하다면 다른 산업부문에서는 사용될 수 없다는, 즉 생산요소들이 특정 부분에서만 동맹들로서 사용된다는 극단적 개념[118]을 가지고 비교우위를 설명하였다. 생산요소가 다른 부문에서 고용될 가능성의 부족은 적어도 다음 두 가지 이유에서 야기된다. 첫 번째 이유는 다른 부문에서의 기술은 다른 생산요소들을 사용하도록 고안되었기 때문이다. 두 번째 이유는 생산요소가 다른 용도로 재배분될 수 없기 때문이다. 어느 경우이든지 부문별 특수성이 발생한다. 지배적 견해는 단기간에 다른 산업 간에 신속하고 비용 소비 없이 생산요소를 재배치하는 과정의 어려움에서 야기되지만, 장기적으로 생산요소들은 다른 부문 간에 재배치되면서 생산성을 증가시킬 수 있다(Mussa, 1974; Neary, 1978). 이 같은 이유에서 모든 생산요소가 모든 산업에서 생산적으로 고용될 수 있다는 경제학을 공부하는 것은 흥미가 있다. 그렇다면 이 같은 연구로부터의 결론은 장기적 결과를 포함하는 것으로 해석할 수 있다.

이 같이 장기적으로 생산요소가 다른 산업 간에 자유롭게 이동이 가능할 경우에는 생산요소의 부문 간의 결속[119]은 의미를 상실하게 되는가? 이에 대한 답은 그러한 동맹의 본질이 다르다는 점을 제외한다면 '아니

---

118) [역자 주] 여기서 동맹은 해운동맹(shipping cartel or shipping conference)과 같은 카르텔(cartel)을 뜻하는 것이 아니고, 생산요소가 어떤 특정산업에 결부되어서 한 묶음으로 생산활동을 한다는 뜻이다. 쉬운 예로 수출산업과 수입경쟁산업, 대기업과 중소기업, 공기업과 사기업 간의 이해가 일치하기보다는 상충되는 경우에 발생하는 부문별 충돌의 경우에 이 같은 구분이 문제인식 및 분석에 도움이 될 수도 있다.

119) [역자 주] 눈과 우박은 비슷한 점이 있다는 표현을 다르게 하면 눈과 우박은 비슷한 속성이 있다고 해석할 수 있다.

요' 이다. 설명을 쉽게 하기 위하여, 우리들이 제2장에서 요소비율(factor proportions)을 논의할 때 검토한 두 부문, 두 생산요소 경우를 고려해 보자. 구체적으로 설명하기 위하여, 옷감과 포도주가 규모에 대한 수익이 불변인 생산함수에서 노동과 자본을 사용하여 생산되고, 의류는 자본집약적이고, 포도주는 노동집약적이고, 그러나 자본과 노동은 자유롭게 산업 간의 이동이 가능하다고 가정하자. 만약 영국이 옷감을 수출한다면, 이는 영국에서는 개방경제체제에서의 옷감 가격이 자급자족체제에서의 옷감 가격보다 상대적으로 더 높다는 것을 의미한다. 영국의 옷감수출은 영국의 노동자와 자본 소유자에게 무역이익에 어떤 시사점을 주게 되는가? 이 같은 질문에 대한 답은 Stolper와 Samuelson(1941)에 의해 제기되었다. 그들은 상품의 가격상승이 그 상품의 생산에 집중적으로 투입된 생산요소들에 대한 보상을 더 큰 폭으로 증가시켜 주는 반면에, 다른 생산요소들의 보상은 더 큰 폭으로 감소시키게 된다는 것을 보여준다. 결과적으로 생산요소를 집중적으로 사용하는 생산요소의 소득은 변화된 소득으로 두 상품을 더 많이 구매할 수 있기 때문에 증가하는 반면에, 생산요소를 덜 사용하는 생산요소의 소득은 변화된 소득으로 구매할 수 있는 두 재화의 양이 감소하였기 때문에 이 생산요소의 실질소득은 감소하게 된다. 이것은 영국에서 노동자들이 손해를 볼 때, 자본가는 무역을 통해 이득을 얻게 됨을 암시한다. 부분적 동맹이라는 측면에서 우리는 자본이 자본집약적인 산업의 수출과 동반되고, 노동은 그에 맞서는 산업의 수입과 동반되는 것으로 생각할 수 있다. 이 같은 요소가격의 변화는 영국의 자본 소유자는 무역으로 이익을 얻는 반면에 노동자는 무역으로 손해를 입게 됨을 시사한다. 산업부문별 동맹(sectoral alliance)의 입장에서는 자본은 자본을 집중적으로 사용하는 수출산업과 제휴관계에 있고, 노

동은 노동을 집약적으로 사용하는 수입경쟁산업과 제휴관계에 있다.[120]

Mayda와 Rodrik(2005)은 무역에 대한 개개인의 태도에 대한 연구를 통하여 부문별 동맹에 대한 두 개의 개념들을 실증적으로 지지하게 되었다. 첫째, 교육적 범주나 직업적 범주에서 측정된 높은 수준의 인적 자본을 지닌 개개인은 거대한 **인적 자본**을 지닌 국가에서는 무역장벽에 반대하는 경향이 있지만, 낮은 수준의 인적 자본을 지닌 국가에서는 무역장벽에 찬성하는 경향이 많다.[121] 풍부한 인적 자본을 지닌 국가에서 수출은 인적 자본집약적이기 때문에 고학력과 숙련된 개개인들은 보다 자유로운 무역을 통해 이익을 확보하리라고 기대되며, 수출가격을 수입가격에 비하여 인상시키게 된다고 해석할 수 있다. 이와 대조적으로 낮은 인적 자본을 지닌 국가들에서는 수입경쟁 부문이 인적 자본집약적이기 때문에 고학력과 숙련된 개개인들은 높은 가격의 수입품들로부터 이익을 얻는다. 둘째 개개인은 산업부문별 유대(sectoral affinities)를 근거로 **무역장벽**을 지지하거나 반대한다. 특히, 비교역 부문에서 일하는 노동자들은 무역을 선호하는 반면에, 현시비교열위 산업에서 일하는 노동자들은 무역에 대한 강한 반대성향을 지닌다. 다르게 해석하면, 요소 보상은 부문별로 특징을 지니고 있다. 한편으로 생산요소의 실질소득은 그 생산

120) [역자 주] 영국같이 무역으로 다양한 계층의 소득이 증가한 경우에는 부문별 충돌이 발생하지 않지만, 라틴아메리카와 같이 특정계층의 소득은 증가하고, 나머지 계층의 소득이 감소한 경우에는 현격한 부문별 충돌이 발생하게 되고, 남미의 구조론자들이 대두하게 되었다. 구조론자들의 최대의 공헌은 인플레이션의 인과관계를 통화론자와 반대로 파악한 점이고, 가장 취약점은 이용 가능한 정책대안을 제시하지 못하였다는 점이다. 저자는 무역과정에 초점을 맞추고 있지만, 자본축적과정으로 설명해도 동일한 결론에 도달할 수 있다.

121) [역자 주] 'megatrend' or 'a la mode' 란 지적이다.

요소를 고용한 분야가 상품을 더 높은 가격으로 판매할 때 높으며, 이 같은 이유에서 **현시비교우위**를 가진 수출 분야에서 일하는 개별 노동자는 무역에서 높은 가격을 지니게 되어 무역장벽을 반대한다. 다른 한편으로 비교역 부문에서 일하는 개별 노동자는 낮아진 수입품의 가격의 결과 이익을 보게 되므로, 그들 역시 무역제한에 반대하게 된다.

우리들은 작은 크기의 모형들(작은 수의 산업과 작은 수의 생산요소의 모형들)을 사용하여 상품의 가격으로부터 **요소 보상**으로의 전달기구(transmission mechanism)를 설명하는 무역이 요소 보상에 주는 영향을 검토하고 있다. 이 작은 크기의 모형들은 날카로운 예측을 제시한다. 남은 질문[122)]은 이 같은 예측들 중에서 어떤 예측들이 많은 재화와 많은 생산요소가 있는 보다 복잡한 환경에 적응하여 일반화될 수 있는가이다. Jones와 Scheinkman(1977)은 해결방안을 제시한다. 그들은 규모에 대한 수익이 불변이고 모든 재화를 생산하는 경제에서 제품 가격의 상승은 적어도 한 생산요소의 가격을 더 크게 비례적으로 상승시키고, 적어도 한 생산요소의 보상을 감소시킨다.[123)] 당연히 제품의 가격보다 요소

122) [역자 주] 우리말로 남은 문제 또는 남은 과제(pending issues)라고 해석할 수 있다.
123) 여기에 그 주장이 있다. 규모에 대한 수익이 불변인 경쟁적 경제에서 제품의 가격은 그 단위비용과 일치한다. 따라서 제품의 가격이 상승할 경우에는 제품 단위당 비용의 동일한 상승을 확보하기 위하여 적어도 한 생산요소의 가격이 증가해야만 한다. 그러나 다른 제품들의 가격이 변화하지 않기 때문에 다른 생산요소의 단위비용들은 변화하지 않게 된다. 이 같은 현상은 적어도 한 생산요소에 대한 보수는 확실하게 감소하게 됨을 보여준다. 만일 적어도 한 생산요소의 보수가 감소하고, 제품의 물가상승과 비례하여 그 제품의 단위당 비용이 증가하게 되면, 어떤 생산요소는 제품의 가격상승보다 더 크게 비례적으로 상승하게 된다. 그 이유는 다음과 같다. 가중평균된 모든 생산요소의 보수의 상승은 제품가격의 상승과 일치해야만 한다. 따라서 어떤 생산요소에 대한 보수의 감소는 다른 생산요소에 대한 보수가 제품의 비례적 상승보다 더 큰 폭으로 보상되어야만 한다.

보상이 더 크게 비례적으로 증가하는 생산요소는 제품의 가격상승으로부터 이익을 얻는 반면에, 생산요소의 보상이 감소하는 생산요소는 손해를 입게 된다. 이것은 모든 물가상승은 어떤 생산요소에 혜택을 가져오는 반면에, 다른 생산요소에는 피해를 가져오게 된다. 국제무역은 수입경쟁제품들에 비하여 수출제품들의 가격들을 인상시키기 때문에 무역은 **기능별 소득분배**(상이한 생산요소의 소득)에 영향을 가져올 수밖에 없다. 이 과정에서 누군가는 손실을 보는 반면에 누군가는 이익을 얻게 된다. 무역이 누군가에게는 손실을 주고, 누군가에게는 이익을 줄 경우에, 흥미 있는 질문은 이익을 얻은 자가 손해를 입은 자를 보상해 줄 수 있는지 여부이다. 이제까지의 토론은 무역에 대응하고자 하는 정부주도(government-mandated)의[124] **소득재분배정책**의 이용 가능성으로부터 간추린 내용이다. 그러나 누군가는 다음과 같은 질문을 제기할 수도 있다. "정부는 무역에서 얻는 이익을 모두에게 나누어 줄 수 있게끔 소득을 재분배할 수 있는가?"[125] 다음 절은 이 같이 중요한 질문을 분석하고자 한다.

3.4 손해를 본 사람에 대한 보상

수확체감의 법칙과 모든 시장에서의 가격순응자인 신고전학파의 경제

---

124) [역자 주] 'government-manipulated' 보다는 'government-initiated' 로 해석하였다.

125) [역자 주] 이 같은 분석은 집계적 사회후생함수를 도출할 수 있다고 보고 전개한 것이다. 만일 아래와 같은 질문에 대하여 Arrow의 '불가능성의 정리(Impossibility Theorem)' 또는 '투표의 역설(paradox of voting)' 관점에서 '아니요' 라고 대답하게 되면 이 같은 주장을 하기 어렵게 된다.

에서는 국제무역은 모든 국가의 소비기회를 확대하게 된다. 이 같은 관찰은 가격순응자인 소득을 분석한 Samuelson(1939)의 독창적인 연구와 Samuelson의 연구를 대국으로 확장한 Kemp(1962)와 Samuelson (1962)의 연구에서 볼 수도 있다.[126] 그러나 우리가 앞 절에서 본 것처럼 한 국가의 더 좋은 소비기회들이 반드시 모든 거주자들에게 더 좋은 소비기회로 전환되는 것이 아님을 보았다. 이 같은 상황에서 정부는 무역에서 얻은 이익으로부터 보다 균등한 **개인별 소득분배**를 달성하기 위하여 무역에서 이익을 얻은 자로부터 무역에서 손실을 입은 자로 소득을 이전하기 위하여 '조세권(taxing power)'을 사용함으로써 개입할 수 있다. 당연히 이 같은 전략이 무역에서 얻은 이익을 모두에게 나누어 줄 수 있는가는 개인별 소득분배를 달성하기 위한 정책수단의 이용 가능성 여부에 의하여 결정된다. 무역으로부터 광범위한 이익을 실현하기 위한 가장 좋은 경우의 시나리오(scenario)는 정부가 개인 또는 가계를 목적으로 정액세(lump-sum tax) 또는 정책 보조금(lump-sum subsidy)을 제공할 때 발생하게 된다. 이 같은 세금과 보조금은 개인의 활동과 독립적으로 부과되기 때문에 경제주체들은 경제행위를 변화시키더라도 조세부담을 변화시킬 수 없다. 왜냐하면 한편으로는 정액 재분배적(lump-sum redistributive) 수단들은 '경제적 비효율성(economic inefficiencies)'을 부과하지 않기 때문에 산출량의 크기가 작아지지는 않고, 다른 한편으로는 이 같은 정책들은 정부로 하여금 정부가 원하는 만큼 크고 또는 작은 크기로 개인들 간에 소득을 이전시킬 수 있기 때문에 가능한 재분배의 범위를 제한하지 않게 된다. 그러나 이 같은 정책수단들

---

126) Ohyama(1972)는 이 문제를 더 일반적인 분석으로 발전시켰다.

은 인두세(poll tax)를 제외하고는 실제로 거의 이용하기가 어렵다. 그럼에도 불구하고 이 같은 정책수단들은 현재 논의 중이거나, 급박한 문제를 이해하는 데 중요한 분석의 기준을 제공해 준다. 그래서 본서에서는 이 논의를 먼저 정액 재분배(lump-sum redistribution) 측면에서 전개하고, 그 후에 다른 형태의 세금과 보조금을 검토하고자 한다.

일반적 결과는 신고전학파 모형에서 모든 국가들은 그 국가의 모든 거주자들에게 무역으로부터의 이익을 확보해 주는 정액 재분배 정책을 발견할 수 있다는 것이다. 이 같이 괄목할 만한 결과의 논리를 설명하기 전에, 바로 앞의 절에서 설명한 옷감과 포도주의 예를 사용하여 설명하고자 한다.

영국에서는 옷감 전문가는 옷감 100단위를 생산하고, 포도주 전문가는 포도주 100단위를 생산한다고 가정하자. 자급자족 경제에서 옷감 1단위는 포도주 1단위보다 50% 비싸다. 〈표 3.1〉은 자급자족경제에서 이 두 가지 전문가집단 간의 교환을 보여준다. 옷감 전문가는 60단위의 포도주를 구매하기 위하여 옷감 40단위를 판매하는 반면에, 포도주 전문가는 옷감 40단위를 구매하기 위하여 포도주 60단위를 판매한다. 옷감 1단위당 포도주의 상대적 가격은 1.5단위이다. 이 같은 상황에서 옷감

표 3.1 옷감과 포도주 각각 100단위에서 자급자족경제의 균형

	옷감 전문가			포도주 전문가		
	판매	구입	소비	판매	구입	소비
옷감	40	0	60	0	40	40
포도주	0	60	60	60	0	40

전문가는 60단위의 옷감과 60단위의 포도주를 소비하는 반면에, 포도주 생산자는 40단위의 의류와 40단위의 포도주를 소비하게 된다. 이 같은 재정정책을 실시하게 되면 옷감 전문가는 전과 마찬가지로 60단위의 옷감과 60단위의 포도주를 소비할 수 있고, 포도주 전문가도 여전히 40단위의 옷감과 40단위의 포도주를 소비할 수 있다. 그 논리는 만일 옷감 전문가들이 그들이 자급자족 상태에서 한 것과 마찬가지로, 40단위의 옷감을 판매하게 되면, 그들은 이 수입(收入)을 가지고 56단위(즉, 1.4×40=56)의 포도주를 구입할 수 있고, 그들은 정액소비를 가지고 추가적으로 4단위의 포도주를 구입할 수 있다. 이 방법을 활용하여 그들은 60단위의 포도주를 소비할 수 있게 된다. 추가로 그들은 그들의 수중에 있는 60개 단위의 옷감을 소비할 수 있다. 포도주 전문가들의 입장에서 그들은 정액세를 지불하기 위하여 4단위의 포도주를 판매하고, 추가로 포도주 56단위를 판매하여 그 수입으로 옷감을 구입할 수 있다. 이것은 그들로 하여금 소비를 목적으로 40단위의 포도주를 남기게 된다. 포도주 56단위로부터의 수입은 40단위의 옷감을 구매하기 위하여 사용할 수 있고, 이 같은 구매는 포도주 전문가로 하여금 자급자족의 옷감과 포도주의 수량을 소비하는 것[127]을 허용한다.

다음으로 포도주의 가격보다 40% 비싼 '무역을 하는 경우(trading regime)' 를 고려해 보자. 앞에서 논의한 바와 마찬가지로, 가격구성[128] 과 소득 재분배가 없이 포도주 전문가는 무역으로부터 이익을 얻고, 옷

127) [역자 주] 자급자족 상태의 소비수준과 동일한 만족수준 또는 무차별곡선에 있다는 뜻이다.

128) [역자 주] 여기서 '가격구성' 은 예산의 항목이란 의미보다는 가격 집합의 배열을 뜻한다고 보는 것이 정확한 해석이다.

감 전문가는 손실을 보게 된다. 모든 집단이 자급자족 경제에 비하여 개방경제에서 나아지는가를 이해하기 위하여 정액 재분배를 고려해 보자. 특별한 경우로서 포도주 전문가에 대한 정액세를 포도주 4단위의 가치와 일치되게 하고, 옷감 전문가에게 제공하는 정액 이전지출도 포도주 4단위의 가치와 일치되게 하자. 더 나아가 동일한 세금은 모든 포도주 전문가에게 적용되고, 동일한 보조금은 모든 옷감 전문가에게 제공된다. 정부의 관점에서 볼 때 이 같은 소득 재분배 정책은 조세수입(tax revenue)과 보조금 청구서가 정확하게 일치하는 균형예산[129]을 유지하기 때문에 실시 가능한 정책이다.

분명히 옷감과 포도주 전문가들이 그들의 자급자족 상태의 소비수준을 유지하기 위하여 정액세와 정액보조금에 대하여 반응한다면, 그들은 자급자족 상태의 무역균형점과 동일한 만족을 주는 무역균형점에 있을 수 있다. 그렇지만 무역으로부터의 이익의 핵심은 그들이 이 상태보다 더 개선된 상태에 있을 수 있다는 점이다. 그 이유는 다음과 같다. 옷감 단위당 포도주 1.5단위의 자급자족 상대가격 비율에 직면하여, 옷감 전문가와 포도주 전문가는 각각 옷감과 포도주를 60-60단위와 40-40단위를 선택하였고, 이 같은 선택은 주어진 상대가격에서 최적의 소비조합이다. 그렇기 때문에 옷감의 상대가격이 1.4로 하락하게 되면, 옷감과 포도주의 동일한 양을 소비하는 조합들이 최적의 소비구성으로 유지되기는 상당히 어렵게 된다.[130] 특히 주어진 60-60과 40-40의 구성은 아

---

129) [역자 주] 균형예산은 적자예산도 아니고 흑자예산도 아닌 세금과 정부지출이 일치하는 경우이다. 만일 세금이 정부지출보다 크면 흑자예산이 되고, 이와 반대로 정부지출이 세금보다 크면 적자예산이 된다.

130) [역자 주] 이는 상대가격이 변화하였기 때문에 제품이 구성을 바꾸게 되면 더 큰 효용을 얻게 된다는 주장을 전개하기 위한 준비단계에 해당된다.

직도 가능한 선택조합이지만, 이제 옷감의 가격이 상대적으로 하락하였기 때문에 자급자족의 선택에 비하여 옷감의 소비를 증가시키고, 포도주의 소비를 감소시키게 된다. 다시 말하면, 모든 개인들에게 여전히 자급자족의 소비수준들이 가능하지만 모든 개인들은 무역을 한 후에 변화한 상대가격과 소득을 사용하여 더 나은 소비구성을 선택하게 된다. 그 결과 제안된 재분배정책은 무역으로부터의 이익을 모든 개인에게 확보해 주게 된다.[131)]

정액세와 정액보조금은 획득하기 어려운 방대한 양의 정보를 필요로 하기 때문에 사용하기 어렵고, 특히 이 같은 어려움은 정교하게 특정한 개인을 목표로[132)] 할 때 가중된다. 예를 들어, 방금 제안된 재분배정책을 실시하기 위해서는 정부는 거의 확보하기 어려운 자료에 해당되는 자급자족 상태에서의 모든 개인들의 소비수준을 파악할 필요가 있다. 이러한 이유에서 우리는 개인들의 정보 대신에 시장의 산출량에 대한 정보를 필요로 하고, 동시에 모든 사람들을 위하여 무역으로부터의 이익을 확보하게 해 주기 위하여 사용될 수 있는 다른 형태의 정책들의 사용 가능성에 대하여 문의할 수도 있다. Dixit과 Norman(1986)은 이 같은 정책이 존재한다는 해결방안을 제시하고, 다음과 같은 정책수단을 전개한다. 어떤 국가의 정부로 하여금 그 국가의 거주자들이 개방경제하에서 직면하는 재화의 가격과 생산요소에 대한 보수가 자급자족 경제하에서 직면하

---

131) 대국인 경우에는 재분배정책은 국제물가에 영향을 미치게 된다. 그러나 이 같은 경우라 할지라도 무역균형점에서의 상대가격비율이 재분배정책 실시하에서의 상대가격비율이라고 간주될 경우에는 이 같은 주장은 타당하게 된다. 주된 쟁점은 본문에 있는 주장은 모든 고안된 가격구조에도 적용될 수 있다는 점이다.

132) [역자 주] 더 정확한 표현은 장진된 균형(calibrated equilibrium)이라고 할 수 있다.

는 재화의 가격과 생산요소에 대한 보수와 동일하게 되도록 제품과 생산요소들에 대하여 세금과 보조금을 제공할 수 있다고 가정하자. 개방경제에서의 정액 소득재분배 정책은 정부로 하여금 누가 무엇을 소비하는지, 또는 개인들의 소비의 근원이 무엇인지를 필요로 하지 않는다는 것을 주의해서 볼만하다. 정부의 전문가들은 시장에서 발생한 정보만을 사용하여 바람직한 소득재분배 정책을 수립할 수 있다. 다시 말하면, 정액 재분배 정책의 수립은 시장에서 도출된 변수들을 사용하여 개인들을 동일하게 취급하다는 의미에서 개인의 익명을 그대로 보존할 수 있다. 이 같은 정책을 실시하게 되면 개방경제하에서의 모든 개인들은 자급자족 경제하에서의 동일한 기회와 상충관계(tradeoff)에 직면하게 되기 때문에 모든 개인들은 자급자족의 후생수준을 가져다주는 자급자족 소비조합을 선택하게 된다. 즉, 정액 재분배 정책의 적용은 개방경제하에서의 모든 개인들을 자급자족 경제하에서의 후생수준과 동일하게 되는 것을 허용한다. Dixit과 Norman이 보여주고자 한 것은 정액 재분배 정책이 재정흑자를 가져온다는 점이다. 재정흑자는 정부로 하여금 균형재정을 달성하기 위하여 어떤 음식 항목과 같이 모든 소비자들이 사용하는 재화들의 가격 인하를 가져올 수 있게 할 수 있다는 가능성을 보여준다. 가격인하는 모든 소비자들로 하여금 그들의 후생이 개선될 수 있도록 그들의 소비를 재구성하게 유도한다. 따라서 모든 개인들은 무역으로부터 이익을 얻게 된다.

Dixit-Norman 정책의 설계는 분배를 위하여 이용 가능한 '파이(pie)'를 축소시키는 상당한 크기의 왜곡들을 가져오게 된다. 그럼에도 불구하고, 작아진 파이는 자급자족에 비하여 모든 개인들에게 더 큰 조각을 주기에 충분히 큰 상태이다. 불행하게도 정액 소득재분배 정책의 결과가 아무리 아름답다고 하더라도, 이 정책은 무역으로부터 광범위한 이익을 보장해 주는 정책을 수립하는 실질적인 방법까지는 제공하지 않고 있다. 더 나아가 우리가 이 같은 형태의 실질적 정책수단들을 확인하더라도 이익집단들(interest groups)이 정책수립과정에서 중요한 역할을 하는 대의 민주주의 또는 독재적 정부에서는 정액 소득재분배 정책들의 실현을 확보하기가 어렵다고 할 수 있다(Grossman and Helpman, 2002b 참조). 이 같은 이유에서[133] 무역정책에 대한 이해의 갈등은 지속적으로 만연하게 된다.[134]

---

133) [역자 주] 저자는 자유무역, 보호무역, James Meade의 신개입주의(New Interventionist)를 간략하게 설명하고, 전략적 무역정책까지는 설명하지 않았지만, 무역정책의 저변에는 정치경제적 요인이 크게 작동함을 보여준다. 쉬운 예로 미국이 선거를 앞두고 한국에 대하여 반덤핑조치를 하겠다는 의도는 미국선거가 있으니까 한국이 특정산업에 대한 시설확장을 선거 뒤로 미루는 것이 미국과 한국에 대하여 win-win 전략이 될 수 있다고 해석할 수 있다.

134) [역자 주] The problem of such sectoral clashes still remains due to the passions of interest amongst different alliances that attach thier utomost importance on increasing their own repectives interests or pies.

제4장

규모와 범위의 경제

4.1 서론

비교우위에 대한 '전통적 접근법들(traditional approaches, 또는 전통적 이론들)' 은 관찰의 단위(즉, 비교우위가 발생하는 대상)로서 **산업들**에 초점을 맞추고 있다. 그 결과 실제로 이러한 접근법들은 대체로 미시적 자료(disaggregated data, 산업별 자료)에 의해 설명되고 있다. 이러한 접근법에 대한 기본적인 이론적 근거는 '모든 산업들에서 서로 다른 기업들이 생산하는 산출물이 서로 간에 **대체 가능성이 매우 높다**' 고 하는 데 있다. 그 결과 한 산업부문이 하나의 '동질적인 제품(homogeneous product)' 을 공급한다고 가정해도 아무런 문제나 해(害)가 되지 않을 것이다. 이러한 관점에서 볼 때 모데나(Modena) 지역에서 생산되는 이탈리아 타일은 예루살렘 지역에서 생산되는 이스라엘 타일과 거의 완전 대체재(perfect substitute) 관계에 있다. 또한 피에르 카르뗑(Pierre

Cardin) 회사에서 만든 남성용 셔츠들은 반 하우젠(Van Heusen) 회사에서 만든 남성용 셔츠들과 거의 완전 대체재 관계에 있다고 할 수 있다. 다시 말하면, 타일과 셔츠가 다른 지역에서 생산되거나 다른 상표명을 가지고 있지만, 각 부문들 내에서 제품 차별화(product differentiation)에 대한 고려 없이도 **어느 국가**가 '타일에 비교우위' 를 가지고 있고, **어느 국가**가 '남성용 셔츠에 비교우위' 를 가지고 있는지를 파악할 수 있다. 제2장에서 살펴보았듯이 실제로 이러한 접근법은 (i) 국가들 간의 생산성(productivity) **차이**와 (ii) 국가들 간의 생산요소구성(factor composition)의 **차이**로부터 초래되는 '산업부문 간 무역패턴(sectoral trade pattern)' 을 이해하는 데 유용하다는 것을 알고 있다.

그럼에도 불구하고, 실제 무역자료(trade data)로부터 추론된 주요 결과들(또는 실제 무역자료로부터 나타난 주요 특징들)은 다음과 같이 이러한 관점(이론)과 '차이' 가 있음을 발견할 수 있다. 첫째, '무역의 원천(source of trade)' 으로서 **국가 특성**(country characteristics)[135]의 차이를 강조하는 전통적 모형들에 따르면 (i) **상이한** 생산성과 **상이한** 요소부존량을 가진 국가들 간에는 무역흐름(trade flows; 무역량, 즉, 수출과 수입의 양을 말함)이 **클** 것이고, (ii) **비슷한** 생산성과 **비슷한** 요소부존량을 가진 국가들 간에는 무역흐름이 **작을** 것이라고 '예측' 하고 있다. 즉, 전통적 모형들은 국가들 간에 생산성과 요소부존량이 서로 **다른** 경우 이들 국가들 간의 무역흐름은 **크게** 나타나고, 국가들 간에 생산성과 요소부존량이 **비슷한** 경우 이들 국가들 간의 무역흐름은 **작게** 나타날 것

135) [역자 주] '국가 특성의 차이' 란 '국가 간의 생산성의 차이' 나 '요소부존량의 차이' 를 말함.

이라고 예측하고 있다. 그러나 실제 무역자료들에 의하면 **비슷한** 특성(즉, **비슷한** 생산성이나 **비슷한** 요소부존량)을 가진 국가들 간에 무역흐름이 오히려 더 **크게** 발생하고 있음을 보여주고 있다. 즉, 실제 무역자료에 따르면 생산성과 요소부존량이 상이한 국가들이 아니라 **비슷한** 국가들 간에 무역흐름이 더 크게 나타나고 있다. 따라서 '전통적 모형(이론)이 예측하는 바' 와 '실제 무역자료가 보여주는 결과' 가 서로 **다름**을 알 수 있다. 둘째, 대부분의 무역은 '산업부문들 간의 무역' 이 아니라 **산업들 내에서의 무역**이 차지하고 있다. 즉, 어떤 국가가 '타일을 수출하고(다른 국가로부터) 셔츠를 수입하는' 대신에 **타일을 수출하고 다시 타일을 수입하고** 있음을 목격할 수 있고, 또 동일한 국가가 **셔츠를 수출하고 다시 셔츠를 수입하고** 있음을 볼 수 있다. 국가들 간의 생산성과 요소부존량의 '차이' (즉, 전통적 무역이론)는 왜 어떤 국가가 순전히 타일만 수출하고, 순전히 셔츠만 수입하는지를 설명하는 데에 유용하다. 그러나 생산성과 요소부존량의 '차이' 는 왜 어떤 국가가 타일을 수출하고 동시에 타일을 수입하는지, 또는 셔츠를 수입하고 동시에 셔츠를 수출하는지에 대해서는 설명해 주지 못한다. 따라서 이론과 실제 간에 **차이**가 있다.

이러한 특징과 결과들을 실증적으로 살펴보기 위하여 (i) 제조업 무역의 지역적 구조와 (ii) 산업 내 무역을 고려해 보자.

우선, 2005년 제조업 무역의 지역적 구조를 고려해 보자. 이는 〈표 4.1〉에 나타나 있다. 2005년 현재 제조업 부문의 세계 총 수출량은 10조 달러를 초과하고 있다(정확히는 10조 1,590억 달러에 달함). 제조업 총 수출량 중에서 약 15%(=1,478/10,159)는 북미에서 생산되고, 약 43%(=4,372/10,159)는 유럽에서 생산된다. 나머지 약 42%는 세계의

표 4.1 제조업 부문 수출의 지역적 구조 : 2005년

(단위 : 10억 달러)

		도착지(수출지)			
		북미	유럽	일본	세계 전체
원산지 (생산지)	북미	824	238	88	1,478(15%)
	유럽	398	3,201	77	4,372(43%)
	일본	152	94	0	595
	세계 전체	2,093(21%)	4,398(43%)	515	10,159

출처 : World Trade Organization(2006, Table 3.3 and Table 3.70)

다른 지역(국가)들, 즉 남미, 중미, 아프리카, 아시아, 중동지역에서 생산되고 있다. 다음으로 제조업 총 수출량의 약 21%(=2,093/ 10,159)는 북미로 수출되고,[136)] 약 43%(=4,398/10,159)는 유럽으로 수출된다.[137)] 나머지 약 36%는 세계의 다른 지역(국가)들로 수출되고 있다. 한 가지 중요한 사실은 유럽과 북미지역에 있는 부유한 국가들에서 유럽과 북미지역에 있는 다른 부유한 국가들로의 수출이 세계무역의 약 46%를 차지하고 있다.[138)] 또한 유럽과 북미지역에 일본의 무역(수출)을 더하면 부유

---

136) [역자 주] 〈표 4.1〉에서 보면 '세계 전체' 에서 북미지역으로의 수출량은 2조 930억 달러에 달한다. 이는 총 수출량의 약 21%를 차지하고 있다.

137) [역자 주] 〈표 4.1〉에서 보면 '세계 전체' 에서 유럽지역으로의 수출량은 4조 3,980억 달러에 달한다. 이는 총 수출량의 약 43%를 차지하고 있다.

138) [역자 주] 〈표 4.1〉에서 보면 우선, '북미지역' 에서 북미지역으로의 수출량은 824이고, '북미지역' 에서 유럽지역으로의 수출량은 238이다. 이를 합하면 1,062가 된다. 다음으로 '유럽지역' 에서 북미지역으로의 수출량은 398이고, '유럽지역' 에서 유럽지역으로의 수출량은 3,201이다. 이를 합하면 3,599가 된다. 셋째, 이제 1,062와 3,599를 합하면 4,661이 된다. 마지막으로 4,661을 세계 총 수출량인 10,159로 나누면, 즉 4,661/10,159는 0.4588(=약 46%)이 된다.(여기서 숫자의 단위는 10억 달러임)

한 국가들이 세계무역에서 차지하는 비중은 거의 50%에 육박한다.[139) 다시 말하면, 소수의 가장 부유한 국가들 간의 무역이 세계 무역량의 **절반**을 차지하고 있다. 따라서 **부유한 국가들 간의 무역의 이러한 집중 현상**은 '전통적인 비교우위론'과 일치하지 **않는다**. 왜냐하면 부유한 국가들은 빈곤한 국가들(예 : 아시아, 아프리카, 남미 등)에 비해 생산성과 요소부존량에서 차이가 나는 것이 아니라 서로 간에 더 **비슷하기** 때문이다.

다음으로 '산업들 내에서의 무역'을 고려해 보자. Grubel과 Lloyd (1975)는 '그루벨-로이드(Grubel-Lloyd) 지수(GLI)'라고 알려진 하나의 지수(index)를 개발하였다. '그루벨-로이드 지수'는 산업부문들 간의 무역이 아니라 **산업 내에서**(within industries) **발생하는 무역량의 비중**을 측정하기 위해 개발되었다. 이러한 지수를 사용하여 그들은 많은 국가들에서 대부분의 무역들이 산업부문들 간(intersectoral)의 무역이 아니라 '산업 내 무역(intra-industry trade)'이라는 것을 실증적으로 보여주었다. 〈표 4.2〉는 1996~2000년 기간 동안 주요 국가들의 경우 산업 내 무역에 대한 평균비중을 보여주고 있다. 〈표 4.2〉에서 보면 프랑스가 가장 높은 산업 내 무역비중을 보여주고 있다. 즉, 프랑스의 경우 프랑스 무역의 75% 이상이 산업 내 무역이며, 나머지 25% 미만이 산업부문 간 무역이다. 반면에 호주의 경우는 산업 내 무역비중이 가장 낮음을 볼 수 있다. 즉, 호주의 경우 산업 내 무역비중이 30% 미만이며, 70% 이상은 산업부문 간 무역이 차지하고 있다. 이 표로부터 다음 사실이 분

139) [역자 주] 〈표 4.1〉에서 이들 세 지역들 간에 이루어지는 수출량은 세계 총 수출량의 49.9%에 달하고 있다. 즉, 824+238+88+398+3,201+77+152+94+0=5,072가 되고, 이를 10,159로 나누면 0.49926이 된다.(여기서 숫자의 단위는 10억 달러임)

표 4.2 산업 내 무역비중 : 1996~2000년 기간 동안의 평균

국가	산업 내 무역비중
프랑스	77.5%
체코	77.4%
캐나다	76.2%
영국	73.7%
멕시코	73.4%
헝가리	72.1%
독일	72.0%
스페인	71.2%
네덜란드	68.9%
미국	68.5%
스웨덴	66.6%
이탈리아	64.7%
한국	**57.5%**
일본	47.6%
뉴질랜드	40.6%
노르웨이	37.1%
호주	29.8%

출처 : Organization for Economic Cooperation and Development(2002, Table 6.1)

명해진다. 즉, 발전수준이 다른 국가들 — 예를 들면, 한편으로 캐나다와 영국, 다른 한편으로 체코와 헝가리 — 간에 산업 내 무역비중이 매우 높다는 점이다. 이들 국가들의 산업 내 무역비중은 70% 이상을 차지하고 있음을 볼 수 있다.

산업 내 무역비중은 위에서 살펴보았듯이 국가들 간에 서로 다를 뿐만 아니라 **산업들 간**에도 서로 다르다. 예를 들면, 미국의 경우 무기 화학제품들, 동력발전 기계류, 전기 기계류 등의 산업들에서 1993년에 산업 내 무역비중은 95% 이상을 차지하였다. 반면에 철 및 철강산업의 산업 내 무역비중은 43%이고, 의류산업의 산업 내 무역비중은 27%를 차지하였다(Krugman and Obstfeld, 2009, Table 6.3 참조). 이와 같이 한 국가 내에서 산업들 간에도 산업 내 무역비중이 서로 다름을 알 수 있다.

이러한 패턴들을 어떻게 설명할 수 있는가? 이를 위해 '산업들 내에서 **제품 차별화**(product differentiation)' 에 대해 생각해 보기로 하자. 만약 모데나 지역에서 생산된 이탈리아 타일제품들이 예루살렘에서 생산된 이스라엘 타일제품들과 '완전 대체재 관계' 에 있지 **않다면** 이탈리아는 이스라엘로 타일을 수출할 수 있고, 이스라엘도 이탈리아로 타일을 수출할 수 있다. 또한 만약 미국에서 생산된 전기제품들이 독일에서 생산된 전기제품들과 서로 **다르다면**(또는 완전 대체재 관계에 있지 않다면) 미국은 독일로부터 전기제품들을 수입할 수 있고, 독일은 미국으로부터 전기제품들을 수입할 수 있다. 이와 같이 두 국가들에서 생산되는 동일한 종류의 제품들(예 : 타일 또는 전기제품)이 서로 **차별화**되어 있다면(또는 완전 대체재 관계에 있지 **않다면**) 각국은 자국이 생산하는 제품을 다른 국가로 수출하거나 또는 다른 국가가 생산한 제품을 자국으로 수입할 수 있다.

일단 '제품 차별화' 가 무역발생의 원인(즉, 원천)으로서 인식된다면 국가들 간에 목격되는 **무역 변화량**의 대부분이 '제품당 수량의 변화' 가 아니라 **'교역되는 제품의 수'** 에 있어서의 변화량을 나타낸다는 사실을 설명하는 데 유용하다. 즉, 제품 차별화로 인하여 국가들 간에 교역되는 제품들의 수가 늘어나게 되고, 그 결과 무역량이 증가하게 된다. 제품 차별화로 인해 국가들 간에 교역되는 **제품의 수가 늘어나는 것을 '광범위한**

그림 4.1 126개국에서의 무역재 범위의 변동

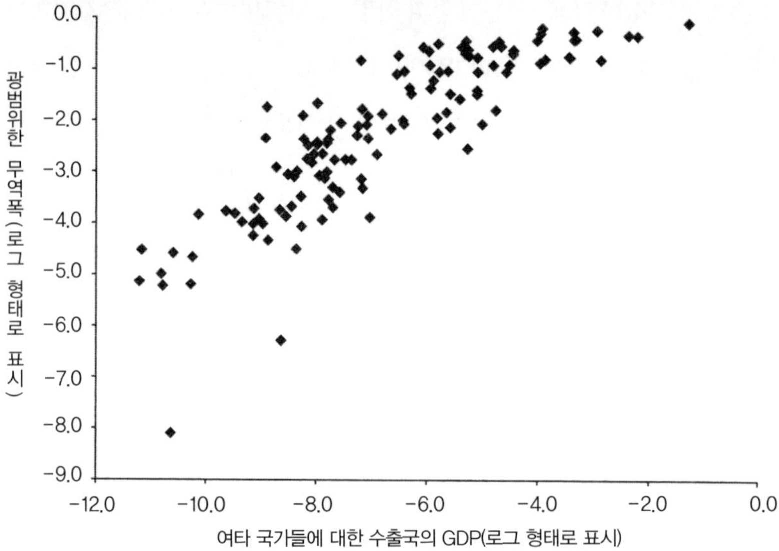

자료 : Hummels와 Klenow(2005)의 자료를 이용하여 그린 것임.

무역폭(extensive margin)' 이라 부른다. Hummels와 Klenow(2005)는 규모가 다른 국가들 간의 **무역량의 차이**—즉, 대규모 국가들이 소규모 국가들보다 더 많이 수출하는 현상—의 약 60%가 이러한 '광범위한 무역폭' 에 의해 설명된다는 것을 실증적으로 보여주었다. 다시 말하면, '대규모 국가들' 이 소규모 국가들보다 **더 광범위한 제품**을 수출한다. 〈그림 4.1〉은 '국가의 규모' 와 '광범위한 무역폭' 간의 관계를 보여주고 있다. 〈그림 4.1〉에서 수평축은 GDP로 평가한 국가의 규모를 나타내고, 수직축은 광범위한 무역폭을 나타낸다. 수평축의 경우 원점에서 멀어질수록 대규모 국가를 나타내고, 수직축의 경우 원점에서 멀어질수록 교역되는 제품들의 수가 증가함을 나타낸다. 〈그림 4.1〉에 따르면 GDP로 측

정한 국가의 규모 면에서 대규모 국가들이 분명히 광범위한 제품들을 수출하고 있음을 알 수 있다.[140] 이는 GDP가 높은 국가일수록 광범위한 제품들을 수출하는 경향이 있음을 의미한다.

비록 차별화된 제품들에 대한 국제무역이 오랫동안 중요한 현상이 되어 왔지만 1980년대가 되어서야 비로소 무역이론에 통합되게 되었다.[141] 1980년대에 이르러서야 경제학자들은 '기업들이 **규모의 경제**(economies of scale)하에서 활동하고, 다양한 브랜드를 소유한 여러 제품에 전문화(특화)하는 시장' 을 공식적으로 모형화하는 방법들을 찾게 되었기 때문이다. '규모의 경제' 가 이제까지 살펴본 **제품 차별화**와 다른 역할을 하기 때문에 이제부터 '규모의 경제가 무역에 미치는 영향' 을 논의하고자 한다. 우선 제2절에서는 제품 차별화가 **없는** 경우에 규모의 경제가 무역에 미치는 영향에 대해 살펴보고, 다음으로 제3절에서는 제품 차별화가 **있는** 경우에 규모의 경제가 무역에 미치는 영향에 대해 살펴보기로 한다. 마지막으로, 제4절에서는 무역이익의 새로운 원천에 대해서 간단히 논의하고자 한다.

---

140) 본 저자는 〈그림 4.1〉을 유도하기 위해 자료를 제공해 준 Klenow 교수에게 감사를 드린다. 전통적인 비교우위론을 넘어서는 '새로운' 무역의 특징들에 관해서는 이 장의 제4절(무역이익의 새로운 원천)에서 논의할 예정이다.

141) Krugman(1979)과 Lancaster(1979, 제10장)는 한 생산부문만 있는 산업에서 제품화된 제품을 가진 무역모형을 최초로 개발하였다. 비록 이들의 모형이 여러 면에서 다르지만 두 모형은 '동일한 제품의 다른 브랜드들에 대한 무역이 어떤 한 산업 내에서 어떻게 발생하는지' 를 보여주기 위하여 개발되었다. 또한 Lancaster(1980), Dixit과 Norman(1980, 제9장), 그리고 Helpman(1981) 등은 전통적인 요소비율이론에 '제품 차별화' 를 통합하여 '산업 내 무역' 과 '산업 간 무역' 이 어떻게 공존할 수 있는지를 보여 주었다. Helpman과 Krugman(1985)은 소위 '새로운 무역이론(new trade theory)' 에 대한 포괄적인 모형을 개발하였다. 이러한 연구들은 모두 Chamberlin(1933)의 최초의 독창적인 연구에 그 바탕을 두고 있다.

4.2 규모의 경제

'규모의 경제(economies of scale)' 는 어떻게 발생하는가? 규모의 경제는 여러 가지 방법으로 발생할 수 있다. 그러나 두 가지 가장 일반적으로 발생하는 규모의 경제 형태는 '**기술**(technology)' 과 '**집적**(agglomeration)' 에 바탕을 두고 있다. 이 중에서 본 절에서는 **기술에 근거한 규모의 경제**(technology-driven economies of scale)를 다루고자 한다. '기술에 근거한 규모의 경제' 란 '어떤 생산과정의 경우(예 : 컴퓨터 생산) 생산에 사용되는 모든 **투입물**(inputs)의 사용을 **비례적으로 증가시키면** 그 결과 '산출량(output)' 은 **비례 이상으로 증가되는 것**' 을 말한다.

예를 들면, 타일제품의 생산을 고려해 보자. 우선, 만약 타일 생산에 드는 투입물인 점토, 기계 및 장비, 구조물, 노동력 등을 10% 증가시킴으로써 타일의 생산량(산출량)이 10% **이상** 증가한다면, 이 경우 타일 생산에 대한 기술은 '규모에 대한 수확 체증(increasing returns to scale)' , 즉 '규모의 경제' 를 발생시킨다고 말한다. 다음으로 생산에 드는 투입물의 사용을 10% 증가시키지만 생산량(산출량)은 10% **미만**으로 증가한다면 이 경우의 생산기술을 '규모에 대한 수확 체감(diminishing returns to scale)' 이라고 부른다. 마지막으로 투입물의 사용을 10% 증가시키지만 생산량(산출량)은 정확히 10% 증가한다면 이 경우의 기술을 '규모에 대한 수확 불변(constant returns to scale)' 이라고 부른다. 좀 더 정확히 말하면, 만약 생산에 드는 투입물의 사용을 모두 비례적으로 증가시킬 때 생산량(산출량)이 **비례 이상**으로 증가한다면, 이 경우의 제품 생산기술을 '규모의 경제' (또는 '규모에 대한 수확 체증')라고 부른다. 또한 만약 투입물의 사용을 모두 비례적으로 증가시키지만 생산량

(산출량)이 **비례 미만**으로 증가한다면, 이 경우의 생산기술을 '규모에 대한 수확 체감' 이라고 부른다. 마지막으로, 만약 투입물들의 사용을 모두 비례적으로 증가시키지만 생산량(산출량)이 **정확히 비례적으로** 증가한다면, 이 경우의 생산기술을 '규모의 대한 수확 불변' 이라고 부른다. 즉, 세 가지 유형들 중 어느 하나에 해당되려면 공통적으로 '투입물의 사용을 비례적으로 증가시키는 것' 이 필요하다.[142]

또한 규모의 경제는 '평균비용(average costs)' 과 밀접한 관계가 있다. 우선, 규모의 경제(또는 규모에 대한 수확 체증)는 '평균비용의 **감소**' 를 가져다준다. 즉, 생산량이 증가할수록 평균비용은 더 낮아진다. 반면에 규모에 대한 수확 체감은 평균비용의 증가를 가져다준다. 마지막으로, 규모에 대한 수확 불변은 평균비용의 불변(고정)을 가져다준다.

규모의 경제는 어떤 생산부문에서 주로 발생하는가? 규모의 경제는 '고정비용이 **큰** 생산부문들' — 예를 들면, 항공기와 제약산업 — 에서 공통적으로 나타난다. 이러한 생산부문들에서 대규모 고정비용들은 주로 제품 개발비용이나 생산라인의 설치비용 등으로부터 발생한다. 예를 들면, 항공산업의 경우 항공기 모델의 개발 — 예를 들면, 동체의 폭이 넓은 제트기 — 에 많은 비용이 들며, 또한 특정 항공기 모델의 생산라인의 건설에도 막대한 비용이 든다. 또한 제약산업의 경우 신약 개발에 수백만 달러의 막대한 비용이 든다. 두 경우 모두에 '규모의 경제' 가 발생한다. 즉, 항공기나 제약산업의 경우 생산량이 증가할수록 평균비용이 감소하

142) 원칙적으로 하나의 생산기술이 어떤 투입물들의 결합(사용)에 대해서는 '규모의 경제' (즉, '규모에 대한 수확 체증')가 발생하지만 다른 투입물들의 결합(사용)에 대해서는 '규모에 대한 수확 체감' 이 발생할 수 있다. 그러나 이러한 복잡한 경우는 보통 발생하지 않는다고 가정한다.

기 때문이다. 또한 고정비용이 항공기나 제약산업들보다 훨씬 더 낮은 다른 제품들의 경우(예 : 컴퓨터)에도 규모의 경제가 발생할 수 있다.

고정비용이 어떻게 규모의 경제를 발생시키는지를 보기 위하여 다음의 단순한 예를 고려해 보자. 어떤 목수가 자신의 작은 공장에서 탁자 제품들을 생산한다고 가정해 보자. 탁자 생산에 드는 주요 투입물로서는 재료들과 목수 자신의 노동시간이 필요할 것이다.[143] 또한 어떤 유형의 탁자(예 : 가로와 세로의 길이가 각각 2미터인 정사각형 식탁) 하나를 만들기 위하여 목수는 탁자의 디자인과 탁자 생산단계에 대해 생각(예 : 어느 부분을 먼저 준비하고, 어느 부분을 접착제로 붙이고, 어느 부분을 나사못으로 조이고 할지 등에 대해 생각)하는 데 4시간이 필요하다고 가정하자. 이러한 세부 작업 항목들이 정해지면, 그 다음으로 목수는 식탁을 제작하는 데 두 시간이 소요된다. 이러한 가정하에서 목수의 생산과정은 외관상 '규모에 대한 수확 불변' 을 보여주고 있다. 왜냐하면 그의 식탁 생산에 드는 **재료들**(목재, 접착제, 나사못 등)과 식탁 **제작시간**을 2배로 증가시킴으로써 식탁 생산량(식탁의 제작 개수)을 2배로 증가시킬 수 있기 때문이다. 그러나 이 과정은 목수가 식탁의 디자인과 생산단계에 대해 **생각하는 데** 드는 4시간은 고려하지 **않고** 있다. 목수가 식탁의 디자인과 생산단계에 대해 생각하는 데 드는 이러한 4시간은 한 번만 필요하고, 목수가 얼마나 많은 식탁들을 생산하는지 와는 아무런 상관이 없다. 그러므로 재료와 노동시간을 2배로 증가시킴으로써 목수의 식탁 생산에 **실질적으로** 사용되는 시간은 **2배 이상** 증가하게 되며,[144] 그 결과 목수의

143) 논의의 단순성을 위하여 목수가 사용하는 도구나 연장들은 고려하지 않기로 한다.

144) [역자 주] 즉, 식탁 제작에 드는 목수의 노동시간을 2시간에서 4시간으로 증가시킨다고 가정해 보자. 그러나 목수가 식탁 디자인 및 생산단계에 대해 생각하는 데 드는

식탁 생산량(식탁의 제작 개수)은 **2배 이상**으로 증가하게 될 것이다. 이 예에서 사용된 단순한 원리는 훨씬 더 복잡한 생산과정에도 적용할 수 있을 것이다.

앞의 두 장에서 우리는 제품의 생산기술을 '규모에 대한 수확 불변'이라고 가정하였다. 이러한 가정하에서 우리는 (i) 무역의 구조[145]와 (ii) 경쟁적인 시장구조를 가진 경제(국가)의 경우에 소득분배에 미치는 영향[146]에 대해 검토하였다. 그 결과 규모에 대한 수확 불변의 가정하에서 전문화(특화)의 패턴은 (i) 국가들 간의 생산기술의 차이나 (ii) 국가들 간의 요소부존량의 차이에 의해 결정됨을 보았다. 그러나 Graham(1923)과 Ohlin(1933)과 같은 저명한 학자들은 오래전에 '규모의 경제'가 **독자적인 전문화(특화)의 원천**이 될 수 있고, 그 결과 **해외무역의 구조**에 영향을 미칠 수 있다고 지적하였다. 즉, **규모의 경제**를 가진 어떤 산업에서 **대규모 생산**을 달성하는 어떤 국가는 단위당 **낮은 생산비용**으로 제품을 생산하여, 이 제품을 외국에 **수출**할 수 있다. 따라서 '생산의 **규모**'가 **비교우위의 원천**이다. 이러한 상황하에서 **소수**의 국가들에서 생산이 **집중**(심지어 한 국가에서 생산이 집중)됨으로써 '대규모 생산'과 '단위당 낮은 생산비용'을 달성할 수 있으며, 그로 인해 세계의 모든 구매자들에 대해 제품가격을 인하시킬 수 있다. 그 결과, 다음과 같은 하나의 '추정'이 가능하다. 즉, "규모에 대한 수확 체증(즉, 규모의 경제)이 무역이익(gains from trade)의 독자적인 원천을 제공해 준다." 다시 말하면, 규모의 경

4시간을 고려한다면 목수가 식탁을 제작하는 데 드는 실질적인 시간은 4시간(=2배 증가)이 아니라 8시간(=4배 증가)이 될 것이다.

145) [역자 주] 예를 들면, '리카도의 무역이론'과 '헥셔-올린의 무역이론'을 들 수 있다.

146) [역자 주] 예를 들면, '스톨퍼-새뮤얼슨 정리'를 들 수 있다.

제가 존재하는 경우 두 가지 원천의 무역이익이 발생한다. 즉, (i) '무역이 발생하는 경우' 와 '무역이 발생하지 않는 경우' (autarky, 자급자족경제) 간의 **가격 차이**로부터 발생하는 '무역이익' 뿐만 아니라, (ii) **규모의 경제**에 의해서도 '무역이익' 이 발생한다. (전자의 경우는 제2장과 제3장에서 논의되었고, 후자의 경우는 본장에서 논의되고 있다.)

그러나 Graham(1923)은 다음의 가능성에 대해 생각해 보았다. 즉, (i) 어떤 국가에서 자국의 몇몇 생산활동들이 '규모에 대한 수확 체증' (즉, 규모의 경제)의 생산기술로 제품이 생산될 때 이 국가는 해외무역에 의해 '손해' 를 볼 수 있으며, 또한 (ii) 그러한 국가는 자국의 수입경쟁적인(import-competing) 산업부문들을 **보호**함으로써 이익을 얻을 수 있다는 '가능성' 에 대해 고려해 보았다. 이를 위해 Graham은 다음과 같이 생각하였다. 어떤 국가에 두 개의 산업들이 존재하며, 하나의 산업은 '규모에 대한 수확 불변' 으로 생산되고, 나머지 다른 산업은 '규모에 대한 수확 체증' 으로 생산된다고 가정해 보자. 또한 무역이 발생하면 생산자원들은 '규모에 대한 수확 체증' 산업부문에서 '규모에 대한 수확 불변' 산업부문으로 이전된다고 가정해 보자. 이러한 가정하에서 규모에 대한 수확이 체증하는 산업부문에서는 생산성(즉, 단위당 투입에 대한 산출량)이 하락하고, 규모에 대한 수확이 불변인 산업부문에서는 생산성이 일정 수준에 고정될 것이다. 그 결과, 불변 가격으로 평가한 GDP의 가치가 하락하게 되고, 국민들의 후생이 감소하게 될 것이다. 따라서 어떤 국가가 규모에 대한 수확이 체증하는 몇몇 산업부문들을 가지고 있는 경우, 무역발생으로 이 산업부문의 생산성이 하락하여 GDP 및 후생이 감소하게 됨으로써 이 국가는 결국 **손해**를 보게 된다. 다른 한편으로 만약 규모의 경제(즉, 규모에 대한 수확 체증)를 가진 어떤 산업부문이 '수입품'과 경쟁한다면(즉, 수입품과 경쟁관계에 있다면), 이 국가는 수입품에 대해 관세를 부과하여 규모의 경제를 가진 국내 산업부문을 보호(tariff protection)함으로써 생산에 필요한 투입물들이 규모에 대한 수확 체증인 산업부문에서 '규모에 대한 수확 불변인 산업부문'으로 배분(이전)되는 것을 방지할 수 있고, 그 결과 GDP의 감소를 방지할 수 있다. 따라서 규모의 경제를 발생시키는 몇몇 산업부문들을 가진 국가는 동(同) 산업의 수입품에 대해 관세를 부과함으로써 자국의 그러한 산업부문들을 **보호**할 수 있고, 그로 인해 자국의 GDP를 증가시킬 수 있다. 그러므로 Graham(1923)은 (i) **규모의 경제**를 가진 몇몇 산업부문들이 **무역**으로 인해 **손해**를 볼 수 있으며, (ii) 이를 방지하기 위해 규모의 경제를 가진 산업부문들과 경쟁적인 관계에 있는 수입품에 대해 **관세**를 부과함으로써 규모의 경제를 가진 국내산업을 보호할 수 있다고 주장하였다.

그러나 Knight(1924)는 Graham의 이러한 주장을 반박하였고, 표준적인(전통적인) 경쟁시장에 바탕을 둔 분석을 '규모에 대한 수확 체증'(즉, 규모의 경제)을 가진 상황에 적용하는 것은 불가능하다고 주장하였다. Graham과 Knight 간의 논쟁은 중요하다. 왜냐하면 이들은 규모에 대한 수확 체증을 가진 시장들을 명시적으로 고려했기 때문이다. 이제 다음과 같은 몇 가지 질문들을 제기해 보기로 하자. 첫째, 규모의 경제가 **어떤 기업의 내부에서** 발생하는가? 즉, **어떤 기업**이 생산에 드는 모든 투입물들을 비례적으로 증가시키면 당해 기업의 생산량(산출량)이 **비례 이상으로** 증가하는가? 둘째, 규모의 경제가 **어떤 국가의 산업 내부에서** 발생하는가, 아니면 **세계의 산업 내부에서** 발생하는가? 즉, **어떤 국가의 산업**(예 : 화학산업)이 생산에 드는 모든 투입물을 비례적으로 증가시킬 때 **그 국가의 당해 산업**의 생산량이 **비례 이상**으로 증가하는가? 또는 **세계의 산업**(예 : 화학산업)이 생산에 드는 모든 투입물을 비례적으로 증가시킬 때 **세계의 당해 산업**의 생산량이 **비례 이상으로** 증가하는가? 셋째, 규모의 경제가 발생하는 시장들이 경쟁적인가? 넷째, 규모의 경제가 발생하는 경우 제품의 가격들은 해당 산업들 내에서 한계비용(MC)에 의해 결정되는가, 아니면 평균비용(AC)에 의해 결정되는가? 이를 위해 Viner (1965)는 Graham과 Knight 간의 논쟁을 검토한 후[147)] 다음과 같이 자신의 견해를 피력하였다.

> 개별 생산자의 입장에서 비용 면에서 비교열위에 있는 어떤 산업부문에서 **외부경제**(external economies, 규모의 경제)가 존재하는 경우 이 산업에 대한 '보호'는 다음 경우에만 정당화될 수 있다. 즉, 외부경제(규모의 경제)가 (a) 전 세계 산업의 크기가 아니라 **국가산업**의 크기에 달려 있어야 하며, 또한 (b) 외부경제는 금전적(pecuniary)이 아니라 '기술적(technological)'이어야만 한다(만약 외부경제가 금전적인 경우 당해 산업의 국내 판매자들에게 손해를 끼치지 않아야 한다.). 그러나 이러한 보호 찬성론의 적용 범위는 매우 제한적이다. 왜냐하면 기술적 외부경제가 진정으로 존재한다는 사실을 증명하기 어려울 뿐만 아니라 가설적으로 제시조차 하기 어렵기 때문이다. 그러나 Graham은 일반 대중들의 열렬한 보호 요구에 대해 실질적인 '과학적' 근거를

---

147) [역자 주] Viner는 1965년에 저술한 『국제무역이론에 대한 연구(*Studies in the Theory of International Trade*)』에서 Graham과 Knight 간의 논쟁을 심도 있게 다루었다.

제공하지 못하고 있다. 그래서 Graham의 주장은 단지 이론적 호기심에 지나지 않는다.(Viner, 1965, pp. 480~481)

실제로 규모의 경제가 **기업의 외부에서** 발생하고, **산업의 내부에서** 발생한다면[148] Graham의 추론은 가장 쉽게 입증될 수 있다. 다시 말하면, 수입경쟁적인 어떤 산업부문에서 활동하고 있는 어떤 한 기업의 생산성은 당해 산업부문의 국내 산출량(생산량)에 달려 있다. 즉, 해당 산업의 규모가 클수록 그 산업부문에서 활동하는 모든 기업들은 더 효율적이다. 그러나 단일 기업은 자신이 속해 있는 당해 산업의 규모를 '주어진 것'으로 간주하며, 그 결과 자신의 생산성을 그 자신의 투입물들의 사용과 무관하다고 생각한다. 이러한 상황하에서 개별 기업들은 자신들이 '규모에 대한 수확 **불변**' 이라고 생각하면서 활동하지만, 그들이 속해 있는 **산업**은 '규모에 대한 수확 **체증**' (즉, 규모의 경제)을 발생시킨다. 이 경우에 당해 산업에 속해 있는 모든 기업들은 가격 수용자들(price takers)이며, 그 결과 경쟁적인 시장체제가 유지될 수 있다.

Either(1982a)는 Graham의 이러한 직관적 생각을 형식화하였으며, Graham의 생각이 옳았다는 것을 보여주었다. 왜냐하면 어떤 경우에 **무역**은 한 국가의 규모에 대한 수확이 체증하는 수입경쟁적인 산업부문의 축소를 가져다주며, 그 결과 무역으로부터 **후생손실**이 초래되기 때문이다. 따라서 이 경우에 그러한 산업부문에 대한 '보호' 는 국가에 **이로울** 것이다. 그러나 어떤 국가의 규모에 대한 수확이 체증하는 수입경쟁적인

---

148) [역자 주] 이러한 경우는 Marshall(1920, 제4권, 제9~11장)에 의해 제시되었음.

산업부문의 축소는 반드시 무역으로부터 손실을 초래하지는 **않는다**. 왜냐하면 제3장에서 논의한 유형의 무역이익의 '원천' 이 여전히 작동하기 때문이다. 다시 말하면, 이제 어떤 경제적 요인들이 국제무역을 이롭게 하고, 다른 **경제적 요인**들은 국제무역을 해롭게 한다. 따라서 국제무역으로부터 발생하는 이익과 손실을 종합해 보면 무역으로부터 **이익**이 발생할 수도 있고, 또 손실이 발생할 수도 있다.149)

규모의 경제는 '무역패턴' 에 어느 정도의 **임의성**(또는 불확실성)을 가져다준다. 왜냐하면 **규모에 대한 수확이 체증하는 산업부문에서** '대규모 산출량' 을 생산하는 어떤 국가는 당해 산업부문에서 '비용우위(cost advantage)' 를 얻을 수 있기 때문이다. 여기서 '비용우위' 는 규모에 대한 수확이 체증하는 산업부문에서 **높은 산출량**(high output)과 **높은 생산성**(high productivity) 간의 **유사성**의 결과로 발생한다. 다시 말하면, 이러한 환경에서 이들 간에 하나의 흥미 있는 '순환성(circularity)' 이 존재한다. 즉, 리카도(Ricardo)의 모형에서처럼 '높은 생산성이 높은 산출량' 을 가져다주며, 또한 **여기에서처럼 높은 산출량이 높은 생산성**을 가져다준다. 따라서 산출량과 생산성 간에 순환성이 존재한다. 그 결과, 대규모 산출량을 생산하는(즉, 높은 산출량) 어느 국가는 높은 생산성과 낮은 단위당 생산비용을 발생시킨다. 반면에 소규모 산출량을 생산하는

---

149) Helpman과 Krugman(1985, 제3장)은 이러한 문제들에 대해 자세히 논의하고 있으며, Graham의 주장을 폭넓은 관점에서 설명하고 있다. 또한 Helpman과 Krugman은 외부경제(external economies)가 한 국가에만 한정되지 않는(즉, 어느 한 기업의 생산성이 '국내 산출량' 이 아니라 어떤 산업의 세계 산출량에 달려 있는 경우를 말함) 경우에 대해서도 논의하고 있다. 그러나 이 경우에는 Viner가 주장했듯이 Graham의 추론은 성립되지 않는다.

(즉, 낮은 산출량) 어떤 국가는 낮은 생산성과 높은 단위당 생산비용을 발생시킨다. 이러한 상황하에서 대규모 산출량을 생산하는 어느 국가는 '수출자' 가 되지만, 소규모 산출량을 생산하는 어떤 국가는 수입자가 된다. 그러나 이러한 국가들의 역할은 바뀔 수 있다. 즉, 전자의 국가가 소규모 산출량을 생산하면 그 국가는 수입자가 될 수 있고, 후자의 국가가 대규모 산출량을 생산하면 그 국가는 수출자가 될 수 있다. 왜냐하면 대규모 산출량과 소규모 산출량은 모두 독립적 관계에 있기 때문이다. 마지막으로, 전문화(특화)의 패턴이 바뀌면 당연히 무역의 방향도 바뀌게 된다. 이제까지 논의의 핵심은 다음과 같다. 규모에 대한 수확이 체증하는 산업부문이 존재하는 경우 어떤 국가는 비교우위를 획득하기 위하여 '특별한 특성' 을 가질 필요가 없다는 점이다. 왜냐하면 여러 국가 중에서 어느 한 국가가 다른 국가들보다 산출량을 더 많이 생산할 수 있으며, 이때 그 국가는 '수출자' 가 될 수 있기 때문이다. 이러한 특성은 하나의 균형이 아니라 **다수의** 균형(multiple equilibria)을 가져다주며, 그 결과 전문화(특화)의 패턴과 무역의 패턴이 예측하기 **어렵게** 된다. 따라서 규모의 경제(즉, 규모에 대한 수확 체증)는 전문화의 패턴과 무역의 패턴을 '불확실' 하게 만든다.

전문화와 무역패턴에 대한 이러한 예측의 어려움에 대한 한 가지 흥미 있는 논평이 Grossman과 Rossi-Hansberg(2010)에 의해 제기되었다. 이들은 Graham과 Ethier 유형의 세계에서 유도되는 다수의 균형들은 다음 두 가지 가정들의 결합에 의해 초래된다고 지적하였다. 즉, (i) 산업들은 생산자원의 사용 면에서 **대규모**이며, (ii) 이 산업에 속해 있는 기업들은 가격수용자들이다. **그러나** 산업이 **소규모**인 경우 (i) 기업들은 생산성을 '주어진 것' 으로 간주하지 **않으며**, 그 대신 생산성은 산업의 규모가 커짐에 따라 증가한다고 인식하며, 또 (ii) 기업들은 스스로 시장력(market power)을 행사할 수 있다고 생각하고, 경쟁기업들의 가격결정 전략들을 '주어진 것' 으로 간주한다. 이러한 경우에는 리카도 유형의 비교우위 요인들[150]에 의해 **예측 가능한** 무역패턴들이 **회복**된다. 예측 가능한 무역패턴들에 관한 분석은 Grossman과 Rossi-Hansberg(2010)에 의해 이루어졌다. Grossman과 Rossi-Hansberg의 세계에서는 수많은 작은(소규모) 산업들이 존재하고, 두 개의 교역국들이 존재한다고 가정하고 있다. 두 국가의 비교비용들(comparative costs)은 양국의 상대적 생산성 차이에 의해 결정된다. Dornbusch, Fischer 그리고 Samuelson (1977)도 이와 같이 가정하고 있다. 그러나 Dornbusch, Fischer 그리고 Samuelson과 달리 단위당 산출량에 대한 **노동투입량**(labor requirement)은 어떤 국가의 산출량이 증가함에 따라 **감소**한다. 이러한 **국가 내부에서** 발생하는 '규모의 효과(scale effect)' 는 양국 모두에서 동일하게 발생한다고 가정한다. 또한 기업들은 가격으로 경쟁한다. 즉, 모든 기업들은 경쟁기업들의 가격을 '주어진 것' 으로 간주하고 자신들의 가격을 결정한다. 또한 모든 기업들은 이러한 가격에서 결정되는 제품에 대한 수요량을 공급하게 된다. 재화(제품)들이 모두 동질적이기 때문에 어느 한 기업이 동일 산업에서 활동하는 다른 기업이 부과하는 가격보다 **더 높은** 가격을 부과한다면 이 기업이 생산하는 제품에 대한 수요량은 0이 될 것이다. 그 결과, 가장 낮은 가격을 부과하는 기업들만이 시장에서 자신의 제품들을 판매할 수 있을 것이다. 더구나 기업들이 시장에

150) [역자 주] 예를 들면, Dornbusch, Fischer , 그리고 Samuelson(1977)을 들 수 있다.

서 **활동하려면** 제품가격을 최소한 당해 제품의 생산비용만큼을 받아야 할 것이다. 그 결과, 기업들이 받는 가격은 '평균비용(AC)' 에 미달해서는 안 될 것이다. 그러므로 시장에서 활동하는 모든 기업은 자신의 **평균비용과 거의 일치하는** 가격들을 부과하게 될 것이다.[151] 이러한 유형의 매우 **경쟁적인 시장**(contestable market)에서는 전문화와 무역은 전통적인 리카도 유형의 **비교우위 요인들**에 의해 결정되고 유지된다.[152]

분명히 Grossman과 Rossi-Hansberg 모형은 '기업들의 경쟁적인 행위' 로부터 **이탈**하고 있음을 알 수 있다. 왜냐하면 그들의 경우 기업들은 시장가격을 '주어진 것' 으로 간주하지 **않고** 있기 때문이다. 기업들의 경쟁적인 행위로부터의 **이탈**은 사실상 **규모의 경제**가 발생하는 산업들에서 나타나는 필연적인 특징이다. 왜냐하면 규모의 경제가 존재하는 산업들에서 모든 기업들은 자신들의 산출량이 증가함에 따라 단위당 생산비용이 감소한다고 생각하기 때문이다. 그 이유는 다음과 같다. '기업들이 **시장력**(market power)을 행사하는' 산업들에서 기업들은 (i) 규모가 커질 수 있고, (ii) 전략적으로 행동하며, (iii) 자신들이 가진 시장력을 교묘히 이용할 수 있기 때문이다. 이러한 요인들 때문에 기업들은 경쟁적 행위로부터 '이탈' 하게 된다. 그 결과, 시장결과(market outcome)의 정확한 특징은 기업들의 이러한 전략들에 달려 있다. 이때 기업들이 취

---

151) 그러나 기업들은 자신의 평균비용을 초과하는 가격을 부과할 수 없다. 왜냐하면 다른 기업이 자신이 부과하는 가격보다 더 낮은 가격을 부과함으로써 양(+)의 이윤을 얻을 수 있기 때문이다.

152) 전통적인 리카도 모형과 달리 여기서는 어떤 국가가 무역으로부터 이익을 얻지 못할 '가능성' 이 존재한다. 그러나 Grossman과 Rossi-Hansberg(2010)는 만약 모든 제품들에 대한 소비자들의 선호가 '불변대체탄력성(constant elasticity of substitution)' 을 보인다면 전문화(특화)의 패턴이 하나만 존재할 뿐만 아니라 모든 국가들이 무역으로부터 이익을 얻을 수 있다는 것을 보여주었다.

하는 전략들은 산업들 간에 서로 다른 형태를 띠고 있다. 따라서 규모에 대한 수확이 서로 다른 산업들에 관한 분석은 (i) **어떤 산업부문의 시장구조**(market structure)와 (ii) 당해 산업부문에서 활동하는 **기업들의 행위**(firms' conduct)와 결코 분리해서 설명할 수 없다.

규모의 경제는 단순히 지적 호기심인가, 아니면 여러 중요한 산업들에서 규모의 경제가 실제로 나타나는가? 생산함수를 사용한 실증적 추정결과에 따르면 어떤 산업부문들 — 예를 들면, 철도와 전력발전 산업 — 에서 **커다란** 크기의 '규모의 경제' (즉, 규모에 대한 수확 체증)가 나타나고 있음을 보여주었다.[153] 다른 산업부문들은 규모에 대한 수확 **불변**이 존재하는 것으로 나타나나고 있다. Antweiler와 Trefler(2002)는 무역량(교역재)의 요소함유량(factor content)에 대한 'Vanek의 접근법' (이에 관해서는 제2장에서 논의했음)을 바탕으로 실제 무역자료를 사용하여 **산업부문 간** 규모의 경제 효과를 추정하였다. 생산성이 국가들 간에 서로 다르다[154]고 가정하는 대신에 Antweiler와 Trefler는 생산성이 어떤 산업의 **규모**에 따라 변한다고 가정하였다.[155] 또한 이러한 관계는 멱(冪)함수(power function) — 즉, 생산성은 산출량에 양의 멱수(power)

---

153) Caves, Christensen, 그리고 Swanson(1981)은 1955~1974년 기간 동안 미국 철도산업에서 커다란 크기의 '규모의 경제' (즉, 평균비용의 감소)가 존재함을 실증적으로 추정하였다. 반면에 Christensen과 Greene(1976)은 1955년 미국 전력발전 산업에서 커다란 크기의 규모의 경제가 존재함을 실증적으로 추정하였다(그러나 전력발전 산업에서의 대규모 규모의 경제 효과는 1970년대에는 점차 소멸한 것으로 나타났다.).

154) 예를 들면, Trefler(1993, 1995)는 생산성이 국가들 간에 다르다고 가정하였다. 이를 위해 힉스 중립적(Hicks neutral) 생산기술 또는 요소 증가적(factor augmenting) 생산방식을 가정하였다.

155) [역자 주] 즉, 어떤 산업의 규모가 커짐에 따라 생산성도 커진다고 가정하였다.

로 제곱한 것을 말함 — 에 의해 추정될 수 있다고 생각하였다. 이 경우에 멱함수의 파라미터(parameter)는 무역자료로부터 추정될 수 있다. 이러한 가정을 바탕으로 실증적으로 추정한 Antweiler와 Trefler의 추정 결과는 다음과 같다. 첫째, 의류, 가죽, 신발, 직물 등과 같은 많은 전통적인 산업부문들은 규모에 대한 수확 **불변**이 발생함을 보여주었다. 둘째, 가축과 탄광산업과 같은 많은 천연자원 부문들은 작은 크기의 규모의 경제를 가지고 있으며, 반면에 산림 및 임업부문은 이들보다 좀 더 큰 크기의 규모의 경제를 가지고 있다. 셋째, 제조업 부문들의 경우 석유 및 석탄제품들과 제약산업은 **커다란** 크기의 규모의 경제를 가지고 있고, 전기 및 전자 기계류와 석유정제 산업들은 **중간** 크기의 규모의 경제를 가지고 있고(이때 크기는 임업산업의 경우와 비슷함), 기구 및 비(非)전기 기계류는 **커다란** 크기의 규모의 경제를 가지고 있는 것으로 나타났다.[156] 이러한 결과들에 의하면 무역량의 분석에서 규모의 경제를 '무시하는' 것은 **적절하지 못할** 것이다. 왜냐하면 규모에 대한 수확이 체증하는(즉, 규모의 경제가 존재하는) 산업부문들에서 대규모 생산활동을 하는 국가들은 그러한 산업부문들에서 '비용우위(cost advantages)'를 획득하며, 그로 인해 그러한 제품들을 '수출'하게 되기 때문이다.[157]

---

156) 그러나 이러한 산업부문들(즉, 석유 및 석탄제품들, 제약산업, 전기 및 전자 기계류, 석유정제 산업들, 기구 및 비(非)전기 기계류 등)에서의 규모의 경제는 천연자원 산업부문들(단, 임업산업은 제외)에서의 규모의 경제보다 더 크게 나타났다. 그러나 기초 화학산업, 펄프, 제지, 유리제품, 담배산업 등과 같은 다른 산업부문들에서의 규모의 경제 정도(크기)에 대한 추정치는 규모의 경제가 존재하는 것으로 분류하기에 충분치 못하다.

157) Porter(1990)는 이러한 예들을 많이 제시하였다. 그러나 Porter는 '집적의 경제(economies of agglomeration)'가 국가들 간의 경쟁 우위(competitive advantage)를 형성하는 데 있어서 중요한 역할을 한다고 강조하였다.

그러나 많은 산업에서 규모의 경제는 **기업 외부에서 발생하지 않는다**(즉, **기업 내부에서** 발생한다.). 이 경우에 기업들은 가격 수용자들(price takers)이 **아니다**. 따라서 기업들의 '비경쟁적 행위(noncompetitive conduct)' 를 명시적으로 고려할 필요가 있다. 이러한 이유로 다음 절에서는 기업들의 '독점적 경쟁(monopolistic competition)' 에 대해 논의하고자 한다.[158)]

4.3 독점적 경쟁

시장에서 판매되는 대부분의 제품은 **다양한 종류**를 가지고 있다. 예를 들면, 치즈, 와인, 셔츠, 양복 등의 경우에 각 제품에 대해 많은 브랜드가 존재한다. 또한 냉장고, 세탁기, 전기청소기 등도 많은 종류들이 있다. 미장원, 식당, 치과의원 등도 종류가 다양하다. 제조업과 서비스 부문들의 경우 공급자들은 자신들의 제품들을 경쟁자들의 제품들과 **차별화**함으로써 커다란 이익을 얻으며, 이는 공급자들로 하여금 '브랜드 작업(branding)' 에 투자하려는 강한 유인을 제공해 준다. 제품 차별화에 대한 이러한 '투자' 는 또한 **기업(또는 제품) 수준에서의** '규모의 경제' 를 발생시킨다. 어떤 제품에 대한 특정 브랜드 — 예를 들면, 아이스크림의 독특한 맛이나 세상에 하나뿐인 휴대폰 등 — 를 개발하는 어떤 회사는 투자에 드는 **투자비용**(investment costs)을 부담하게 된다. 이때의 투자

158) 또한 Helpman과 Krugman(1985)은 여러 가지 형태의 '과점적 경쟁(oligopolistic competition)' 에 대해서도 논의하였다. 과점적 경쟁은 제품 차별화(product differentiation)가 제한된 산업들의 경우를 분석하는 데 적합하다. 그러나 이러한 시장구조들은 이 책의 논점에 비추어 볼 때 '독점적 경쟁' 보다 덜 중요하다.

비용은 당해 회사의 판매량이 많든 적든 관계없다. 물론 그러한 투자결정은 예상되는 판매량(expected sales)에 달려 있다. 그러나 일단 그러한 투자가 결실을 맺으면 당해 회사는 함몰된(sunk, 또는 매몰된) 투자와 관계없이 다량의 또는 소량의 제품을 생산할 수 있다. 이러한 **고정비용**은 규모의 경제를 가져다준다.[159]

'제품 차별화' 가 이루어지고 '규모의 경제가 기업에 한정된(firm specific, 규모의 경제가 **기업 내부에서 발생하는**)' 산업부문들의 경우에 기업들은 일단 시장에 진입한 후에야 비로소 이윤을 얻을 수 있다. 이러한 경우에 기업들은 '시장력(market power)' 을 행사할 필요가 있다. 예를 들면, 만약 제품 개발에 투자가 필요하지만 어떤 다른 기업이 경쟁기업이 개발한 브랜드를 생산하는 기술을 **공짜**로 습득하여 제품을 생산한 후 최초 개발자가 생산한 제품에 대한 완전 대체재로서 시장에서 판매된다면, 이는 기업들로 하여금 새로운 제품들을 개발하려는 유인을 감소시킬 뿐만 아니라 아마 그러한 유인들을 완전히 없앨지도 모른다. 이러한 이유로 다수의 브랜드들이 시장에 진입하려면 **어느 정도의 시장력이 필요하다**. 이러한 유형의 시장력은 다음 경우에 자연적으로 획득된다. 즉, 어느 한 기업이 생산한 어떤 제품의 브랜드가 동일 제품의 다른 브랜드들과 '불완전 대체재(imperfect substitute)' 관계에 있다면 어느 정도의 시장력을 자연스럽게 획득할 수 있다.

그러나 만약 제품 차별화가 고정비용을 수반하지 않는다면 기업들은 소비자들이나 다른 기업들이 수요하는(원하는) 모든 유형의 브랜드들을

---

159) 이와 같이 '고정비용들' 이 규모의 경제를 가져다줄 뿐만 아니라 '산출량' 도 규모의 경제를 가져다줄 수 있다. 다시 말하면, 생산에 드는 단위당 가변비용이 산출량이 증가함에 따라 감소할 수 있다.

공급할 수 있을 것이다. 다시 말하면, 제품들은 소비자들이나 기업들의 모든 기호와 필요에 **맞추어**(tailor-made) 생산될 수 있을 것이다. 그러나 이것은 실제적으로는 분명히 일어나지 않을 것이다. 왜냐하면 실제로 시장에서 구할 수 있는 제품의 종류들은 제한되어 있고, 구매자들은 현재의 가격에서 자신들에게 가장 적합한 브랜드들을 선택하기 때문이다. 따라서 **브랜드 수준에서의 규모의 경제는 시장에서 새로운 브랜드들의 공급을 제한시키는 역할을 한다.** 즉, 브랜드 수준에서 규모의 경제가 발생하면 시장에서 새로운 브랜드들의 공급을 **제한**시킬 것이다. 마지막으로 새로운 기업들(생산자들)의 시장 진입은 어떤 산업에서 이미 활동하고 있는 기존의 기업들에 대해 '경쟁적인 압력(competitive pressure)' 을 행사하게 될 것이다. 이것이 바로 '독점적 경쟁(monopolistic competition)' 이다. 모든 기업은 시장력을 가질 수 있다. 왜냐하면 모든 기업은 자신의 브랜드 가격을 인하함으로써 시장에서 더 많이 판매할 수 있기 때문이다. 그러나 균형 상태에서는 이러한 시장력은 양의 이윤을 가져다주지 못한다. 왜냐하면 경쟁기업들의 진입으로 인하여 당해 산업 전체의 이윤은 0이 되기 때문이다. 물론 이 과정에서 제품 개발에 드는 고정비용과 공장의 설치비용 등을 모두 고려해서 이윤을 계산하게 된다.

많은 경우에 각국의 법률제도가 '특허권' 이나 '상표명(brand name)' 을 통하여 제품 개발자들을 보호해 준다. 우선, **특허권**을 통한 제품 개발자 보호의 경우를 설명하기 위하여 의약품의 경우를 고려해 보자. 미국의 경우 상표명이 붙은 의약품들(brand-name drugs)은 특허권에 의해 20년 동안 보호를 받는다. 관련 특허권이 만기가 되면 다른 의약품 제조업자들이 상표등록이 되어 있지 **않은** 대체재를 생산하기 위하여 정부로부터 인가를 받을 수 있다. 미 식품의약국(FDA)의 웹 사이트에 따르면 다음과 같이 설명되어 있다. 첫째, "**상표등록이 되어 있지 않은 의약품**(generic drug)은 조제, 안전, 강도, 복용법, 품질, 성능, 사용 목적 등에 있어서 '상표명이 붙은 의약품(brand-name drug)' 과 똑같은 복제품이다." 둘째, "**상표등록이 되어 있지 않은 의약품**은 '상표명이 붙은 의약품' 에 비해 더 저렴한 편이다. 왜냐하면 상표등록이 되어 있지 않은 의약품의 제조업자들은 신약 개발에 투자비용이 들지 않기 때문이다. 보통 신약은 특허권의 보호하에서 개발된다. 특허권은 연구, 개발, 마케팅, 판매촉진 활동 등을 포함하여 투자활동을 보호해 준다. 즉, 신약을 개발한 제약회사에 대해 특허부여 기간 동안 당해 의약품을 독점적으로 판매할 수 있는 권리를 부여해 줌으로써 특허권은 투자활동을 보호해 준다".[160] 그럼에도 불구하고 **상표등록이 되어 있지 않은 의약품**은 그 가격이 훨씬 더 저렴함에도 불구하고 '상표명이 붙은 의약품' 과 공존하고 있다. 왜냐하면 소비자들은 분명히 **상표등록이 되어 있지 않은 의약품**을 '상표명이 붙은 의약품' 과 완전 대체재로 생각하지 않기 때문이다.

다음으로 상표명을 통한 제품 개발자 보호의 경우를 고려해 보자. 특허권 부여뿐만 아니라 상표명이 **등록된**(registered) 경우에도 보호를 받는다는 사실에 주목해 보자. 그 결과 리바이스(Levi's) 상표명이 붙은 바지나 아디다스(Adidas) 상표명이 붙은 신발은 인가받지 않은 기업들이 생산하거나 판매할 수 없다. 왜냐하면 '리바이스' 나 '아디다스' 는 등록된 상품명이기 때문이다. 즉, 법률제도가 상표명에 대해 독점권(monopoly power)을 부여해 준다.

---

160) 미 식품의약국(FDA)의 설명에 관심 있는 독자들은 http://www.fda.gov/buyonlineguide/generics_q&a.htm에 접속하기 바람.(본 내용은 2009년 3월 10일 당시의 것임)

그러나 상표명은 거의 또는 아무런 법적 보호 없이도 유지될 수 있다. 어떤 사람이 인가나 허가 없이 맥도널드 햄버거 대리점을 개업할 수 없지만, 그는 자신이 만든 상표명으로 햄버거 가게를 개업해서 햄버거 애호가들이 좋아하는 독특한 맛을 가진 햄버거를 만들어 판매할 수 있다. 이때 이 햄버거 가게의 성공은 얼마나 많은 사람들이 그 사람이 만든 햄버거들을 좋아하고, 또 햄버거 가격에 만족하느냐에 달려 있을 것이다. 다른 햄버거 판매자들이 그 사람이 만든 햄버거의 독특한 맛이나 특성을 도저히 복제할 수 없는 한 그는 자신이 만든 햄버거에 대해 **어느 정도의 독점력**을 행사할 수 있을 것이다. 왜냐하면 어떤 범위 내에서 그가 햄버거 가격을 낮춤으로써 그의 햄버거 판매량이 증가하기 때문이다.

Chamberlin(1933)은 이러한 유형의 상황을 논의하기 위하여 하나의 분석적 방법을 개발하였다. 그의 분석방법은 '대규모 집단(large group)'의 경우에 매우 유용한 것으로 입증되었다. 즉, 어떤 산업 내에서 **기업 수준에서** 발생하는 규모의 경제가 당해 산업부문이 생산하는 제품들에 대한 수요에 비해 **더 작은** 경우(또는 어떤 산업부문이 생산하는 제품들에 대한 수요가 그 산업 내 **기업 수준에서** 발생하는 규모의 경제보다 더 큰 경우) 상이한 브랜드들을 가진 **많은 기업**들이 당해 산업부문으로 **진입하려** 할 것이다. 이에 따라, 새로운 기업들은 기존기업들의 이윤이 0에 가까워져서 더 이상 진입할 유인이 없어질 때까지 진입하려 할 것이다. 모든 기업들이 어느 정도의 **독점력**을 행사하기 때문에 그들은 이윤을 극대화하기 위하여 자신들의 브랜드 가격이 생산의 한계비용을 초과하도록(P>MC) 책정하려고 할 것이다.(이때 각 기업들의 독점력은 (i) 경쟁자들의 수와 (ii) 경쟁기업들의 제품이 자신의 제품을 대체하는

그림 4.2 독점적 경쟁의 경우 산출량과 가격

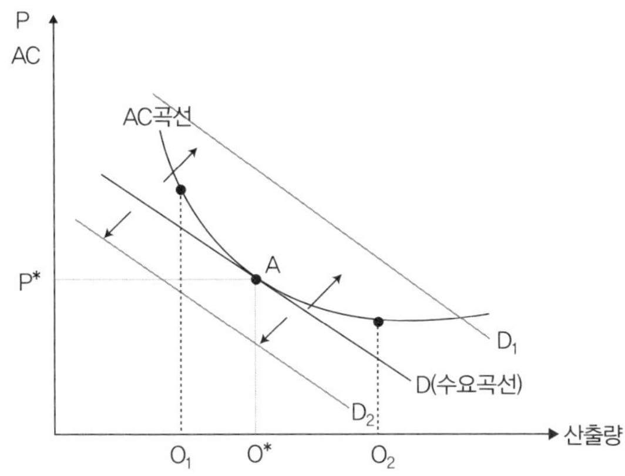

정도에 의해 제한을 받을 것이다.) 그 결과 한계비용을 **초과하는** 가격 책정(markup)은 기업들에게 약간의 '영업 이익'을 가져다줄 것이다. 그러나 이러한 이윤들은 겨우 진입 비용(entry cost)을 충당하기에 충분한 정도이다. 왜냐하면 이 경우에 기업들이 얻는 총 이윤은 0에 가깝기 때문이다.

Chamberlin 유형의 독점적 경쟁을 반영하는 이러한 결과는 〈그림 4.2〉에 나타나 있다. 그림에서 수평축은 어느 한 대표적인 기업의 산출량을 나타내고, 수직축은 제품의 가격(P)과 평균비용(AC)을 나타내고 있다. 〈그림 4.2〉의 제1상한에는 어느 대표적인 기업의 수요곡선(D)과 평균비용곡선(AC)이 그려져 있다.(수요곡선상에서 가격(P)이 결정된다.) 수요곡선과 평균비용곡선은 우하향하는 모습을 보이고 있다. 즉, 산출량이 증가함에 따라 가격과 평균비용이 어떻게 감소하는지를 보여주고 있다. A점에서 수요곡선과 평균비용곡선이 서로 접하고 있다. 이는 만약 어느 대표적인 기업이 A점에 해당하는 산출량(=O*)을 생산한다면 이를 평균비용과 **같은** 가격으로(P=AC) 판매하며, 이때 이 기업의 총 이윤은 0이 된다는 것을 의미한다. 반면에, 만약 그 기업이 A점에서의 산출량 수준(=O*)보다 더 적은 양(=O_1)을 생산한다면 평균비용이 가격을 초과하게 되며(AC>P), 그 결과 음(−)의 이윤이 발생할 것이다. 이와 비슷하게, 만약 그 기업이 O*의 산출량보다 더 많은 양(=O_2)을 생산한다면 평균비용이 가격을 초과하게 되며, 그 결과 역시 음(−)의 이윤이 발생할 것이다. 즉, 그 기업은 A점에 해당하는 산출량을 생산한다면 이익도 손실도 없게 되지만(break even)[161] 그 이외의 모든 산출량 수준에서는 손실을 보게 된다. 그러므로 독점적 경쟁 상태에서 A점이 균형점이 된다.

그러면 그림에서 수요곡선과 평균비용곡선의 접점인 A점은 어떻게 달성되는가? Chamberlin이 주장한 한 가지 중요한 균형달성 메커니즘은 기업들의 '진입'과 '탈퇴'이다. 즉, 기업들의 진입과 탈퇴에 의해 A점(균형점)이 달성된다. 예를 들면, 만약 〈그림 4.2〉에서 수요곡선이 현재의 경우보다 더 위에 위치해 있다면(=D_1, 수요곡선이 위로 이동한다면) 어떤 산출량 수준에서 가격이 평균비용보다 더 클 것이며(P>AC), 그 결과 이 기업의 이윤은 양(+)이 될 것이다. 이러한 이윤은 새로운 기업들이 이 산업으로 진입하려는 유인을 제공해 줄 것이다. 새로운 기업들이 이 산업으로 진입함에 따라 어느 한 기존기업에 대한 수요는 **감소**할 것이다. 왜나하면 기존기업의 브랜드에 대해 더 많은 대체재들이 존재하기 때문이다. 반면에 〈그림 4.2〉에서 수요곡선이 현재보다 더 아래에 위치해 있다면(=D_2, 수요곡선이 아래로 이동한다면) 어느 한 기존기업은 자

161) [역자 주] 즉, A점을 '손익분기점(break-even point)'이라고 부른다.

신이 얼마를 생산하든 관계없이 항상 손실을 보게 될 것이다. 그 결과, 이 경우에는 기업들이 이 산업에서 **탈퇴**하게 될 것이다. 기업들의 이러한 탈퇴는 당해 산업에 남아 있는 모든 기업들의 수요곡선을 상방(上方)으로 이동시키게 될 것이다. 이와 같이 기업들의 **진입**과 **탈퇴**에 의해 수요곡선이 위에서 아래로 이동($D_1 \rightarrow D$)하거나, 아래에서 위로 이동($D_2 \rightarrow D$)함으로써 균형점에 도달하게 된다. 결국, 두 곡선은 A점에서 만나게 된다. 따라서 두 곡선의 접점에서 기업들의 진입과 탈퇴가 중지되고, 당해 산업에서 기업들은 손익분기를 보면서 영업활동을 하게 된다.

독점적 경쟁의 논리는 이와 같이 해외무역에 종사하지 **않는** 경제의 경우뿐만 아니라 해외무역에 '종사하는' 경제의 경우에도 잘 적용될 수 있다. 두 경제 간의 차이는 다음과 같다. 만약 어느 한 경제가 여타 세계와 고립되어 있으면(즉, 해외무역에 종사하지 **않는** 경제) 이 경제의 차별화된 여러 제품들 중에서 어느 하나를 생산하는 기업은 자신의 브랜드를 **당해 경제(국가)에서** 생산되는 다른 브랜드들과 분명히 차별화하려 할 것이다. 그러나 그 기업은 자신의 브랜드가 '다른 국가들에서' 생산되는 브랜드들과 다른지에 대해서는 상관하지 않을 것이다. 왜냐하면 자국의 경제가 해외무역에 종사하고 있지 않기 때문이다. 반면에 당해 경제가 다른 국가들과 교역을 한다면(즉, 해외무역에 '종사하는' 경제) 그 경제 내에 활동하고 있는 각 기업들은 자신의 브랜드를 **세계 전체 국가**(즉, 자국뿐만 아니라 다른 모든 국가들)에서 생산되는 모든 브랜드들과 차별화하려 할 것이다. 다시 말하면, 국가들 간의 무역은 단지 국가들 내에서가 아니라 **전 세계에 걸쳐서** '경쟁적인 제품 차별화'를 가져다줄 것이다. 이것은 다양성을 중시하는 소비자들에게는 좋은 소식이다. 왜냐하면 무역은 소비자들에게 다양한 선택의 기회를 제공해 주기 때문이다. 자국이 다른 국가들과 무역을 한다면 소비자들은 국내 브랜드의 세탁기 또는 해외 브랜드의 세탁기를 구매할 수 있기 때문이다. 물론 소비자들이 어느 세탁기를 선택할지는 자신의 예산과 필요성에 달려 있을 것이다. 따라서 이러한 제품 차별화와 다양한 선택 기회는 무역이익(gains from trade)의 중요한(그리고 새로운) '원천' 이다.

'수입된 다양성(imported varieties, 수입된 브랜드)' 의 중요성을 측정하기 위하여 다음과 같이 미국 경제를 고려해 보기로 하자. 1972년과 1988년 사이에 **수입된 브랜드**(imported brand)의 수는 119%나 증가하였고, 반면에 1990년과 2001년 사이에 이 수치는 42%나 증가하였다. 분석에 사용된 전체 기간 동안(1972~1988년과 1990~2001년) 수입된 다양성(또는 수입된 브랜드)은 212%나 증가하였다.[162] Broda와 Weinstein(2006, pp. 552~553)이 지적했듯이 이러한 증가의 거의 절반은 **제품 수의 증가**에 기인하였고, 나머지 절반은 각 제품을 미국으로 수출하는 **국가 수의 증가**에 기인하였다. 그 결과, 1972년과 2001년 사이에 미국의 다양성의 증가는 '다양성이 조정된(variety-adjusted) 수입가격지수(import price index)' 가 28% 감소하는 데 기여하였고, 실질소득이 2.6% 증가하는 데 기여하였다.[163] 따라서 '수입된 다양성' (또는

162) 이 분석에서 사용된 '다양성(variety)' 에 대한 실증적 정의는 '특정 국가에서 수입된 하나의 제품' 을 말한다. 예를 들면, 1988년에 12,822개의 제품 종류가 있었고, 각 제품은 평균 12.2개국으로부터 수입되었다. 그 결과, 제품의 총 브랜드 개수는 156,669개(=12,822×12.2)에 이르렀다. 이에 관해서는 Broda와 Weinstein(2006, Table 1)을 참조하기 바람.

163) '다양성이 조정된(variety-adjusted) 수입가격지수(import price index)' 란 '수입재 한 단위에 드는 비용' 을 말하며, 여기에는 수입재의 가격뿐만 아니라 수입재의 다양성(수입재의 종류)도 고려된다.

수입된 브랜드)의 증가는 분명히 미국 경제에 커다란 영향을 끼쳤다고 볼 수 있다.

'차별화된 제품들(differentiated products)' 의 국제 거래(교환)는 '동질적인 제품들(homogeneous products)' 의 국제 거래(교환)와 매우 다른 무역흐름을 예측할 수 있다. 즉, 차별화된 제품들과 동질적인 제품들 간에 무역흐름이 매우 다르다는 것을 예측할 수 있다. 차별화된 제품의 무역은 (i) '산업 내 무역(intra-industry trade)' 이 발생한다는 것을 예측해 줄 뿐만 아니라, (ii) 동질적인 제품의 무역에 비해 **국가 특성에 다르게 반응하는** 무역량을 예측해 주기도 한다. 차별화된 제품들 간의 무역과 동질적인 제품들 간의 무역의 주요한 차이는 '요소부존량(factor endowments)' 에 있다. 헥셔-올린의 세계, 다시 말해 국가들 간의 요소구성(factor composition)의 차이가 해외무역을 발생시키는 세계의 경우 "요소구성의 차이가 큰 국가들 간에는 무역량이 많고, 요소구성의 차이가 적은 국가들 간에는 무역량이 적을 것"이라고 예측하고 있다. 그러나 실제 자료에 따르면 이러한 예측은 사실이 **아닌** 것으로 나타나고 있다. 앞에서 이미 설명했듯이 서로 간에 **요소구성이 비슷한** 선진 공업국들 간에 무역흐름(또는 무역량)이 가장 크게 나타나고, 서로 간에 **요소구성이 크게 다른** 선진국과 후진국 간에는 무역이 거의 발생하지 않음을 보았다. 이는 요소구성의 차이가 무역흐름에 영향을 미치지 않는다는 것을 의미하는 것은 결코 아니다. 실제로는 요소구성의 차이가 무역흐름에 커다란 영향을 미친다! 그 대신 이는 해외무역을 더 잘 이해하기 위하여 우리는 '무역흐름의 **추가적** 결정요인들' 을 이해해야 한다는 것을 의미한다. 즉, 전통적인 헥셔-올린 세계에서는 요소구성의 차이가 무역흐름을 결정하지만, 새로운 이론에서는 제품 차별화도 무역흐름에 영향을 미친다. 이와 같이 우리는 무역흐름에 영향을 미치는 추가적 또는 새로운 결정요인들에 대해 잘 이해할 필요가 있다.

Tinbergen(1962)은 '중력방정식(gravity equation)' 이라는 개념을 사용하여 무역흐름을 측정하기 위한 실증적 접근방법을 개발하여 제시하였다. 중력방정식은 물리학의 개념에 바탕을 두고 있다. 물리학에서 물질의 **두 입자** 사이의 중력으로 끌어당기는 힘(중력 견인력)은 입자가 가진 **질량**의 곱에 정비례하고, 입자들 간의 **거리**의 제곱에 반비례한다. Tinbergen은 이를 응용하여 **두 국가** 간의 무역량은 각국의 **시장 크기**의 곱에 비례한다고 가정하였다. 여기서 '시장의 크기' 는 각국의 GDP로 측정된다(시장의 크기, 즉 각국의 GDP는 중력의 경우 '질량' 에 해당됨). 또한 **비례** 인자(因子)는 양국 간의 쌍무적인 무역흐름을 방해하는 장벽들에 따라서 두 국가들 간에 서로 다르다고 가정하였다. 여기서 쌍무적인 무역흐름에 대한 장벽들은 '무역방해물' 로 이는 중력의 경우 '입자들 간의 거리' 에 해당된다. 이러한 무역장벽들은 국가들 간의 거리와 같은 자연적 요인들이나 관세와 같은 인위적 장벽들로부터 발생할 수 있다. 그러나 다른 요인들, 예를 들면 두 국가가 공통의 언어를 사용하고 있는지의 여부도 무역방해물(또는 무역장벽)에 영향을 미칠 수 있다. Tinbergen의 이러한 실증 분석방법은 많은 자료들에 적용되어 오랫동안 이용되어 왔다. 그 결과 Tinbergen의 실증 분석방법은 놀랍게도 발전수준이 서로 **다른** 국가들 간의 무역흐름을 설명하는 데 매우 효과적인 것으로 평가되고 있다.

Tinbergen이 개발한 중력방정식은 해외무역을 설명하는 전통적인 접근법인 요소비율(factor proportion) 방식에서는 잘 나타나지 않는다. 그러나 요소비율 방식에 '제품 차별화'를 포함시키면 중력방정식이 잘 나타난다.[164] Helpman(1987)이 지적했듯이 "모든 부문에 있어서 제품 차별화가 존재한다."는 극단적인 경우에 무역흐름은 '중력방정식'을 정확히 준수하고 있다.[165] 그 이유는 다음과 같다. 이 같은 상황하에서 각국은 각 제품의 **다른 브랜드들**에 전문화(특화)하며, 그래서 어느 한 국가의 공급자들은 여타 국가들과 **다른** 브랜드들을 시장에 공급할 것이다. 그 결과, 각국에서 세계 모든 국가에서 생산된 모든 브랜드에 대한 수요가 존재한다. 만약 국가들 간에 무역장벽이 존재하지 않으며, 또 모든 국가들에서 유사한 동조적 선호(homothetic preferences)를 가지고 있는 경우에, 각 브랜드에 대한 어느 한 국가의 **수요**는 그 국가의 '크기'에 **비례**한다. 이는 만약 어떤 국가(예 : A국)의 크기가 세계경제에 차지하는 비중이 5%라면, 그 국가는 '각 브랜드의 5%를 수요한다'는 것을 의미하며, 이 경우에 이 국가는 무역상대국들 각각으로부터 GDP의 5%에 해당하는 양을 **수입**한다. 이와 마찬가지로, 어느 한 무역상대국(예 : B국)은 그 크기가 세계경제에서 차지하는 비중이 10%라고 한다면, 그 국가는 각국 GDP의 10%에 해당하는 양을 수입한다. 이러한 이유로 두 국가 간의 무역흐름은 전자 국가(A국) GDP의 5%와 후자 국가(B국) GDP의 10%를 더하면 된다. 그러나 A국의 GDP는 세계 GDP의 5%를 차지하지만, B국의 GDP는 세계 GDP의 10%를 차지하기 때문에 이들 두 국가 간의 무역량은 각국의 GDP 수준의 '곱'에 비례한다.[166]

---

164) 동질적인 제품을 가정하는 경우 (i) '요소비율 접근법'은 중력방정식과 일치하지 않지만, (ii) '리카도 접근법'은 중력방정식과 일치하고 있다.

165) 또한 Helpman과 Krugman(1985)을 참조하기 바람.

그림 4.3 14개 OECD 선진국의 'GDP 크기의 유사성' 대 'GDP 대비 무역비중': 1956 ~1981년

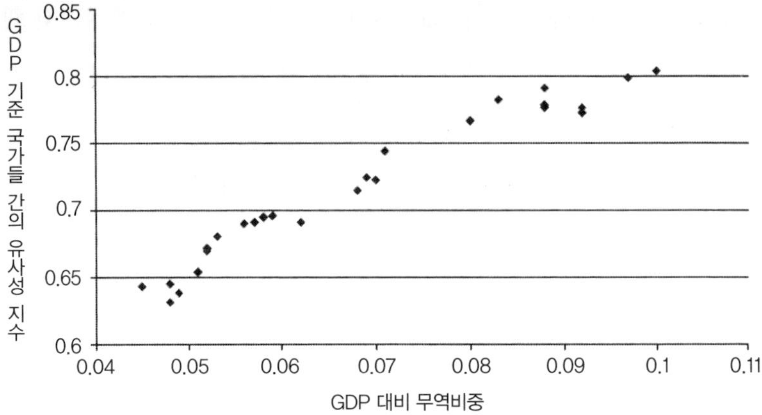

자료 : 그림에 사용된 자료는 Helpman(1987)을 이용함.

이와 비슷한 계산법이 **국가 집단들 내에서의** 무역량에 대해서도 적용될 수 있다. 그 결과 다음 '예측'이 가능하다. 즉, "당해 집단의 총 GDP 수준에서 **집단 내 무역량**이 차지하는 비율(즉, 'GDP 대비 무역비중')은 집단 내 국가들의 **크기**가 더 비슷할수록 더 커진다."고 예측할 수 있다. 여기서 한 국가의 **크기**는 그 국가가 속한 당해 집단의 총 GDP 수준에서 그 국가의 GDP가 차지하는 비율로 측정된다. 또한 이러한 계산법은 특정 집단 내 GDP 대비 무역비중뿐만 아니라 집단 내 '국가 크기의 유사도(country-size similarity)'를 정확히 측정할 수 있다(Helpman,

---

166) 이 경우에 비례 인자는 2를 세계 GDP 수준으로 나눈 것과 같다. 즉, 2/세계 GDP. 이러한 비례 인자는 두 국가 간에 이루어지는 모든 무역에 대해서 동일하다. 이와 비슷한 계산법이 Dornbusch, Fischer, 그리고 Samuelson(1977)과 Eaton과 Kortum(2002) 등에 의한 전통적 리카도 모형에 적용되었다. 이들의 경우에 모든 국가는 서로 다른 제품을 생산한다고 가정하고 있다.

1987 참조). 다음의 〈그림 4.3〉은 1956~1981년 기간 동안 14개국에서의 이러한 관계를 보여주고 있다. 그림에서 수평축은 'GDP 대비 무역비중'을 나타내고, 수직축은 'GDP 기준 국가들 간의 유사성 지수(Similarity Index)', 즉 '국가 크기의 유사도'를 나타낸다. 또한 그림에서 한 점은 '특정 연도'를 나타낸다. 이 그림은 '국가 크기의 유사도'(수직축)와 'GDP 대비 무역비중'(수평축) 간에 양(+)의 상관관계가 있음을 보여주고 있다. 다시 말하면, 특정 집단 내 국가들 간의 크기가 더 비슷한 연도에 이들 국가들은 서로 간에 소득(즉, GDP)의 더 많은 비중을 무역에 사용하고 있음을 보여주고 있다. 즉, 집단 내 국가들 간의 크기가 더 유사할수록 이들 국가들 간의 GDP 대비 무역량이 더 커지고 있음을 의미한다. 또한 공교롭게도 시간이 지날수록 국가들 간의 크기가 더 비슷해졌고, 그 결과 그들 간의 무역비중이 더 커지게 되었다. [역자 주 : 원문의 그림에서는 각점에 해당하는 연도가 표시되어 있지 않다.]

다음으로 이보다 덜 극단적인 경우를 고려해 보자. 즉, 어떤 생산부문들은 '차별화된 제품들'을 생산하지만 다른 생산부문들은 동질적인 제품들을 생산하는 경우를 고려해 보자. 이 경우에 무역이론은 다음 두 가지를 예측한다. 첫째, "국가 크기의 유사성이 GDP 대비 무역비중에 **양(+)**의 영향을 미친다." 둘째, "요소구성의 차이가 GDP 대비 무역비중을 증가시킨다." 이를 종합하면, 무역이론은 **국가 크기의 유사성**과 **요소구성의 차이**가 무역량에 영향을 미친다고 예측한다.

국가 크기의 유사성이 두 국가 간의 쌍무적인 무역량에 미치는 영향과 관련한 더욱 정교한 분석은 Debaere(2005)에 의해 이루어졌다. Debaere(2005)는 OECD 국가들을 대상으로 실증 분석한 결과 GDP 수준이 더 비슷한 두 국가가 그렇지 않은 두 국가보다 소득(즉, GDP)의 더 큰 비중을 교역하고 있음을 확인하였다. 또한 Debaere는 이러한 관계가 OECD 국가들 중 부유한 국가들에서는 성립하지만, 부유한 국가들과 빈곤한 국가들을 대상으로 분석한 결과 그러한 관계가 발견되지 않았음을 보여주었다. 이러한 발견(결과)은 "어떤 산업부문들은 제품 차별화가 존재하고, 다른 산업부문들은 동질적인 제품들을 생산하는 경우에 **부유한** 국가들은 서로 간에 **차별화된** 제품들을 **더 많이** 교역한다."는 견해와 일치하고 있다. 왜냐하면 **부유한** 국가들은 동질적인 산업보다 **차별화된** 제품을 생산하는 산업들에 더 전문화(특화)하기 때문이다. 따라서 **부유한** 국가들 간의 무역의 경우 요소구성의 차이는 덜 중요하고, **산업 내 전문화(특화)**가 더 중요하다.[167)]

이와 같이 '제품 차별화(product differentiation)'는 **무역량**(trade flow 또는 trade volume)에 대한 더 나은 이해를 제공해 줄 뿐만 아니라 **산업 내 무역**(intra-industry trade)에 대한 실제 자료를 설명하는 데에도 매우 중요하다. Helpman과 Krugman(1985)은 다음 두 가지를 지적

---

167) 부유한 국가들 간의 무역에 있어서 '요소 비율 대 산업 내 전문화'에 대한 이러한 가설은 Hummels와 Levinsohn(1995)에 의해 제기되었고, 이들의 가설은 실증검증 결과 기각되었다. 그러나 Debaere(2005)에 따르면 이러한 기각은 Hummels와 Levinsohn이 자신들의 무역방정식(trade equation)을 잘못 정의하였기 때문이라고 주장하였다. Hummels와 Levinsohn의 무역방정식에서 무역량은 GDP 대비 비율이 아니라 절대적인 수준으로 추정되었다. 또한 Evenett과 Keller(2002)는 '소득수준의 유사성'이 쌍무적인 무역흐름을 더 잘 설명한다고 주장하였다. 즉, 두 교역상대국 간의 산업 내 무역비중이 클수록 소득수준의 유사성은 쌍무적 무역흐름을 설명하는데 더 낫다는 것을 보여주었다. 다시 말하면, 차별화된 제품들의 무역이 더 중요할수록 중력(gravity) 요인이 더 두드러지게 나타난다. 이러한 결과는 이론과 일치하고 있다.

하였다. 첫째, 만약 **모든** 산업부문들이 **동질적인** 제품들을 생산한다면 산업 내 무역비중은 0이 된다. 둘째, 만약 **일부** 산업부문들이 **차별적인** 제품들을 생산한다면(그리고 다른 산업부문들은 여전히 동질적인 제품들을 생산한다면) 산업 내 무역비중은 양(+)의 값을 가진다. 그러나 후자의 경우 앞에서 살펴보았듯이 실제 자료에 의하면 산업들 간에 산업 내 무역비중에 있어서 **커다란 차이**가 존재한다. 이를 설명하기 위하여 Helpman과 Krugman(1985)은 두 국가와 두 생산요소(즉, 노동과 자본), 그리고 단지 두 산업부문만 존재하는 단순 국제무역 모형에서 한 산업부문은 동질적인 제품들을 생산하고 다른 산업부문은 차별화된 특정 제품의 여러 브랜드를 공급한다고 가정하였다. 이러한 가정하에서 Helpman과 Krugman은 두 국가 간의 상대적 크기가 일정불변하다면 "국가들 간의 요소구성의 차이가 클수록 산업 내 무역비중은 더 적다." (즉, 바꾸어 말하면, 국가들 간의 요소구성의 차이가 적을수록 산업 내 무역비중은 더 크다.")는 것을 보여주었다. 다시 말하면, 제품들이 자본과 노동으로 생산되는 경우 두 국가의 자본-노동비율이 더 비슷할수록 (즉, 요소구성의 차이가 적을수록) 산업 내 무역비중은 더 크다.

Helpman(1987)은 '무역량' 뿐만 아니라 **요소구성의 유사성과 산업 내 무역비중 간의 관계**에 대해서도 실증적으로 분석해 보았다. Helpman은 OECD 14개국을 대상으로 국가들 간의 요소구성이 **더 비슷한**(요소구성의 차이가 적은) 기간에 산업 내 무역비중이 **더 크다**는 사실을 발견하였다.[168] 여기서 '국가들 간의 요소구성의 유사성' 은 '1인당 GDP의 유사

---

168) 비록 '1인당 GDP의 유사성' 이 '자본-노동비율의 유사성' 이 아닌 다른 요인들에 의해 발생하지만 두 유사성 간의 상관관계는 실증 자료들에서 매우 높게 나타났다. 또한 1인당 GDP는 자본-노동비율보다 더 정확하게 측정된다는 이점을 가지고 있다.

그림 4.4 14개 OECD 선진국의 '1인당 GDP의 변동' 대 '산업 내 무역비중' : 1970~1981년

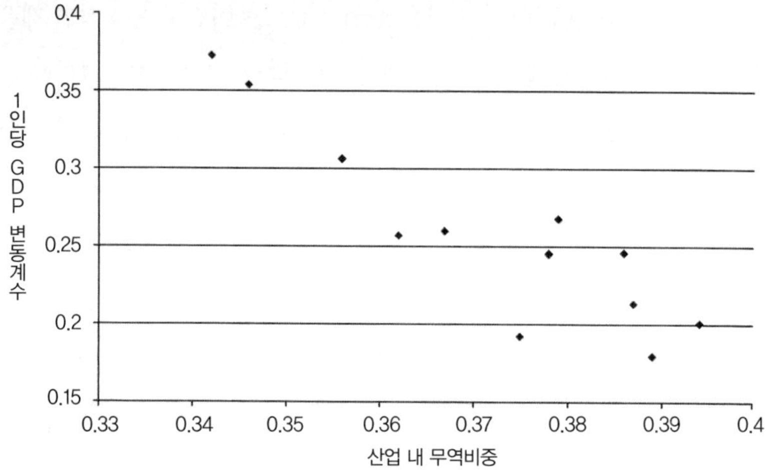

자료 : 그림에 사용된 자료는 Helpman(1987)을 이용함.

성' 에 의해 측정하였다. 이러한 결과는 〈그림 4.4〉에 나타나 있다. 〈그림 4.4〉에서 수평축은 14개 OECD 선진국 집단 내에서 '산업 내 무역비중' 을 나타내고, 수직축은 14개 OECD 각국의 '1인당 GDP의 변동계수' 를 나타내고 있다. 또한 그림에서 한 점은 '특정 연도' 를 나타낸다. 이 그림은 각국의 '1인당 GDP의 변동계수' (수직축)와 '산업 내 무역비중' (수평축) 간에 분명한 음(−)의 상관관계가 있음을 보여주고 있다. 다시 말하면, OECD 각국의 1인당 GDP 변동계수가 적을수록 산업 내 무역비중이 더 크다는 것을 보여주고 있다.

이러한 관계에 대한 더 자세한 분석은 Cieślik(2005)에 의해 제시되었다. Cieślik(2005)은 Debaere(2005)와 Hummels와 Levinsohn (1995)이 사용한 자료들을 이용하여 OECD 국가들에서의 쌍무적인 무

역흐름에 대해 상기의 관계를 실증적으로 분석하였다. 그 결과, Cieślik은 '산업 내 무역비중'과 '두 교역상대국의 자본-노동비율의 차이(요소구성의 차이)' 간에 강한 음(-)의 상관관계가 존재함을 발견하였다.[169] 즉, Cieślik의 실증분석 결과는 두 국가 간의 요소구성의 차이가 클수록 산업 내 무역비중은 감소한다는 것을 의미한다. 이제까지의 실증분석 결과를 요약하면 다음과 같다. 즉, "**요소구성의 차이**가 한편으로는 '총무역량'을 **증가**시키지만, 다른 한편으로는 '산업 내 무역비중'을 **감소**시킨다."

'규모의 경제(economies of scale)'를 가진 기업들 간의 **독점적 경쟁**은 소위 '국내시장효과(home-market effect)'라는 추가적(새로운) 경로를 통하여 무역구조에 영향을 미친다. **국내시장효과**는 Krugman (1980)에 의해 최초로 규명되었다. 국내시장효과는 '특정 제품의 여러 (차별화된) 브랜드들에 대하여 소규모 국내시장을 가진 국가들에 비해 **대규모** 국내시장을 가진 국가들이 그러한 브랜드들에 더 전문화(특화)하려는 유인'을 제공해 준다. 이러한 편향성은 무역에 드는 여러 비용들 때문에 발생한다. 그러나 무역비용이 없으면 이러한 편향성은 일어나지 않는다. 국내시장효과가 발생하는 논리는 다음과 같다. 우선, 무역비용이 **없는** 경우에 어떤 차별화된 제품의 특정 브랜드를 생산하는 어느 한 기업은 소국(예 : 벨기에)과 대국(예 : 미국)에서 비용조건들이 동일하다면 **소국에 위치하든 대국에 위치하든 아무런 차이가 없다.** 왜냐하면 그 기업이 어디에서(소국 또는 대국에서) 생산하든 당해 기업은 세계 모든 국

---

169) [역자 주] 특히 Cieślik은 두 국가의 자본-노동비율의 차이와 자본-노동비율의 합을 대조해 보았다. 이러한 대조는 이론적인 모형에 바탕을 두고 있다.

가들에서 동일한 비용으로 그 브랜드를 판매할 수 있기 때문이다. 그러나 무역장벽(무역비용)이 **존재한다면** 당해 기업은 **대국**(미국)에 위치하려 할 것이다. 왜냐하면 그 기업은 대규모 시장에서 자신의 제품을 값싸게 공급할 수 있기 때문이다(그러나 소규모 시장에서만 제품을 공급한다면 더 높은 비용을 부담해야 할 것이다.). 이러한 이유로 많은 기업들이 대국(미국)에 위치함으로써 이제 어느 한 추가적 기업이 대국(미국)에 위치하는 것은 전에 비해 덜 매력적일 것이다. 그 이유는 대국의 현지시장에서 경쟁이 더욱 치열해지기 때문이다. 결국, 많은 기업들이 모두가 똑같이 이윤을 얻으려면 소규모 시장보다 **대규모 시장에 위치해야만** 할 것이다. 그러나 Krugman은 "**대규모 시장**에 위치한 기업들의 수가 소규모 시장에 비해 **상대적으로 더 많아야만** 한다."고 주장하였다. 즉, 시장의 크기로 나눈 기업의 수(시장 크기 대비 기업의 수)가 소규모 시장보다 **대규모 시장**에서 더 커야 한다. 그로 인해 대국(미국)은 자국의 차별화된 제품을 순전히 **수출**하게 된다.[170)]

많은 연구가 '국가들 간의 수요의 변동' 이 **순무역흐름**에 미치는 영향을 검토함으로써 '국내시장효과' 를 실증적으로 검증하려 했다. Davis와 Weinstein(1999, 2003)은 OECD 국가들과 일본의 제조업 산업을 대상으로 국내시장효과의 존재 여부를 실증적으로 검증해 보았다. Davis와 Weinstein은 이들 두 지역에서 '현지(국내) 수요' 가 **현지(국내) 공급**에 양(+)의 영향을 미치는지(현지 수요의 증가가 현지 공급의 증가를 가져오는지)를 추정해 보았다. 다시 말해 여러 차별화된 제품들을 생산하는 산업부문들에서 추정계수가 1보다 큰지를 추정하였다. 이들이 발견

170) [역자 주] 여기서 '순전히 수출한다' 는 말은 순수출(net export)을 의미한다. 즉, 수출량과 수입량을 비교해서 수출량이 더 크다는 것을 의미한다.

한 주요 결과는 추정계수가 **1보다 크게** 나타났다. 이러한 결과는 두 지역에서 '국내시장효과가 존재하고 있음' 을 의미한다. 또한 Head와 Ries(2001)도 미국과 캐나다 간의 무역에서 이와 비슷한 결과들을 보여주었다.

Hanson과 Xiang(2004)은 국내시장효과와 관련하여 가장 자세한 실증적 연구를 실시하였다. 우선, Hanson과 Xiang은 (i) 무역비용(trade costs)과 (ii) 대체탄력성(elasticity of substitution)에 따라 산업들을 **분류**하였다. 여기서 '대체탄력성' 은 '두 제품의 상대적 비용(분모에 해당)이 1% 하락할 때 두 제품에 대한 상대적 수요(분자에 해당)가 얼마나 증가하는지' 를 측정하고 있다. 예를 들면, 두 제품에 대한 상대적 수요가 5% 증가한다면 이때 대체탄력성은 5가 된다. 또한 두 제품에 대한 상대적 수요가 2% 증가한다면 이때 대체탄력성은 2가 된다. '무역비용이 높고 대체탄력성이 낮은 산업들' 이 '무역비용이 낮고 대체탄력성이 높은 산업들' 보다 국내시장효과가 더 잘 나타나는 경향이 있다. 직관적으로 말하면, "해외로의 수송(또는 무역)비용이 **더 높을수록** 수출시장보다 **현지시장**이 더 중요하며, 반면에 제품 브랜드들 간에 대체탄력성이 더 낮을수록 제품에 대한 수요와 관련하여 다양성(차별화)이 더 중요하다."[171] Hanson과 Xiang의 이러한 산업분류법에 따르면 주철, 유리제품, 타이어, 그리고 가구 등은 '화물 운송료가 높고 대체탄력성이 낮은 산업들' 에 속하고, 반면에 컴퓨터, TV, 카메라, 그리고 인쇄기계 등은 '화물 운송료가 낮고 대체탄력성이 높은 산업들' 에 속한다. 이를 바탕으로 Hanson과 Xiang은 이러한 두 가지 유형의 산업들에 있어서 **국가의**

---

171) Hanson과 Xiang(2004)은 이러한 주장들을 정당화하기 위하여 Krugman 모형을 확장하였다.

크기가 무역흐름의 차이에 미치는 차별적 효과를 추정하기 위하여 통계적 모형을 사용하였다. 그 결과, Hanson과 Xiang은 다음 결과를 발견하였다. 즉, 국내시장효과가 예측하듯이 '수송비가 높고 대체탄력성이 낮은 산업들' 에 있어서 대국들이 소국들보다 상대적으로 더 많이 수출하는 경향이 있음을 보여주었다.

Krugman(1980)은 '수평적으로 차별화된 제품들' (즉, 품질이 비슷한 브랜드들)에 분석의 초점을 맞추고 있지만 국내시장효과의 논리는 **수직적으로 차별화된 제품들**(즉, 품질이 다른 브랜드들)에 대해서도 적용할 수 있다.[172] 이러한 확장은 실제 자료들이 가진 추가적 특징을 설명하는 데 유용하다. 특히 '수출재의 단위가치(unit value, 1단위당 가치)' 가 부유한 국가들과 빈곤한 국가들 간에 서로 다르다. 여기서 '수출재의 단위가치' 는 수출로 벌어들인 총수입(總收入)을 수량 단위로 나눈 것을 말한다. 여기서 '수량 단위' 란 '수출되는 단위들의 수' (예 : 수출되는 휴대용 컴퓨터의 수)나 '수출재의 중량' (예 : 수출되는 밀의 톤 수)을 말한다. 동일한 제품 범주 내에서 부유한 국가들은 빈곤한 국가들이 수출하는 제품들보다 **단위가치가 더 높은 제품들**을 수출하는 경향이 있다(Schott, 2004 참조). 이러한 결과는 "부유한 국가들이 고품질(高品質, high quality)의 제품들을 수출한다."는 이론과 일치하고 있다. 즉, 부유한 국가들에서는 상대적으로 부유한 사람들이 더 많이 살고 있고, 또 부유한 사람들은 가난한 사람들보다 고품질의 제품들을 소비하기 때문에 '국내시장효과' 는 부유한 국가들이 고품질의 제품들을 수출하도록 유인할 것이다. 다시 말하면, '국내시장효과' 는 **부유한 국가들이 왜 고품질의 제품**

---

172) 이에 대해서는 Fajgelbaum, Grossman, 그리고 Helpman(2009)을 참조하기 바람.

들에 비교우위를 가지고 있는지를 설명하는 데 유용하다. 비록 부유한 국가들이 고품질의 제품들을 생산하는 데 기술적 우위를 가지고 있지 않을지라도 '국내시장효과' 때문에 부유한 국가들이 고품질의 제품들에 대해 **비교우위**를 가질 수 있다.

새로운 무역이론은 이제까지 살펴본 '중력방정식', '산업 내 무역', 그리고 '국내시장효과' 등을 설명하는 데 유용하다. 또한 **새로운** 무역이론은 '**산업부문**의 요소집약도(sectoral factor intensity)'와 '**수출국들**의 상대적 요소풍부도(relative factor abundance)' 간의 상호관계를 바탕으로 한 무역흐름을 추정하는 데에도 유용하다. 특히 특정 산업부문의 요소집약도와 수출국들의 상대적 요소풍부도는 전통적인 '요소비율이론(factor proportion theory)'의 핵심을 구성하고 있다. 우리는 제3장에서 헥셔-올린(Heckscher-Ohlin)의 **요소비율이론**과 이의 통찰력에 바탕을 둔 **실증적 연구들**에 관해 자세히 논의한 바 있다. 제3장에서의 실증적 연구들이 무역흐름의 '요소함유량(factor content)'—즉, 수출재들과 수입재들에 포함된 투입물들의 내용—에 대한 **이론적 예측들**에 초점을 맞추고 있었음을 기억하라. 실증적 연구가 '**재화 무역**(trade in goods)에 대한 이론적 예측'으로부터 '**요소함유량 무역**(trade in factor content)에 대한 이론적 예측'으로 이동한 주요 이유는 다음과 같다. '요소가격균등화(factor price equalization)'가 존재하는 세계에서 **소수의 투입물들**(few inputs)과 **다수의 제품들**(many products)이 있는 경우 새로운 무역이론은 '산업부문의 무역흐름'이 어떻게 이루어지는지에 대해 분명한 결론을 가져다주지 못하기 때문이다. 그러나 새로운 무역이론은 '무역흐름의 **요소내용**'에 대해서는 **분명한 예측들**을 제시해 주고 있다. 이러한 예측은 Vanek(1968)에 의해 최초로 개발되었다. 새로운 무역이론이 '재화 무역' 에 대해 다소 분명하지 못한 예측들을 제시해 주는 이유는 **소수의 투입물들**과 **다수의 산출물들**이 있는 경우 어떤 국가는 자국이 가진 요소부존량을 가지고 자국의 '산업부문의 산출물 생산 수준' 을 **유일하게** 결정하지 못하기 때문이다. 즉, 산출물 단위당 투입물의 사용 비율들이 주어져 있다고 가정할 때 당해 국가의 자원이 완전고용 되도록 산업부문의 산출물 수준을 생산하는 데에는 **여러 방법**이 있기 때문이다. 이는 묵시적으로 다음을 의미한다. 산출물 수준이 유일하게 결정되지 못하면 수출과 수입도 유일하게 결정되지 못한다. 왜냐하면 순수입(net import)이 국내소비(또는 국내흡수)와 국내생산 간의 차이와 같기 때문이다. 즉, 국내소비－국내생산＝순수입을 의미한다.

이러한 이론적 모호함(불명확성)에도 불구하고 '산업부문의 무역흐름(sectoral trade flows)' 에 대한 실증적 연구들은 **순수출**(net export)과 **요소집약도**(factor intensity) 간에 체계적인 상관관계가 있음을 보여주고 있다. 예를 들면, Baldwin(1971)은 1962년 미국의 경우 '산업부문의 순수출(sectoral net exports)' 이 '산업부문의 숙련노동집약도(sectoral skilled-labor intensity)' 와 양(+)의 상관관계를 가지고 있고, 반면에 '산업부문의 순수출' 이 '산업부문의 자본집약도(sectoral capital intensity)' 와 음(−)의 상관관계를 가지고 있음을 보여주었다. 즉, 어떤 산업부문이 숙련노동집약적일수록 그 산업의 순수출은 증가한다. 이러한 유형의 상관관계들이 전통적인 '요소비율이론' 을 실증적으로 검증하지는 못한다. 왜냐하면 그러한 유형의 상관관계들은 다음 세 가지 관계, (i) **국가** 수준에서의 요소부존량, (ii) **산업** 수준에서의 요소집약도, 그리고 (iii) **무역흐름**이라는 3자 간의 관계에 바탕을 두고 있지 않기 때문이다(Leamer and Levinsohn, 1995 참조). 그러나 그러한 유형의 상관관계들은 새로운 무역이론과 **일치**하는 흥미로운 관계를 보여주고 있다. 특히 Romalis(2004)는 이와 관련하여 중요한 기여를 하였다. Romalis(2004)는 **제품 차별화**를 '요소비율이론'에 통합함으로써 이처럼 상반되는 요소들을 어떻게 조정하는지를 보여주었다. 전통적인 요소비율이론은 국가들 간의 요소가격의 차이를 허용해 주며, 이는 Dornbusch, Fischer 그리고 Samuelson(1980)에 의해 연구되었다. Romalis는 이러한 요소비율이론을 사용하여 '어떤 국가의 산업부문의 수출'과 '당해 산업의 요소집약도'를 고려하는 하나의 방정식을 개발하였다(여기서 당해 산업의 요소집약도는 당해 국가의 요소풍부도와 서로 관련되어 있다.). Romalis의 예측에 따르면 "어떤 국가는 당해 국가가 상대적으로 풍부하게 가지고 있는 요소들을 집약적으로 사용하는 어떤 산업부문에서 더 많은 제품을 수출을 할 것이다." 그뿐만 아니라 **제품 차별화** 때문에 당해 국가는 수출품과 동일한 산업에 있는 제품들을 수입하며, 이때 당해 국가의 수입은 교역상대국들의 수출이 된다. 또한 교역상대국들의 수출은 당해 국가의 수입이 된다. 다음으로 Romalis는 이 같은 이론적 예측을 바탕으로 미국의 수입품들을 대상으로 이러한 관계를 실증적으로 추정해 보았다. 1998년 당시 미국은 200개 교역상대국으로부터 16,000개 이상의 제품을 수입하고 있었다. Romalis는 1998년 미국의 400여 개의 산업에 대한 자료를 사용하여 실증분석을 실시한 결과 자신의 이론적 예측이 강력히 지지되는 것을 확인하였다.

〈그림 4.5〉는 독일과 방글라데시의 경우에 '어떤 산업의 숙련노동집약도'와 '이들 국가의 수출이 미국의 수입에서 차지하는 비중' 간의 관

그림 4.5 독일과 방글라데시에서의 '숙련집약도'와 이들의 수출이 미국의 수입에서 차지하는 비중 : 1998년의 경우

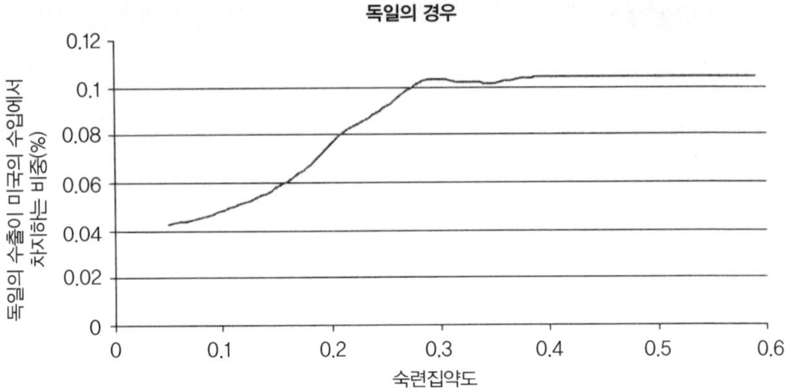

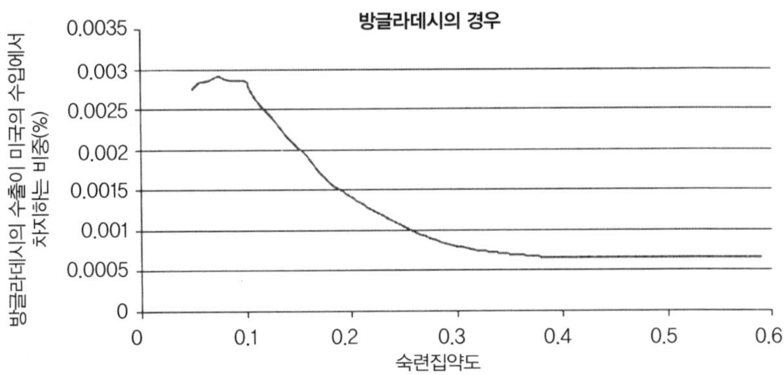

자료 : 그림에 사용된 자료는 Romalis(2004, Figure 1)를 이용함.

계를 보여주고 있다.[173] 그림에서 수평축은 각국의 숙련집약도(skill intensity)를 나타내고, 수직축은 각각 독일과 방글라데시의 수출이 미국의 수입에서 차지하는 비중을 나타내고 있다. 〈그림 4.5〉에 따르면 독

173) 이 그림을 유도하기 위해 자료를 제공해 준 John Romalis 교수에게 깊은 감사를 드린다.

일의 경우 당해 산업이 숙련집약적일수록 독일의 수출이 미국의 수입에서 차지하는 비중이 **증가**하고 있고, 반면에 방글라데시의 경우 당해 산업이 숙련집약적일수록 방글라데시의 수출이 미국의 수입에서 차지하는 비중은 **감소**하고 있다. 이러한 결과는 이론이 예측하는 바와 정확히 일치하고 있다. 왜냐하면 독일은 비숙련노동자들(unskilled workers)에 비해 숙련노동자들(skilled workers)을 상대적으로 더 많이 보유하고 있지만, 방글라데시는 비숙련노동자들에 비해 숙련노동자들을 상대적으로 더 적게 보유하고 있기 때문이다.

Nunn(2007)은 Romalis의 방법론을 사용하여 **법집행 기구 및 제도들**(law-enforcement institutions)이 '비교우위'와 '무역흐름'에 미치는 영향을 분석해 보았다.[174] Nunn(2007)의 출발점은 '중간투입물들이 **특정 제품의 생산에만** 사용되는 정도[175]가 산업들 간에 서로 다르다'는 관찰에 바탕을 두고 있다. 즉, 어떤 산업부문들의 경우 다수의 투입물들이 **특정 제품의 생산에만 사용**(이를 '제품 특정적'이라 함)되지만,[176] 다른 산업부문들의 경우는 소수의 투입물들이 **특정 제품의 생산에만** 사용된다. 이와 같이 투입물들이 특정 제품 생산에만 **특정적으로** 사용되는 정도가 서로 다르다. 만약 어떤 사람이 거래 당사자와 **완전한 계약**(complete contract)을 작성하여, 어떤 하나의 투입물이 갖추어야 할 모든 특성을 자세히 기록하고, 이러한 계약내용들이 확실히 이행될 수 있

---

174) Nunn의 연구는 경제활동을 실행하는 데 있어서 '제도 및 기구의 역할'을 검토하기 위한 광범위한 추세의 일부분을 나타낸다.

175) [역자 주] 이는 '중간투입물이 특정 제품의 생산에만 사용되는 정도'를 말한다.

176) [역자 주] 다시 말하면, '투입물들이 특정 제품의 생산에 사용되는 비율이 크지만'

다면 '투입물들의 **특정적 사용**' 은 생산조직에 아무런 어려움을 야기하지 않을 것이다. 어떤 한 기업은 여러 가지 비용 요인들을 고려하여(이에 대해서는 제6장에서 논의할 것임) '어떤 투입물을 기업 내에서 생산할지' 아니면 '투입물을 기업 밖에서 생산할지' (outsource, 하청에 맡길지)를 결정해야 할 것이다. 두 가지 경우에 '투입물들의 특정적 사용' 으로 인해 투입물의 생산 유인과 관련하여 어떠한 왜곡도 발생하지 않을 것이다. 그러나 많은 경우에 이것은 사실이 **아니다**. 왜냐하면 완전한 계약서를 작성하고, 법원에서 그것을 집행하는 것은 매우 어렵거나 불가능하기 때문이다. 그 결과, 이러한 경우에 계약은 '불완전' 하다.[177]

계약이 불완전할 때 법률제도가 나쁜 국가들은 '계약체결이 중요한 산업부문들' ―예를 들면, **제품 특정적인**(특정 제품의 생산에만 사용되는) 투입물들을 많이 가진 산업부문들―에서 비용열위(cost disadvantage, 비용에서의 불리함)를 겪게 된다. 따라서 **국가들 간의** 계약집행 기구나 조직들의 **품질 차이**(법률제도가 좋은 국가와 법률제도가 나쁜 국가)는 산업들 간의 상대적 비용들에 영향을 미친다. **산업들 간의** 상대적 비용들에 있어서 이러한 편향성의 결과로 '더 나은 계약집행 기구나 조직들을 가진 국가들' 은 **계약의존적인**(contract-dependent) 투입물들을 상대적으로 더 많이 가진 산업부문들에서 상대적으로 더 많이 수출하게 될 것이다. 물론 비교우위의 다른 요인들―예를 들면, Romalis(2004)가 연구한 요인들―도 여전히 유효할 것이다. 그러나 법률제도의 **품질**도 '상대적 비용의 변동', 즉 비교우위를 초래하는 추가

177) Grossman과 Hart(1986), Hart와 Moore(1990) 등은 '불완전 계약' 하에서 경제적 관계들(economic relations)을 분석하는 데 선구적으로 기여하였다. 이들의 연구방법은 제6장에서 논의할 예정이다.

적 원천을 제공해 준다.

Nunn(2007)은 많은 산업들에 대해 **'계약의존적인** 투입물들'의 중요성을 나타내는 지수를 개발하였다. Nunn은 이러한 지수를 사용하여 Romalis가 고안한 방정식을 실증적으로 추정해 보았다. Romalis가 고안한 방정식은 많은 국가를 대상으로 모든 산업에 걸쳐서 두 국가 간의 쌍무적인 상대적 수출(relative exports, 수출비율)을 나타내고 있다. 쌍무적인 수출비율은 두 국가 간의 **요소부존량**의 차이와 **법률제도의 품질**의 차이에 달려 있다. 또한 이들 각 요인은 '산업부문의 집약도'와 상호관계를 맺고 있다. 특히 (i) 인적 자본(human capital)의 상대적 이용 가능성의 차이들은 산업부문의 **인적 자본집약도**(human-capital intensity)와 상호관계를 맺고 있고, (ii) 법률제도의 품질의 차이들은 산업부문의 **계약집약도**(contract intensity)와 상호관계를 맺고 있다. Nunn의 추정 결과에 따르면 가금가공, 쌀 제분, 커피 및 차 제조 등은 '가장 계약집약도가 낮은 산업들'에 속하고, 공기 및 가스압축기 제조, 항공기 제조, 전자 컴퓨터 제조 등은 '가장 계약집약도가 높은 산업들'에 속하는 것으로 나타났다. Nunn의 주요 결과는 이론이 예측하는 것처럼 "더 나은 계약집행 기구나 조직들을 가진 국가들은 **계약집약적인**(contract-intensive) 산업부문들에서 상대적으로 더 많이 수출한다."는 예측을 실증적으로 보여주었다. 이러한 효과들은 절대적으로 매우 크게 나타났으며, 또한 그 크기가 자본부존량과 노동부존량의 영향을 합친 것보다 더 크게 나타났다.[178]

---

178) 또한 Levchenko(2007)의 연구결과도 국가들 간의 법률제도의 품질의 차이가 '무역흐름'에 미치는 영향을 지지하고 있다. 그러나 Levchenko는 자신의 추정식에서 계약집약도(contractual intensity) 대신에 '산업부문의 복잡성(sectoral

4.4 무역이익의 추가적 원천들

우리는 제3장에서 **경쟁적인 시장**과 **규모에 대한 수확이 불변**(constant returns to scale)인 생산기술을 가진 국가들에서 '무역으로부터 발생하는 이익(gains from trade, 무역이익)'과 '분배적 갈등(distributional conflicts)'에 관해 자세히 논의하였다. 제3장에서의 주요 결론은 다음과 같았다. 첫째, 경쟁적인 시장과 규모에 대한 수확 불변인 생산기술을 가진 국가들은 **무역으로부터 이익을 얻는다.** 왜냐하면 '개인들이 모두 똑같을 때' 무역은 모든 사람들의 후생을 증가시키기 때문이다. 둘째, '개인들이 모두 똑같지 않을 때'에는 무역으로부터 이익을 보는 사람들(gainers)이 손해를 보는 사람들(losers)을 보상할 수 있다. 그 결과, 모든 사람의 후생이 증가하게 된다. 이러한 결과를 가져다주는 주요 메커니즘은 **가격**(또는 가격기구)을 통해서 이루어진다. 즉, 평균적으로 무역은 무역체제(trade regime, 무역발생 후)에서 **가격이 상승한** 산업부문들의 **팽창**(또는 확장)을 가져다주고, 무역발생 후 **가격이 하락한** 산업부문들의 **위축**을 가져다준다. 즉, 국가들 간의 무역으로 인한 가격의 상승 또는 하락은 이들이 발생한 산업들의 팽창 또는 위축을 초래한다. 따라서 이러한 경우에 어떤 국가가 다른 국가들과 무역을 하면 자국의 무역 이전(autarky, 자급자족경제)의 소비수준을 달성할 수 있고, 그 결과

---

complexity)'을 사용하였다. Costinot(2009)도 '산업부문의 복잡성'이 무역흐름에 미치는 영향을 연구하였다. 그러나 Costinot는 무역흐름의 추정식에서 법률제도의 품질의 차이를 제외시켰다. 그 대신 Costinot가 사용한 '제도의 품질(institutional quality)'은 소위 법치(Rule of Law, 법의 지배)와 매우 높은 상관관계를 가지고 있다. Nunn(2007)도 추정식에서 '법치'라는 변수를 사용하였다. 이에 대해서는 Costinot(2009, Figure 4)를 참조하기 바람.

더 높은 후생을 얻을 수 있다.

먼저, **규모의 경제**(economies of scale)가 존재하는 경우에 '상대가격의 변동' 은 무역이익에 어떤 영향을 미칠 것인가? 규모의 경제가 존재하는 경우에 무역으로부터 발생하는 상대가격의 변동은 또한 각국에게 이익을 가져다줄 수 있다. 그러나 상대가격의 변동으로 인한 '산업부문의 산출물 수준의 변화' 는 **생산성**에 영향(즉, 생산성 상승 또는 하락)을 미친다(이에 대해서는 제4장 제2절에서 논의하였다.). 규모의 경제가 존재하는 상황에서 무역으로 인해 어떤 국가의 '총요소생산성(total factor productivity)' 이 **감소하지 않는다면**(또는 비록 총요소생산성이 감소하더라도 너무 많이 감소하지 않는다면) 무역은 분명히 각국에게 이익을 가져다준다. 그러므로 무역으로부터 이익이 발생할 '충분조건' 은 다음과 같다. 즉, "이러한 경제에서 '규모에 대한 수확이 체증하는 산업들' 은 평균적으로 팽창하거나, 또는 비록 위축되더라도 너무 크게 위축되지 않아야 한다."(Helpman and Krugman, 1985, pp. 64~66) 참조) 그러나 Graham(1923)이 최초로 지적했듯이 이러한 결과는 모든 국가들에게 적용되지 않는다. 왜냐하면 무역으로 인해 일부 국가들은 규모의 경제를 발생시키지 않는 전통적인 산업부문들에 전문화(특화)해야만 하기 때문이다. 그럼에도 불구하고 이러한 부정적인 효과는 다음 사실에 의해 어느 정도 상쇄시킬 수 있다. 즉, 국가들이 서로 간에 무역을 하는 통합된(글로벌화된) 세계에서 '전문화에 의한 생산의 집중' 은 (i) 생산성을 증가시키고, (ii) 규모에 대한 수확이 체증하는 기술을 가진 산업들에서 생산비용을 감소시킬 수 있다. 왜냐하면 많은 국가들이 무역에 참여하는 통합된 세계에서 단일 국가(또는 폐쇄경제)의 경우보다 더 많은 제품 판매가 발생하기 때문이다. 비록 규모에 대한 수확이 체증하는 산업이 외국에 있더라도 당해 산업이 생산하는 제품들은 수입을 통해 '저렴한 가격으로' 획득(소비)할 수 있다. 이때의 가격은 무역발생 이전(autarky, 폐쇄경제)에서 그 국가의 소비자들이 지불하는 가격보다 훨씬 더 낮을 것이다. 다시 말하면, 국가들 간의 교역이 발생하는 이러한 세계에서 '모든 국가들이 무역으로부터 반드시 이익을 얻는다' 고 확신할 수는 없지만, 잠재적으로 무역으로부터 이익이 **발생할** 요인은 분명히 존재하며, 또한 무역이익은 규모의 경제가 없는 세계에서의 경우보다 잠재적으로 더 클 것이다.

다음으로, **제품 차별화**(product differentiation)가 무역이익에 어떤 영향을 미치는가? '제품 차별화' 가 존재하고 '**기업수준**에서의 규모의 경제' 가 존재하는 경우에도 위와 유사한 논의가 이루어질 수 있다. 이들에 대해서는 이 장의 제3절에서 논의하였다. 그러나 이 경우에 생산성의 변화를 측정하기 위한 산출물이 산업수준이 아니라 **기업수준**에서 측정되고 있다. 즉, 총요소생산성의 증가는 산업수준에서의 산출물의 증가가 아니라 **기업수준**에서의 산출물의 증가가 필요하다. 또한 제품 차별화를 통한 다양성의 변화로부터 **후생효과**(welfare effect)가 발생한다. 왜냐하면 다양화로 인한 더욱 폭넓은 선택의 여지는 생산성 결과(즉, 증가 또는 감소)와 상관없이 각국에게 이롭기 때문이다. 이러한 이유로 무역이 후생에 미치는 총 효과는 (i) 전통적인 상대가격 효과, (ii) 생산성 효과, 그리고 (iii) 다양성 효과 등을 포함하고 있다(Helpman and Krugman, 1985, 제9장 참조) 그러나 '모든 국가가 무역으로부터 이익을 얻는다' 고 확신할 수 없다. 특히 국가들 간의 특성이 매우 다르다면 무역으로부터 모든 국가들이 이익을 얻는다고 확신할 수 없다. 그러나 제품 차별화가 존재하고 기업수준에서 규모의 경제가 존재하는 경우에 무역으로부터 이익이 발생할 여러 강한 요인들이 존재한다. 이를 위해 무역이 '발생하지 않는 경우(autarky)' 와 '무역이 발생하는 경우(trade regime)' 를 비교해 보기로 하자. 첫째, 모든 기업이 전 세계 시장을 상대로 제품을 공급하기 때문에 어떤 산업 내 어느 한 **대표적 기업**의 '산출물' 은 무역이 없는 경우보다 무역이 있는 경우에 더 많아질 것이다. 따라서 이 경우에 무역은 당해 기업의 총요소생산성을 증가시킨다. 둘째, 모든 산업부문에 있어서 세계 모든 국가의 생산자들로부터 제품 다양화(또는 차별화)가 발생하기 때문에 '다양성' 은 무역이 없는 경우보다 **무역이 있는 경우에** 더 커질 것이다. 셋째, 무역에 영향을 미치는 이러한 긍정적인 경로들 중의 어느 하나가 잘 작동되지 않더라도(예 : 어떤 산업들에서 기업당 산출물이 감소하는 경우), 이러한 단점은 무역이익의 다른 원천들에 의해 보상되고도 남을 수 있다.

셋째, 무역이익의 경로가 하나가 아니라 **여러 개** 존재하는 경우 소득 발생의 다른 원천들 — 예를 들면, 상이한 생산요소들(자본 또는 노동)에 대한 소유권 — 간의 이해갈등(conflicts of interest) 문제를 약화 또는 제거할 수 있다. 우리는 제3장에서 "규모에 대한 수확이 불변인 생산기술을 가진 경쟁적인 세계에서 분배갈등(distributional conflicts)은 피할 수 없다."고 논의하였다. 즉, '보상 메커니즘(compensation mechanism)' 이 **없다면** 어떤 생산요소들은 무역으로부터 반드시 이익을 얻지만, 다른 생산요소들은 손해를 보게 된다. 그러나 이러한 결과는 '제품 차별화' 와 '기업수준에서의 규모의 경제' 가 **존재하는** 경우에는 적용되지 않는다. 이러한 점은 Krugman(1981)이 지적하였다. 특히 '다양성의 증가'는 상대적인 소득(relative income)이 감소하는 요소 소유자들을 **보상**할 수 있다. 예를 들면, 어떤 제품이 자본과 노동을 사용하여 생산되는 세계를 고려해 보자. 그러면 제품 차별화와 규모의 경제가 존재하지 **않는** 경우에 무역발생은 어느 한 국가에서 상대적으로 **풍부한** 생산요소에 대한 실질소득은 **증가**시키지만, 상대적으로 **희소한** 생산요소에 대한 실질소득은 **감소**시킨다. 이러한 경우에 자본이 상대적으로 풍부한 어떤 국가는 무역으로부터 '자본 소유자들'의 실질소득이 **증가**한다. **그러나 제품 차별화가 존재하고 무역으로 다양성이 증가한다면** '노동자들'도 무역으로부터 이익을 얻을 수 있다.(그러나 노동자들이 얻는 이익은 자본 소유자들이 얻는 이익보다 더 적을 것이다.) 국가들 간의 상대적 요소부존량이 크게 다르지 않다면(비슷하다면) 노동자들과 자본 소유자들은 분명히 무역으로부터 이익을 얻을 것이다. 그러나 근로자 1인당 자본량이 매우 다르다면(상대적 요소부존량이 매우 다르다면) 노동자들과 자본 소유자들은 무역으로부터 이익을 얻지 **못할** 것이다.

마지막으로, **독점적 경쟁**(monopolistic competition)은 무역이익에 어떤 영향을 미치는가? '독점적 경쟁 모형'(또는 이론)은 **산업 내에서뿐만 아니라 산업 간**에 있어서 국제무역의 광범위한 여러 패턴에 대한 **이론과 실제(또는 증거) 간의 간격**을 메우는 데 유용하다. 이제까지 우리는 이러한 패턴들과 기본 이론들에 대해서 검토해 왔다. 다음 장에서는 (i) 산업 **내(內)**에서의 무역구조와 (ii) 국제적 생산조직에 관해 좀더 자세히 논의할 예정이다.

제5장

산업 내에서의 기업들 간의 무역

5.1 서론

이제까지 살펴보았듯이 '전통적 무역이론' 에 **규모의 경제**(economies of scale)와 **독점적 경쟁**(monopolistic competition)을 통합한 것은 국제무역이론이 이룩한 주요 지적(知的) 성과에 해당된다. 왜냐하면 이러한 시도는 '세계무역의 구조' 를 더 잘 이해하기 위한 중요한 분석적 틀(framework, 분석방법)을 제공해 주기 때문이다. 제4장에서 살펴보았듯이 이러한 접근방법은 (i) 어떤 국가에서 **생산 가능한 제품들의 범위**가 갖는 중요성을 강조해 주고 있을 뿐만 아니라, (ii) 비교우위의 **새로운 원천들**을 제시해 주고 있다. 또한 (iii) 이를 바탕으로 한 실증적 예측들이 **실제 자료들에서 지지되고** 있음을 보여주고 있다.

1980년대부터 진행되어 온 이러한 무역모형들의 바람직한 특징들에도 불구하고 1990년대에 등장한 새로운 '기업수준' 의 자료들에서 도출된 많은 실증적 결과들을 설명하는 데에는 충분치 못한 것으로 판명되고 있다. 이러한 결과들은 **산업구조**(industrial structure)의 주요 특성과 관련되어 있다. 즉, 특정 산업부문 내에서 활동하는 **기업들**은 규모, 생산성, 투입물들의 구성, 임금, 해외무역의 참가 등에 있어서 서로 간에 매우 다르다. 또한 '무역에 종사하는 기업들' 은 '무역에 참가하지 않는 기업들' 과 조직적으로 매우 다르며, 무역에 참가하는 기업들과 다국적 기업들(multinational corporations) 간에, 그리고 다국적 기업들 서로 간에도 조직적으로 매우 다르다. 여기서 '다국적 기업' 이란 여러 국가들에서 생산 공장들이나 유통 대리점들을 가지고 있는 기업들을 말한다. 해외무역 패턴과 해외직접투자 패턴의 **변화 추세**와 병행하여 이러한 실증적 연구결과들은 '전통적인 무역이론을 재고(再考)하는 계기' 를 마련해 주고 있다. 이제 이들에 대해 구체적으로 살펴보기로 하자.

5.2 수출기업 대 비(非)수출기업[179)]

1990년대에 많은 연구는 '어떤 산업 내에서 활동하는 **기업들의 특성**' 을 고찰하는 데 초점을 맞추었다. 이는 기업들이 '무역의 상태(무역의 종사 여부)' 에 따라 얼마나 다른가를 평가하기 위해서였다. Bernard와 Jensen(1995, 1999)은 미국 자료들을 이용하여 이러한 문제를 최초로 다루었다. 이들의 연구에 이어서 다른 많은 연구자들에 의해 캐나다, 콜롬비아, 프랑스, 멕시코, 모로코, 스페인 그리고 대만 등에 대한 실증적

179) [역자 주] 여기서 '수출기업(exporting firms)' 이란 수출에 종사하는 기업들을 말하고, '비(非)수출기업(non-exporting firms)' 이란 수출에 종사하지 않는(내수에만 종사하는) 기업들을 말한다.

연구들도 실시되었다.[180] 이러한 연구들에 따르면 (i) **소수의 기업들만이 수출에 종사하고**, (ii) **수출에 종사하는 기업들(exporting firms)은 비(非)수출기업들(non-exporting firms)보다 더 크고 또 더 생산적이고**, 그리고 (iii) **수출의 상태(export status)가 지속되는 경향**이 있음을 보여주었다. 특히 마지막 특성은 수출활동에 대규모 매몰비용(sunk costs, 또는 함몰비용)이 든다는 것을 의미한다.[181] 즉, 해외시장에 침투(진출)하려고 하는 어떤 기업은 당해 시장에서 제품을 판매하려면 시장의 특성에 따라(market-specific) 커다란 설치비용(setup costs)이 필요하다. Das, Roberts, 그리고 Tybout(2007)에 따르면 그러한 설치비용이 콜롬비아의 소규모 생산자들의 경우 400,000달러를 초과하고, 대규모 생산자들의 경우는 그보다 약간 더 적은 것으로 추정되었다. 아래에서는 상기 세 가지 주요 결과에 대해서 차례대로 살펴보기로 하자.

우선, 다음 〈표 5.1〉은 **제조업 부문에** 종사하는 '수출기업들' 에 대한 자료를 보여주고 있다. 이 표에 따르면 미국의 경우 제조업 부문에서 활동하는 기업들 중 18%만이 수출에 종사하고 있고, 프랑스, 일본, 칠레 그리고 콜롬비아 등의 경우에도 수출에 종사하는 기업들의 비중이 이와 비슷함을 보여주고 있다. 그러나 노르웨이의 경우 이 비중이 매우 크다는

180) Baldwin과 Gu(2003)는 캐나다의 경우를 실증적으로 분석했고, Clerides, Lach 그리고 Tybout(1998)는 콜롬비아, 멕시코, 그리고 모로코의 경우를, Bernard, Eaton, Jensen, 그리고 Kortum(2003)과 Eaton, Kortum, 그리고 Kramarz (2004)는 프랑스의 경우를, Delgado, Farinas, 그리고 Ruano(2002)는 스페인의 경우를, 그리고 Aw, Chung, 그리고 Roberts(2000)는 대만의 경우를 실증적으로 분석하였다.

181) 이와 관련하여 Roberts와 Tybout(1997)은 콜롬비아의 경우를, Bernard와 Jensen (2004)은 미국의 경우를 실증적으로 분석하였다.

표 5.1 제조업 부문에서 수출기업들이 차지하는 비중

국가	연도	수출기업들이 차지하는 비중(%)
미국	2002	18.0
노르웨이	2003	39.2
프랑스	1986	17.4
일본	2000	20.0
칠레	1999	20.9
콜롬비아	1990	18.2
평균	–	22.3

출처 : World Trade Organization(2008, Table 5)

것을 볼 수 있다. 즉, 노르웨이의 경우 제조업에 종사하는 기업들 중 거의 40%가 수출에 종사하고 있다.

또한 제조업뿐만 아니라 **산업들 간에** 수출기업들의 비중도 매우 다르게 나타났다. Bernard, Jensen, Redding, 그리고 Schott(2007)에 따르면 어떤 산업부문들의 경우에 이 비중이 〈표 5.1〉에 나타난 제조업 평균치보다 높고, 다른 산업부문들의 경우는 제조업 평균치보다 훨씬 더 낮게 나타났다. 예를 들면, 미국의 경우 인쇄업 및 인쇄 관련 산업에 종사하는 기업들 중 5%만이 수출에 종사하고, 가구업 및 가구 관련 산업에 종사하는 기업들 중 7%가 수출에 종사하는 것으로 나타났다. 반면에 미국의 기계류 제작 기업들 중 33%가 수출에 종사하고, 컴퓨터와 전자제품을 생산하는 기업들 중 38%가 수출에 종사하는 것으로 나타났다.[182)]

182) 이에 대해서는 Bernard, Jensen, Redding, 그리고 Schott(2007, Table 2)을 참조하기 바람.

둘째, 수출에 종사하는 기업들은 비(非)수출기업들보다 큰 차이로 **더 크고 또 더 생산적**이다. 미국의 경우 수출업자들(수출기업들)은 비수출업자들보다 무려 두 배나 더 많은 노동자들을 고용하고 있고, 또 수출업자들의 총판매액은 비수출업자들에 비해 거의 두 배나 더 많다. 또한 수출업자들의 노동자 1인당 부가가치는 비수출업자들의 노동자 1인당 부가가치보다 11%나 더 크며, 수출업자들의 총요소생산성(total factor productivity)은 비수출업자들의 총요소생산성보다 3%나 더 크다.[183] 다음 〈표 5.2〉는 '기업규모별 제조업 종사 수출기업들의 수출비중'을 나타내고 있다. 특히, 제조업 종사 기업들 중 (i) 상위 1%에 속하는 기업들과 (ii) 상위 10%에 속하는 기업들이 수출에 종사하는 비중을 보여주고 있다. 이 표에 따르면 **수출이 대기업들에게 크게 치우쳐(편중되어)** 있음을 알 수 있다. 미국의 경우 제조업에 종사하는 기업들 중 상위 1%에 속하는 수출업자들이 미국 제조업 수출의 81%를 차지하고 있고, 반면에 상위 10%에 속하는 수출업자들은 미국 제조업 수출의 96%를 차지하고 있음을 보여주고 있다. 벨기에, 프랑스, 독일, 노르웨이, 그리고 영국의 경우 상위 1%에 속하는 수출업자들이 미국의 상위 1%에 속하는 수출업자들보다 수출에 종사하는 비중은 더 적지만, 이들의 비중은 42~59%로 여전히 큰 비중을 차지하고 있다. 또한 벨기에, 프랑스, 독일, 노르웨이, 그리고 영국의 상위 10%에 속하는 수출업자들이 이들 국가의 제조업 수출의 80~91%를 차지하고 있으며, 이들 비중은 실제로 매우 큰 편에 속한다.

마지막으로, 수출업자들의 수출비중을 살펴보기로 하자. 수출업자들

183) 이에 대해서는 Bernard, Jensen, Redding, 그리고 Schott(2007, Table 3)을 참조하기 바람.

표 5.2 제조업 종사 수출기업들의 수출비중 : 기업규모별

국가	연도	제조업 종사 기업들 중 상위 1%에 속하는 기업들의 수출비중(%)	제조업 종사 기업들 중 상위 10%에 속하는 기업들의 수출비중(%)
미국	2002	81	96
벨기에	2003	48	84
프랑스	2003	44	84
독일	2003	59	90
노르웨이	2003	53	91
영국	2003	42	80

출처 : World Trade Organization(2008, Table 6)

은 그들이 생산하는 산출물의 대부분을 국내시장에서 판매하고, 총판매량 중 **소량만** 수출하고 있다. 예를 들면, 2002년 미국의 제조업 부문에서 수출에 종사하는 기업들은 평균 14%를 외국으로 선적 · 수송하였다. 또한 수출 종사 기업들의 수출비중이 산업들 간에 서로 다르게 나타났다. 어떤 산업들의 경우는 7%를 수출하였고, 다른 산업들은 21%를 수출하는 것으로 나타났다.[184)]

이러한 패턴들을 실제 자료를 통해(즉, 실증적으로) 설명하기 위하여 Melitz(2003)는 **무역이론을 근본적으로 변화시킨** 하나의 이론적 모형을 개발하였다.[185)] 설명의 편의를 위해 여기서는 Melitz 모형을 단순화시켜

---

184) 이에 대해서는 Bernard, Jensen, Redding, 그리고 Schott(2007, Table 2)을 참조하기 바람.

185) 또한 Bernard, Eaton, Jensen, 그리고 Kortum(2003)도 동일한 결과들을 설명하기 위하여 이들과 다른 모형을 개발하였다. 그러나 Melitz의 연구방법은 이 분야의 '표준'이 되었다.

그의 주요 주장들에 내포되어 있는 경제적 직관을 논의해 보기로 하자. '독점적 경쟁' 의 상황하에서 차별화된 제품들을 생산하는 어떤 한 산업 부문을 고려해 보자.(이에 대해서는 이미 제4장에서 설명하였다.) 그러나 제4장에서의 경우와 달리 여기서는 당해 산업에 진입하는 어떤 한 기업은 자신의 총요소생산성에 대해 '불확실성' 을 갖는다(즉, 자신의 총요소생산성에 대해 알지 못한다.)고 가정해 보자. 또한 그 기업은 당해 산업에 진입하는 데 '진입비용(entry cost)' 을 부담해야 한다. 즉, 그 기업은 자신의 브랜드를 개발하고, 이를 생산하기 위한 기술을 개발하는 데 추가적 비용이 든다. 이들 비용은 당해 산업에 진입하는 데 필요한 비용이다. 그러나 그 기업은 자신의 생산성이 높은지 낮은지를 사후적으로(ex-post) — 즉, 진입비용을 부담한 후에야 — 알게 된다. 이 때문에 기업들은 진입에 따른 '이윤획득가능성' 에 대해 사전에 알지 못하며, 그 대신 이윤획득가능성에 대해 기대를 형성하게 된다. 기업들이 예상하는 **기대이윤**(expected profits, 기대수익)이 진입비용을 충당하고도 남을 정도로 높으면 기업들은 당해 산업에 진입하게 된다. 따라서 기업들의 진입은 '기대이윤이 진입비용과 같아질 때까지' 계속된다. 분명히 이러한 조건은 대규모 집단에 대한 Chamberlin의 자유진입(free-entry) 조건과 일맥상통하고 있다. 또한 이러한 조건은 진입에 따른 위험을 명시적으로 고려하고 있다.

'진입에 따른 이윤획득가능성' 에 대한 기대를 형성하기 위하여(즉, 진입 시 얼마의 이윤이 발생할지를 예상하기 위하여) 어떤 한 기업은 상이한 생산성 수준에서 자신의 이윤이 얼마가 될지를 예상해 볼 필요가 있다. 이를 위하여 당해 기업은 모든 생산성 수준에서 자신의 '영업 전략' 을 수립할 필요가 있다. 특히, 당해 기업은 자신의 생산성 수준에 따라

(i) 폐업 여부, (ii) 국내 판매 여부, (iii) 수출 여부 등에 대한 결정을 내릴 수 있다.[186)] 즉, (i) **생산성 수준이 어느 정도일 때** 당해 기업은 진입비용을 몰수하여 폐업하는 게 최선인가?(폐업 여부 결정), (ii) **생산성 수준이 어느 정도일 때** 당해 기업은 국내 소비자들(고객들)에게 제품을 판매하여 이윤을 얻을 수 있는가?(국내 판매 여부 결정), (iii) **생산성 수준이 어느 정도일 때** 당해 기업은 외국에 제품을 수출하여 이윤을 얻을 수 있는가?(수출 여부 결정). 기업들은 자신의 생산성 수준에 따라 이러한 결정들을 내리게 된다.(기업의 생산성과 이윤 간의 관계는 〈그림 5.1〉에서 자세히 설명할 예정이다.) Melitz(2003)는 어떤 기업이 당해 산업에 머무르려면 '생산' 에 드는 **고정비용**(fixed costs)을 부담해야 하며, 또한 자신이 생산한 산출물의 일부분을 외국에 판매하려면 '수출' 에 드는 **추가적인 고정비용**(additional fixed costs)을 부담해야 한다고 주장하였다.(후자의 경우는 실증적 증거에 의해 제시되었다.) 또한 '수출' 은 **가변 무역비용**(variable trade costs)을 발생시킨다. 즉, 무역비용은 운송료와 보험료, 도착지 국가의 관세, 다른 무역장벽들로부터 발생한다. 이제 이러한 상황하에서 진입비용이 매몰된(sunk) 후에 어떤 기업이 당해 산업에 머무르는 경우에 발생하는 이윤획득가능성을 그림으로 나타낼 수 있다.

〈그림 5.1〉에서 수평축은 기업의 생산성을 나타내고, 수직축은 기업의 이윤을 나타낸다. 먼저, 〈그림 5.1〉에서 위쪽의 곡선은 '국내 판매로부터 얻는 기업의 이윤' (=기업의 총수입−가변 생산비용−고정 생산비용)을 나타내며, 이는 '어떤 기업의 생산성' 에 달려 있다.[187)] 국내 판매

---

186) 당분간 '해외직접투자(FDI)' 의 경우에 대해서는 고려하지 않을 것이다. 해외직접투자의 경우는 제6장에서 논의할 예정이다.

그림 5.1 기업의 생산성과 이윤 간의 관계 : 상이한 생산성 수준하에서 기업들이 얻는 이윤

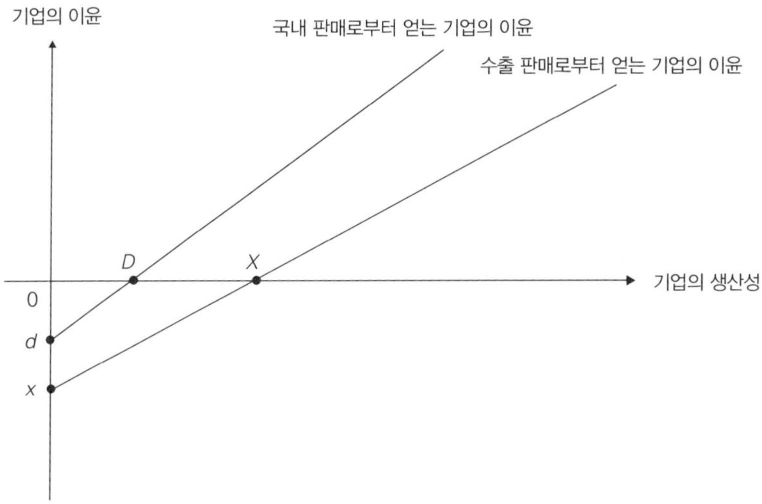

의 경우에 기업의 생산성과 이윤 간에 양(+)의 상관관계가 있다. 즉, 더 생산적인 기업들은 국내시장에서 더 많은 이윤을 얻는다. 한마디로 생산성이 더 높을수록 기업들은 국내시장에서 더 큰 이윤을 얻는다. 우선, 생산성이 0인 어떤 기업은 제품을 생산할 수 없다. 그러나 그 기업이 당해 산업에 머물러 있는 한 생산에 드는 고정비용(고정 생산비용)을 부담해야만 한다. 이러한 이유로 기업의 생산성이 0인 경우 기업의 이윤은 *d*점에서와 같이 마이너스(−)가 된다.(그림에서 *d*점은 수평축 아래에 위치해 있다.) 그림에서 *d*점과 수평축과의 거리는 **'생산에 드는 고정비용'** (= 고정 생산비용)을 나타낸다. 다음으로, 당해 기업의 생산성이 증가할수록 이 기업의 이윤도 증가할 것이며, 생산성이 *D*점에 도달하면 당해 기

187) [역자 주] 즉, '기업의 이윤' (종속변수)은 '기업의 생산성의 함수' (독립변수)로 표시된다.

업의 이윤은 0이 된다. 마지막으로, 생산성이 계속 증가할수록 기업의 이윤도 계속 증가한다. 즉, 기업의 생산성 수준이 *D*점의 우측에 위치한다면 모든 생산성 수준에 대해 기업의 이윤은 양(+)이 됨을 볼 수 있다.

다음으로, 〈그림 5.1〉에서 아래쪽에 있는 곡선은 '수출에 의한 판매로부터 얻는 기업의 이윤'을 나타낸다. 수출 판매의 경우에도 기업의 생산성과 이윤 간에 양(+)의 상관관계가 있다. 우선, 수출 판매의 경우에도 기업의 생산성이 0인 경우 어떤 기업의 이윤은 마이너스(−)임을 볼 수 있다. 그림에서 수평축과 ***x***점과의 거리는 '**생산**에 드는 고정비용'(=수평축과 ***d***점과의 거리)에 더하여 '**수출**에 드는 고정비용'(=***d***점과 ***x***점과의 거리)을 나타낸다. 다음으로, 기업의 생산성이 증가할수록 수출 판매로부터 얻는 기업의 이윤도 증가하며, 생산성이 ***X***점에 도달하면 수출 판매로부터 얻는 당해 기업의 이윤은 0이 된다. 마지막으로, 기업의 생산성이 ***X***점의 우측에 위치하면 기업의 이윤은 더욱 커지게 된다. 따라서 기업의 생산성이 ***X***점의 좌측에 위치해 있는 기업들은 수출로부터 손실(=마이너스 이윤)을 보지만, ***X***점의 우측에 위치해 있는 기업들은 수출 판매로부터 이윤을 얻는다.

마지막으로, 〈그림 5.1〉에서 위쪽 곡선과 아래쪽 곡선을 모두 고려해 보자. 두 이윤곡선의 위치로부터 추론할 수 있는 사실은 "***X***점은 반드시 *D*점의 우측에 위치해 있어야 한다."는 점이다. 이것은 결코 우연이 아니다. 왜냐하면 이는 '실제적인 산업구조의 패턴'과 잘 부합하기 때문이다. 즉, '***X***점이 *D*점의 우측에 위치해 있는 경우' 이는 실제적인(실증적 증거와 일치하는) '산업구조의 패턴'과 일치한다. 다시 말하면, 실제 산업구조의 패턴에 따르면 *X*점은 *D*점의 우측에 위치한다. 이제 기업의 생산성 수준과 산업구조의 패턴에 관해서 좀더 자세히 살펴보기로 하자.

첫째, 〈그림 5.1〉에서 생산성이 *D*점의 좌측에 위치해 있는 기업들은 국내 판매뿐만 아니라 수출 판매로부터도 아무런 이윤을 얻을 수 없다. 즉, 기업의 생산성이 *D*점의 좌측에 위치해 있다면 당해 기업들은 국내 및 수출 판매들로부터 마이너스(−) 이윤이 발생한다. 따라서 생산성이 *D*점의 좌측에 위치해 있는 경우 기업들이 취할 수 있는 최선의 전략은 생산에 드는 고정비용을 부담하지 않으려면 '당해 산업으로부터 **탈퇴**(exit)하는 것' 이다. 이러한 전략은 (약간의 진입비용을 부담하지만) 당해 기업들에게 0의 이윤을 가져다준다. 둘째, 기업의 생산성이 *D*점과 *X*점 사이에 위치해 있는 기업들은 이와 다른 전략을 취하게 된다. 그림에서 보듯이 이 경우 당해 기업들은 국내 판매로부터는 이윤을 얻지만, 수출 판매로부터는 손해를 보게 된다. 따라서 이들 기업들은 해외시장은 포기하고 '국내시장에서만 판매' 함으로써 이윤을 극대화할 수 있다. 즉, 이 경우 당해 기업들은 수출은 하지 않고, 국내에서. '당해 산업에 **머무르는** 선택' 을 취하게 된다. 마지막으로, 기업의 생산성이 *X*점의 우측에 위치해 있는 기업들은 국내 판매와 수출 판매로부터 모두 이윤을 얻을 수 있다. 따라서 이 경우에 이들 기업들이 취할 수 있는 영업 전략은 '국내시장뿐만 아니라 해외시장에서 판매하는 것' 이다. 이러한 결과를 요약하면 다음과 같다. 즉, 어떤 산업부문에서 (i) 생산성이 가장 낮은 기업들(즉, 생산성이 *D*점의 좌측에 위치해 있는 기업들)은 **당해 산업에서 탈퇴하는 전략**을 택하고, (ii) 생산성 수준이 중간인 기업들(즉, 생산성이 *D*점과 *X*점 사이에 위치해 있는 기업들)은 **국내 소비자들에게만 판매하는 전략**을 택하고, 그리고 (iii) 생산성이 가장 높은 기업들(즉, 생산성이 *X*점의 우측에 위치해 있는 기업들)은 **국내 소비자들뿐만 아니라 해외 소비자들에게도 판매하는 전략**을 택하는 것이다. 이러한 분류(즉, 영업 전략 선택) 패턴은 '실증적인 증거'와 일치하고 있다. 실증적인 증거에 따르면 (i) 소수의 기업들만이 수출에 종사하고, (ii) 수출업자들은 자신의 산출물 중 일부분만 해외 소비자들에게 판매하고, (iii) 수출업자들은 비수출업자들보다 더 크고 또 더 생산적이고,[188] 마지막으로 (iv) 수출 판매는 주로 대기업들에 편향되어 있다.[189](즉, 수출은 주로 대기업들에 의해서만 이루어진다.) 이제까지의 설명에서 알 수 있듯이 Melitz는 이러한 **실증적** 사실들과 관련하여 단순하지만 매우 설득력 있는 설명을 하였다. 그러나 Melitz의 모형은 수출업자들이 비수출업자들보다 왜 **더 높은** 임금을 지불하는지에 대해서는 설명하지 못하고 있다. 이는 Melitz가 자신의 이론적 모형에서 모든 기업들은 동일한 임금을 지급한다고 가정하고 있기 때문이다. 나중에 우리는 Melitz 모형의 수정을 통하여 이러한 '임금 예측'에 대해서도 설명할 예정이다.

무역자유화(trade liberalization)에 대한 연구들에 따르면 다음 결과가 자주 나타나고 있다. 즉, "무역장벽의 감소(무역자유화)에 따라 자원의 재분배가 크게 일어날 것이며, 이러한 자원의 재분배는 주로 **산업들 간**(across industries)이 아니라 **산업들 내에서**(within industries) 일어날 것"이라고 예측하고 있다. Balassa(1966, 1967)는 "유럽 공동시장

188) [역자 주] 수출업자들이 비수출업자들보다 더 큰 이유는 생산성이 더 높은 기업들은 더 많은 노동자들을 고용하고, 더 많은 제품들을 생산하고, 그 결과 더 많은 수입(收入)을 얻기 때문이다.

189) [역자 주] 대기업들이 중소기업들보다 더 많이 수출하며, 그 결과 수출로부터 더 많은 수입(收入)을 얻기 때문이다.

(European Common Market, 현재와 같이 크게 확대된 유럽연합(EU)의 전신임)의 결성으로(무역자유화로) 공동시장 내에서 산업들 간에 커다란 자원 재배분이 일어나지 **않았다**."는 사실을 최초로 지적하였다. 이러한 지적은 전통적 무역이론에 위배되지 않는다. 전통적 무역이론에 따르면 유럽 공동시장의 결성으로 산업들 내에서 자원 재분배가 활발하게 일어날 것으로 예측하였다. Balassa는 다음과 같은 예리한 관찰을 한 바 있다.

> 관세 인하(즉, 무역자유화)가 '자원배분'에 미치는 영향과 관련하여 선진국들 간에 교역되는 제조업에 있어서 산업 간(inter-industry) 전문화가 아니라 **'산업 내'** 전문화(intra-industry specialization)가 주요한 관심사로 등장하고 있다. 각국이 소비재, 기계류, 조립도가 높은 중간재 등에 있어서 '제품 차별화(product differentiation)'를 증대시킴으로써 '무역자유화'가 증가되더라도 수입경쟁적인 산업들에서부터 수출산업들로 자원의 대규모 이동이 발생하지 않을 것이다. 이러한 예측(주장)은 전통적인 교과서에서 가정되고 또 설명되고 있다. 그러나 무역자유화는 각국의 **개별** 산업들에서 '제품 구성(product composition)'의 변화를 초래한다.(중략)
>
> 그러나 관세 인하는 **표준화된(또는 차별화되지 않은) 제품들**의 경우에는 **산업 간**(inter-industry) 자원의 이동(재배분)을 초래할 것이다. '표준화된 제품들'의 경우에 국제 교환은 주로 국가 간의 상대적 비용(relative costs)의 차이에 의해 결정된다. (Balassa, 1967, p. 93)

또한 무역자유화에 대한 최근의 연구들은 기업수준의 자세한(미시적) 자료들을 이용하고 있으며, Tybout과 Westbrook(1995)은 멕시코의 무역자유화를, Pavcnik(2002)는 칠레의 경우를, Trefler(2004)는 캐나다의 경우를 실증적으로 분석하였다. 이들의 연구결과에 따르면 (i) 생산성이 낮은 기업들은 시장에서 **탈퇴**하고, (ii) **산업 내에서** 생산성이 낮은 기업들로부터 생산성이 높은 기업들로 '시장 점유율(market share)' 에 있어서 **커다란 재분배**가 발생하고 있음을 보여주고 있다. 후자의 경우처럼 **산업 내에서**의 그러한 이동이 과연 이론적으로 설명될 수 있는가? 그 대답은 '예' 이다.

이와 같은 산업구조의 재조정을 이론적으로 살펴보기 위해 여러 무역장벽들 중 어느 하나의 장벽이 감소하는 경우를 고려해 보자. 무역장벽의 감소는 '수출' 에 드는 가변비용을 감소시킨다. 그 결과, 수출 판매로부터 기업들이 얻는 이윤이 증가하고, 이는 〈그림 5.1〉에서 아래쪽에 위치해 있는 이윤곡선을 더 '위쪽으로' 이동시킨다. 수출기업들의 이윤가능성의 이러한 증가는 이들 기업의 산출량과 수출 판매의 증가를 수반한다. 이는 수출에 종사하지 않는 국내기업들로부터 수출업자들에게로 시장 점유율의 이전(즉, '시장 점유율의 재분배')을 초래한다. 수출기업들의 산출량과 수출 판매의 증가는 (i) 국내에서 생산요소에 대한 수요를 증가시키고, (ii) 특히 다자간(multilateral) 무역자유화의 경우에 국내시장을 외국으로부터의 경쟁에 더욱 노출시키기 때문에 국내 시장에서 요소비용이 증가하고, 그 결과 제품에 대한 수요가 감소하게 된다. 이러한 변화들은 모든 기업들의 이윤을 감소시키지만, 수출업자들의 이윤 증가를 완전히 상쇄시키지는 못한다. '국내기업들' 의 이러한 이윤 감소는 〈그림 5.1〉에서 위쪽에 있는 이윤곡선을 더 **아래쪽**으로 이동시킨다. 이는 '생산성이 낮은 몇몇 기업들' —즉, 생산성이 〈그림 5.1〉에서 D점의 우측에 있지만 D점에 아주 가까이 위치해 있는 기업들의 경우를 말하며, 이들 기업들은 이윤곡선이 이동하기 전에는 한계적으로 이윤을 얻고 있었음 — 이 새로운 환경에서는 **손실**을 보게 된다는 것을 의미한다. 그러므로 이러한 기업들은 폐업하고 당해 산업으로부터 탈퇴하게 된다. 따라서 '무역자유화'는 (i) 생산성이 가장 낮은 기업들을 당해 산업에서 퇴출시키고, (ii) 생산성이 낮은 국내기업들로부터 **생산성이 높은 수출업자들**에게로 시장 점유율을 재분배(market share reallocation)하는 기능을 한다. 이는 전체적으로 당해 산업의 평균 생산성을 증가시킨다. 이러한 결과는 매우 중요한 의미를 갖는다. 왜냐하면 이는 **산업부문의 생산성 수준을 증가시키는** 방향으로 산업구조를 '재조정', 다시 말해 시장 점유율을 재분배하는 데 있어서 이와 같이 강력한 경제적 요인들이 작용하고 있다는 사실을 시사해 주기 때문이다.

이러한 효과들은 실제로 얼마나 크게 나타나는가? 1989년에 체결된 '캐나다와 미국 간의 자유무역협정(FTA)'은 무역자유화의 효과를 알아보기 위한 좋은 실례를 보여준다. 캐나다와 미국 간의 자유무역협정에 대한 효과는 여러 학자들에 의해 광범위하게 연구가 진행되어 왔다. Trefler(2004)에 의하면 1988년(즉, 자유무역협정 체결 전) 미국으로부터의 수입품에 대한 캐나다의 관세는 평균 8.1% 수준이었다. 또한 25%의 캐나다 산업들에 대한 수입품에 대해서는 10% 이상의 관세가 적용되었다. 반면에 미국의 경우 관세율이 캐나다보다 훨씬 더 낮았다. 미국은 캐나다의 수입품들에 대해 평균 4%의 관세를 부과하고 있었다. Trefler는 공장 수준에서의 자료를 입수하여 자유무역협정(FTA)이 캐나다의 **노동생산성**에 미치는 영향을 세밀히 측정해 보았다. 그 결과, Trefler는 (i) 양국 간의 자유무역협정이 캐나다 제조업 부문의 노동생산성을 무려

7.4%나 증가시킨 것(이는 실로 매우 큰 비중임)으로 나타났고, 또한 (ii) 자유무역협정으로 가장 큰 영향을 받은 캐나다의 수입경쟁적인 산업들의 경우에는 노동생산성이 거의 두 배나 증가한 것으로 나타났다. 그러면 이러한 생산성 증가는 어디에서 비롯된 것인가? 공장 수준에서는 생산성 증가가 거의 일어나지 않았기 때문에 대부분의 이러한 증가는 (i) 생산성이 높은 공장들에게 유리한 '시장점유율(market share)의 재분배' 와 (ii) 생산성이 낮은 공장들의 '탈퇴' 에 기인한다고 볼 수 있다.(여기서 '시장점유율의 재분배' 란 생산성이 낮은 공장들로부터 **생산성이 높은 공장들**로 시장점유율이 재분배되는 것을 의미한다.) 따라서 캐나다의 이러한 경험은 이론적 분석(예측)과 일치하고 있다.

산업부문 내에서의 이러한 재분배는 '전통적인 비교우위론' 과 연관하여 분석될 수 있다. Bernard, Redding, 그리고 Schott(2007)은 '2국가-2산업부문-2생산요소' 의 가정하에서 독점적 경쟁모형을 분석하였다. 또한 각 산업부문 내에는 이질적인 기업들이 있고, 무역활동에 고정 및 가변 무역비용들이 든다고 가정하였다. 분석의 편의를 위해 이들은 '요소비율(factor proportion)' 이 어느 한 **산업 내에서**의 생산활동들 간(예 : 제조업 활동과 연구개발 활동)에는 서로 **비슷**하지만, 산업부문들 간에는 서로 다르다고 가정하였다.[190] 이들은 이러한 가정들하에서 다음 결과들을 도출하였다. 첫째, 무역은 **모든 국가의 모든 산업부문들에서 총요소생산성을 증가**시킨다. 둘째, 총요소생산성의 증가는 (i) 생산성이 가장

---

190) 특히 전자는 다음을 의미한다. 즉, 가변비용을 발생시키는 활동들(예 : 제조업 활동)의 요소구성(composition of inputs)이 고정비용을 발생시키는 활동들(예 : 연구개발 활동)의 요소구성과 '동일' 하다는 것을 의미한다.

낮은 기업들이 시장에서 탈퇴하고, (ii) 생산성이 낮은 기업들로부터 **생산성이 높은 기업들**로 '시장점유율의 재배분'에 의해 초래된다. 그러나 흥미로운 점은 (iii) 생산성 증가가 모든 산업부문들에서 동일하지 않으며, 또한 각국에서도 생산성 증가가 서로 다름을 보여 주었다. 특히 (iv) 총요소생산성은 각국이 **비교우위에 있는 산업부문**들에서 더 크게 증가하고 있다. 즉, 각국이 상대적으로 풍부한 생산요소를 집약적으로 사용하는 산업부문에서 총요소생산성이 더 크게 증가한다. 즉, 생산성의 증가는 국가마다 그리고 산업부문마다 다르게 나타난다. 이러한 결과는 곧 "각국은 상대적으로 생산성 증가가 더 큰 산업부문들에서 생산하는 제품들을 수출한다."는 것을 의미한다. 그 결과, 리카도의 비교우위론에 의해 무역이 발생하는 것처럼 보인다. 그러나 이 경우에 '리카도적인 생산성 우위'는 **실제로** '헥셔-올린의 비교우위 요인'에 의해 발생한다. 이는 "어떤 국가가 특정 생산요소를 상대적으로 **풍부하게** 가지고 있는 경우 당해 국가는 이 생산요소를 **집약적으로** 사용하는 산업에서 총요소생산성이 상대적으로 더 크다."는 것을 의미한다. 따라서 이러한 세계에서 '요소비율 유형의 비교우위(factor-proportions-type comparative advantage)'는 '상대적인 생산성 유형의 비교우위(relative productivity-type comparative advantage)'와 결코 분리될 수 없다. 즉, '요소비율에 바탕을 둔 비교우위'(헥셔-올린의 비교우위)는 '상대적인 생산성에 바탕을 둔 비교우위'(리카도의 비교우위)와 불가분의 관계에 있다.

5.3 정량적 평가

제4장에서 살펴보았듯이 우리는 '제품 다양화'가 무역에 미치는 반응을

명시적으로 인식할 필요가 있다. 왜냐하면 이는 (i) 여러 실증적 현상들을 설명하는 데 유익하고, (ii) 무역자유화에 따른 여러 경제적 조정들을 이해하는 데 유용하기 때문이다. 그러나 이러한 경제적 조정들이 **양적으로** 중요한지의 여부는 여전히 이론(異論)의 여지가 많다고 할 수 있다. 이제까지 극소수의 연구들만이 '광범위한 무역폭(extensive margin of trade)' 으로 인한 이러한 조정들을 명시적으로 측정했다. 따라서 이러한 효과들에 대한 평가는 현재로서는 '임시적' 이라고 할 수 있다. 여기서 '광범위한 무역폭' 이란 '교역량이 아니라 **교역되는 제품 종류의 수**가 변화함으로써 발생하는 무역' 을 의미한다.

제4장에서 논의했듯이 '중력방정식(gravity equation)' 은 국제무역 흐름에 대한 실증적 분석을 위한 주요 수단에 해당된다. 중력방정식은 거리, 통화지역, 그리고 자유무역협정 등과 같은 변수들이 '무역' 에 미치는 영향을 추정하는 데 사용되기 때문이다. 그러나 중력방정식에 바탕을 둔 추정방식은 표본으로 다수의 국가들을 대상으로 적용하기 때문에 기업수준의 자료를 이용할 수 없다.(또한 기업수준의 자료들은 자료의 기밀성 때문에 개별 국가들의 자료를 통합하여 사용할 수 없다.) 그래서 중력방정식은 기업수준의 자료가 아니라 어떤 국가의 **산업**수준에서의 자료들에 의존(사용)하게 된다. 이러한 상황에 직면하여 연구자들은 과거에는 추정치의 정확성을 높이기 위하여 추정기법을 정교화하는 데에만 집중하였다. 그 결과, 연구자들은 '광범위한 무역폭(extensive margin of trade)' 과 '집중적인 무역폭(intensive margin of trade)' 을 구분하는 데에는 거의 관심을 기울이지 않았다.[191] 그러나 Helpman,

---

191) 그러나 이러한 연구에 대한 최근의 기여를 보려면 Anderson과 van Wincoop (2003)을 참고하기 바람.

Melitz, 그리고 Rubinstein(2008)은 총계(aggregate) 자료를 이용하여 집중적인 무역폭과 광범위한 무역폭을 분리해서 추정할 수 있음을 보여 주었다. 이를 위해 이들은 전에는 일반적으로 사용하지 않았던 자료들, 즉 '무역흐름이 없는 경우' 의 자료들을 사용하였다. 이러한 목적으로 이들은 Melitz(2003)의 모형을 '다수의 국가들' 로 확장한(일반화한) 모형을 개발하였다. 즉, 상이한 두 국가 간의 무역에 드는 고정 및 가변 무역비용의 **차이**를 명시적으로 고려하였다. 또한 이들은 자신들의 일반화된 모형의 파라미터를 추정하기 위하여 2단계 추정(two-stage estimation) 절차를 개발하였다.

Helpman, Melitz, 그리고 Rubinstein(2008)의 방식이 가지고 있는 주요 아이디어는 '어떤 국가(예 : 가봉)에 대한 어느 한 기업(예 : 독일 기업)의 수출량은 당해 기업의 수출에 드는 **고정**비용에 달려 있지 **않다**' 는 가정에 바탕을 두고 있다. 그러나 어떤 기업의 '수출에 종사하려는 결정' 은 수출에 드는 **고정**비용에 달려 있다. 이러한 이유로, 독일에서 가봉으로 수출이 발생하지 **않는다**는 사실은 생산성이 가장 높은 어느 독일 기업조차도 가봉으로의 수출에 드는 고정비용을 회수할 수 없다는 것을 의미한다.(다시 말하면, 가봉에서의 판매로부터 생기는 '수입(收入)' 에 생산과 수출에 드는 '가변비용' 을 빼고 남는 것으로 수출에 드는 '고정비용' 을 회수할 수 없다.) 이 경우에는 독일에서 가봉으로의 수출이 발생하지 않을 것이다. 두 국가 간에 발생 가능한 모든 쌍무적인 수출흐름을 고려함으로써 '양(+)의 수출흐름' (수출흐름이 발생하는 경우)과 '0의 수출흐름' (수출흐름이 발생하지 않는 경우)을 구분할 수 있으며, 이를 통해 **수출로부터 이윤이 발생하는** 생산성 한계(cutoff)수준에 대한 정보를 제공해 주는 하나의 방정식을 추정할 수 있다.[192] 이러한 생산성 한계수준은 또한 **수출하는 것이 이익이 되는** 기업들이 얼마나 되는지에 대한 정보도 제공해 준다.

수출을 통해 이익을 얻는 수출업자들의 비율을 예측하기 위하여 이러한 1단계 방정식(first-stage equation)을 사용할 수 있으며, 다음으로 이러한 예측을 표준적인 중력방정식 유형의 2단계 방정식(second-stage equation)에 적용하여 여러 무역장벽들이나 무역촉진제들이 '집중적인 무역폭'과 '광범위한 무역폭'에 미치는 영향을 **분리해서** 추정할 수 있다. 이러한 추정 절차를 바탕으로 Helpman, Melitz, 그리고 Rubinstein(2008)은 다음 결과들을 유도하였다. 첫째, 두 국가 간의 **거리**(무역장벽)가 '집중적인 무역폭'에 미치는 영향은 통상적으로 추정되는 것의 약 2/3 정도에 해당되는 것으로 나타났다. 이는 통계적으로 커다란 편의성을 나타낸다. 둘째, 두 국가 간의 **통화동맹**(무역촉진제)이 '집중적인 무역폭'에 미치는 영향에서도 이와 비슷한 편의성이 나타났다. 이러한 편의성들은 상이한 특성(예 : 상이한 발전수준)을 가진 국가들 간에 매우 다르게 나타났다. 왜냐하면 그러한 무역장벽이나 무역촉진제가 '광범위한 무역폭'에 미치는 영향이 두 국가 간에 크게 다르기 때문이다. 예를 들면, '거리'가 무역흐름에 미치는 전체적인 영향은 1인당 소득이 높은 두 국가 간에 **가장 적게** 나타났고, 1인당 소득이 '낮은' 두 국가 간에 '가장 높게' 나타났다. 그러나 두 국가 중에서 어느 한 국가는 1인당 소득이 높고, 다른 한 국가는 1인당 소득이 낮은 경우에 '거리'가 무역흐름에 미치는 영향은 중간수준으로 나타났다. 좀더 구체적으로 말

192) Helpman, Melitz, 그리고 Rubinstein은 158개 국가들을 대상(표본)으로 하고 있다. 이 중에서 거의 절반의 국가들은 쌍무적 무역이 0(두 국가 간에 무역이 발생하지 않음)을 기록하고 있다.

하면, '거리' 가 수출에 미치는 효과가 가장 큰 경우는 가장 작은 경우에 비해 거의 3배나 더 크게 나타났다. 다시 말하면, 통상적인 추정치들은 '집중적인 무역폭' 의 역할을 과대평가하고 있을 뿐만 아니라 무역장벽과 무역촉진제가 무역에 미치는 반응과 관련하여 '이질성' 의 중요한 원천을 간과하고 있다. 특히 후자의 경우는 '광범위한 무역폭' 에 의해 발생한다. 이제 후자의 경우를 좀더 상세히 논의해 보기로 하자.

Balistreri, Hillberry, 그리고 Rutherford(2008)는 좀더 **정교화된** 국제무역 모형을 추정하였다. 즉, 이들은 세계를 9개의 지역과 7개 산업부문으로 나누었다. 이들이 분류한 9개의 지역은 중국, 북미, 라틴아메리카, 유럽, 동유럽과 구소련, 일본 · 한국 · 대만, 기타 아시아, 호주와 뉴질랜드, 그리고 여타 세계 등이며, 이들 지역은 〈표 5.3〉에 나타나 있다. 또한 7개의 산업부문은 농업, 제조업, 에너지, 서비스업 등을 포함하고 있다. 특히 제조업은 독점적 경쟁과 이질적인 기업들을 가진 산업부문으로 가정하였다. 이와 같이 제조업 부문에서만 독점적 경쟁과 기업의 이질성을 가정한 것을 제외하고는 이들의 모형은 무역정책의 분석에 통상적으로 사용되는 '표준적인' 국제무역 모형에 해당된다. 표준적인 국제무역 모형은 '경쟁적인 시장' 을 가정하고 있다. 이러한 배경하에서 Balistreri, Hillberry, 그리고 Rutherford(2008)는 다음 두 가지 경우에 여러 무역정책들의 영향을 비교해 보았다. (i) 제조업 부문에서 기업의 이질성이 **존재하지 않는** 경우(표준적인 경우)와 (ii) 제조업 부문에서 기업의 이질성이 '존재하는' 경우(새로운 경우)를 비교해 보았다.[193] 따

193) Balistreri, Hillberry, 그리고 Rutherford(2008)는 두 모형을 비교했으며, 두 모형은 제조업 부문에서 동일한 파라미터(매개변수)와 기업들의 평균 생산성이 동일하

표 5.3 제조업 부문에 대한 50%의 관세 인하로 발생하는 후생이익(%)

지역(9개)	기업 이질성이 '존재하지 않는' 경우(A)	기업 이질성이 '존재하는' 경우(B)	차이(C=B−A)
중국	0.3	1.3	1.0
북미	−0.0	0.0	0.0
라틴아메리카	0.1	0.5	0.4
유럽	0.1	0.2	0.1
동유럽과 구소련	−0.1	−0.3	−0.2
일본 · 한국 · 대만	0.1	0.3	0.2
기타 아시아	0.3	1.1	0.8
호주와 뉴질랜드	0.4	1.4	1.0
여타 세계	−0.2	−0.7	−0.5
평균	0.111	0.422	0.311

역자 주 : 표에서 플러스(+) 부호는 이익을 나타내고, 마이너스(−) 부호는 손실을 나타낸다.
출처 : Balistreri, Hillberry and Rutherford(2008, Table 8)

라서 두 결과의 차이는 '기업의 이질성'과 '광범위한 무역폭'에 기인한다고 할 수 있다.

〈표 5.3〉은 제조업 부문에서 관세가 50% 인하되는 경우에 발생하는 지역 내에서의 '총 후생이익(aggregate welfare gains, 해당 지역 내 모든 사람들의 후생이익을 합친 것을 말함)'을 나타내고 있다. '수입재

다고 가정하였다. 이러한 가정하에서 자료를 사용하여 모형을 추정하고 켈리브레이션(calibration)을 실시하였다. 그 결과, '표준적인' 모형(즉, 기업의 이질성이 존재하지 않는 경우)에서는 기업들의 평균 생산성이 무역자유화로 인해 변하지 않지만, '기업의 이질성이 존재하는' 새로운 모형에서는 기업들의 평균 생산성이 무역자유화로 인해 변한다는 것을 보여주었다.

대비 수출재의 가격'(수출재의 상대가격 또는 교역조건) 변화는 어느 한 국가의 후생이익 또는 후생손실의 중요한 **원천**이다(특히 수출재의 상대가격 변화는 기업의 이질성이 존재하지 않는 경우에 더욱 중요한 원천이다.). 먼저, 기업의 이질성이 존재하지 않는 경우에 수출재의 상대가격(수입재 대비 수출재의 가격)이 상승하면 어떤 국가는 후생이익을 얻고, 수출재의 상대가격이 하락하면 그 국가는 후생손실을 보게 된다. 다음으로, 기업의 이질성이 '존재하는' 경우에는 (i) 생산 가능한 브랜드 수의 변화와 (ii) 제조업 부문에서 기업의 평균 생산성의 변화로부터 **추가적** 후생 효과들이 발생한다.

이러한 후생 변화들의 크기를 측정하기 위하여 다음 몇 가지 사실을 유념하는 게 중요하다. (i) 실제 자료에서 제조업 산출량은 총 산출물 중에서 단지 25%에 불과하고, (ii) 제조업의 약 15%만이 지역들 간에 교역이 이루어지고 있고, (iii) 제조업에 대한 평균 관세율은 9.3%라는 사실을 유념한 후 후생 변화의 결과를 해석할 필요가 있다. 따라서 〈표 5.3〉에 나타난 사례에서 관세 인하는 평균 5% 미만으로 작은 편이며, 또한 산출물의 25%에 대해서만 적용되고 있다. 이러한 배경하에서 〈표 5.3〉에 나타난 후생 효과는 상당히 '크다'고 할 수 있다. 우선, 대부분의 지역들은 무역자유화(관세 인하)로부터 후생이익(플러스(+) 부호)을 얻고 있음을 볼 수 있다. 그러나 일부 지역들은 무역자유화로부터 후생손실을 보고 있다. 첫째, 전통적(표준적)인 경우(**기업의 이질성이 존재하지 않는 경우**) '동유럽과 구소련 지역'은 무역자유화(관세 인하)로부터 1%의 1/10에 해당하는 크기(0.1%)의 후생손실을 보고, '여타 세계'는 1%의 2/10에 해당하는 크기(0.2%)의 후생손실을 보고 있음을 볼 수 있다. 둘째, 기업의 이질성이 존재하는 경우에 이들 두 지역의 후생손실은 더욱 늘어난다. 즉, 기업의 이질성이 존재하는 경우 '동유럽과 구소련'은 1%의 3/10에 해당하는 크기(0.3%)의 후생손실을 보고, '여타 세계'는 1%의 7/10에 해당하는 크기(0.7%)의 후생손실을 보고 있음을 알 수 있다. 그럼에도 불구하고 단순 평균에 있어서 후생이익은 기업의 이질성이 존재하지 않는 경우에 비해 '기업의 이질성이 존재하는' 경우에 약 4배나 더 크게 나타났다. 즉, 기업의 이질성이 존재하지 않는 경우의 후생이익의 평균은 0.111이지만, 기업의 이질성이 존재하는 경우의 후생이익의 평균은 0.422이다. 기업의 이질성이 존재하는 경우와 존재하지 않는 경우의 후생이익의 차이는 중국, 라틴아메리카, 기타 아시아 지역, 그리고 호주와 뉴질랜드 등의 경우에 특히 크게 나타났다. 예를 들면, 중국의 경우 **기업의 이질성이 존재하고 독점적 경쟁**하에서의 후생이익이 '기업의 이질성이 존재하지 않는 경우'에 비해 4배나 더 크고, 라틴아메리카의 경우는 무려 5배나 더 크고, 기타 아시아 지역의 경우는 거의 4배 정도 더 크다. 마지막으로 호주와 뉴질랜드의 경우는 3배 이상 더 크다는 것을 알 수 있다. 따라서 두 결과의 차이는 '기업의 이질성'(및 독점적 경쟁)과 '광범위한 무역폭'에 기인한다고 볼 수 있다.

'제품 차별화'와 '기업의 이질성'이 무역 및 무역자유화로부터 얻을 수 있는 이익의 **새로운 경로**(원천)를 제공해 주지만, 이러한 이익의 정도는 매우 불확실하다.[194] 몇몇 추정 결과에 따르면 해외 공급업자들의 국

---

194) 마크업(markup, 어떤 한 제품의 '가격(P)'과 당해 제품 생산에 드는 '한계비용(MC)' 간의 차이)의 감소도 무역이나 무역자유화로부터 얻을 수 있는 이익의 원천이 될 수 있다. 이러한 메커니즘에 대해서는 Melitz와 Ottaviano(2008), Feenstra와 Weinstein(2010)을 참고하기 바람.

내시장으로의 진입은 '잠재적 후생 변화를 완전히 상쇄시키는 방식으로' 국내 진입에 영향을 미친다. 이 때문에 무역 및 무역자유화로부터 얻는 이익은 제품 차별화의 정도가 아니라 '무역에 대한 노출'에 의존하게 된다. Arkolakis, Demidova, Klenow, 그리고 Rodríguez-Clare(2008)는 산업부문이 하나만 존재하는 경제에서 이러한 결과를 분석적으로 보여주었고, 그들의 모형을 코스타리카에 적용하여 추정한 결과 무역자유화로부터 작은 크기의 이익이 발생함을 보여주었다.[195] 그러나 이들이 가정한 '하나의 산업부문만 존재한다'는 가정은 매우 제한적이다. 예를 들면, Balistreri, Hillberry, 그리고 Rutherford(2008)는 **다수**의 산업부문들이 존재하는 경우를 고려하였다. 그 결과, 제조업 부문에서의 '무역자유화'는 제조업 부문의 고용 증가를 가져다주었음을 보여주었다.(이러한 결과는 Arkolakis, Demidova, Klenow, 그리고 Rodríguez-Clare가 가정한 하나의 산업부문만 존재하는 경우에는 발생할 수 없다.) 또한 Balistreri, Hillberry, 그리고 Rutherford의 연구결과는 무역자유화로부터 얻는 이익이 '제품 차별화'와 관련되어 있음을 의미하며, 특히 제품 차별화로부터 얻는 무역자유화의 이익이 상당히 크다는 것을 보여주었다. 이들은 이러한 결과를 그들의 시뮬레이션 모형을 통해 보여주었다. 지금 현재까지 이러한 문제들에 대한 논쟁은 진행 중이며 완전하게 해결되지 못하고 있다.

---

195) Feenstra(2009)는 이러한 분석 결과에 대해 분명한 설명을 제시하였고, 이러한 결과가 Arkolakis, Demidova, Klenow, 그리고 Rodríguez-Clare의 분석에서 사용한 '가정'에 크게 의존한다는 것을 보여주었다. Arkolakis, Demidova, Klenow, 그리고 Rodríguez-Clare는 대체 탄력성(elasticity of substitution)이 제품의 다양성 간에 고정되어 있다고 가정하였다. 그러나 제품들 간의 대체 탄력성이 '가변적인' 경우 해외 공급업자들의 국내시장으로 진입을 완전히 상쇄시키지 못할 것이다.

5.4 실업과 소득(또는 임금) 불평등

이제까지 우리는 본 장과 이전의 장들에서 국제무역이 '노동시장'에 미치는 영향 — 즉, 국제무역이 노동자들에게 미치는 이로운 영향 또는 해로운 영향 — 과 관련한 여러 메커니즘에 대해 논의해 왔다. 대표적인 메커니즘으로 다음 세 가지를 들 수 있다. 첫째, 국제무역은 다음 조건하에서 노동자들에게 이로운 영향과 해로운 영향을 미친다는 것을 보여주었다. 즉, 만약 어떤 국가의 '수출'이 '노동집약적(labor-intensive)'이라면 그 국가의 노동자들에게 '이로운' 영향을 주지만, 만약 어떤 국가의 **수입**이 **노동집약적**이라면 노동자들에게 **해로운** 영향을 미친다. 다시 말하면, 어떤 국가가 노동집약적인 제품을 수출한다면 그 국가의 노동자들에게 이롭고, 반면에 노동집약적인 제품을 수입한다면 당해 국가의 노동자들에게 해로운 영향을 미친다. 둘째, 노동과 여타 생산요소들 간의 이러한 '분배적 갈등(distributional conflict)' 문제는 '제품 차별화'가 무역발생의 새로운 원천으로서 **무역이익**에 기여할 때 어느 정도 **완화(감소)**될 수 있음을 보았다. 마지막으로, '제품 차별화'에 더하여 '기업의 이질성'이 존재한다면 국제무역은 수입경쟁적인 산업들과 수출산업들 **모두에서** 총요소생산성(TFP)을 증가시키며,[196] 그로 인해 실질임금을 증가시키는 추가적 경로를 제공해 준다는 사실을 보아 왔다.

이제까지의 이러한 논의들은 '완전고용(full employment)' 경제를 가정하고 있다. 그러나 많은 경우에 **세계시장에서 일어나는 여러 변화**는 어

196) [역자 주] 그러나 총요소생산성은 '비교우위를 가진 산업부문들'에 대해서는 불균형적으로 더 큰 영향을 미친다.

떤 국가의 '고용기회' 와 '실업률' 의 변화를 야기하는 압력요인이 될 수 있다. 세계시장에서의 변화는 일시적이거나 단기에 국한될 수 있다. 즉, 세계시장의 변화는 어느 한 경제가 새로운 대외 환경에 적응하는 기간 동안에 발생하는 일시적인 요인이 될 수 있다. 반면에 세계시장의 변화는 장기에 걸친 구조적 변화들의 결과로서 영속적일 수 있다. '일시적인' 실업의 급증이 각국의 주요 정책적 관심사일 뿐만 아니라 노동시장의 '구조적' 특징도 주요 정책적 관심사가 될 수 있다. 노동시장의 구조적 특성이 주요 정책적 관심사가 되는 경우를 다음 예를 통해 살펴보기로 하자. 1997년 10월에 유럽연합(EU)은 '암스테르담 조약(Amsterdam Treaty)' 을 체결하였다. 암스테르담 조약은 제목에 '고용' 이라는 말을 포함시켰으며, 또한 '고용정책' 을 최우선 과제의 하나로 삼았다. 이로부터 한 달 후인 1997년 11월에 룩셈부르크에서 개최된 임시 유럽이사회에서 '유럽고용전략(European Employment Strategy)' 을 채택하였다. 유럽고용전략은 "모든 EU 회원국들 간에 고용 관련 정보 교환과 공동 논의를 촉진시키고, 또한 모든 회원국들에서 더 많은 일자리와 더 나은 일자리를 창출하기 위하여 공동 해법을 모색하고 최선의 전략을 수립하고자 하는 데 그 목적이 있다."[197]고 밝혔다. 이로부터 2년 반이 지난 이후 2000년 3월 포르투갈의 리스본에서 개최된 유럽이사회에서 EU 정상들은 '리스본 어젠다(Lisbon Agenda)' 를 채택하였다. 리스본 어젠다는 "(1) 유럽연합이 세계에서 가장 경쟁적이고 활력이 넘치는 **지식기반 경제**(knowledge-based economy)를 구축하여 (i) 지속 가능한 경제성장을

197) 이에 대해서는 유럽위원회 홈페이지를 참고하기 바람 : http://ec.europa.eu/social/main.jsp?catId=101&langId=en(이 주소는 2009년 9월 25일 당시에 접속한 것임)

이룩하고, (ii) 더 많고 또 더 나은 일자리를 창출하고, (iii) 더 큰 사회적 유대를 결성할 목적으로 고안되었다. 또한 (2) 이러한 전략은 유럽연합이 완전고용 상태를 회복하고, 유럽연합 내에서 지역적 연대를 강화하기 위한 목적으로 고안되었다."[198] 이러한 중차대한 목적들을 달성하기 위하여 유럽연합은 정확히 무엇을 해야 하는가? 예를 들면, 영국은 특히 프랑스, 이탈리아, 스페인 등에서 노동시장의 유연성 부족에 대해 크게 염려해 왔으며, 지속적으로 노동시장의 개혁을 촉구해 왔다. 이러한 유형의 정책들을 올바르게 평가하려면 무엇보다도 '노동시장에서의 마찰 문제들' 을 명시적으로 고려해 보아야 한다.

노동시장에서의 '마찰' 은 여러 형태를 띠고 있다. 어떤 경우에 노동에 대한 수요가 위축될 때에도 임금이 하락하지 **않는다**.[199] 이것은 (i) 임금의 하방 신축성(downward flexibility, 임금 하락)을 가로막는 노동조합의 힘, 또는 (ii) 노동자들의 인식 속에 고착화된 '공정임금(fair wages)' 이라는 개념 때문에 발생할 수 있다. 다른 경우에는 이용 가능한 일자리들에 대한 정보나 자격을 갖춘 노동자들에 대한 정보가 매우 **불완전**하다. 그 결과 '고용되지 않은 노동자들' 과 '채워지지 않은 일자리들' 이 함께 공존하게 된다. '불완전한 정보' 로 인해 노동자들은 더 나은 고용기회(better job opportunitie)를 찾으려 하고, 반면에 기업들은 더 나은 구직자들(better job applicants)을 찾으려 한다. 기업은 노동자들을 고용하는 데에도 비용이 들지만, 해고하는 데에도 비용이 수반된다. 노동

---

198) 이에 대해서는 유럽의회 홈페이지를 참고하기 바람 : http://www.europarl.europa.eu/summits/lis1_en.htm,(이 주소는 2009년 9월 25일 당시에 접속한 것임)

199) [역자 주] 일반적으로 노동에 대한 수요가 감소하면 임금이 하락한다.

표 5.4 국가별 노동시장의 마찰 지수 : 0~100

국가	고용의 어려움	노동시간의 경직성	일시 해고의 어려움
미국	0	0	0
우간다	0	0	0
르완다	11	0	10
영국	11	20	0
일본	11	7	30
OECD	**27**	**30**	**23**
이탈리아	33	40	40
멕시코	33	20	70
러시아	33	40	40
독일	33	53	40
프랑스	67	60	30
스페인	78	40	30
모로코	89	40	50

출처 : Botero et al.(2004).

주 : 표에 나타난 숫자들은 '지수들'을 나타낸다. 숫자, 즉 '지수'가 더 클수록 노동시장의 '경직성'이 더 높다는 것을 의미한다. 이 자료는 세계은행의 웹사이트에서 다운로드 받은 것이다. http://www.doingbusiness.org/ExploreTopics/EmployingWorkers.(이 자료는 2009년 9월 25일 당시의 것임)

자들을 해고하는 데 드는 비용(해고비용)은 종종 '행정적 절차'나 정부나 노동조합들이 부과하는 '해직수당'으로부터 발생한다. 따라서 노동시장의 마찰과 관련하여 여러 가지 이유가 존재한다.

노동시장의 경직성은 국가마다 매우 다르다. 〈표 5.4〉는 세 가지 유형의 마찰을 중심으로 국가들 간의 노동시장에서의 마찰을 보여주고 있다.

노동시장에서의 세 가지 주요 마찰 유형으로 (i) 고용의 어려움, (ii) 노동시간의 경직성, (iii) 일시 해고의 어려움 등이 있다. 〈표 5.4〉에서는 이러한 '경직성 지수(rigidity index)' 를 중심으로 순서대로 국가들을 배열하였다.[200] 자료에 따르면 미국과 우간다의 노동시장이 가장 유연하고, 스페인과 모로코의 노동시장이 가장 경직되어 있음을 알 수 있다. 표에서 보듯이 노동시장의 마찰은 몇몇 저소득 국가들(예 : 우간다)과 몇몇 고소득 국가들(예 : 미국)에서 **낮고**, 반면에 몇몇 저소득 국가들(예 : 모로코)과 몇몇 고소득 국가들(예 : 프랑스)에서 **높음**을 볼 수 있다. 유럽연합 회원국들의 경우를 보면 영국의 노동시장 마찰은 **낮은**(OECD 평균보다 훨씬 더 낮음) 편이나, 독일, 이탈리아, 스페인 등의 노동시장 마찰은 높은(OECD 평균보다 훨씬 더 높음) 편이다.

실증적 연구들에 따르면 국가들 간의 노동시장에서의 마찰의 차이는 '실업' 의 중요한 결정요인이다. 예를 들면, Blanchard와 Wolfers (2000)는 경제 상황의 변화에 대한 유럽국가들의 반응은 각국의 노동시장의 특성에 따라 서로 다르다는 점을 보여주었다. 또한 Nickell, Nunziata, Ochel, 그리고 Quintini(2002)는 시간 경과에 따른 노동시장에서의 특성의 **변화**가 OECD 국가들에서 '실업' 을 발생시키는 중요한 결정요인임을 보여주었다. 이러한 연구결과들은 무역자유화가 각국의 **노동시장의 상황에 따라** 각국에 서로 다르게 영향을 미칠 수 있다는 점을 제시해 주고 있다. 또한 어느 한 국가에서의 노동시장의 변화는 교역상대국들에게 영향을 미칠 수 있다. 노동시장의 변화가 어느 한 교역상대국에게 미치는 영향은 자국의 노동시장에서의 '마찰' 에 달려 있다. 다

---

200) 〈표 5.4〉에서는 소수의 국가들에 대한 마찰 지수들을 보여주고 있다. 그러나 세계은행(World Bank) 웹사이트에는 100여 국 이상에 대한 지수들을 보여준다.

시 말하면, 노동시장에서의 마찰은 교역상대국들 간의 **상호의존성**에 영향을 미친다. 본 절에서는 이러한 마찰들이 어떻게 작동하는지를 살펴보기로 한다.

비록 무역과 노동시장에서의 마찰에 대한 많은 연구들이 있지만 본 절에서는 '탐색과 매칭(search and matching, 탐색과 대응)' 에 초점을 맞추어 설명하고자 한다. 즉, "노동자들이 **일자리를 찾는 데**('탐색') 따르는 어려움과 기업이 **빈 일자리를 채우는 데**('매칭') 따르는 어려움"에 논의의 초점을 맞추고자 한다. 탐색과 매칭 이론은 Diamond(1982a, 1982b) 그리고 Mortensen과 Pissarides(1994)가 개발하였다.[201] 탐색과 매칭 이론은 '구조적 실업(structural unemployment)' 을 설명하는 데 매우 유용한 것으로 입증되고 있고, 또한 '비교우위' 에도 영향을 미치는 것으로 나타나고 있다.[202] 이러한 접근법들은 '구조적 실업' 을 다루기 위하여 개발되었기 때문에 이의 주안점은 단기 변동이나 (경제상황의 변동에 대한) 일시적 조정 기간 동안이 아니라 '장기 결과' (구조적 실업)에 초점이 맞추어져 있다.[203]

노동시장에 대한 탐색과 매칭 접근법은 다음 상황을 가정하고 있다. 즉, '기업이 빈자리를 공고란에 게시하고, 노동자는 일자리를 탐색하는

201) '탐색과 매칭' 에 대한 교과서에서의 설명을 보려면 Pissarides(2000)를 참고하기 바란다. 무역과 노동시장에서의 마찰에 대한 연구들은 '최저 임금' 에 대한 연구(Brecher, 1974), '묵시적 계약' 에 대한 연구(Matusz, 1986), 그리고 '효율 임금' 에 대한 연구(Copeland, 1989) 등을 포함하고 있다.

202) 전자에 대해서는 Pissarides(2000)를 참고하기 바라고, 후자에 대해서는 Davidson, Martin, 그리고 Matusz(1999)를 참고하기 바람.

203) 최근에 '탐색과 매칭 이론' 은 '경기변동(business cycles)' 의 분석에도 적용되고 있다. 이에 대해서는 Shimer(2005)를 참고하기 바람.

상황' 을 가정하고 있다. 이러한 상황에서 노동시장에서의 **마찰**은 모든 빈자리가 채워지지 **못하게** 하거나, 모든 노동자가 일자리를 찾지 **못하게** 한다. 그 대신에 채워지는 빈자리의 비율과 일자리를 찾는 노동자들의 비율은 '매칭함수(matching function)' 에 의해 결정된다. 매칭함수는 (i) 시장에서의 여러 상황들을 개괄적으로 표현하고 있으며, (ii) '매칭되는 총 수' 는 '빈자리의 총 수' 와 '일자리를 탐색하는 노동자의 총 수' 에 달려 있다. 2009년 7월 현재 미국의 경우 240만 개의 일자리가 있고, 1,520만 명의 노동자가 일자리를 구하지 못하고 있다.[204] 이는 한편으로 '채워지지 않은 빈자리' (즉, 빈 일자리)가 있는 반면, 다른 한편으로는 '일자리를 찾는(탐색하는) 노동자들이 있다' 는 것을 의미한다. 비록 미국이 2009년 여름에 발생한 경기침체 때문에 실업자 수가 많아졌지만 '채워지지 않은 빈자리' 와 '일자리를 구하지 못한 노동자들' 의 **공존현상**은 경제적 일상사의 영원한 하나의 특징이다.[205]

Helpman과 Itskhoki(2010)는 노동시장에서의 마찰이 국가들 간의

---

204) 이에 대해서는 http://www.bls.gov/news.release/jolts.htm과 http://www.bls.gov/news.release/empsit.t08.htm을 참고하기 바람.(이 자료는 2009년 9월 29일 당시의 것임)

205) 대부분의 이러한 연구들은 동태적인 상황을 고려하고 있다. 즉, 고용이 유입되거나 유출됨으로써 장기적으로 실업이 초래된다. 그러나 본 장에서는 동태적 상황을 고려하지 않고, 그 대신 '정태적' 상황을 고려함으로써 논의를 단순화하고자 한다. 이러한 목적을 위해 수많은 매치들로 구성된 하나의 매칭과정(matching process)을 고려해 보면 유익할 것이다. 이를 위해 빈 일자리 수와 일자리를 찾으려는 노동자들의 수보다 더 적은 매치로 구성된 하나의 매칭과정을 고려할 필요가 있다. 이러한 상황하에서 빈 일자리가 모두 채워지지 않으며, 또한 모든 노동자들이 일자리를 찾지는 못할 것이다. 따라서 본문에서와 같이 '채워지지 않은 빈자리' 와 '일자리를 구하지 못한 노동자들' 이 공존하게 된다.

'상호의존성' 에 어떻게 영향을 미치는지를 분석하였다. 이들은 "한 나라의 노동시장에서의 마찰이 교역상대국들에게 어떤 영향을 미치는가?" 또는 "무역장벽의 철폐가 노동시장에서의 마찰이 서로 다른 국가들에게 어떻게 영향을 미치는가?"와 같은 문제들을 설명하기 위해 새로운 분석적 방법을 제시하였다. 이들을 설명하기 위해 Helpman과 Itskhoki는 다음의 가정하에서 하나의 분석 모형을 개발하였다. 우선, 동질적인 제품들과 차별적인 제품들을 생산하는 두 개의 경제를 가정하였다. 둘째, 각 경제에서 탐색과 매칭이 두 생산부문 **모두**에서 발생한다고 가정하였다. 셋째, 노동자들은 기대 소득(expected income)이 가장 높은 생산부문에서 일자리를 찾는다고 가정하였다. 노동자들은 어느 생산부문에서 일하더라도 동일하기 때문에 이는 어느 한 일자리를 구함으로써 생기는 기대 소득이 두 생산부문에서 동일하다는 것을 의미한다. 넷째, 기업들이 모든 산업부문에 진입하여 빈 일자리를 공고란에 게시(揭示)한다. '기업들이 게시하는 빈 일자리의 수' 와 '일자리를 찾는 노동자들의 수' 가 (매칭함수를 통하여) 최종 고용자 수를 결정한다. '하나의 빈 일자리가 채워지는 확률' 은 '빈 일자리 총 수에서 당해 산업 내 총 고용자 수가 차지하는 비율' 과 같다. 이와 유사하게, '어느 한 노동자가 일자리를 찾는 확률' 은 '일자리를 찾는 노동자들의 총 수에서 당해 산업 내 총 고용자 수가 차지하는 비율' 과 같다. 특히 후자의 확률은 '노동시장에서의 **견고성**' 을 나타내는 지표이다. 즉, 고용될 확률이 높을수록 노동시장은 더욱 **견고**하다고 할 수 있다. 노동시장에서의 견고성의 정도는 두 산업부문들에서 서로 **다를** 수 있다. 노동시장에서의 견고성의 차이는 한편으로는 (i) 빈 일자리를 게시하는 데 드는 비용이 서로 다르거나, (ii) 매칭과정(matching process)에서 발생하는 효율성이 서로 다르기 때문에 발생할 수 있다.[206] 다른 한편으로 노동시장에서의 견고성의 차이는 산업부문들 간의 고용 비용과 실업률의 차이를 가져다주기도 한다.[207]

산업부문 간 실업률의 차이는 하나의 중요한 '실증적 현상' 이다. 미 노동통계청(Bureau of Labor Statistics, BLS)에 따르면 2008년 현재 미국의 산업별 실업률은 다음과 같다. 광산업의 경우 실업률은 3.1%이고, 건설업은 10.6%, 제조업은 5.8%, 도매 및 소매업의 경우는 5.9%, 운송 및 수도 · 전기 · 가스의 경우는 5.1%, 금융거래업은 3.9%, 전문 및 사업 서비스는 6.5%, 교육 및 보건 서비스는 3.5%, 여가 및 오락은 8.6%, 기타 서비스업은 5.3%, 농업 및 농업 관련 노동은 9.2% 등으로 나타났다.[208] 이와 같이 실업률이 산업부문들 간에 서로 다르면 산업부문 간 일자리를 찾는 탐색 패턴의 변화는 총 실업률에 영향을 미친다.

매칭과정(matching process)이 끝나면 모든 기업들은 노동자들과 임금에 대한 협상을 개시한다.[209] 기업들의 고용과정과 노동자들의 일자리 탐색과정 모두 비용이 들기 때문에 어떤 기업과 그 기업의 노동자들 모두 협상력(bargaining power)을 얻게 된다. 양 당사자의 협상 결과 '임금(wage rate)' 이 결정되며, 임금은 한 명의 노동자를 고용하는 데 드는 비

---

206) 여기서는 실업 보험이나 해직 수당과 같은 정책들은 고려하지 않는다. 그러나 이들과 관련된 논의를 보려면 Helpman과 Itskhoki(2010)를 참고하기 바람.

207) '한 명의 노동자를 고용하는 데 드는 비용' 은 '빈 일자리로부터 발생하는 비용' 을 '하나의 빈 일자리가 채워지는 확률' 로 나눈 것과 같다. 이 지표는 다음 논의에서 중요한 역할을 하며, 동질적인 생산부문과 차별화된 생산부문들 간에 서로 다를 수 있다.

208) 이에 대해서는 http://www.bls.gov/cps/cpsaat26.pdf을 참고하기 바람.(이 자료는 2009년 9월 29일 당시의 것임)

209) '동질적인' 제품을 생산하는 산업부문의 경우 해당 기업과 각 노동자는 그들의 관계에서 발생하는 잉여를 똑같이 나누어 가질 수 있다. 그러나 '차별화된' 제품을 생산하는 산업부문의 경우에 임금 협상은 '다변적(multilateral)' 이다. 다변적인 임금 협상의 유형을 보려면 Stole과 Zwiebel(1996a, 1996b)을 참고하기 바람.

용(고용비용)과 같다. 따라서 '고용비용'은 주어진 어느 산업 내에서 활동하는 모든 기업에 **동일하기** 때문에 당해 산업 내 모든 기업은 **동일한** 임금을 지급하게 된다. 이는 '차별화된' 제품을 생산하는 산업부문 내에서 활동하는 모든 기업 — 즉, 생산성이 낮은 기업뿐만 아니라 생산성이 높은 기업 모두 — 이 **동일한** 임금을 지급하게 된다는 것을 의미한다.

Melitz(2003)의 연구에서처럼(이에 대해서는 이 장 제2절에서 설명함) 어느 한 기업은 특정 산업에 진입하려면 먼저 진입비용(entry cost)을 지불하며, 그 후 당해 산업 내에서 자신의 생산성이 어느 정도인지 알게 된다. 그런 다음에 당해 기업은 다음 세 가지 결정에 직면하게 된다. 즉, (i) 당해 산업에서 탈퇴할 것인가, 아니면 (ii) 당해 산업에 계속 머무르며 국내시장에서만 제품을 공급할 것인가, 마지막으로 (iii) 당해 산업에 계속 머무르며 국내시장과 해외시장 모두에 제품을 공급할 것인가를 결정할 수 있다. 기업의 생산성과 기업이 바라는 사업 전략을 바탕으로 어느 한 기업은 노동자들을 고용하기 위하여 빈 일자리를 공고란에 게시한다. 이러한 상황에서 **임금은 고용비용과 같아진다**. 이러한 결과는 '모든' 기업 — 기업이 얼마나 생산적인지와 상관없이, 그리고 기업이 국내시장에서만 제품을 공급하든 또는 수출하든 관계없이 — 이 동일한 **임금을 지불한다**는 것을 의미한다. 이러한 상황에서 어느 한 노동자는 '생산성이 높거나 또는 낮은 기업에 매칭되든' 또는 '수출 또는 비수출기업에 매칭되든' 아무런 차이가 없다. 또한 기업의 생산성 수준은 다음과 같이 세 가지 수준으로 나눌 수 있다. 첫째, 당해 산업에서 '탈퇴'하는 것이 당해 기업에 가장 이익이 되는 생산성 수준이 있다. 이는 생산성 수준이 매우 낮은 경우에 해당된다. 둘째, '수출'(즉, 해외시장에 제품을 공급하는 것)하는 것이 당해 기업에 이익이 되는 생산성 수준이 있다. 이는 생산성 수준이 비교적 높은 경우에 해당된다. 셋째, 양 수준 사이에 기업은 당해 산업에 머무르며 '국내시장에서만' 제품을 공급하는 것이 이익이 되는 수준이 있다(그림 5.1 참조).

이러한 배경하에서 양국은 **동질적인** 제품을 생산하는 산업부문에서는 **동일한** 고용비용을 보이지만, '차별화된' 제품을 생산하는 산업부문에서는 '상이한' 고용비용을 보일 수 있다. 이러한 차이는 두 생산부문에서 존재하는 노동시장 **마찰**의 상대적 수준에 달려 있다. 이를 알아보기 위해 양국이 노동시장에서의 마찰을 제외하고는 서로 똑같다고 가정해 보자. 이러한 가정하에서 '차별화된' 제품을 생산하는 산업부문에서 고용비용(즉, 노동자를 고용하는 데 드는 비용)이 **더 높은** 국가는 **차별화된 제품들**을 수입하고 동질적인 제품을 수출하게 된다. 반면에 차별화된 제품을 생산하는 산업부문에서 고용비용이 **더 낮은** 국가는 차별화된 제품에 비교우위를 갖게(즉, **차별화된 제품들을 수출**하게) 된다.

가변적인 무역비용(trade cost)의 감소는 양국에서 차별화된 제품을 생산하는 산업부문의 총요소생산성(TFP)을 증가시킨다. 이러한 결과는 Melitz(2003)의 결과와 유사하다. 그러나 차별화된 제품을 생산하는 산업부문에서 노동시장의 **마찰을 어느 정도 감소시키는** 어느 한 국가는 당해 산업부문에서 자신의 총요소생산성을 '증가'시키지만, 교역상대국의 차별화된 제품을 생산하는 산업부문의 총요소생산성을 '감소'시킨다. 직관적으로 말하면, '차별화된' 제품을 생산하는 산업부문에서 **노동시장에서의 마찰이 낮을수록** 고용비용을 감소시키며, 그 결과 당해 산업부문은 세계시장에서 **더 경쟁적**이 된다. 반면에 차별화된 제품을 생산하는 산업부문에서 노동시장의 마찰이 낮을수록 교역상대국의 동일 산업부문은 덜 경쟁적이 된다. 따라서 **노동시장에서의 마찰로 인한** 양국에 있어서의 '경쟁력' 의 이러한 변화는 '생산성' 의 변화로 해석될 수 있다.

마지막 결과는 노동시장에서의 마찰을 통한 국가들 간의 '상호의존성' 의 **중요한 경로**를 보여준다. 즉, 어느 한 국가의 노동시장의 상황은 교역상대국의 경제적 성과에 영향을 미친다. 유럽연합(EU)의 고용 전략의 관점에서 보면 이러한 결과는 다음을 의미한다. 즉, "어느 한 국가(예 : 프랑스)에서의 노동시장 개혁(노동시장에서의 마찰을 감소시키는)은, 비록 그러한 개혁들이 프랑스의 생산성을 향상시키지만, 다른 국가들(예 : 스페인이나 영국)에게 피해를 줄 수 있다."는 것을 의미한다.

어느 한 국가의 노동시장에서의 마찰을 감소시키는 데 따르는 효과들은 '생산성' 에만 국한되는 것은 아니다. 왜냐하면 어느 한 국가의 노동시장에서의 마찰의 감소는 당해 국가의 '후생' 수준에도 영향을 미치기 때문이다. 이러한 경제적 환경에서 노동시장을 개혁하는 국가에서는 그 후생이 증가하지만, 당해 국가의 교역상대국의 후생은 감소하게 된다. 이러한 결과는 차별화된 제품을 생산하는 산업부문에서의 가변 무역비용의 감소에 '비교' 된다. 왜냐하면 가변 무역비용의 감소는 모든 국가에게 이익을 가져다주기(모든 국가들의 후생을 증가시키기) 때문이다.[210] 그럼에도 불구하고 양국에서 차별화된 제품을 생산하는 산업부문들에서 노동시장의 마찰을 감소시키기 위한 공동 노력(하나의 공통 수준이나 정책 채택과 같이)은 양국 모두에게 이익을 가져다줄 것이다.

노동시장의 '경직성' 은 실업을 발생시키는 데 중요한 역할을 한다. 특

210) 또한 이러한 결과는 다음을 의미한다. 즉, 노동시장에서의 마찰에도 불구하고 양국은 무역으로부터 이익을 얻는다는 것을 의미한다.

정 산업 내에서 '실업률'은 당해 산업의 **'노동시장의 견고성'**에 의해 영향을 받으며, 노동시장의 견고성은 또한 당해 산업부문의 **'노동시장에서의 마찰'**에 달려 있다. 어느 한 산업부문의 실업은 당해 산업의 노동시장이 경직적일수록 더 높다. 경제 전체의 실업률은 각 산업부문에서의 실업률의 가중 평균(weighted average)과 같다. 이 과정에서 어느 한 산업부문에서 일자리를 찾는 노동자들의 비율이 당해 산업의 가중치로서 작용한다. 그 결과, 어느 한 경제의 실업률은 다음 경우에 변할 수 있다. (i) 각 산업부문에서의 실업률이 변하거나, 또는 (ii) 산업들 간의 노동자들의 분포가 변할 때 어느 한 경제의 실업률이 변할 수 있다. 특히 후자의 경우는 노동자들이 다른 산업들에서 이용 가능한 고용기회에 달려 있다.

이러한 논리는 다음을 의미한다. 즉, 각 산업부문의 실업률에 영향을 미치지 않는 **무역개혁**(trade reforms, 가변 무역비용을 감소시키는 개혁을 말함)은 다음 경우에만 경제 전체의 실업률을 변화시킬 수 있다. 다시 말해 무역개혁은 일자리를 찾는 노동자들의 두 산업부문에 대한 '상대적 매력(relative attractiveness)'을 변화시키는 경우에만 총 실업률을 변화시킬 수 있다. 특히, 차별화된 제품을 생산하는 산업부문에서 가변 무역비용들을 감소시키는 어느 한 무역개혁이 실시된다면 이는 당해 산업부문으로 더 많은 노동자들을 **유인하는** 역할을 한다. 그 결과, 서로 **비슷한** 노동시장에서의 마찰을 가진 교역국들의 경우 각국의 총 실업률은 다음 경우에만 '증가'한다. 즉, '차별화된 제품을 생산하는 산업부문의 노동시장'이 '동질적인 제품을 생산하는 산업부문의 노동시장'보다 **덜 견고한** 경우에만[211)]각국의 총 실업률은 증가한다.

---

211) 이를 '필요 · 충분조건'이라 한다.

그림 5.2 가변 무역비용의 증가에 따른 두 교역국에서의 총 실업률의 변화

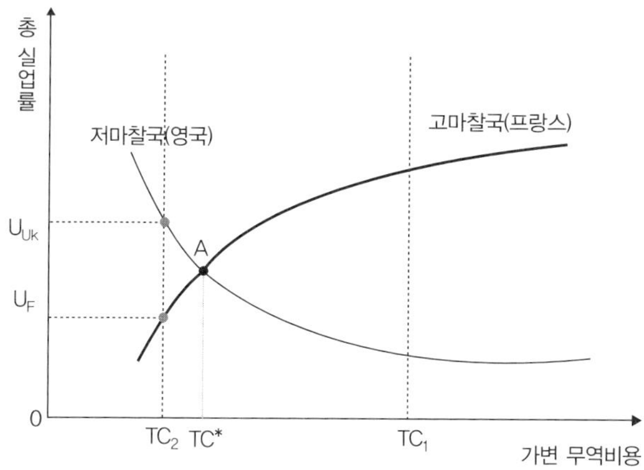

실업의 결정요인들은 비대칭성이 큰 경제(국가)에서 더 풍부하다고 할 수 있다. 다음 <그림 5.2>와 <그림 5.3>은 실업을 발생시키는 두 가지 요인(가변 무역비용과 노동시장에서의 마찰)의 변화에 따른 두 교역국에서의 총 실업률의 변화를 보여주고 있다. <그림 5.2>에서 수직축은 총 실업률을 나타내고, 수평축은 가변 무역비용을 나타낸다. 따라서 <그림 5.2>는 가변 무역비용의 변화에 따른 두 교역국에서의 총 실업률의 변화를 보여주고 있다. 반면에 <그림 5.3>에서 수직축은 총 실업률을 나타내고, 수평축은 두 교역국 중에서 어느 한 국가의 노동시장 마찰의 변화를 나타낸다. 따라서 <그림 5.3>은 두 교역국 중에서 어느 한 국가의 노동시장 마찰의 변화에 따른 두 교역국에서의 총 실업률의 변화를 보여주고 있다.[212)]

212) 이들 두 그림은 Helpman과 Itskhoki(2010)에서 보고된 패턴들을 그림으로 나타내고 있다. Helpman과 Itskhoki(2010)의 패턴들은 숫자를 사용한 시뮬레이션에서 유도된 것이다. Helpman과 Itskhoki(2010)의 시뮬레이션에서는 '동질적인' 제품을 생산하는 산업부문에서 노동시장의 마찰이 없는 경우를 고려하고 있다.

그림 5.3 차별화된 제품을 생산하는 산업부문에서 고(高)마찰국(프랑스)에서의 노동시장 마찰 증가에 따른 두 교역국에서의 총 실업률의 변화

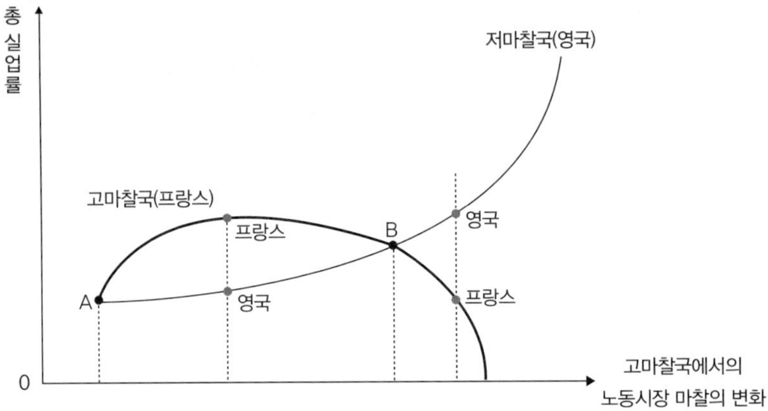

두 그림에서 선이 굵은 곡선은 차별화된 제품을 생산하는 산업부문에서 노동시장의 마찰이 더 높은 국가(예 : 프랑스)의 실업률 변화를 나타낸다. 반면에 선이 얇은 곡선은 차별화된 제품을 생산하는 산업부문에서 노동시장의 마찰이 더 적은 국가(예 : 영국)의 실업률 변화를 나타낸다.

먼저, 〈그림 5.2〉를 살펴보자. 〈그림 5.2〉를 보면 가변 무역비용이 증가함에 따라 프랑스의 실업률은 증가하고 있지만, 반면에 가변 무역비용이 증가함에 따라 영국의 실업률은 감소하고 있음을 알 수 있다. 또한 〈그림 5.2〉는 다음 두 가지 사실을 보여주고 있다. 첫째, 가변 무역비용이 높으면(가변 무역비용이 A점의 우측에 있는 경우), 노동시장의 마찰이 더 높은 국가(프랑스)가 자신의 교역상대국(영국)보다 실업률이 더 높다. 둘째, 가변 무역비용이 낮으면(가변 무역비용이 A점의 좌측에 있는 경우), 노동시장의 마찰이 더 높은 국가(프랑스)가 자신의 교역상대국(영

국)보다 실업률이 더 낮음을 볼 수 있다. 따라서 더 높은 실업률이 반드시 더 높은 노동시장의 마찰을 나타내는 것은 아님을 알 수 있다. 즉, 실업률이 더 높다고 해서 반드시 노동시장의 마찰이 더 높다고는 할 수 **없다**. 예를 들면, 〈그림 5.2〉에서 보듯이 가변 무역비용이 A점의 좌측에 위치해 있는 경우 프랑스가 영국보다 노동시장의 마찰이 더 높지만 실업률은 영국보다 더 낮음을 볼 수 있다(즉, $U_{UK} > U_{F}$).

다음으로 〈그림 5.3〉을 살펴보기로 하자. 이미 언급했듯이 〈그림 5.3〉의 수직축은 두 교역국의 총 실업률을 나타내고, 수평축은 두 교역국에서 차별화된 제품을 생산하는 산업부문에 존재하는 노동시장의 마찰 중에서 **마찰이 더 높은 국가(프랑스)**에서의 '노동시장의 마찰 변화' 를 나타낸다. 즉, 수평축은 고(高)마찰국(프랑스)에서의 노동시장의 마찰 변화를 나타낸다. 먼저, 그림의 A점에서 양국은 두 산업부문(동질적인 제품을 생산하는 산업부문과 차별화된 제품을 생산하는 산업부문)에서 **똑같은** 노동시장 마찰을 보이고 있다. 다음으로, A점의 우측에서는 차별화된 제품을 생산하는 산업부문에서 어느 한 국가(프랑스)의 노동시장 마찰은 증가(그 결과, 그 국가는 '고(高)마찰국(high-friction country)' 이 됨)하지만, 교역상대국(영국)의 노동시장 마찰은 변하지 않는다. 따라서 A점에서 양국은 **똑같은** 노동시장 마찰을 보이고 있을 뿐만 아니라 총 실업률 또한 **동일**하다. 그러나 A점의 우측과 B점의 좌측에서는 고(高)마찰국인 프랑스의 노동시장 마찰이 증가함에 따라 프랑스의 총 실업률은 처음에는 증가하다가 궁극적으로는 감소하고 있음을 볼 수 있다. 즉, 프랑스의 총 실업률은 '구부러진 등 모습(humped shape)' 을 하고 있다. 반면에 A점의 우측과 B점의 좌측에서 영국의 총 실업률은 계속 증가하고 있다. 또한 양국 간의 노동시장에서의 마찰의 차이가 **그렇게 크지 않다면**

(즉, B점의 좌측에 위치하고 있다면) 프랑스의 실업률은 영국의 실업률보다 더 높음을 볼 수 있다. 그러나 양국 간에 노동시장에서의 마찰의 차이가 **큰** 경우(즉, B점의 우측에 위치하는 경우) 프랑스의 실업률은 영국의 실업률보다 **오히려** 더 낮음을 볼 수 있다. 따라서 실업률은 **반드시** 어느 한 국가의 노동시장에서의 마찰을 반영하지 **않는다**는 것을 알 수 있다. 왜냐하면 고(高)마찰국(프랑스)에서 실업률이 교역상대국(영국)보다 더 높을 수도 있고, 또 더 낮을 수도 있기 때문이다.

프랑스의 실업률이 구부러진 등 모습을 하고 있는 이유는 다음 사실에서 비롯된다. 프랑스는 동질적인 제품을 생산하는 산업부문에서보다 차별화된 제품을 생산하는 산업부문에서 산업별 실업률이 더 높다고 '가정' 하였다. 그 결과, 다음 두 가지 효과가 나타난다. 첫째, 프랑스의 차별화된 제품을 생산하는 산업부문에서 **노동시장의 마찰 증가**는 당해 산업부문의 '실업률을 증가' 시킨다. 둘째, 그러나 프랑스의 차별화된 제품을 생산하는 산업부문에서 **노동시장의 마찰 증가**는 당해 산업부문에서 일자리를 찾는 프랑스 '노동자들의 수를 감소' 시킨다. 전자의 효과는 프랑스의 총 실업률을 증가시키지만, 후자의 효과는 프랑스의 총 실업률을 감소시킨다. 결국 처음에는 전자의 효과가 더 크지만 궁극적으로는 후자의 효과가 더 커진다. 이 때문에 프랑스의 실업률은 구부러진 등 모습을 띠게 된다. 반면 영국의 산업별 실업률은 변하지 않기 때문에 영국의 총 실업률은 항상 **증가**하게 된다. 그러나 프랑스의 노동시장에서의 마찰이 증가하면 영국의 차별화된 제품을 생산하는 산업부문은 **더 경쟁적**이 된다. 이는 영국의 **더 많은** 노동자가 차별화된 제품을 생산하는 산업부문에서 일자리를 구하려 하기 때문이다. 영국의 경우에도 동질적인 제품을 생산하는 산업부문에서보다 '차별화된 제품을 생산하는 산업부문' 에서 산업별 실업률이 더 높다고 '가정'했기 때문에 이러한 '노동의 재배분'(즉, 영국의 더 많은 노동자들이 차별화된 제품을 생산하는 산업부문에서 일자리를 구하려 함으로써 생기는 노동의 재배치)은 영국의 총 실업률을 '증가'시키게 된다.

이러한 논의를 바탕으로 다섯 가지 결론을 도출할 수 있다. 첫째, 무역 또는 무역자유화는 어느 한 국가의 실업률에 **부정적인 영향**(실업률을 감소시키는 효과)을 미칠 수 있지만, 실업률의 증가는 반드시 후생의 감소를 의미하지는 않는다. 즉, 어느 한 국가의 총 후생은 자국의 실업률이 증가함에도 불구하고 **증가**할 수 있다. 둘째, 국가들 간의 비교에서 실업률은 반드시 후생과 부(−)의 상관관계를 가지지 않는다. 즉, 실업률이 더 높은 국가가 오히려 후생이 **더 높을** 수 있다. 이러한 주장은 다음 결과와 관련되어 있다. 셋째, 국가들 간의 실업률의 차이는 반드시 노동시장에서의 마찰과 정(+)의 상관관계를 가지지 않는다. 왜냐하면 노동시장에서의 마찰이 더 높은 국가가 오히려 실업률이 **더 낮을 수** 있기 때문이다. 이러한 결과는 Blanchard와 Portugal(2001)이 수행한 연구 중 미국과 포르투갈의 비교에서 분명히 나타나고 있다. 즉, 노동시장에서의 마찰은 포르투갈에서보다 미국에서 체계적으로 더 낮지만, 포르투갈은 어떤 기간 동안에는 미국보다 실업률이 더 높고, 다른 기간 동안에는 미국보다 실업률이 오히려 **더 낮게** 나타났다. 넷째, 노동시장에서의 마찰의 감소가 어느 한 국가의 후생을 증가시키지만, 그러한 감소는 그 국가의 실업률을 **감소** 또는 **증가**시킬 수 있다. 다섯째, 어느 한 국가의 노동시장에서의 마찰의 감소는 '교역상대국'의 생산성과 후생에 부(−)의 영향을 미친다. 그러나 양국에서 노동시장에서의 마찰 감소를 위해 공동 노력을 편다면 양국 모두의 이익이 증가한다. 마지막 주장은 **몇몇** 유럽연합(EU) 국가에서 노동시장에서의 유연성을 증진시키기 위한 프로그램과 같은 정책을 평가하는 데 특히 흥미롭다고 할 수 있다. 그러나 이러한 프로그램은 **일부** 회원국의 노동시장 유연성은 증대시킬지 모르지만, 모든 EU 회원국의 유연성을 증진시키는 것은 아니다.

이제까지 우리는 "모든 노동자들은 완전히 동일하다."고 가정해 왔다. 이러한 가정에 의해 주어진 산업부문 내에서 모든 노동자들에게 똑같은 임금이 지급된다. 특히 차별화된 제품을 생산하는 산업부문에서 기업들 간의 생산성 수준이 서로 다르더라도 동일 산업 내 기업들은 노동자들에게 동일한 임금을 지급한다. 이제 이 장의 나머지 부분에서는 동일 산업부문 내에서 기업이 노동자에게 서로 다른 임금을 지급할 때 '무역이 소득(또는 임금) 불평등에 미치는 영향'에 관해 살펴보기로 한다. 제3장에서 우리는 '무역'이 (i) 상이한 생산요소들(자본과 노동)이나 (ii) 숙련 또는 비숙련노동자들에게 미치는 영향에 관해 논의하였다. 그러나 여기서는 '무역'이 **비슷한 특성을 가진 노동자들**(집단 내에서 소득 불평등)에게 미치는 **차별적인** 영향에 관해 살펴보기로 한다. 이러한 논의는 Helpman, Itskhoki, 그리고 Redding(2010a)에 바탕을 두고 있다. '무역이 임금 불평등에 미치는 영향'에 대한 관심은 다음 두 가지 이유에서 비롯된다. 첫째, 많은 노동경제학자들은 "비슷한 특성을 가진 노동자들 간에 임금 불평등이 크다"고 주장하였다.[213] 또한 '무역이 이러한 유형

213) 이러한 유형의 임금 불평등을 종종 '잔여적(residual)' 임금 불평등 또는 '집단 내(within group)'에서의 임금 불평등이라고 부른다. 이에 대한 실증적 증거를 보려면 Lemieux(2006)와 Autor, Katz, 그리고 Kearney(2008) 등을 참고하기 바람.

의 임금 차이(불평등)를 초래하는지' 를 검토해 보는 것은 흥미로운 시도일 것이다. 둘째, 1980년대와 1990년대 초에 목격된 임금 불평등의 증가는 선진국뿐만 아니라 개발도상국(후진국) **모두**에서 발생하였다.[214] 요소부존이론을 이용하여 이러한 증거를 검토해 보면 '임금 불평등의 증가' 가 **무역자유화** 때문이라고 단정하기 어렵다. 왜냐하면 '요소부존이론' 에 따르면 **무역자유화**는 선진국과 개발도상국의 임금 불평등에 **상반되는** 변화를 가져다줄 것으로 예측하고 있기 때문이다. 그러나 만약 '무역자유화' 가 비슷한 특성을 가진 노동자들로 구성된 집단 내에서 **임금 불평등을 증가시킨다면** 우리는 실제 자료에 나타난 관측들을 설명할 수 있을 것이다.[215]

Helpman, Itskhoki, 그리고 Redding(2010a)은 Helpman과 Itskhoki(2010)의 분석적 모형을 여러 방향으로 확장하여 **비슷한 특성을 가진 노동자들로 구성된 집단 내에서** '국제무역' 과 '임금 불평등' 간의 연관관계를 검토해 보았다. 특히 그들은 기업과 노동자 간의 '매치 특정적인(match-specific)' 생산성 차이를 모형에 새로이 도입하였다. 이를 위해 Helpman, Itskhoki, 그리고 Redding(2010a)은 노동자들이 사전적으로(ex ante) 완전히 동일하다고 가정하였다. 그러나 일단 어느 한 노동자가 어느 한 기업과 **매치되기만** 한다면 그 노동자의 당해 일자리에 대한 '적합도' (매치되는 정도)는 임의적으로 실현되며, 이러한 적합도는 노동자들 간에 서로 다르다. 문제는 기업과 노동자 간의 이러한 **매치 특**

---

214) 이에 대한 실증적 증거와 다른 설명들을 보려면 Helpman(2004, 제6장)을 참고하기 바란다. 또한 임금 불평등의 증가에 대한 논의를 보려면 Goldberg와 Pavcnik(2007)을 참고하기 바람.

215) 지금 현재 이러한 문제에 대한 올바른 판단을 하기 위한 수량적 증거는 충분치 못하다.

정적인 관계의 특성을 어떻게 알 수 있는가? 기업과 노동자 간의 이러한 **매치 특정적인** 관계의 특성은 당해 기업이 잠재적 노동자들을 **선별**(screening)하는 데 자원을 지출하지 않는다면 결코 관측될 수 없다. 그러나 당해 기업이 잠재적 노동자들을 선별하는 데 자원을 지출한다면 매치 특정적인 관계의 질은 관측될 수 있을 것이다. 기업이 노동자를 선별하는 데 드는 비용을 지출하려는 유인은 '노동자의 능력(ability)' 이 **상호보완** 관계에 있을 때 특히 강하다. 다시 말하면, 어느 한 노동자가 당해 기업의 산출물에 기여하려는 '한계적 기여(marginal contribution)' 는 당해 기업의 총 노동력이 가지고 있는 평균 능력(average ability)이 클수록 더 크다. 이러한 상황하에서, 비록 기업의 선별과정(screening process)이 어느 한 노동자의 **매치 특정적인** 생산성에 대해 단지 부분적 정보만을 제공해 줄지라도, 기업은 선별에 기꺼이 자원을 투자하려고 할 것이다. 따라서 "생산성이 더 높은 기업은 (i) 선별에 더 많은 자원을 투자하며, (ii) 평균 능력이 더 높은 노동자들을 고용하고, (iii) 그들에게 더 높은 임금을 지불한다."

Helpman, Itskhoki, 그리고 Redding의 이러한 이론은 **비슷한 특성을 가진** 노동자들 간에 '임금 차이' (또는 불평등)의 발생을 '예측' 해 준다. 이러한 이론은 '규모-임금 할증(size-wage premium)' 이라고 알려져 있다. '규모-임금 할증' 이란 "**규모가 더 크고 더 생산적인** 기업이 **더 높은 임금**을 지불한다."는 것을 의미한다. 이 이론은 실증적 증거와 일치하고 있다(Oi and Idson, 1999 참조). 또한 **규모가 더 크고 더 생산적인** 기업이 '수출' 에 종사하고, 규모가 더 작고 덜 생산적인 기업은 수출에 참가하지 못하기 때문에 "**수출기업**은 비(非)수출기업보다 **더 높은 임금**을 지불한다."고 '예측' 하고 있다. 이러한 예측은 실증적 증거와 일치하고 있다(Bernard and Jensen, 1995, 1999, and Bernard, Jensen, Redding and Schott, 2007 참조).

이러한 경제적 환경에서 '무역'은 모든 산업부문 내에서 임금 불평등을 증가시킨다. 좀 더 정확히 말하면, '무역'은 어떤 국가가 해외무역에 종사할 때 **극소수의** 기업들만이 수출에 종사한다면 무역은 임금 불평등을 증가시킨다. 다른 한편으로, 무역이 발생하는 경우[216] **부분적 무역자유화**(partial trade liberalization)는 어느 한 산업부문 내에서 임금 불평등을 '증가' 시키거나 또는 **'감소'** 시킬 수 있다. 첫째, 단지 소수의 기업들만이 수출에 참가할 때에는 무역자유화는 임금 불평등을 '증가' 시킨다. 이것은 실증적으로 검증해 볼 만한 가치가 있는 경우이다. 둘째, 그러나 다수의 기업이 수출에 참가할 때에는 무역자유화는 임금 불평등을 오히려 '감소' 시킬 수 있다. 무역자유화와 임금 불평등 간의 관계는 반드시 단조적(monotonic)일 필요는 없다.[217] 그러나 무역자유화와 임금 불평등이 단조적인 관계를 **가질 수 있다**. 즉, 이 경우에 무역자유화는 모든 국가에서 임금 불평등을 증가시킬 수 있다. 이러한 예측이 단지 이론적 가능성에 불과한지 또는 실증적으로 검증이 가능한지는 아직 불명확하다.

또 다른 흥미 있는 시사점은 다음과 같다. 즉, '무역'이 **매치 특성이 상이한** 노동자들에게 서로 다른 영향을 미친다는 점이다. 즉, 매치의 특성과 임금 간에 다음 관계가 존재한다. 첫째, 비슷한 매치 특성(similar match quality)을 가진 노동자들로 구성된 어느 한 집단 내에서 '평균

---

216) 이를 '무역발생 체제(trade regime)' 또는 '개방경제 체제(open economy)'라 부른다.

217) 여기서 '단조적 관계(monotonic relation)'란 무역자유화와 임금 불평등이 같은 방향으로 움직이는 것을 의미한다. 즉, (i) 무역자유화가 증가하면 임금 불평등도 증가하거나, (ii) 무역자유화가 감소하면 임금 불평등도 감소하는 경우를 말한다.

그림 5.4 실업과 임금 간의 관계 : 자급자족경제와 무역발생의 경우 비교

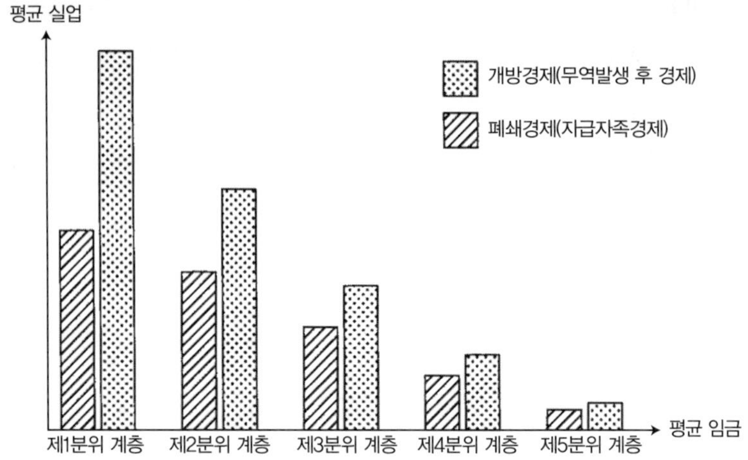

자료 : Findlay와 O' Rourke(2007, Figure 4.5)의 자료를 이용하여 그린 것임.

임금' 은 매치의 특성이 더 좋을수록(높을수록) 더 높다.[218] 둘째, **매치 특성이 비슷한** 노동자들로 구성된 어느 한 집단 내에서 '평균 실업' 은 매칭의 특성이 더 나쁠수록(낮을수록) 더 높다. 만약 임금의 분포를 이용하여 노동자들을 비슷한 임금을 받는 그룹으로 분류한 후(즉, 평균 임금을 기준으로 5분위로 균등하게 분류한 후) 이들 집단을 평균 임금의 순으로 배열할 수 있다면, 소득이 증가할수록 평균 실업률이 감소하게 될 것이다. 이러한 예측은 실증적 증거와 일치하고 있다(Juhn, Murphy, and Topel, 1991 참조). 이러한 유형의 관계는 (i) 자급자족경제(autarky, 무역이 없는 경우 또는 무역발생 전)와 (ii) 무역이 발생하는 경우(trade

---

218) 이러한 결과와 아래에서의 논의를 보려면 Helpman, Itskhoki, 그리고 Redding (2010b)을 참고하기 바람.

regime) **모두**에서 성립하고 있다. 그러나 '무역이 발생하는 경우'에 소득계층 간 실업률의 차이가 더 크게 나타난다. 즉, 고임금 계층(5분위 계층)에서 저임금 계층(1분위 계층)으로 이동할 때 실업률은 더 빠르게 증가한다. 다시 말하면, 평균 임금이 증가할수록 실업률이 감소한다. 이러한 결과는 〈그림 5.4〉에 나타나 있다.[219)]

5.5 결론

이제까지 우리는 이 장에서 '무역'이 '생산성이 다른 기업으로 구성된 산업 내에서의 여러 가지 **재배분**(reallocation)'에 미치는 영향에 대해 자세히 살펴보았다. 이러한 이론은 실증적 연구들에서 나타난 여러 결과들과 매치(일치)시키기 위하여 고안 · 개발되어 왔다. 이러한 이론은 (i) 무역, (ii) 생산성, (iii) 실업, 그리고 (iv) 임금 불평등 등에 관하여 새로운 통찰력들(시사점들)을 제공해 준다. 세부적인 연구들은 많이 있지만 이제까지의 연구나 분석들은 국내시장에서만 제품을 공급할지 또는 해외시장에 수출할지를 전략적으로 선택하려는 기업들의 행위에만 국한되어 왔다. 그러나 이러한 기업들은 해외에서 자회사를 설립하거나 획득하는 활동에는 전혀 관여하지 않는다고 가정하였다. 그러나 기업들의 '다국적 활동(multinational activities)'은 최근 수십 년 전부터 매우 중요해지고 있다. 즉, 기업들의 다국적 활동은 (i) '무역'의 형태나 (ii) '해외직접투자(FDI)' 및 '옵쇼어링(offshoring)'의 형태 등을 통하여 매우 중

---

219) 이 그림은 Helpman, Itskhoki, 그리고 Redding(2010b)이 수행한 여러 시뮬레이션 결과들을 바탕으로 그린 것임.

요해지고 있다. 따라서 다음 장에서는 더욱 복잡한 형태의 국제 생산조직(즉, 기업들의 다국적 생산활동)이 '전문화' 와 '상호의존성' 에 미치는 영향에 관해 심층적으로 논의하고자 한다.

제6장

옵쇼어링과 아웃소싱

6.1 서론

앞의 여러 장에서 논의된 분석적 접근법들은 그 정교함에도 불구하고 '국제 생산조직' 과 관련된 여러 요소들을 간과하고 있다. 국제 생산조직에 대한 관심은 최근에야 비로소 그 중요성이 커지고 있다. 특히 기업과 국가 간의 **생산과정의 분화**(分化, fragmentation)가 과거에 비해 더욱 활발해지고 있다. 그 결과, 생산과정의 분화는 국내 및 해외기업들의 '소싱전략(sourcing strategies, 생산 또는 공급전략)' 에 커다란 영향을 미치고 있다. 이러한 변화들의 근인(近因)은 정보기술(IT)의 발달에 기인하고 있다. 정보기술의 발달은 통신, 컴퓨터 보조설계(CAD), 컴퓨터 이용생산(CAM) 등을 크게 향상시켜 왔다. 이러한 정보기술의 발달과 향상들로 인해 생산자들은 생산과정을 **여러 단계**로 나눌 수 있게 되었다. 생산과정은 물리적으로뿐만 아니라 지리적으로 여러 단계로 나눌 수 있고,

또한 동일한 국가 내 다른 지역이나 다른 국가에서도 생산할 수 있다.

이러한 생산기술상의 새로운 발전 가능성을 비용 효과(절약)적인 방법으로 받아들이기 위하여 기업들은 '조직의 형태'와 '경영방식과 전략'을 바꾸어 왔다.[220] 특히 생산의 여러 단계를 국내 공급자들과 해외 공급자들에게 **아웃소싱**(outsourcing)하려는 활동과 전략이 두드러지게 증가하였다. 미국의 경우 아웃소싱하려는 노력과 전략이 많은 산업 내에서 널리 전개되었다.[221] 이제 '아웃소싱'과 '옵쇼어링' 간의 용어의 혼동을 피하기 위하여 다음과 같이 정의하기로 한다. 먼저, '아웃소싱(outsourcing)'이란 '자매관계나 계열관계가 없는 어떤 한 **독립기업**(즉, 재화나 서비스의 구매자를 직접 소유하지 않거나, 또는 재화나 서비스의 구매자에 의해 소유되지 않은 기업을 말함)으로부터 재화나 서비스를 획득하는 것'을 말하며, 이때 자매(결연)관계에 있지 않은 독립기업은 **국내**에 있든 또는 **해외**에 있든 아무런 상관이 없다. 다시 말하면, **국내** 또는 **해외**에 있는 '독립기업'으로부터 재화나 서비스를 획득하는 것을 말한다. 따라서 아웃소싱에는 '국내 아웃소싱'과 '해외 아웃소싱'이 있다. 다음으로, '옵쇼어링(offshoring)'이란 '**해외**에서 재화나 서비스를 생산·공급하는 것'을 말하며, 이때 해외기업은 자회사나 독립기업이 될 수 있다. 다시 말하면, 국내가 아니라 **해외**에 있는 **자회사**나 **독립기업**으로부터 재화나 서비스를 생산·공급하는 것을 말한다. 따라서 옵쇼어링

---

220) 기존의 계층적 경영관리 구조를 완화하고 수평화한 증거들에 관해서는 Rajan과 Wulf(2006)를 참고하기 바람.

221) 운송 아웃소싱과 관련해서는 Bardi와 Tracey(1991)를, 의료 아웃소싱과 관련해서는 Gardner(1991)를, 자동차 생산의 아웃소싱의 경우는 Helper(1991)를, 다른 부문들의 아웃소싱에 대해서는 Abraham과 Taylor(1996), Bartel, Lach, 그리고 Sicherman(2005)을 참고하기 바람.

에는 '해외 자회사에 의한 옵쇼어링'과 '해외 독립기업에 의한 옵쇼어링'이 있다. 후자의 정의에 따르면 여러 생산단계에 대한 옵쇼어링, 특히 중간재의 생산에 대한 옵쇼어링은 최근에 급속도로 증가해 왔으며, 이는 세계무역을 크게 증가시키는 역할을 하고 있다. 예를 들면, Feenstra와 Hanson(1996b)에 따르면 1972년과 1990년 사이에 미국 기업들의 중간재 총 구입량에서 수입이 차지하는 비중이 5%에서 11.6%로 무려 2배 이상 증가해 왔다. 또한 Campa와 Goldberg(1997)는 캐나다와 영국의 경우에서도 미국과 비슷한 추세를 보여주고 있다.[222)]

다국적 기업들에 의한 '해외직접투자(Foreign Direct Investment, FDI)'가 세계무역량보다 더 빠른 속도로 증가해 왔으며, 2007년 현재 1조 8,000억 달러를 초과하고 있다.[223)] 재화와 서비스의 무역과 마찬가지로 FDI는 주로 선진국들 간에 이루어지고 있다. 예를 들면, 2007년에 **선진국로들부터 총 FDI 유출**(outflow)은 '세계 FDI 유출'의 85%를 차지하고

---

222) 또한 Hummels, Ishii, 그리고 Yi(2001)와 Yeats(2001)는 중간재의 국제무역이 최종재의 국제무역보다 더 빠르게 증가함을 보여주었다. Yi(2003)는 이러한 추세를 설명하기 위하여 여러 생산단계를 가진 모형을 개발하였다. 다음으로, 미국 다국적 기업들의 자회사들 간의 무역도 빠른 속도로 증가하고 있다. 그러나 다국적 기업들의 자회사들 간의 무역은 미국기업들에 의한 '해외 아웃소싱(outsourcing)' 보다는 약간 더 느린 속도로 증가하고 있다(Hanson, Mataloni and Slaughter, 2005 참조). 마지막으로 Alfaro와 Charlton(2009)은 일반적으로 사용되는 총계 수준의 자료들을 가지고 분석할 때 '수직적 FDI'는 종종 '수평적 FDI'로 잘못 분류된다고 주장하였다. 그러나 매우 세분화된(미시적) 자료를 가지고 측정한 이들의 계산 결과에 따르면 수직적 FDI와 수평적 FDI의 비중은 서로 유사하게 나타났다.

223) 이에 대해서는 UNCTAD(2008)를 참고하기 바람. FDI 유입이 절정기에 이른 2000년에 무려 1조 4,000억 달러를 초과하였다. 그러나 첨단기술 기업들의 주식가격 하락으로 FDI가 폭락하여 2003년에는 거의 5,600억 달러 수준으로 크게 떨어졌다(UNCTAD, 2004 참조). 그럼에도 불구하고, FDI 유입이 절정기였던 2000년의 수준은 2006년에야 다시 회복되었고, 2007년에는 이보다 더 증가하였다(UNCTAD, 2008, Table 2.1 참조).

있으며, 또한 세계 FDI 중 1조 2,000억 달러 이상이 선진국으로 유입(inflow)되고 있다.[224] 그러나 FDI는 '금액으로' 측정하기 때문에 다국적 기업들이 세계무역에 어느 정도 관여하고 있는지를 알아보는 수단으로 반드시 좋은 수단은 아니다.[225] 다른 수단들 — 예를 들면, 산출물, 고용, 무역 등 — 도 다국적 기업의 중요성을 보여주는 수단으로 사용될 수 있다. Bernard, Jensen, Schott(2009)에 따르면 2000년의 경우 표본으로 사용한 약 550만 개의 미국 기업들에서 약 1.1%의 다국적 기업들이 해외무역에 종사하고 있었다. 그러나 2000년 현재 미국의 다국적 기업들은 3,100만 명 이상의 노동자를 고용하고 있으며, 이는 미국의 총 민간 고용량의 27.4%를 차지하고 있다. 또한 다국적 기업들은 미국 수입의 90%를 차지하고 있고, 수출은 이보다 더 높은 비중을 차지하고 있다. 수입의 경우 2000년 미국 무역의 약 50%가 **기업 내 무역**(intrafirm trade, 자매 또는 계열 회사들 간의 무역을 말함)이 차지하고 있다.[226] 반면에 수출의 경우 **기업 내 무역**은 1/3보다 약간 더 적은 비중을 차지하고

224) 이에 대해서는 UNCTAD(2008, Table 2.1)를 참고하기 바람.

225) UNCTAD가 발간하는 「세계투자보고서」는 FDI의 '유량(flows)' 뿐만 아니라 FDI의 '저량(stock)' 에 대해서도 보여주고 있다. FDI 유량이 저량보다 외국에서의 다국적 기업들의 활동을 더 잘 보여준다. 예를 들면, 2007년에 FDI 유입 저량(inward stock)은 15조 2,000억 달러였지만, FDI 유입 유량(inflow)은 1조 8,000억 달러였다(UNCTAD, 2008, Table 1.4 참조). 그러나 'FDI 저량' 은 다국적 기업들이 해외에서 가지고 있는 지배력의 정도를 적절하게 반영하지는 못하는 단점을 가지고 있다. 왜냐하면 다국적 기업들은 자주 그들의 투자를 현지국의 금융기관들로부터의 차입에 의해 조달하고, 이러한 차입은 모기업의 투자에 비해 훨씬 더 클 수 있기 때문이다. 또한 현지에서의 금융조달을 고려한다 해도 FDI 저량은 자본 투자, 판매액, 또는 다국적 기업들의 자회사들에 의한 고용 등을 정확히 반영하지 못할 것이다.

226) 여기서 '자매 또는 계열 회사들' 이란 어떤 다국적 기업의 모회사와 자회사들을 말한다.

있다.[227] 따라서 미국의 다국적 기업들은 미국의 고용과 해외무역에서 중요한 역할을 차지하고 있음을 분명히 알 수 있다.

무역흐름(trade flows, 수출과 수입)의 복잡하고 변화하는 패턴을 이해하기 위하여 우리는 다음 여러 질문을 제기해 볼 수 있다. 첫째, 왜 어떤 기업이 **수출하고**, 다른 기업은 **해외자회사들을 통해 해외시장에 제품을 공급하는가?** 둘째, 왜 어떤 기업은 가치 체인의 일부분을 **옵쇼어링하고**, 다른 기업은 **옵쇼어링하지 않는가?** 셋째, '옵쇼어링' 하려는 기업들 간에 왜 어떤 기업은 **독립공급자들을 이용하고**, 다른 기업은 **자매(계열)관계에 있는 공급자들을 이용하는가**? 넷째, 왜 어떤 기업은 생산의 분할을 위해 **아웃소싱하는** 전략을 선택하고, 다른 기업은 **통합하는** 전략을 선택하는가? 다섯째, 기업이 아웃소싱 또는 통합하는 전략을 선택할 때 왜 어떤 기업은 **국내에** 머무르고, 다른 기업은 **해외로** 가는가? 따라서 현재 진행되고 있는 무역흐름의 복잡하고 변화하는 이러한 패턴을 이해하기 위하

227) 이러한 숫자들은 자회사를 어떻게 정의하느냐에 다소 민감한 편이다. 미 경제분석국(Bureau of Economic Analysis)의 통계에 따르면 '자회사(affiliate)' 란 "모기업이 수출업자들에 대해서는 최소한 10%의 소유권을 가지고 있고, 수입업자들에 대해서는 6%의 소유권을 가지고 있는 외국 기업" 으로 정의하고 있다. 이러한 정의하에서 많은 기업은 '다국적 기업들' 로 분류(포함)된다. 그러나 좀 더 엄격한 정의를 적용하면 단지 '과반수의 주식을 소유한(majority-owned) 자회사들만' 다국적 기업에 포함된다. Bernard, Jensen, Redding, 그리고 Schott(2010b)은 이러한 정의를 사용하여 측정한 결과 미국의 경우 2000년 미국 수입의 단지 46%만 '기업 내 수입(intrafirm imports)' 이 차지하였다. 이러한 비중은 해외 수출업자들 간에 크게 다르게 나타났다. 즉, (i) 파키스탄으로부터 수입의 경우 약 3.5%가 기업 내 수입이고, (ii) 중국으로부터의 수입의 경우 18%가 기업 내 수입이고, (iii) 러시아로부터의 수입의 경우 26.6%가 기업 내 수입이고, (iv) 독일로부터의 수입의 경우 거의 65%가 기업 내 수입이고, (v) 마지막으로 뉴칼레도니아로부터의 수입의 경우 무려 97%가 기업 내 수입이 차지하였다.

여 우리는 이들 질문에 대한 해답을 구하고 이해하는 것이 필요하다. 예를 들어, 어떤 자동차 회사(예 : 현대 자동차)가 어떤 부품의 공급(예 : 자동차 엔진)을 **국내에서** '아웃소싱' 할 때 이러한 결정은 해외무역에 직접적으로 영향을 미치지 않는다.[228] 왜냐하면 아웃소싱이 국내에서 발생하기 때문이다. 그러나 그 대신 그 자동차 회사가 엔진의 생산을 **외국에** '아웃소싱' 하여 엔진을 다시 본국으로 수입해 온다면 이것은 해외무역에 직접적으로 영향을 미치며, 이때의 수입을 '독립기업 간 무역(arm's-length trade)' 이라고 부른다. 반면에 그 자동차 회사가 자신이 직접 엔진을 생산한다면 그 회사는 엔진을 **국내에서** 생산할 것인가, 아니면 **외국에서** 생산할 것인가를 결정해야 한다. 만약 그 회사가 엔진을 **국내에서** 생산한다면 해외무역에 직접적으로 영향을 미치지 않는다. 그러나 그 회사가 **외국에** 자신의 공장(자회사)을 설립하여 외국에서 엔진을 생산하고 그것을 국내에 있는 조립공장으로 다시 수입해 온다면, 이것은 본국의 수입에 직접적으로 영향을 미친다. 이때 이러한 수입을 '기업 내 무역(intrafirm trade)' 이라고 부른다.

또한 해외무역은 이와 다른 방법으로도 영향을 받을 수 있다. 그 자동차 회사가 자신의 엔진을 생산하여 일부 엔진을 해외에 있는 다른 자동차 회사들에게 판매한다면, 이는 해외무역에 영향을 미칠 것이다. 왜냐하면 엔진이 국내에서 생산되고 일부 엔진이 외국 자동차 회사들에게 판매된다면, 이러한 판매는 '본국의 수출' 에 직접적으로 기여하게 될 것이기 때문이다. 또한 엔진이 외국에서 생산되어 (1) 모회사가 사용하기 위

---

228) 그러나 그 기업이 국내에서 '아웃소싱' 한다면 해외무역에 '간접적으로' 영향을 미칠 수 있다. 왜냐하면 엔진의 국내 공급자가 자동차 회사의 주문을 실행하기 위하여 외국에서 강철이나 다른 투입물(중간재)을 수입해 올 필요가 있기 때문이다.

하여 이를 **국내로** 수송해 오거나, 또는 (2) 본국에 있는 다른 자동차 회사들에게 판매하기 위하여 **국내로** 들여온다면, 이러한 선적들은 '본국의 수입'을 증가시킬 것이다. 전자의 경우((1)의 경우)는 '기업 내 무역(intrafirm trade)'을 증가시키고, 후자의 경우((2)의 경우)는 '독립기업 간 무역(arm's-length trade)'을 증가시킨다. 또한 그 자동차 회사의 해외에 있는 자회사는 **제3국**(모회사가 위치해 있지 않은 국가들)에 있는 다른 자동차 제조업자들에게 엔진을 수출할 수 있으며, 이는 본국의 수출에 기여할 것이다.

이와 같이 '해외직접투자(FDI)'는 복잡한 방법으로 '해외무역'을 촉진시킬 수 있으며, 그 결과 **무역**과 **FDI**는 긴밀한 **상호의존적인** 관계를 맺고 있다. 한편으로, FDI의 여러 유형은 무역 유형에 영향을 미친다. 다른 한편으로, FDI의 상이한 형태들이 가져다주는 수익성은 여러 가지 무역 옵션이 가져다주는 수익성에 달려 있다. 그 결과 기업들이 선택하는 **다국적 통합 전략**은 '무역 기회'에 달려 있다. 따라서 이러한 상황에서 무역과 FDI는 분리할 수 없는 쌍둥이와 같이 불가분의 관계를 맺고 있다.

6.2 옵쇼어링

1970년대 후반부터 1990년대 중반에 걸쳐 비숙련노동자들에 비해 **숙련노동자들**이 받는 임금이 꾸준히 증가해 왔다. 비숙련노동자들 대비 숙련노동자들의 임금 증가는 이러한 변화를 발생시킨 **원인**이 무엇인가에 대한 논쟁을 촉발시키는 계기가 되었다. 이러한 상대적 임금은 미국에서 가장 극적으로 증가해 왔지만, 다른 OECD 국가들에서도 증가해 왔다. 특히 영국과 뉴질랜드에서 숙련노동자들의 상대적 임금이 급격히 증가했다. 그러나 이러한 변화는 부유한 국가들(선진국들)에서만 일어나는 현상이 아니다. 왜냐하면 이러한 변화는 후진국들에서도 일어나고 있기 때문이다. 그 결과 세계 여러 국가에서 노동자들 간의 소득격차가 확대되었다.

숙련노동자들의 상대적 임금 상승의 원인을 둘러싼 논쟁의 한쪽에는 '**글로벌화**(globalization)'에 책임이 있다고 주장하는 연구자들이 있다. 왜냐하면 글로벌화는 후진국들의 세계무역 참여를 확대시키는 계기를 제공해 주었기 때문이다. 이 논쟁의 반대쪽에는 글로벌화는 제한된 역할만 하였고, 무엇보다도 '**기술변화**(technological change)'가 주범(主犯)이라고 주장하는 연구자들이 있다. 이러한 논쟁과 관련된 흥미 있는 개관을 보려면 Helpman(2004, 제6장)을 참고하기 바란다. 또한 최근에 '**옵쇼어링**(offshoring)'이 숙련노동자들의 상대적 임금 상승에 기여했다고 주장하는 연구자들이 있다. 아래에서는 옵쇼어링이 상대적 임금에 어떻게 영향을 미치는지에 관해 구체적으로 논의하고자 한다.

Feenstra와 Hanson(1996a)에 따르면 부유한 국가(선진국)에서 빈곤한 국가(후진국)로 이루어지는 해외직접투자(FDI)의 흐름이 **양국 모두에서 임금 불평등을 증가시키는 원인**이 될 수 있다고 주장하였다. 이들은 현대적인 생산과정에서 최종재를 생산하는 데 많은 중간재(또는 생산단계)가 필요하다는 사실에 주목하였다. 이러한 중간재들은 '요소집약도(factor intensity)'가 서로 다르다. 어떤 중간재(예 : 디자인)는 고숙련(high skill)집약적이고, 다른 중간재(예 : 조립)는 저숙련(low skill)집약적이다. 또한 부유한 국가와 빈곤한 국가 간에 '요소가격(factor price, 임금)'이 서로 다르다면 숙련노동자들의 상대적 임금은 **부유한 국가**에서 더 높을 것이다. 이에 따라 중간재의 생산을 부유한 국가에서 빈곤한 국가로 이전하는 것이 이익이 된다면 가치체인(value chain)에서 **가장 저숙련집약적인** 부분을 이전하는 것이 특히 비용 효과적일 것이다. '부유한 국가에서 가장 비(非)숙련적인 활동들(예 : 엔진 생산)' 이 빈곤한 국가에서 가장 숙련적인 활동들(예 : 엔진 조립)에 비해 **더 숙련집약적**일 수 있기 때문에 부유한 국가에 있는 기업들의 전략은 '가장 비숙련적인(또는 가장 숙련도가 낮은) 중간재들' 을 **빈곤한 국가에서** 생산 · 공급하는 것이다. 이로 인해 양국에서 숙련노동자들에 대한 상대적 수요를 증가시키며, 그 결과 **양국에서 숙련노동자들에 대한 상대적 임금**이 증가하게 된다. 이제까지의 논의에서 FDI가 필요하지 않음에 유의하라. 왜냐하면 현재의 논의에 따르면 부유한 국가에 있는 기업들은 자신의 자회사들이나 독립기업들을 통해 **빈곤한 국가에서** '저숙련집약적인' 중간재를 획득하면 되기 때문이다.[229] 따라서 이 과정에서 FDI는 불필요하다는 것을 알 수 있다.

이러한 메커니즘의 '실증적' 타당성을 검증하기 위하여 Feenstra와 Hanson(1997)은 멕시코의 마킬라도라(maquiladora, 멕시코에 있는 외국회사들의 공장)에서 미국의 FDI가 미치는 영향을 분석해 보았다. 여기서 멕시코의 마킬라도라는 '수출할 목적으로 부품을 조립하는 공장' 을 의미한다. 그러한 공장들은 일반적으로 미국으로부터 중간재를 수입하여, 이들을 조립하여 최종재로 만든 후 이들을 다시 미국으로 선적해 보낸다. Feenstra와 Hanson(1997)은 멕시코의 마킬라도라에서 미국 기업들에 의한 FDI가 멕시코의 임금 명세서에서 숙련노동이 차지

229) 실제로 Zhu와 Trefler(2005)의 연구결과에 따르면, 후진국이 선진국과 교역하고, 이들 국가 간에 FDI가 없을 때에도 이와 유사한 결과를 얻었다.

하는 비중의 증가와 양(+)의 상관관계가 있음을 발견하였다. 즉, 마킬라도라에서 미국 기업들의 FDI가 증가할수록 멕시코의 임금 명세서에서 숙련노동이 차지하는 비중이 증가함을 발견하였다. 또한 1980년대 동안 FDI가 가장 집중된 지역에서 미국의 FDI는 숙련 임금비중의 증가에 큰 영향을 미친 것으로 나타났다. 즉, FDI가 가장 집중된 지역에서 FDI 효과에 대한 추정치는 1980년대 동안 숙련 임금비중 증가의 약 절반을 차지하고 있었다.

Grossman과 Rossi-Hansberg(2008)는 다국적 기업들이 가치체인의 특정 부분을 옵쇼어링하려는 경향을 더욱 정교하게 설명하였다. Grossman과 Rossi-Hansberg는 하나의 생산과정은 여러 작업들(tasks)로 이루어져 있고, 하나의 최종재를 생산하기 위하여 다양한 작업이 필요하다고 가정했다. 이러한 작업들 중 일부 작업은 숙련노동 집약적이고, 다른 작업은 비숙련노동 집약적이다. 모든 작업은 그 기업의 국내 또는 해외에서 이루어질 수 있다. 그러나 수송비와 통신비 때문에(요소가격의 차이를 고려하지 않는다면) 하나의 작업을 해외로 보내는 것이 더 비쌀 것이다. 이러한 상황하에서 어느 한 기업은 '옵쇼어링에 드는 비용'과 '하나의 작업을 임금이 낮은 **해외에서**(예 : 중국이나 인도) 수행함으로써 절약되는 잠재적 비용'을 상호비교해 보아야만 한다. 여기서 '해외'란 비숙련노동자들이 낮은 임금을 받는 국가(예 : 중국이나 인도)를 말한다.

특히 Grossman과 Rossi-Hansberg(2008)는 다음 경우를 고려해 보았다. (i) 고숙련집약적인 작업들을 옵쇼어링하는 것이 매우 많은 비용이 드는 경우와 (ii) 저숙련집약적인 작업들을 옵쇼어링하는 데 드는 비용이 작업들 간에 서로 다른 경우를 고려해 보았다. 다시 말하면, 어떤 작업들은 다른 작업들에 비해 옵쇼어링하는 데 비용이 더 들 것이다. 이 경우에 기업들은 과연 어떻게 선택하는가? 이러한 상황에서 기업의 최선의 전략은 옵쇼어링하는 데 드는 비용이 '임계수준(cutoff)' 보다 **낮은** 모든 작업은 옵쇼어링하고, 임계수준을 **초과**하는 모든 작업은 국내에서 수행하는 것이다. 옵쇼어링에 드는 비용이 임계수준에 있는 경우에는 당해 기업은 특정 작업을 국내에서 수행하든 아니면 해외에서 수행하든 아무런 차이가 없을 것이다.

또한 Grossman과 Rossi-Hansberg는 비숙련노동집약적인 작업들을 옵쇼어링하는 데 드는 비용이 비례적으로 **감소**하는 경우의 효과를 고려해 보았다. 이들은 그 효과를 (i) 생산성 효과, (ii) 상대가격 효과, (iii) 노동공급 효과 등으로 분류하였다. 먼저, 옵쇼어링에 드는 비용이 감소하면 더 많은 작업이 해외로 가며(옵쇼어링에 참가하고), 그 결과 본국에서 저숙련노동자들을 더 효율적으로 사용할 수 있다. 이는 본국에서 **저숙련노동자들의 생산성의 증가**와 유사한 효과를 발생시킨다. 이러한 '새로운' 효과를 '생산성 효과(productivity effect)' 라 부른다. 다음으로 나머지 두 효과(상대가격 효과와 노동공급 효과)은 전통적인 효과에 가깝다. 즉, 옵쇼어링에 드는 비용이 감소하면 최초의 가격에서 특정 제품의 세계 수요와 세계 공급 간에 차이가 발생하며, 그에 따라 그 제품의 **상대가격이 변하게** 된다. 이를 '상대가격 효과(relative-price effect)' 라 한다. 이 경우에 시장을 다시 청산하기(균형시키기) 위해 가격 조정이 발생한다. 마지막으로 옵쇼어링에 드는 비용이 감소하면 본국에서 저숙련집약적인 작업들을 수행하는 **저숙련노동자들에 대한 수요가 감소**한다. 이는 본국에서 최초에 수행되던 작업들이 해외로 나갔기(옵쇼어링되었기)

때문이다. 그 결과, 남아 도는 더 많은 노동이 다른 작업들에 이용될 수 있다. 이러한 결과를 '노동공급 효과(labor-supply effect)' 라 한다.

상기의 세 가지 효과 중에서 (i) 상대가격이 변하지 않고(본국이 소국(小國)이라면), (ii) 노동공급 효과가 요소가격을 변화시키지 않는(다시 말해, 생산이 '두 부문-두 요소' 로 이루어진 헥셔-올린 모형에서 이루어지는) 상황에서는 이제 '생산성 효과' 만 남게 된다. 이러한 상황하에서 옵쇼어링에 드는 비용이 감소하면 (위에서 설명했듯이) 비숙련노동자들의 생산성을 증가시킨다. 그 결과 **비숙련노동자**들의 임금은 증가하지만, 숙련노동자들의 임금은 변하지 않는다. 이는 **비숙련노동자**들의 상대적 임금이 '증가' 하게 됨을 의미한다. 이와 같이 '저숙련' 노동자들이 수행하는 작업들을 해외로 **옵쇼어링**함으로써 그들에게 손해가 되기보다는 오히려 **이익**이 되는 경우가 분명히 존재한다. 그러나 옵쇼어링이 노동자들의 상대임금에 미치는 효과는 Feenstra와 Hanson의 결과와 정반대이다. 따라서 이러한 분석으로부터 알 수 있는 분명한 사실은 옵쇼어링이 임금에 미치는 효과를 정확히 평가하기 위하여 옵쇼어링 **과정**에 대한 자세한 내용과 정보가 필요하다는 점이다.

6.3 전통적 접근법

다국적 기업들에 대한 전통적 연구들은 Dunning(1977)이 주장한 '절충방식(eclectic approach)' 을 사용하고 있다. '절충방식' 에 따르면 "어떤 회사가 해외에서 자회사를 설립하려면 세 분야(**소유권, 입지**, **내부화**)에서 이점을 가지고 있어야 한다."고 주장한다. Dunning이 제기한 이러한 절충방식은 종종 'OLI(Ownership, Location and Internalization,

소유권과 입지 그리고 내부화) 방식' 이라고도 언급되고 있다. 이러한 견해에 따르면 어느 한 기업은 다음 세 가지 이점을 가질 수 있다. 첫째, 어떤 기업은 (i) 특정 자산(예 : 차별화된 제품을 생산할 수 있는 기술)을 소유함으로써, 또는 (ii) 모회사와 자회사 간에 간접비를 공유할 수 있는 어떤 산업분야에서 활동함으로써 '소유권' 에 있어서 **이점**을 얻을 수 있다. 이를 '소유권의 이점' 이라고 부른다. 둘째, 어떤 기업이 **해외에** 공장이나 서비스 업무를 하는 자회사를 설립함으로써 '장소' 에 있어서 어떤 **이점**을 얻을 수 있다. 이 경우에 얻는 이점으로는 (i) 현지국(host country)에서의 낮은 생산비용과 (ii) 수송비 절약으로부터 발생하는 이점과 (iii) 현지국 소비자 시장에서 제품을 직접 생산 · 공급하고 마케팅 활동을 함으로써 발생하는 경쟁적 이점 등을 들 수 있다. 이를 '위치 선정의 이점' 이라고 부른다. 셋째, 다른 수단이나 방식(예 : 현지국에 있는 다른 기업들에게 제품의 생산과 분배에 관한 허가권을 주는 경우)을 이용하기보다는 **자회사를 설립하여 직접적으로 통제**함으로써 **이점**을 얻을 수 있다. 그 결과 현지에서 드는 여러 간접비를 절약하거나 기술 특허권을 확보할 수 있게 된다. 이를 '내부화의 이점' 이라고 부른다. 예를 들면, 어떤 제품이 자매(또는 결연)관계에 있지 않은 **독립기업에 의해** 생산되는 경우 현지 생산에 드는 여러 간접비를 절약하기 어려울 것이다. 또한 어떤 기업이 자신들이 개발한 기술을 다른 기업들이 무단으로 사용한다면 이에 대한 특허권을 확보하기 어려울 것이다. 따라서 OLI 방식은 FDI의 여러 유형을 설명하는 데 필요한 다양한 요소를 수용할 수 있는 이점이 있다. 그러나 OLI 방식은 예리한 예측력을 가진 하나의 이론을 구성하기에는 너무 광범위하다고 평가할 수 있다.

Dunning(1988)은 자신의 이론에 대한 비판자들의 견해에 답하면서 자신의 절충방식이 갖는 포괄성을 인정하면서 다음과 같이 언급하였다. "나의 절충방식은 **일반성** 때문에 국제 생산과 관련된 '특별한' 유형들을 설명하거나 예측하는 데에 제한된 힘을 가지고 있음을 인정하는 바이다. 또한 절충방식은 개별 기업의 행위를 설명하는 데에도 부족하다고 할 수 있다."(Dunning, p. 1 참조). 또한 Dunning은 자신의 OLI 접근법을 무역 마찰이 없는 경우의 '신고전학파 국제무역이론', 특히 '요소비율이론(factor proportion theory)' 에 비유하였다. 이에 대해 Dunning은 다음과 같이 서술하고 있다.

> '신기술 및 기타 현대적 무역이론들' 과 '국제 생산이론들' 간의 차이는 다음과 같다. 전자의 경우는 '모든 재화가 국가 간에 독립 구매자들과 판매자들 간에 교환된다' 고 묵시적으로 가정하고 있다. 반면에 후자의 경우는 '중간재의 이전(국제 생산)이 동일한 기업 내에서 이루어진다' 고 명시적으로 가정하고 있다. 다시 말하면, 국제시장실패가 없다면 국제 생산이 일어날 존재 이유가 없어진다. 그러나 국제 생산이 존재하기만 한다면 무역과 생산에 대한 설명은 '요소부존의 국제적 처분' 에 바탕을 둔 일반적 패러다임의 한 부분으로 간주될 수 있다.(Dunning, p. 2)

또한 Dunning(1988)은 해외무역과 FDI에 대한 좀더 정교한 모형들을 개발하려는 1980년대의 여러 **연구**에 대해서도 긍정적으로 논평하였다. 예를 들면, Dunning은 Helpman(1984b)의 수직적 FDI, Markusen(1984)의 수평적 FDI, Ethier(1986)의 내부화 결정을 명시적으로 고려한 FDI 등에 대해서 논평하였다.[230)]

---

230) Helpman(1984b)과 Markusen(1984)은 모두 다음을 가정하고 있다. 어느 한 기업이 해외에서 공장을 건설하는 것이 자신에게 이익이 된다고 생각되면 자회사를 통

수직적 FDI와 수평적 FDI 간의 구별은 전통적 연구문헌들에서 핵심을 차지하고 있다. 이러한 구분은 어느 정도까지는 유용하다. 첫째, 해외에 있는 어느 자(子)회사가 국내에 있는 모(母)회사와 **다른** 활동들에 종사할 때 이를 '순수 수직적 FDI(pure vertical FDI)' 라 부른다. 예를 들면, **해외에서** '엔진(중간재)' 을 제작 · 생산하기 위하여 공장을 건설하는 경우는 '순수 수직적 FDI' 에 해당된다. 이때 해외에서 제작 · 생산되는 엔진들은 본국에 있는 모(母) 자동차 회사가 전적으로 사용한다. 둘째, 해외에 있는 어느 자회사가 국내에 있는 모회사와 **똑같은** 활동에 종사할 때에는 이를 '순수 수평적 FDI(pure horizontal FDI)' 라 부른다. 예를 들면, **해외에서** '자동차(최종재)' 를 제작 · 생산하기 위하여 **통합된**(integrated, 일관 생산을 위한) 공장을 건설하는 경우는 '순수 수평적 FDI' 에 해당된다. 이때 현지국에서 생산되는 자동차들은 현지국에서 전적으로 판매된다. 그러나 수직적 FDI와 수평적 FDI 간의 구분은 시간이 경과함에 따라 그 유용성이 더욱 감소하고 있다. 왜냐하면 현재 다국적 기업들은 전에 비해 훨씬 더 **복잡한** FDI 유형들을 이용하고 있다. UNCTAD(1998)는 그러한 복잡한 FDI 유형들을 '복잡한 통합 전략(complex integration strategy)' 이라고 명명하였다. 많은 대규모 다국적 기업들은 수직적 FDI와 수평적 FDI에 동시에 참여하고 있을 뿐만 아니라 심지어 '플랫폼(platform) FDI' 에도 참여하고 있다.[231] 여기서 플랫폼(platform) FDI란 '수출 목적으로 해외 자회사들에 투자하는 경우'

제함으로써 자신에게 이익이 발생한다는 것을 알게 될 것이다. Ethier(1986)는 자회사를 통제하려는 결정을 명시적으로 고려한 모형을 만들었다. 이에 대해서는 본장 제7절에서 논의할 것이다.

231) 이러한 유형의 FDI에 관해서는 Grossman, Helpman, 그리고 Szeidl(2006)과 Ekholm, Forslid, 그리고 Markusen(2007)을 참조하기 바람.

를 말한다. 또한 FDI의 여러 유형은 상호의존적인 관계에 있다. 예를 들면, 수평적 FDI에 참여하려는 결정은 종종 수직적 FDI에 참여하려는 결정과 분리될 수 없다. 이러한 이유로 다음 절에서는 먼저 수평적 FDI에 관해 설명한 후, 다음으로 수직적 FDI와 '복잡한 통합 전략'에 관해 각각 논의할 예정이다.[232] 그리고 이 장의 마지막 절에서는 생산의 여러 단계에 관한 '내부화 결정'을 논의한 후, 이것이 동일한 기업 내에서 자매(결연)관계에 있는 기업들 간의 국제무역에 어떻게 영향을 미치는지를 설명하고자 한다.

6.4 수평적 해외직접투자(FDI)

먼저, 어느 한 외국에서 자회사(subsidiary)를 설립하거나 흡수하는 경우를 고려해 보자. 자회사를 외국에서 설립하거나 흡수하는 목적은 현지국(host country, 자회사가 설립되어 있는 국가)의 시장을 확보하는 데 있다. 따라서 이러한 유형의 FDI는 **'시장접근**(market access)'을 목적으로 일어나며, **수출의 대체물**로 이루어진다. 예를 들면, 어떤 한 일본 자동차 회사가 (i) 미국 시장에 일본으로부터 생산 · 수출한 자동차를 공급하거나, (ii) 미국 현지에서 판매하기 위해 미국에 공장을 설립하여 이 공장에서 자동차를 직접 생산할 수 있다. 이 경우에 어느 유형의 활동(영업)이 일본 자동차 회사에 더 큰 이익을 가져다주는가는 여러 요인에 달

---

232) Dunning의 '절충방식'은 분명한 이론적 예측들을 제시해 주지 못하는 단점이 있다. 그러나 실증적으로는 풍부한 연구자료를 제공해 준다. 이와 관련하여서는 Caves(2007)에서 검토되고 있다. 특히 산업부문에 바탕을 둔 실증적 연구들은 FDI와 상관관계가 있는 여러 특성을 발견하였다.

려 있다. 예를 들면, (i) 일본에서 미국으로 자동차를 선적하고 운송하는 데 드는 비용, (ii) 미국에서 공장들을 설립하는 데 드는 비용, (iii) 미국 내에서의 예상 판매량 등이 있다. 이러한 요인들 중에서 처음 두 가지 요인은 **'해외시장 근접과 국내생산 집중 간의 상충관계**(proximity-concentration tradeoff)' 를 나타낸다. 즉, 일본 자동차 회사는 미국에 투자함으로써 **수출에 드는 선적 및 운송비용을 절감**할 수 있거나, 또는 미국으로 수출함으로써 **현지시장에 공장들을 설립하거나 흡수하는 데 드는 비용을 절감**할 수 있다. 여기서 전자를 '해외시장 근접(FDI)' 의 이점이라 하고, 후자를 '국내생산 집중' 의 이점이라 한다. 그러나 이들 간에는 상충관계[233]가 존재한다. 다시 말하면, '현지국에 있는 고객들에게 **근접**함으로써' 수출하는 데 드는 비용을 절감할 수 있거나, 또는 '모국(母國)에서 생산을 집중함으로써' 현지국에서 공장 설립에 드는 고정 투자비용을 절감할 수 있다.

일본 자동차 회사들의 영업 전략

미국에 직접투자(FDI)하는 경우	미국으로 수출하는 경우
해외시장 근접(=FDI)의 이점	국내생산 집중의 이점
선적 및 운송비용 절감	현지에서의 공장 설립비용 절감

다음 〈그림 6.1〉은 어느 특정 기업(예 : 일본 자동차 회사)의 어떤 제품(예 : 자동차)에 대한 근접과 집중 간의 상충관계를 보여주고 있다.[234] 그

233) [역자 주] 상충관계(tradeoff)란 모든 경제활동에서 어느 하나가 달성되면 반드시 다른 하나를 포기해야 함을 의미한다.

234) 편의상 이 기업을 하나의 브랜드를 가지고 차별화된 제품을 공급하는 기업으로 간주해 보면 이해하기 쉬울 것이다. 그러나 이와 유사한 논리가 '동질적인' 제품들에 대해서도 적용되어 왔다. 후자의 경우 Markusen(1984)을 참고하기 바람.

그림 6.1 FDI : 근접과 집중 간의 상충관계

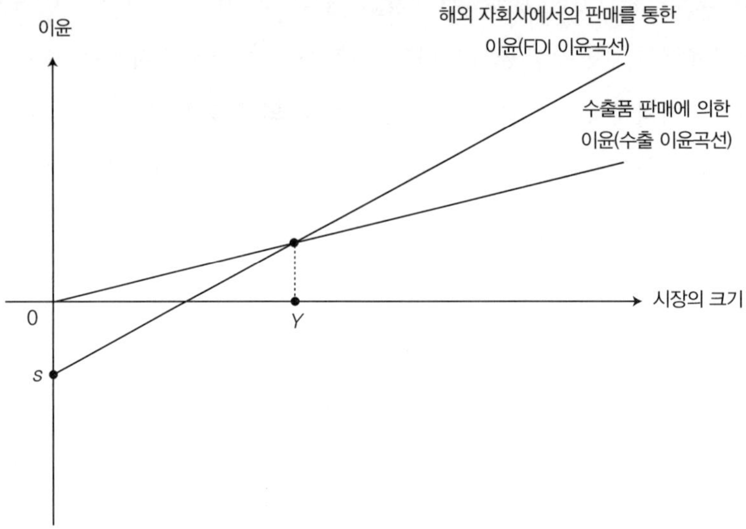

림에서 수평축은 어느 제품에 대한 현지국의 **시장의 크기**를 측정하고 있다. 즉, 이 제품에 대한 현지국에서의 수요가 많으냐 또는 적으냐를 나타낸다. 수평축의 원점에서 출발하여 오른쪽으로 갈수록 이 제품에 대한 수요가 많다는 것을 의미한다. 수직축은 이 제품의 판매로 이 기업이 벌어들이는 이윤을 나타낸다. 그림의 제1상한에는 두 개의 **이윤곡선**(profit curve)이 그려져 있다. 수출활동으로부터 얻는 이윤과 FDI로 얻는 이윤 모두 시장의 규모가 커질수록 증가하고 있음을 볼 수 있다. 두 이윤곡선상에 있는 모든 점은 특정 기업이 선택하는 해외시장에서의 **활동 유형**(즉, 수출에 의한 판매 또는 자회사를 통한 판매)에 따라 얻을 수 있는 최고 수준의 이윤을 나타낸다. 즉, 해외 현지 자회사에서의 판매를 통해 얻는 이윤과 수출에 의한 판매로 얻는 이윤을 나타낸다. 이 그림은 다음 두 가지를 가정하고 그린 것이다. 첫째, 수출활동에 고정비용이 전혀 들지 않는다고 가정하고 있다. 그 결과, 수출에 의한 이윤곡선(**수출이윤곡선**)이 원점에서 출발하고 있다. 둘째, 현지 자회사를 통한 판매에는 고정비용이 든다고 가정하고 있다. 그 결과, 현지 자회사의 판매를 통한 이윤곡선은 수평축 **아래에서** 출발하고 있다.[235] 수평축의 원점과 *s*점 사이의 거리는 현지 자회사에서의 판매에 드는 고정비용의 크기를 나타낸다. 이러한 고정비용은 (i) 현지국에서 공장을 설립하거나 흡수하는 데 드는 비용이나 (ii) 해외시장에서 영업활동을 하는데 수반되는 추가적 비용을 나타낸다. 후자의 비용으로는 현지에서의 각종 인 · 허가 취득에 드는 비용이나 서비스네트워크 구축에 드는 비용 등이 있다. 바로 위에서 언급했듯이 수출에 드는 고정비용은 없다(즉, 0)라고 가정하였다. 이 가정은 단지 논의의 단순성을 위해서 도입된 가정이다. 아래 논의들에서 중요한 것은 'FDI에 드는 고정비용' 이 '수출에 드는 고정비용' (0이라고 가정함)보다 더 크다는 점이다. 이는 고객으로의 근접보다 모국에서의 '생산의 집중' (즉, 수출)이 이윤 면에서 이 기업에게 더 유리하다는 것을 의미한다.

〈그림 6.1〉의 두 번째 특징은 **FDI에 의한 이윤곡선의 기울기**가 '수출에 의한 이윤곡선의 기울기' 보다 **더 가파르다**는 점이다. 이윤곡선에 있어서 이러한 기울기의 차이는 '현지(또는 목적지) 시장에 대한 근접' 이 수출의 경우보다 이 기업에게 더 유리하다는 것을 나타낸다. 이를 '현지시장 근접의 우위성(proximity advantage)' 이라고 부른다. 이러한 결과는

---

235) 그림에서 두 개의 이윤곡선은 편의상 '선형' 으로 그려져 있다. 그러나 일반적으로 이윤곡선은 곡선의 형태를 띠고 있다. 이윤곡선이 직선인지 곡선인지는 본 논의에서는 그리 중요하지 않다. 중요한 점은 두 이윤곡선이 시장의 크기가 커짐에 따라 함께 증가하고 있다는 점이다.

'수출에 **가변비용**(variable exporting costs)이 든다'는 사실(가정)로부터 초래된다. 수출에 드는 가변비용에는 화물 운송료, 보험료, 목적지 국가에서의 각종 무역장벽(무역에 대한 관세 또는 비관세 장벽) 등이 있다. 수출에 드는 가변비용은 수출품 한 단위당에 대해 부과된다. 예를 들면, 자동차 1대 수출에 드는 비용이나 의류 1톤 수출에 드는 비용 등과 같이 수출품 단위당 가변비용이 부과된다. 따라서 수출에 드는 가변비용은 곧 '**무역에 드는 가변비용**(variable trade costs)'을 의미한다. 물론, 본국과 현지국에서의 '제조비용'(예 : 임금)도 또한 이윤곡선의 기울기의 차이에 영향을 미친다. 예를 들면, 현지국의 임금이 더 높을수록 현지 자회사에서의 판매를 통한 이윤이 더 낮아지며, 그 결과 자회사 판매 이윤곡선이 **더 평평해**질 것이다. 반면에 본국의 임금이 더 높을수록 수출에 의한 판매 이윤이 더 낮아지며, 그 결과 수출 이윤곡선이 **더 평평해**질 것이다. 이러한 비용의 차이에 대해서는 다음 절에서 논의할 예정이다. 그 대신 당분간 두 이윤곡선의 기울기의 차이는 무역에 드는 가변비용(즉, 가변 무역비용)의 차이에서 초래된다고 가정하기로 하자.

이 그림으로부터 다음 사실들이 분명해진다. 첫째, 두 이윤곡선이 만나는 *Y*점의 **좌측**에 있는 수요량에서는 '수출'이 자회사 판매의 경우보다 더 유리하다(즉, 이윤이 크다)는 것을 알 수 있다. 둘째, 두 이윤곡선이 만나는 *Y*점의 **우측**에 있는 수요량에서는 '자회사에 의한 판매'가 수출의 경우보다 더 유리하다(즉, 이윤이 크다)는 것을 알 수 있다. 따라서 이러한 결과로부터 다음을 추론할 수 있다. 첫째, 특정 제품에 대한 수요가 더 많은 시장 또는 국가들(*Y*점의 **우측**에 있는 시장이나 국가들)에서는 수출보다 '자회사에 의한 판매'가 더 큰 이윤을 가져다줄 것으로 예상할 수 있다. 왜냐하면 *Y*점의 우측에서는 자회사 판매로부터 얻는 이윤곡선이 수출 이윤곡선보다 더 위에 위치해 있기 때문이다. 둘째, FDI(자회사 설립 및 흡수)에 드는 고정비용이 더 큰 산업들의 경우 자회사 판매에 의한 이윤곡선이 더 낮아질(**평평해질**) 것으로 예상할 수 있다. 이 경우에 두 이윤곡선이 만나는 *Y*점은 현재보다 **더 우측**에 위치할 것이다. 이는 FDI에 드는 고정비용이 큰 산업들의 경우 해외에서의 자회사에 의한 판매가 더 불리하고 **수출이 더 유리하다**는 것을 의미한다. 왜냐하면 FDI에 드는 고정비용이 큰 산업일수록 해외에서의 자회사 판매가 더 적어지며, 그 결과 이윤도 더 낮아질 것이기 때문이다. 마지막으로, 수출에 드는 가변비용이 더 큰 산업들의 경우 수출 이윤곡선이 더 평평해질 것이며, 이때 두 이윤곡선의 접점은 현재보다 **더 좌측**에 위치할 것이다. 이는 수출에 드는 가변비용이 더 큰 산업들의 경우 수출이 더 불리하고 **해외에서의 자회사 판매가 더 유리하다**는 것을 의미한다. 왜냐하면 수출에 드는 가변비용이 큰 산업일수록 해외에서의 자회사 판매가 더 많아지며, 그 결과 이윤도 더 증가할 것이기 때문이다. 따라서 무역장벽이 클수록(수출 가변비용이 클수록) 수출에 비해 '자회사 판매로부터 얻는 이윤'이 더 크다는 것을 의미한다. 반면에 FDI에 드는 고정비용이 클수록 자회사 판매보다 '수출'에 의한 이윤이 더 크다는 것을 의미한다.

이러한 자회사 판매와 수출 간의 **상충관계**는 일본 자동차 회사들(예 : 도요타)의 미국에서의 영업 전략에 의해 잘 나타나고 있다. 일본 자동차 회사들은 1973년에 제1차 석유파동이 발생하기 전에는 미국으로 일본제 자동차들을 '수출'하였다. 그러나 1973년 이후에 미국이 자국의 자동차 시장을 보호한 이후에는 미국에 있는 생산시설(공장)들에 '투자(FDI)'하였다.[236] 일본 자동차 회사들에 의한 이러한 유형의 **'관세회피**

전략' 또는 **'관세 뛰어넘기 전략**(tariff jumping)' 은 '해외시장 근접과 국내생산 집중 간에 존재하는 상충관계' 를 잘 나타내 준다.

Brainard(1997)는 이러한 **이론적** 논의들로부터의 얻은 통찰력과 시사점들을 이용하여 '수출 및 무역에 드는 가변비용과 FDI에 드는 고정비용' 이 **자회사 판매 대비 수출**에 미치는 영향을 실증적으로 분석하였다. Brainard(1997)는 미국에서 활동하는 27개 외국기업을 상대로 이들 기업의 자회사 판매 대비 수출량을 실증적으로 검토해 보았다. 각 기업의 1989년 자료들을 사용하여 Brainard는 다음과 같은 결과들을 보여주었다. 첫째, 미국에서 활동하는 기업들이 고정비용(현지 공장 설립 및 흡수비용)이 높은 산업들의 경우 자회사 판매에 비해 수출을 더 많이 하는 것으로 나타났다. 둘째, 가변 수출 및 무역비용이 높은 산업들의 경우(예 : 화물 운송료가 높거나 외국 관세가 높은 산업의 경우) 자회사 판매에 비해 수출을 더 적게 하는 것으로 나타났다(다시 말하면, 수출에 비해 자회사 판매가 더 많은 것으로 나타났다.). 이러한 결과는 분명히 **현지시장 접근**의 관점에서 '수평적 FDI' 에 대한 **옹호론**이 주장하는 주요 예측들이 이러한 자료들에 의해 실증적으로 증명되고 있음을 의미한다. 그러나 Brainard는 **시장의 크기**가 자회사 판매 대비 수출에 미치는 영향에 대해서는 실증적으로 검토하지 않았다. Yeaple(2003b)은 Brainard가 사용한 유사한 자료를 사용하여 '시장의 크기' 가 자회사 판매 대비 수출에 미치는 효과를 실증적으로 검토하였다. 우선, Yeaple은 Brainard가 발

---

236) 또한 그 당시 일본 자동차 제조업자들은 '미국의 보호율 증가에 대비하여' 선제적으로 FDI에 관여하였다고 주장되기도 한다. 이에 대한 논의는 Grossman과 Helpman(1996)을 참조하기 바람.

견한 결과들을 다시 확인하였다. 즉, Yeaple은 FDI에 드는 고정비용이 더 클수록 그리고 가변 무역장벽(또는 무역비용)이 더 낮을수록 자회사 판매 대비 수출이 더 증가하고 있음을 재차 확인하였다. 다음으로, Yeaple은 시장의 크기가 자회사 판매 대비 수출량에 **마이너스**(−) 효과를 미치는 것을 발견하였다. 즉, 자회사 판매 대비 수출이 '시장의 규모가 클수록' **더 적어진다**는 것을 보여주었다.[237] 마지막으로 Brainard는 목적지(도착지) 국가들과 미국 간의 1인당 소득의 차이가 자회사 판매 대비 수출에 미치는 효과를 실증적으로 검토하였다. 그러나 국가들 간의 1인당 소득의 차이가 자회사 판매 대비 부문 간 수출에 미치는 효과는 미미한 것으로 나타났다. Brainard는 이러한 결과를 이용하여 요소 보수(소득)에 대한 국가 간의 차이가 수출과 FDI 간의 선택에 영향을 미친다는 **기존의** 견해를 반박하는 증거로 제시하였다. 우리는 이러한 결과를 다음 절에서 다시 논의할 예정이다.

수평적 FDI에 대한 Markusen(1984)의 최초의 연구뿐만 아니라 Brainard(1997)의 연구는 '산업 내에서 기업의 **이질성**(heterogeneity)이 존재하지 **않는다**' 는 분석적인 방법을 사용하고 있다. 즉, 이들은 어느 한 산업 내에 있는 모든 기업이 '동질적' 이라고 가정하고 있다. 그 결과, 모든 기업이 '똑같은' 선택을 한다. 다시 말하면, **모든** 기업이 **똑같이** 수출을 하기로 결정하거나, 아니면 **똑같이** 자회사 판매를 통해 외국의 현지시장에 제품을 공급하기로 결정한다. 따라서 모든 기업은 수출과 자회사 판매 중에서 **어느 하나만** 선택해야 한다. 이러한 환경 때문에 동일

237) 특히 시장 규모의 역할은 Carr, Markusen, 그리고 Maskus(2001)에 의해 강조되었다.

한 산업 내에서 FDI는 수출과 공존할 수 없다. 물론 증거를 해석하거나 추정 방정식을 설정하는 데 있어서 우리는 이러한 '극단적인' 결과를 액면 그대로 받아들일 수 없을 것이다. 그 대신, 시장근접과 집중 간의 상충관계를 결정하는 변수들(예 : 가변 수출비용)이 가져다주는 효과들은 '정확한 예측' 이라기보다는 **실증적 경향**으로서 해석되거나 이해되어야 한다. 이를테면 가변 수출비용의 증가는 FDI를 더 많이 발생시키고, 수출을 더 적게 발생시킬 것이라고 해석하는 것이 옳을 것이다. 왜냐하면 수출에 드는 가변비용이 증가하는 경우 수출이 감소하고 FDI(자회사 판매)가 증가할 것이기 때문이다. 이에 따라 수출에 비해 자회사 판매가 더 증가할 것이다. 그러나 이러한 주장이 사실이 되려면 산업 내 기업 간의 '이질성' 이 전제(가정)되어야 한다. 기업들 간의 이질성(**기업 특성의 차이**)을 가정함으로써 '일부' 기업들은 수출에 종사하고, '다른' 기업들은 해외에 투자(FDI)할 수 있을 것이다. 어떤 한 산업(예 : 자동차 산업) 내에서 기업들(예 : 일본의 도요타, 닛산, 미쯔비시 등)이 자유롭게 수출 또는 자회사 판매활동에 종사하려면 기업들 간의 이질성 가정이 필요하다. 기업들 간의 이질성 가정하에서 가변 수출비용의 증가는 더 많은 기업이 해외 자회사에 투자하게 하고, 더 적은 기업이 수출하도록 유인할 것이다.

이러한 아이디어는 Helpman, Melitz, 그리고 Yeaple(2004)에 의해 개발되었다. Melitz(2003)와 마찬가지로 이들의 분석방법은 '기업들은 생산성 면에서 차이가 있다' 라고 가정하고 있다.[238] 이제 기업들 간의 이질성 가정하에서 기업들이 수출과 자회사 판매를 통해 해외시장에서 자유롭게 영업활동을 하게 됨으로써 다음과 같이 **세 가지** 유형(또는 범

---

238) 'Melitz(2003)의 모형' 에 관한 논의를 보려면 제5장의 내용을 참조하기 바람.

그림 6.2 수출과 자회사 판매 간의 선택

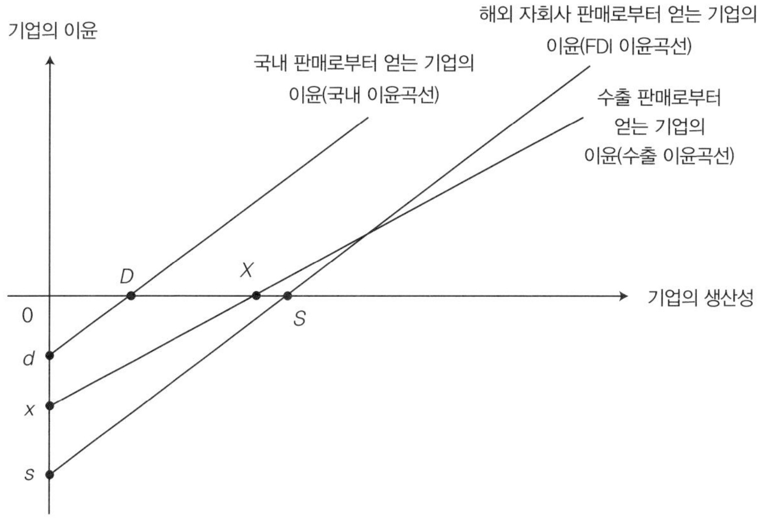

주)의 기업이 존재할 수 있다. (i) 국내시장에서만 판매하는 기업들, (ii) 수출에 종사하는 기업들, (iii) 해외 자회사에 투자하는 기업들 등으로 분류할 수 있다. 〈그림 6.2〉는 앞에서 설명한 〈그림 5.1〉을 확장한 것으로 이러한 세 가지 유형의 기업의 선택을 보여주고 있다. 그림에서 수평축은 기업의 **생산성**을 나타내고, 수직축은 기업의 **이윤**을 나타낸다.

〈그림 5.1〉에서 표시된 국내 판매에 대한 이윤곡선과 수출에 대한 이윤곡선에 더하여 **해외 자회사 판매로부터의 이윤곡선**이 〈그림 6.2〉에 새로이 추가되어 있다. 후자의 이윤곡선은 수출 이윤곡선과 비교해 볼 때 두 가지 주목할 만한 특징을 가지고 있다. 첫째, 수출 이윤곡선에 비해 자회사 판매로부터의 이윤곡선은 수직축의 절편(즉, **s**점)이 더 낮다는 점이다. 즉, **s**점이 **x**점보다 더 아래에 위치해 있다. 둘째, 자회사 판매로

부터의 이윤곡선이 수출 이윤곡선보다 기울기가 더 가파르다는 점이다. 다시 말하면, 수직축의 절편이 더 낮다는 것은 수출에 비해 **FDI(해외 자회사 판매)에 드는 고정비용이 더 높다**는 것을 나타낸다. 또한 기울기가 더 가파르다는 것은 수출에는 가변 무역(수출)비용이 소요되지만 **자회사 판매에는 가변 무역(수출)비용이 들지 않는다**는 사실을 나타낸다. 물론, 이러한 기울기들의 차이는 모국과 현지국 간의 단위당 제조비용(예 : 임금)의 차이를 나타내기도 한다. 즉, 만약 모국과 현지국 간에 제조비용이 똑같거나 아니면 모국에서보다 현지국에서의 제조비용이 **더 낮다면** 자회사 판매로부터의 이윤곡선은 현재보다 더 가파르게 변할 것이다. 그러나 만약 현지국에서의 임금이 모국에서보다 더 높더라도 자회사 판매로부터의 이윤곡선이 수출 이윤곡선보다 더 가파를 수 있다. 예를 들면, 현지국에서의 단위당 제조비용이 증가하더라도 가변 수출비용에 비해 매우 낮다면 자회사 판매로부터의 이윤곡선이 수출 이윤곡선보다 더 가파를 수 있다. 그러나 만약 FDI에 드는 고정비용이 수출에 드는 고정비용보다 더 커서 **수출에 대한 이윤곡선이 더 가파르다면**, 자회사 판매로부터의 이윤곡선은 그래프상 **모든 점에서** 수출 이윤곡선 **아래에** 위치하게 될 것이다. 이 경우에 **모든** 기업은 자신의 생산성에 관계없이 자회사 판매의 경우보다 '수출'로부터 더 많은 이윤을 얻게 된다. 따라서 이 산업에서 FDI는 결코 발생하지 않을 것이다.(바꾸어 말하면, 이 산업에서는 **수출만** 발생할 것이다.) 다시 말하면, **FDI가 발생하려면** 자회사 판매로부터의 이윤곡선이 그림에 나타나 있는 것처럼 **더 가팔라야만** 한다. 따라서 〈그림 6.2〉는 FDI가 '발생하는' 경우를 보여주고 있다.

〈그림 6.2〉에서 이윤을 극대화하는 기업들은 다음과 같이 네 가지로

분류될 수 있다. 첫째, 가장 생산성이 낮은 기업들, 즉 생산성이 *D*점의 좌측에 있는 기업들의 경우 이윤이 없거나 마이너스이기 때문에 이 산업에서 탈퇴해 나갈 것이다. 둘째, 생산성이 *D*점과 *X*점 사이에 있는 기업들의 경우 **국내시장에서만** 판매활동을 하게 될 것이다. 셋째, 생산성이 *X*점과 *S*점 사이에 있는 기업들의 경우 국내시장에서 판매활동을 하거나 수출에 종사하게 될 것이다. 마지막으로 생산성이 *S*점의 우측에 있는 기업들의 경우 국내시장에서 판매활동을 하거나 **해외 자회사에 투자하게** 된다. 분명히 이러한 분류방식은 조직 형태상의 분류체계를 생성해낼 것이다. 즉, (i) 생산성이 가장 낮은 기업들(예 : 그림에서 *X*점의 좌측이 있는 기업들)은 국내 지향적이고(즉, 국내에서만 판매활동을 하고), (ii) 생산성이 가장 높은 기업들(예 : 그림에서 *S*점의 우측이 있는 기업들)은 자회사 판매를 통해 해외시장에서 판매활동을 하고, (iii) 생산성이 중간 수준인 기업들(예 : 그림에서 *X*점과 *S*점 사이에 있는 기업들)은 수출과 자회사 판매를 병행할 것이다. 따라서 이러한 결과들은 다음을 의미한다. (i) 국내에서 판매활동을 하는 기업들은 평균적으로 생산성이 가장 낮고, (ii) 수출기업들은 국내기업들보다 평균 생산성이 더 높고(또는 중간 수준의 평균 생산성을 가지고 있고), (iii) FDI에 종사하는 기업들은 평균 생산성이 가장 높다는 것을 의미한다.

실제로, 이러한 기업 유형은 여러 실증 자료들과 일치하고 있다. 예를 들면, Helpman, Melitz, 그리고 Yeaple(2004)의 연구결과에 따르면 **미국 수출기업들의 평균 노동생산성**(노동자 1인당 생산량)이 미국 내에서만 활동하는 기업들(수출도 하지 않거나 해외에 투자도 하지 않는 기업들)의 평균 노동생산성보다 40% 정도 **더 높다고** 보고하고 있다. 반면에 **FDI에**

종사하는 기업들의 평균 노동생산성이 수출기업들의 평균 노동생산성보다 15% 정도 **더 높다고** 보고하고 있다. 또한 Head, Ries(2003)와 Tomiura(2007)도 일본 기업들의 경우에 이와 비슷한 순위를 보고하였고, Girma, Görg, 그리고 Strobl(2004)은 아일랜드 기업들의 경우에, 그리고 Girma, Kneller, 그리고 Pisu(2005)는 영국 기업들의 경우에 Helpman, Melitz, 그리고 Yeaple(2004)의 연구결과와 유사한 순위를 보여주었다.[239)]

이러한 분석적 모형들에서 **동일한 산업 내**에서 수출기업들과 해외직접투자기업들이 서로 **공존하기** 때문에 다음과 같이 '자회사 판매 대비 수출 비율'을 계산할 수 있다. 즉, (1) 기업의 생산성이 *X*점과 *S*점 사이에 있는 모든 기업의 수출 가치(또는 수출액)를 합(合)하고, (2) 생산성이 *S*점 우측에 있는 모든 기업의 자회사 판매 가치(또는 판매액)를 합(合)함으로써 **자회사 판매 대비 수출 비율**을 계산할 수 있다. 이러한 자회사 판매 대비 수출 비율(=수출/자회사 판매)은 (i) 수출에 드는 **가변 무역비용이 클수록**(그 결과 수출이 감소할수록) 더 적어지고, (ii) FDI에 드는 **고정비용이 작을수록**(그 결과 해외 자회사 판매가 증가할수록) 더 적어질 것이다. 이러한 추론은 앞에서 설명한 '해외시장 근접과 국내생산 집중 간의 상충관계'와 일치하고 있다. 추가적으로 자회사 판매 대비 수출 비율은 (iii) **산업 내 기업들의 생산성 차이가 더 클수록(또는 기업들의 생산성이 더 분산되어 있을수록)** 더 적어질 것이다. 이러한 추론은 기업들 간의 **이질성**을 가정함으로써 도출되는 '새로운' 예측이다. 다시 말하면, 기업의 이질성의

---

239) 이러한 연구들 중 일부 연구는 노동생산성을 기준으로 순위를 보여주었고, 다른 연구들은 총요소생산성(TFP)을 기준으로 순위를 보여주었다. 그러나 Tomiura (2007)는 두 경우 모두에 대한 순위를 보여주었다.

정도가 '비교우위(comparative advantage)' 에 영향을 미친다는 것을 의미한다. 그러면 우리는 다음 두 가지 자연스러운 질문을 제기할 수 있다. 첫째, 이러한 '이론적' 예측이 과연 실증 자료에 의해 증명되는가? 둘째, 만일 그렇다면 그것이 양적으로 얼마나 중요한가? 아래에서 이 두 가지 질문들에 대해 구체적으로 살펴보기로 하자.

Helpman, Melitz, 그리고 Yeaple(2004)은 (i) 가변 무역비용과 현지 공장(즉, FDI)에 드는 고정비용이 자회사 판매 대비 수출 비율에 미치는 효과들에 대한 추정치뿐만 아니라, (ii) **산업 내 기업들의 생산성 차이**가 자회사 판매 대비 수출 비율에 미치는 효과들에 대한 추정치를 함께 제시하였다. 아래 〈표 6.1〉은 표준화된 형태(즉, '베타' 계수의 형태)로 이러한 추정치들을 보여주고 있다. 이러한 추정치들(즉, 베타계수들)은 서로 간에 비교 가능하다는 장점이 있다. 이러한 추정치들은 1994년 미국의 52개 산업과 27개국을 대상으로 미국의 수출과 자회사 판매에 대한 자료를 이용하여 추정한 것이다.[240] Brainard(1997)도 이와 유사한 연구를 하였다. 이 표는 (i) 화물운송료, 관세, 고정비용 등이 자회사 판매 대비 수출 비율에 미치는 효과뿐만 아니라, (ii) 기업의 생산성 차이(**생산성 분산**)에 대한 세 가지 서로 다른 측도가 자회사 판매 대비 수출 비율에 미치는 효과도 함께 보여주고 있다. 전자의 세 가지 변수(즉, 화물운송료, 관세, 고정비용)는 앞에서 살펴본 '해외시장 근접과 국내생산 집중 간의 상충관계' 모형에 의해 제시된 것이다(이들 변수는 '해외시장 근접과 국내생산 집중 간의 상충관계' 를 알아보는 데 유용하다.). 반면에 후

240) 또한 Helpman, Melitz, 그리고 Yeaple(2004)은 표본의 크기를 38개국으로 확장하여 이와 유사한 추정치들을 제시하였다.

표 6.1 생산성 차이(분산)와 자회사 판매 대비 수출 비율

추정계수/종속 변수	화물 운송료	관세	고정 비용	미국 기업의 표준편차	유럽 기업의 표준편차	유럽 기업의 분포 유형
'베타' (Beta) 계수	−0.271	−0.205	0.325	**−0.312**	**−0.250**	**0.211**

출처 : Helpman, Melitz and Yeaple(2004).

주 : 이 표는 표준화된(또는 '베타') 회귀계수들을 보여주고 있다. 회계 방정식에서 독립변수로는 (i) 화물운송료, (ii) 관세, (iii) 고정비용, (iv) 미국 기업의 표준편차, (v) 유럽 기업의 표준편차, (vi) 유럽 기업의 분포 유형 등을 사용하였고, 종속변수로는 자회사 판매 대비 수출 비율을 사용하였다. 따라서 회계 방정식은 여섯 가지 독립변수가 '자회사 판매 대비 수출 비율' (종속변수)에 미치는 효과를 추정하고자 하고 있다. 표에 나타난 회귀계수들은 여섯 가지 독립변수가 '자회사 판매 대비 수출 비율' 에 미치는 효과를 보여주고 있다.

자의 변수는 (1) 미국 기업의 생산성에 대한 표준편차(이를 표에서 '미국 기업의 표준편차' 로 표시함), (2) 유럽 기업의 생산성에 대한 표준편차(이를 표에서 '유럽 기업의 표준편차' 로 표시함), (3) 유럽 기업에 대한 자료로부터 유도한 파레토 분포(Pareto distribution) 유형[241]에 대한 파라미터 추정치(이를 표에서 '유럽 기업의 분포 유형' 이라 표시함) 등으로 분류하였다. Helpman, Melitz, 그리고 Yeaple(2004)은 여섯 가지 각 추정변수들을 52개 산업부문들 각각에 대해 추정하였고, 이들 추정치들은 산업부문들 간에 큰 차이가 있는 것으로 나타났다. 〈표 6.1〉은 여섯 가지 추정변수들(독립변수)에 대한 산업부문들 간의 차이가 **자회사 판매 대비 수출 비율**(종속변수)에 커다란 영향을 미치고 있음을 보여주고 있다. 또한 이 표로부터 이러한 생산성의 차이(**생산성 분산**)가 자회사 판매 대비

241) [역자 주] 파레토 분포(Pareto distribution) 유형에 대한 파라미터는 '분산' 의 척도를 나타낸다. 예를 들면, 분포의 유형에 대한 파라미터의 값이 클수록 분산이 더 적다는 것을 의미한다.

수출 비율에 미치는 양적인 효과(추정계수들)를 화물운송료, 관세, 공장 건설(즉, FDI)에 드는 고정비용 등에 대한 추정치들과 서로 비교해 볼 수 있다.

〈표 6.1〉의 추정 결과를 요약하면 다음과 같다(역자 주).

(1) 화물운송료가 많을수록 자회사 판매 대비 수출 비율은 작아진다.
(2) 관세가 많을수록 자회사 판매 대비 수출 비율은 작아진다.
(3) FDI에 드는 고정비용이 클수록 자회사 판매 대비 수출 비율은 커진다.
(4) 미국 기업들의 생산성에 대한 표준편차가 클수록 자회사 판매 대비 수출 비율은 작아진다.
(5) 유럽 기업들의 생산성에 대한 표준편차가 클수록 자회사 판매 대비 수출 비율은 작아진다.
(6) 유럽 기업들의 파레토 분포 유형에 대한 파라미터의 값이 클수록 자회사 판매 대비 수출 비율은 커진다.

여기에서 (1), (2), (3)의 결과는 '해외시장 근접과 국내생산 집중 간의 상충관계'를 나타내 주고 있고, (4), (5), (6)의 결과는 '기업이 이질적인 경우'를 보여주고 있다.

또한 Yeaple(2009)은 추가적으로 다음 효과들도 보여주었다. Yeaple은 미국 다국적 기업들이 (i) 생산성이 더 높을수록 해외에서 더 많은 자회사들을 보유하고 있고, (ii) 생산성이 더 높을수록 현지국에서 더 많은 수입(收入)을 올리고 있음을 보여주었다. 그뿐만 아니라 (iii) **1인당 소득이 더 높은 국가일수록** 미국 다국적 기업들이 **선호하는** 지역이라는 점도 보여주었다. 그러나 그 이유는 그들 국가들이 미국 다국적 기업들에게 '더 낮은 FDI 고정비용' 을 제공해 주기 때문이 아니라 그들 국가들이 미국 다국적 기업들에게 **더 넓은 시장**을 제공해 주기 때문이다.(즉, 1인당 소득이 높은 국가들의 소비자들이 미국 다국적 기업들에 대한 제품을 선호하기 때문이다. 이를 위해 〈그림 6.1〉의 분석을 상기하라. 우리는 〈그림 6.1〉에서 시장이 클수록 수출에 비해 자회사 판매가 더 유리하다는 것을 보았다. 왜냐하면 그림에서 볼 때 시장의 크기가 클수록 자회사 판매로부터의 이윤곡선이 수출 이윤곡선보다 더 위에 위치해 있기 때문이다.) 마지막으로, Yeaple은 또한 FDI에 더 매력적인 국가들이 '한계적으로' 생산성이 **낮은** 다국적 기업들을 유인하고 있다는 것도 보여주었다.

6.5 수직적 해외직접투자(FDI)

우리는 앞 절에서 수평적 FDI에 대한 이론적(분석적) 설명들과 그들을 지지하는 실증적 증거들에 관해 자세히 논의하였다. 이러한 설명들은 주로 '해외시장 근접과 국내생산 집중 간의 상충관계' 에 초점을 맞추고 있다. 즉, 어느 한 기업이 **수출**이나 **자회사 판매**를 통하여 **해외시장에 접근**하려고 할 때 발생하는 상충관계를 말한다. 그러한 논의에서 우리는 다음 두 가지를 가정하였다. 첫째, 자회사 판매의 경우 가치연쇄(value chain)의 **전 과정**이 자회사 판매가 일어나는 **현지국**(host country)에서 발생한다. 둘째, 수출의 경우 가치체인의 **전 과정**이 수출품의 생산이 이루어지는 **원천지국**(source country)에서 발생한다.

이제 수직적 FDI를 정의해 보기로 하자. Markusen(2002, p. 5)에 따르면 "**수평적** 직접투자는 특정 기업이 국내시장에서 생산하는 것과 **거의**

유사한 제품과 서비스를 **해외에서 생산**하는 것"으로 정의하고 있다. 예를 들면, 어떤 기업이 국내에서도 자동차 '엔진'을 생산하고, 해외에서도 동일한 유형의 '엔진'을 생산하는 경우를 말한다. 전자의 엔진 생산은 국내시장에서 판매하거나 또는 수출할 목적이지만, 후자의 엔진 생산은 현지 자회사를 통해 해외에서 판매하려는 데 그 목적이 있다. 또한 Markusen(2002, p. 5)은 이러한 수평적 FDI와 **수직적 FDI**를 다음과 같이 구분하고 있다. "**수직적 직접투자**는 생산과정이 **생산단계별로 지리적으로 분할(또는 분화)되어 있는** 직접투자를 말한다." 다시 말하면, 어떤 생산단계는 현지국에서 이루어지고, 다른 생산단계는 모국(母國)에서 이루어지는 것을 의미한다. 예를 들면, 자동차의 경우 특정 부품(예 : 엔진)의 제조단계는 외국에서 하고, 자동차의 최종 조립단계는 모국에서 하는 경우를 말한다.

Helpman(1984b)은 '헬프먼-크루그먼(Helpman-Krugman)' 무역모형'의 확장을 시도하였다. 즉, 수직적 FDI를 고려하기 위하여 헬프먼-크루그먼 무역모형을 확장하고자 하였다. '헬프먼-크루그먼 무역모형'은 '요소 비율(factor proportion)'과 '**제품 차별화**(product differentiation)'를 결합하고 있다. 어떤 차별화된 부문에서 생산과정은 **제조과정**과 **본사 서비스**(headquarter services)로 나누어진다. 여기서 '본사 서비스'(또는 본사에서 제공하는 서비스)란 '관리 및 경영, 디자인, 연구개발(R&D) 등과 같은 활동들'을 포함하고 있다. 제조활동과 본사 서비스 활동들 간에는 **요소집약도**(factor intensities)의 차이가 존재한다. 본사가 제공하는 서비스는 공장에서의 생산보다 더 숙련집약적(skill intensive)이거나 더 자본집약적(capital intensive)이다. 더구나 본사가 제공하는 서비스들은 많은 국내 및 심지어 **해외**에 있는 제조 공장들과 공유될 수 있다. 그 결과 자본 풍부국에 있는 어떤 한 기업은 어느 '노동 풍부국의 저숙련노동자들의 임금이 낮아지면' **본사를 국내에 두고, 제조활동을 노동 풍부국에 두려고** 할 것이다. 가령 한국(상대적으로 자본이 풍부한 국가)의 어느 자동차 회사는 중국(상대적으로 노동이 풍부한 국가)에서 저숙련노동자들의 임금이 종전에 비해 더 낮아지면 본사는 한국에 두고, 자동차 제조활동은 중국에 두려 할 것이다. 기업들의 이러한 제조활동과 모(母)기업의 본사 서비스를 **분할**하려고 하는 것은 '수직적 FDI' 의 정의와 정확히 일치한다. 어떤 제품의 요소구성(factor composition, 자본집약적이냐, 또는 노동집약적이냐를 말함)의 차이들이 너무 크지 않다면 제조활동을 **다국적으로** 갈 유인이 없어진다. 왜냐하면 요소가격들이 모든 국가들에서 동일하기 때문이다. 그러나 요소구성의 차이가 **크다면** 요소가격이 국가 간에 **달라질** 압력이 발생할 것이다. 그러면 자본 풍부국에 있는 기업들은 '노동 풍부국' 에서 최종재를 생산하기 위하여 그곳에서 제조시설들을 건설하려 할 것이다.

이러한 생산의 재배치는 **무역의 구조**(trade structure)와 밀접한 관계가 있다. 비록 생산의 재배치가 순 무역흐름(net trade flows)의 요소 함유량(factor content)의 질적 예측에는 영향을 미치지 못할지라도[242] 무

242) 독자들은 '요소 함유량(factor content)' 에 대한 예측이 다음과 같음을 기억하라. 즉, "어떤 한 나라는 (i) 세계(또는 여타국들)에 비해 자국이 상대적으로 풍부하게 가지고 있는 모든 투입물의 요소 함유량을 수출하고, (ii) 세계에 비해 자국이 상대적으로 희소하게 가지고 있는 모든 투입물의 요소 함유량을 수입할 것이다."고 예측할 수 있다. Vanek(1968)은 여러 방정식들을 통해 이러한 관계들을 비교적 정확히 모형화하고 있다.

역의 구조, 즉 (i) 최종재의 무역흐름의 방향과 (ii) **산업 내 무역**(intra-industry trade)의 비중을 변화시킬 수 있다. 특히 제조활동이 외국으로 이동하기 때문에 두 국가 간의 자본-노동비율(capital-labor ratio)의 차이가 클 때 "자본 풍부국은 자본집약재를 외국에서 **수입**하게 된다." 그 이유는 자본 집약재가 임금이 싼 노동 풍부국에서 최종적으로 조립되기 때문이다. 다국적 기업들이 없는 경우에 두 국가 간에 요소구성의 차이가 클수록 산업 내 무역의 비중은 **더 적어질** 것이다. 그러나 요소구성의 차이가 커서 다국적 기업들이 **결성될 때** 이러한 관계는 더 미묘해진다. 반면에 수직적 FDI하에서 국가 간에 상대적 요소부존도(relative factor endowments)의 차이가 더 클수록 산업 내 무역의 비중은 **더 커질** 것이다(물론 이 경우 두 국가의 상대적 크기가 불변이어야 함). 이때 자본 풍부국은 차별화된 제품을 수출해야만 한다. 그러나 요소구성의 차이가 매우 크다면 차별화된 최종재의 생산이 노동 풍부국에서 일어나며, 그 결과 자본 풍부국은 차별화된 제품의 **순수입국**(수입>수출)이 된다. **무역 패턴**(trade pattern)에 있어서 이러한 변화가 발생하면 요소구성의 차이와 산업 내 무역비중 간의 **음(−) 관계**가 회복된다. 따라서 **수직적 FDI**는 요소구성의 차이와 산업 내 무역비중 간의 **비단조적**(non-monotonic) 관계(**음의** 관계)를 가져다준다.

'수직적 FDI' 의 출현은 또한 **'기업 내 무역**(intra-firm trade)' 을 발생시키기도 한다. 즉, 국내 모(母)기업들이 최종재를 외국의 다른 기업들이 아니라 그들의 **자회사로부터 수입**하게 되며, 이를 '기업 내 무역' 이라고 한다. 총 무역량에서 **기업 내 무역**에 의한 수입이 차지하는 비중은 국가들 간의 요소구성의 차이가 클수록 더 증가할 것이다(물론 이 경우 두 국가의 상대적 크기가 변하지 않아야 한다.). 다시 말하면, 수직적 FDI

모형은 '기업 내 무역의 비중'과 '국가들 간의 요소구성의 차이' 간에 **양(+)**의 상관관계가 존재한다고 예측하고 있다. 이는 국가들 간의 요소구성의 차이가 클수록 기업 내 무역의 비중도 커진다는 것을 의미한다.

수직적 FDI 모형에서 모(母)기업들은 **본사의 서비스를 그들의 자회사에** 수출하고, 그들의 **자회사로부터 최종재를 수입**한다. 물론, 모(母)기업들은 비록 자회사들이 모국이 아니라 **현지국에서 판매하기 위하여** 최종재를 생산할지라도 '본사의 서비스'를 자회사들에게 수출할 수 있다. 이러한 경우가 발생한다면 현지국에서 **자회사에 의한 판매**는 '수평적 FDI'를 나타내고, 반면에 **본사 서비스의 수출**은 '수직적 FDI'에 해당된다. 실제로 많은 경우에 두 가지 형태의 FDI는 이와 같이 상호연관되어 있다. 그러나 당분간 우리는 '순수 수직적 FDI'만 고려하기로 하자. 이와 같은 상황에서 모(母)기업들은 그들의 자회사에 **본사 서비스와 중간재**를 수출한다는 사실에 주목해 보자. 해외에 있는 자회사들은 모국에 있는 본사에서 수입한 중간재를 사용하여 현지에서 최종재를 생산한다. 현지 자회사들에 의한 중간재의 수입은 수직적 FDI를 나타낸다(이때 자회사들이 그들의 최종재를 어디에서 판매하든지는 상관이 없다.). 따라서 이러한 **기업 내 무역**의 흐름은 **'수직적 FDI'**의 중요성을 측정하는 데 자주 사용되곤 한다.

다음으로 기업 내 무역에 대한 실증적 증거들을 살펴보기로 하자. 예를 들면, Hanson, Mataloni, 그리고 Slaughter(2001, 표 6)는 미국 제조업 부문에서 다국적 기업들 간에 자매(계열)회사에 의한 추가적 가공을 위한 재화 수입이 1982년에는 자매회사 판매의 약 10% 정도를 차지했으나 1994년에는 12% 이상으로 증가하였음을 보여주었다. 이들은 이러한 증가를 '**수직적 FDI**의 상대적 중요성이 증가한 것'으로 해석하였다. 이러한 증가는 특정 현지국들과 특정 산업들에서 특히 두드러지게 나타났다. 우선, 국가별 미국 투자의 경우를 살펴보자. 캐나다에서의 미국 투자의 경우 이 비중(즉, 자매회사에 의한 추가적 가공 목적을 재화의 수입을 위한 비중)은 1982년 21.6%에서 1994년 33.5%로 증가하였고, 멕시코에서의 미국 투자의 경우에는 1982년 18.3%에서 1994년 36.7%로 증가하였다. 다음으로, 산업별 미국 투자의 경우를 살펴보기로 하자. 미국의 전자 및 전기설비산업에서 이 비중(즉, 자매회사에 의한 추가적 가공 목적의 재화의 수입비중)은 1982년 16.3%에서 1994년 22.2%로 증가하였고, 수송장비산업에서는 1982년 17.7%에서 1994년 23.2%로 증가하였다. 미국 외교관계위원회(2002)의 연구를 인용하면서 Hanson, Mataloni, 그리고 Slaughter(2005, p. 664)는 다음과 같이 언급하고 있다.

> "캐나다와 멕시코에 있는 자동차 공장들은 그들의 미국 모회사의 공장들과 광범위한 기업 내 링크(intrafirm links) 관계를 형성해 왔다. 그러한 링크 관계는 국경 간 대규모 투입물의 흐름을 통해 이루어져 왔다. 매일 2억 5천만 달러어치의 자동차들과 그 부품들이 앰배서더 다리(Ambassador Bridge)를 건넜다고 추정된다. 앰배서더 다리는 미국의 미시간 주에 있는 디트로이트 지역과 캐나다의 온타리오 주에 있는 윈저 지역을 연결하는 다리 이름이다. 미국 정부가 2001년 9월 11일 발생한 테러 공격 이후에 이 다리와 다른 통과지점들을 폐쇄했을 때 여러 개의 NAFTA 관련 자동차 공장들은 부품과 원재료 부족으로 48시간 이내에 문을 닫아야 할 지경이었다."

또한 Hanson, Mataloni, 그리고 Slaughter(2005)는 미국 모회사들로부터 그들의 해외 자회사들로의 중간재 수출이 현지국의 무역비용과 임금에 민감하다고 주장하였다. 특히 현지국에서 무역비용이 증가하고 저숙련노동자들의 임금이 증가할수록 모기업들로부터 중간재 수입이 감소하였고, 현지국에서 고숙련노동자들의 임금이 증가할수록 모기업들로부터 중간재 수입이 증가하였음을 보여주었다. 임금이 중간재 수입에 미치는 효과는 특히 흥미롭다. 왜냐하면 **저숙련노동자들**은 수입된 중간재의 사용을 **보완**하는 관계에 있고, '고숙련노동자들' 은 수입된 중간재를 '대체' 하기 때문이다.

이제까지 수평적 FDI와 수직적 FDI에 관해 광범위한 연구들이 진행되어 왔다. 왜냐하면 두 가지 유형의 FDI는 실증 자료에 있어서도 중요하기 때문이다. Brainard(1997)의 실증적 연구결과에 따르면 FDI의 흐름은 국가 간의 상대적 요소 풍부도의 차이와 아무런 상관관계가 **없으며**, 이는 **수평적 FDI**가 FDI의 지배적인 유형이라는 증거로 해석될 수 있다. 또한 반대 측면에서는 이미 논의했듯이 '수직적 FDI' 의 역할이 점점 더 증가하고 있다는 직접적 증거들도 차츰 늘어나고 있다. 따라서 다른 질문이 제기될 수 있다. 이러한 **서로 다른 증거들**이 어떻게 조화될 수 있는가? 이 질문에 대한 최상의 대답은 Yeaple(2003b)에 의해 제시되었다. Yeaple(2003)은 "Brainard는 국가 간의 요소구성의 차이가 FDI의 산업부문 간 구조에 미치는 효과(이는 **평균적** 효과를 말함)에 관해 체계적으로 추정했다."고 최초로 지적하였다. 그러나 비록 이러한 평균 효과들이 매우 크지는 않지만 FDI를 발생시키는 데 있어서 '요소부존도' 가 차지하는 역할에 대해서는 그다지 유용한 근거를 제공해 주지 못했다고 할 수 있다. 그 이유는 '요소집약도'가 산업부문들 간에 서로 **다르기** 때문이다. 따라서 우리는 미국의 다국적 기업들이 '고숙련노동자들이 풍부한 국가들'에서는 **고숙련집약적인 산업들**에 투자하는지, 아니면 '저숙련노동자들이 풍부한 국가들'에서는 **저숙련집약적인 산업들**에 투자하는지를 살펴보아야만 한다. 만일 이것이 사실이라면 미국의 다국적 기업들은 **현지국의 비교우위에 따라서** 투자한다는 증거를 제공해 준다. 이는 다국적 기업들이 **수직적 FDI**에 참가하려는 동기와 일치하는 증거이기도 하다. 다시 말하면, '요소부존도'가 **FDI**의 흐름에 미치는 효과를 살펴보기 위하여 우리는 '국가의 특성들'과 '산업의 특성들' 간의 상호작용을 함께 고려하는 모형들을 추정해 보아야 한다. 이러한 모형은 Romalis(2004)가 무역의 흐름을 추정하기 위하여 개발한 방법론과 유사하다고 할 수 있다.

Yeaple의 추정 결과는 실증적 자료를 사용하더라도 이러한 패턴을 재차 확인해 주고 있다. 또한 Yeaple은 (i) "가변 무역비용과 고정비용이 FDI에 영향을 미치고, (ii) "시장의 크기가 FDI에 영향을 미친다."는 증거를 발견하였다. 전자의 결과는 '해외시장 근접과 국내생산 집중 간의 상충관계'와 일치하고, 후자의 결과는 '시장접근 가설'과 일치함을 알 수 있다. 게다가 Yeaple은 이러한 변수들(가변 무역비용, FDI 고정비용, 시장의 규모 등)이 '자회사 판매 대비 수출'에 미치는 효과도 고려하였다. Yeaple의 추정 결과는 다음과 같다. 첫째, 추정을 위해 **수직적 FDI**와만 관계되어 있는 변수들을 사용했을 때 이들은 자회사 판매 대비 수출 비율의 변화 중 **13.5%**를 설명하고 있으며, 반면에 **수평적 FDI**와만 관계되어 있는 변수들을 사용했을 때 이들은 자회사 판매 대비 수출 비율의 변화 중 **14.9%**를 설명하고 있다. 후자의 효과가 더 큰 이유는 여기에는 시장의 크기 효과가 포함되어 있기 때문이다. 둘째, 수직적 FDI와 수평적 FDI와 **공통적으로** 관계되어 있는 변수들을 사용했을 때 이들은 자회사 판매 대비 수출 비율의 변화 중 **22.3%**를 설명하고 있다.[243] 이제 이러한 추정 결과들을 가지고 판단해 보면 두 가지 유형의 FDI는 미국의 실제 자료를 설명하는 데 중요하다는 것을 알 수 있다. 즉, 미국의 실제 자료를 사용하여 추정하더라도 두 가지 유형의 FDI는 모두 미국의 FDI에 있어서 중요한 역할을 차지하고 있음을 알 수 있다.

6.6 복합적 통합

글로벌 경제에서 기업의 조직들이 더욱 더 복잡해짐에 따라 수평적 FDI 또는 수직적 FDI의 '순수' 형태들로는 해외직접투자의 여러 패턴들에 대해 만족스러운 설명을 제공해 주지 못할 수 있다. 불행하게도 이는 사실이다. 많은 다국적 기업들의 자회사들은 자회사들이 위치한 현지국들에서 그들의 제품을 판매하고, 본국에 있는 모기업들로부터 중간재들을 수입한다. 그러나 다국적 기업들의 자회사들은 제3시장들, 계열(또는 자매)회사들, 비계열(또는 독립)회사들뿐만 아니라 그들의 **모국에도** 자신들이 생산한 제품들을 **수출**한다. 이에 대한 실제적 사례를 살펴보기로 하자. Blonigen(2005, 표 1)은 제조업 및 비제조업 부문에 종사하는 미국 다국적 기업들의 자회사들이 1999년에 판매한 현지 판매량은 총 판매량 중에서 67% 이상을 차지하고 있으며, 나머지 33% 정도는 수출한

243) 좀 더 정확히 말하면, Yeaple(2003b)은 종속변수로 [수출/(수출+자회사 판매)]로 정의하고, 이를 수평적 FDI와 수직적 FDI와 관련된 여러 변수들(독립변수들)에 대해 회귀분석을 실시하였다.

것으로 보고하였다. 즉, 자회사들의 총 판매량 중에서 10%를 약간 상회하는 비중은 미국, 즉 모국으로 판매되었고, 총 판매량의 10%에 가까운 비중은 다른 해외에 있는 독립 또는 비계열기업들에 판매되었고, 12.5%는 다른 해외에 있는 계열기업들에게 판매된 것으로 나타났다(이들을 합하면 33% 정도이다.). 제조업 부문의 경우 현지국 판매 비중은 60% 미만으로 비제조업 부문에 비해 더 적은 것으로 나타났다. 그러나 제조업 부문에서 모국인 미국으로의 판매는 15%를 차지하였고, 다른 해외에 있는 계열기업들에 대한 판매는 16%를 초과한 것으로 나타났다.

이러한 비중들은 FDI와 무역이 밀접하게 관련되어 있음을 의미하며, 이러한 관계는 산업부문들 간에 다르다는 것을 보여주고 있다. 그러나 그러한 자료들은 또한 이러한 관계가 **국가들 간에도** 서로 다르다는 것을 보여준다. Ekholm, Forslid, 그리고 Markusen(2007, 표 1)은 여러 국가들에서 활동하고 있는 미 제조업 부문의 해외 자회사들의 2003년 판매액을 면밀히 분석해 보았다. 이들의 보고에 따르면 EU 국가들에서 활동하고 있는 미 자회사들에 의한 모국인 미국으로의 판매는 아주 적은 비중(총 판매량의 1~5% 정도)을 차지하였고, 제3시장들로의 판매는 **국가들 간에** 큰 차이가 있음을 발견하였다. 예를 들면, 아일랜드에 있는 미 자회사들은 총 판매량의 69%를 제3시장들에 판매하였고, 또한 벨기에에서는 총 판매량의 56%를, 스페인에서는 총 판매량의 39%를 제3시장들에 판매하였으나, 그리스에서는 총 판매량의 8%만 제3시장들에 판매한 것으로 나타났다. 확실히 아일랜드와 벨기에에 있는 미 자회사들에 의한 제3시장으로의 판매는 미 다국적 기업들의 대규모 **'수출 플랫폼**(export platform)' 역할을 하고 있음을 알 수 있고, 반면에 그리스의 경우에는 대부분(총 판매량의 92% 정도) 현지 기업에 제품을 공급하고 있음을 볼 수 있다. 후자의 경우는 '수평적 FDI' 에 해당된다.

미국 다국적 기업들의 현지 자회사들에 의한 '미국(즉, 모국)으로의 수출' 과 '제3국으로의 수출' 을 비교해 보기로 하자. 먼저, 해외에 있는 미 자회사들에 의한 **미국(모국)으로의 수출**은 캐나다와 멕시코뿐만 아니라 일부 아시아 국가들로부터도 큰 비중을 차지하고 있다. 예를 들면, 말레이시아에 있는 미 자회사로부터 미국으로의 수출은 자회사 총 판매량의 39%, 필리핀의 경우에는 자회사 총 판매량의 35%, 홍콩과 싱가포르는 자회사 총 판매량의 15%를 차지하고 있었다. 또한 캐나다와 멕시코에 있는 미 자회사로부터 미국으로의 수출은 자회사 총 판매량의 각각 34%와 31%를 차지하고 있었다. 그러나 인도네시아와 중국의 경우에는 각각 2%, 8%로 다소 적은 비중을 차지하고 있었다. 다음으로, 아시아 국가들에 있는 미 자회사들로부터 **제3국으로의 수출 판매**는 큰 비중을 차지하고 있다. 예를 들면, 싱가포르에 있는 미 자회사들로부터 제3국으로의 수출 판매는 자회사 총 판매량의 43%, 필리핀은 38%, 인도네시아는 13%를 차지했다. 반면에 캐나다는 5%에 불과하였으며, 멕시코는 15%를 차지하였다.

이러한 자료들로부터 '**하나 이상**의 동기들이 FDI를 발생시킨다' 는 사실을 분명히 알 수 있다. 이는 FDI의 발생과 관련하여 **여러 동기들**이 관계되어 있음을 의미한다. 첫째, 그리스에서 활동하는 미국 기업들(다국적 기업의 자회사들)은 주로 '수평적 FDI' 로 활동하고 있다. 왜냐하면 그리스에 있는 미 자회사들로부터 본국인 미국으로의 수출은 자회사 총 판매량의 1%만 차지하고 있고, 또 그리스에 있는 미 자회사들로부터 제3국으로의 수출은 자회사 총 판매량의 8%에 불과하기 때문이다. 이는 수평적 FDI에 해당된다. 둘째, 아일랜드와 벨기에에서의 직접투자(FDI)

는 주로 '플랫폼 FDI' 로 기능하고 있다. '플랫폼 FDI' 란 현지 자회사들을 흡수함으로써 자회사들에서 생산한 제품들을 (모기업이 위치한 국가가 아니라) **제3국으로** 수출하고자 하는 데 주목적이 있는 FDI를 말한다. 한마디로 플랫폼 FDI란 현지국에서 제3국으로 수출하는 데 목적이 있는 FDI를 의미한다. 셋째, 말레이시아와 필리핀에서의 FDI는 '수직적 FDI' 와 '플랫폼 FDI' 가 동시에 중요한 역할을 담당하고 있다.[244] 따라서 FDI의 이러한 유형들을 이해하기 위하여 우리는 수평적 FDI, 수직적 FDI, 플랫폼 FDI를 별개로 생각할 것이 아니라 '상호 관련된 전략들' 로서 생각해 볼 필요가 있다. 다국적 기업은 대체로 수평적 FDI, 수직적 FDI, 플랫폼 FDI를 혼합 전략으로 사용하고 있기 때문이다.

이러한 상호연관된(또는 복합적) FDI 유형이 보여주는 하나의 중요한 시사점이 Yeaple(2003a)에 의해 제시되었다. Yeaple은 세계에 3개의 국가만이 존재하는 경우를 고려하였다. 즉, 세계에는 2개의 북구 선진국

미국 다국적 기업들의 FDI 유형

FDI 현지국	FDI 유형
그리스	수평적 FDI
아일랜드와 벨기에	플랫폼 FDI
말레이시아와 필리핀	수직적 FDI와 플랫폼 FDI

244) 말레이시아에 있는 미 자회사들로부터 본국인 '미국으로의 수출' (수직적 FDI)은 자회사 총 판매량의 39%를 차지하고 있고, 말레이시아에 있는 미 자회사들로부터 '제3국으로의 수출' (플랫폼 FDI)은 자회사 총 판매량의 28%를 차지하고 있다. 반면에 필리핀에 있는 미 자회사들로부터 '미국으로의 수출' (수직적 FDI)과 '제3국으로의 수출' (플랫폼 FDI)은 각각 35%와 38%를 차지하고 있다.

(예 : 미국과 프랑스)과 1개의 남구 후진국(예 : 필리핀)이 있다고 가정하였다. 2개의 북구 선진국 각각은 자국에 본사를 둔 어느 한 기업이 제조하는 하나의 차별화된(서로 다른) 제품을 소비한다. 이 제품을 만들기 위하여 각 선진국의 본사 기업은 두 가지 투입물(중간재 또는 부품)을 필요로 한다. 하나의 투입물은 북구(선진국) 내에서 생산하는 것이 더 싸고, 나머지 투입물은 남구(후진국)에서 생산하는 것이 더 싸다. 최종재와 중간재에 대한 수송비용은 제품의 가치에 비례하며, 선진국과 후진국에서 서로 비슷하다. 이러한 가정하에서 북구 선진국(미국 또는 프랑스)에 본사를 둔 어느 한 기업은 다음 **네 가지** 전략 중에서 어느 하나를 선택할 것이다. 이 기업은 과연 어떤 전략을 선택할 것인가? 이제 이에 대해 살펴보기로 하자. 이를 위해 북구 선진국인 미국에 있는 어느 한 기업의 경우를 고려해 보자. 첫째, 미국에 있는 당해 기업이 미국에서 두 가지 투입물(중간재)을 모두 생산하고, 이들을 조립하여(최종재로 만들어) 또 다른 북구 선진국인 프랑스로 선적해 가는 전략을 선택할 수 있다. 둘째, 미국에 있는 당해 기업이 미국에서 한 가지 투입물(중간재)만을 생산하고 나머지 투입물은 후진국인 필리핀에서 생산하고, 이들을 조립하여(최종재로 만들어) 프랑스로 선적해 가는 전략을 선택할 수 있다. 이 전략은 '수직적 FDI' 에 해당된다. 셋째, 미국에 있는 당해 기업이 프랑스에 자회사 하나를 설립하여 미국과 프랑스에서 두 가지 투입물(중간재)을 각각 생산하고, 이들을 미국과 프랑스에 있는 현지 생산자, 미국에 있는 모기업, 프랑스에 있는 자회사 등에 공급하는 전략(미국과 프랑스 각각에서 두 투입물을 생산 · 조립하여 미국과 프랑스 시장 각각에 내놓는 전략을 선택)을 선택할 수 있다. 이 전략은 '수평적 FDI' 에 해당된다. 마지막으로 미국에 있는 당해 기업이 하나의 투입물은 후진국인 필리핀에서 생산하

고 나머지 하나의 투입물은 미국과 프랑스에서 각각 생산하고, 이들을 미국과 프랑스에 있는 현지 생산자에게 공급하는 전략(미국과 필리핀에서 생산한 두 투입물을 조립하여 미국 시장에 내놓거나, 또는 프랑스와 필리핀에서 생산한 두 투입물을 조립하여 프랑스 시장에 내놓는 전략)을 선택할 수 있다. 이는 '복합적 통합(complex integration)' 에 해당된다.

Yeaple은 이러한 네 가지 전략 각각의 선택 가능성이 (i) 선진국과 후진국에서 중간재(부품)를 생산하는 데 드는 비용의 차이, (ii) 선적 및 수송비용, (iii) 선진국과 후진국에서 자회사 설립에 드는 고정비용 등에 달려 있다고 주장하였다. 특히 Yeaple은 다음과 같이 지적하였다.

> "이러한 복잡한 통합 전략들은 어느 한 나라에서의 FDI 수준과 이웃 국가들의 특성 및 정책들 간의 '의존도' 를 만들어낸다. (중략) 이러한 의존도의 주요 특성은 두 가지 형태를 띨 수 있다. 즉, 두 생산지점이 '상호 보완관계' 에 있거나 아니면 '대체관계' 에 있을 수 있다. 즉, 두 생산지점은 다음 경우에는 상호 보완관계에 있다. 어느 한 국가에서 일어나는 사건들이 그 국가에서의 MNE(Multinational Enterprise, 다국적 기업) 활동을 확대(또는 축소)시키는 경우 이것이 또한 다른 국가에서의 MNE 활동도 확대(또는 축소)시키는 경우를 말한다. 반면에, 두 생산지점은 다음 경우에는 대체관계에 있다. 다시 말해 어느 한 국가에서 일어나는 사건들이 그 국가에서의 MNE 활동을 확대(또는 축소)시키지만 이것이 다른 국가에서의 MNE 활동을 축소(또는 확대)시키는 경우를 말한다."[245](Yeaple, 2003a, p. 295)

두 해외 지점에서의 FDI가 보완관계에 있는지 아니면 대체관계에 있

---

245) 여기서 MNE는 'Multinational Enterprise(다국적 기업)' 를 말한다.

는지의 여부는 '수송비' 수준에 달려 있다. 예를 들어, 수송비가 **낮은** 경우 두 가지 유형의 FDI는 '상호 보완관계'에 있다. 미국에 본사를 둔 어느 한 기업은 필리핀에 중간재(부품)를 생산하는 하나의 공장(즉, 자회사)을 설립하여 가지고 있으며, 그 결과 최종재의 단위당 생산비용을 낮출 수 있다. 이러한 상황하에서 판매량이 확대되면 이윤이 증가할 것이다. 판매량을 확대하는 한 가지 방법은 프랑스에서 자회사를 설립하여 프랑스 시장에 제품을 공급하는 것이다. 따라서 '필리핀에 있는 미국의 자회사'는 **프랑스에 있는 미국 자회사**가 더 큰 이윤을 얻게 하는 역할을 수행한다. 또한 역으로 **프랑스에 있는 미국 자회사**는 '필리핀에 있는 미국 자회사'가 더 큰 이윤을 얻도록 하는 역할을 한다. 이와 같이 해외에 있는 미국의 두 자회사 각각은 다른 자회사의 이익을 증가시키는 데 기여하므로 두 자회사는 상호 보완관계에 있다고 할 수 있다.

Grossman, Helpman, 그리고 Szeidl(2006)은 Yeaple의 이러한 분석을 수정 · 확장하였다. 이들은 두 가지 유형의 투입물 대신에 다음의 생산기술을 고려하였다. (i) 하나의 **중간재 투입물**(또는 부품)과 하나의 조립활동이 있으며, (ii) 이들 각각의 활동은 다른 국가들(예 : 미국, 프랑스, 또는 필리핀)에서 수행할 수 있다고 가정하였다. 이러한 수정으로 이제 '플랫폼 FDI'의 가능성을 고려할 수 있다. 즉, 필리핀에서 부품을 조립해서 선진국으로 수출하는 플랫폼 FDI를 고려해 볼 수 있다. 또한 Grossman, Helpman, 그리고 Szeidl(2006)은 당해 제품(최종재)이 선진국과 후진국 모두에서 소비된다고 가정하였다. 더구나 차별화된 제품을 생산하는 기업들이 서로 '이질적'이라고 가정하였다. 그 결과, 생산성 수준이 서로 다른 기업들은 상이한 **통합** 전략을 선택할 수 있고, 최종재의 수송비가 중간재의 수송비와 서로 다를 수 있다. 이 경우에 일부 기업들은 국내에서 중간재를 생산하고, 본국에서 최종재로 조립하여 외국으로 수출하는 전략을 선택할 수 있다. 반면에 다른 기업들은 한 가지 유형의 FDI를 선택하거나 또는 여러 유형의 FDI를 선택할 수 있다. 이러한 이질적인 FDI 유형들은 위에서 설명한 실증 자료들에서도 나타나고 있다.

이러한 더 풍부한 분석 수단과 틀을 이용하여 Grossman, Helpman, 그리고 Szeidl은 여러 FDI 유형들 간에 존재하는 세 가지 유형의 '상보성(相補性; complementarity)'[246]을 자세히 설명하였다. 이들은 이러한 세 가지 유형의 상보성을 '단위 비용(unit cost) 상보성', '부품 원천(source of components)의 상보성', '집적(agglomeration) 상보성'이라 이름 붙였다. 이들 각각에 대해 차례로 살펴보기로 하자.

첫째, **단위 비용 상보성**은 Yeaple이 주장한 보완성 개념과 유사하다. Grossman, Helpman, 그리고 Szeidl은 상호보완성을 다음과 같이 정의하였다.

> "일반적으로 해외에서 조립할 때 드는 고정비용(**조립 FDI**에 드는 고정비용)의 증가가 부품부문에서 FDI(**부품 FDI**라 함)를 수행하는 기업들의 비중을 줄인다면 이는 '조립 FDI(FDI in assembly)'가 '부품 FDI(FDI in component)'를 상호보완한다고 말한다.[247] 역으로 해외에서 부품 FDI에 드는 고정비용의 증가가 해외에서 **조립 FDI**를 수행하는 기업들

---

246) [역자 주] '상보성'(相補性)이란 '서로 모자란 부분을 보충한다'는 의미이다.
247) [역자 주] 해외에서 조립 FDI에 드는 고정비용이 증가함으로써 '조립 FDI'가 줄어들게 되며, 그 결과 부품부문에서 FDI(부품 FDI)를 수행하는 기업들의 비중도 줄어들게 될 것이다. 이러한 현상을 "조립 FDI가 부품 FDI를 상호보완한다."고 말한다.

의 비중을 줄인다면 이는 '부품 FDI' 가 '조립 FDI' 를 상호보완한다고 말한다."[248](Grossman, Helpman and Szeidl, 2006, p. 219)

이러한 정의하에서 심지어 중간재와 최종재에 대한 수송비용이 없는 경우에도 '단위 비용 상보성' 이 존재한다. 그 이유는 다음과 같다. 먼저, 중간재와 최종재에 대한 수송비용이 없는 경우, **미국에서 중간재를 생산하고 이를 이용하여 미국에서 최종재를 조립하는** 어떤 '통합된' 기업(integrated firm)이 있다면, 이 기업은 절대로 프랑스에 투자하지 않을 것이다. 왜냐하면 프랑스에서의 FDI는 (비록 수송비용은 들지 않지만) 반드시 FDI에 고정비용을 수반하기 때문이다. 좀더 일반적으로 말하면, 이 경우에 그 기업은 미국 이외의 여러 다른 지역들에서 동일한 활동을 수행할 이유가 없을 것이다. 왜냐하면 이 경우 해외에서 FDI 활동을 하면 (비록 수송비용은 들지 않지만) 반드시 고정비용을 증가시키기 때문이다. 그 결과, 중간재들은 본국 또는 필리핀(후진국)에서 생산되고, 또한 조립도 본국 또는 필리핀에서 이루어질 것이다. 따라서 중간재와 최종재에 대한 수송비용이 없는 경우 중간재와 최종재는 모두 본국 또는 필리핀(후진국)에서 생산되고 조립될 것이다.

이러한 FDI의 유형들이 〈그림 6.3〉에 나타나 있다. 〈그림 6.3〉은 수송비는 없지만 '조립 FDI' (부품조립 FDI)에 일정한 고정비용이 드는 경우를 가정하고 있다. 그림의 횡축은 기업의 생산성 수준을 나타내고, 종

248) [역자 주] 해외에서 부품 FDI에 드는 고정비용이 증가함으로써 '부품 FDI' 가 줄어들게 되며, 그 결과 조립 FDI를 수행하는 기업들의 비중도 줄어들게 될 것이다. 이러한 현상을 "부품 FDI가 조립 FDI를 상호보완한다."고 말한다.

그림 6.3 FDI의 여러 유형[가정 : (i) 중간재 및 최종재에 대한 수송비가 없고, (ii) 조립 FDI에 일정한 고정비용이 드는 경우]

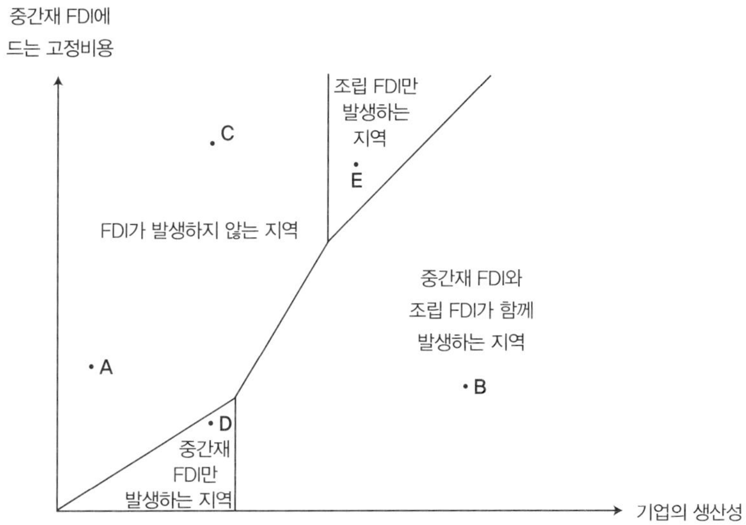

축은 중간재 FDI에 드는 고정비용을 나타내고 있다. 종축의 경우 원점에서 출발하여 위로 갈수록 중간재 FDI에 드는 고정비용이 커진다는 것을 의미한다. 그림에 나타난 네 가지 지역을 살펴보기로 하자. (1) 생산성이 낮은 기업들(즉, 기업의 생산성이 횡축에서 원점에 가까이 위치해 있는 경우)은 FDI 활동에 참여하지 **않을** 것이다(그림에서 A점의 경우를 고려해 보라.). 왜냐하면 이들 기업은 조립 및 중간재 FDI에 드는 고정비용을 회수하지 못하기 때문이다. 이는 그림에서 'FDI가 발생하지 않는 지역'에 해당된다. (2) 생산성이 매우 높은 기업들(즉, 기업의 생산성이 횡축에서 원점으로부터 멀리 위치해 있는 경우)은 필리핀에 **통합** 자회사들(integrated subsidiaries)을 설립하여, 필리핀에서 중간재를 생산하여 최종재로 조립할 것이다(그림에서 B점의 경우를 고려해 보라.). 이는 그림에서 '중간재 FDI 및 조립 FDI가 함께 발생하는 지역'에 해당된다. 따라서 생산성이 낮은 기업들은 본국으로부터 그들의 제품을 수출하지만 (FDI가 발생하지 않지만), 생산성이 매우 높은 기업들은 (본국이 아니라) **필리핀**으로부터 그들의 제품을 수출한다. 분명히 **필리핀**은 생산성이 매우 높은 기업들에 대한 하나의 '수출 플랫폼'(**수출 전진기지**)임을 알 수 있다. 즉, 생산성이 매우 높은 기업들은 그들이 생산한 제품들 중에서 소량만 필리핀 소비자들에게 판매하고, 나머지는 선진국인 미국과 프랑스로 수출한다. (3) 생산성이 중간 수준에 있는 기업들은 (종축에 표시된) '중간재 FDI'에 드는 고정비용이 높으면 FDI에 참여하지 **않을** 것이다 (그림에서 C점의 경우를 고려해 보라.). 이는 그림에서 'FDI가 발생하지 않는 지역'에 해당된다. **그러나** 중간재 FDI에 드는 고정비용이 매우 낮으면 이들 기업들은 필리핀에 자회사를 설립하여 **중간재를 생산**할 것이다. 그런 다음에 이들 중간재를 선진국의 본국으로 수출하여, 본국에서 최종재로 조립한다. 이들 최종재들은 선진국 국내에서 판매되거나 필리핀과 다른 선진국인 프랑스로 수출된다(그림에서 D점을 고려해 보라). 이는 그림에서 '중간재 FDI가 발생하는 지역'에 해당된다. (4) 생산성이 높은 일부 기업들은 '중간재 FDI'에 드는 고정비용이 높다면 **'조립 FDI'**에만 참여하려 할 것이다.[249)](그림에서 E점의 경우를 고려해 보라.) 이러한 기업들은 본국에서 중간재들을 생산하고, 이들을 추가적 가공작업을 위해 필리핀으로 수출한다. 필리핀에서 이들 기업의 자회사들은 중

249) [역자 주] 그러나 생산성이 높은 기업들은 만약 '중간재 FDI'에 드는 고정비용이 매우 낮았다면 필리핀에서 최종재를 생산하기 위하여 통합된 생산시설들을 획득할 수 있었을 것이다. 그 결과, 이들 기업은 중간재 FDI에 참여할 수 있었을 것이다. 그러나 여기서는 중간재 FDI에 드는 고정비용이 '높다'고 가정했기 때문에 이들 기업들은 조립 FDI에만 참여할 수 있다.

기업의 생산성과 FDI[역자 주]

기업의 생산성	FDI의 참가 여부
아주 낮은 기업들	• FDI에 아예 참가하지 않음 (그림에서 A점의 경우)
중간 수준의 기업들	• 중간재 FDI에 드는 고정비용이 높으면 FDI에 참가하지 않음 (그림에서 C점의 경우) • 중간재 FDI에 드는 고정비용이 매우 낮으면 중간재 FDI에 참가함 (그림에서 D점의 경우)
높은 기업들	• 중간재 FDI에 드는 고정비용이 높다면 조립 FDI에만 참여함 (그림에서 E점의 경우)
매우 높은 기업들	• 중간재 FDI 및 조립 FDI에 함께 참여함 (그림에서 B점의 경우)

간재를 사용하여 최종재를 조립하고, 이들을 본국과 다른 선진국인 프랑스로 수출한다. 이는 그림에서 '조립 FDI가 발생하는 지역'에 해당된다.

분명히 이러한 FDI의 여러 유형은 앞에서 실증 자료들을 통해 본 것과 유사함을 알 수 있다. 또한 〈그림 6.3〉에서 보듯이 중간재 FDI에 드는 고정비용이 증가할수록 FDI(조립 FDI를 포함하여)에 참여하는 기업들의 수도 감소할 것이다.(왜냐하면 중간재 FDI에 드는 고정비용이 증가할수록 FDI 활동으로부터 이익이 발생하려면 기업의 생산성이 증가해야 하기 때문이다.). **따라서 중간재 FDI와 조립 FDI 간에 '단위 비용 상보성'이 존재한다.** 왜냐하면 필리핀에서의 **중간재 FDI에 드는 단위 비용의 감소**는 '조립 FDI'를 촉진(증가)시키고, 필리핀에서의 **조립 FDI에 드는 단위 비용의 감소**는 '중간재 FDI'를 촉진(증가)시키기 때문이다. 다시 말하면, **중간재 FDI에 드는 비용**과 '조립 FDI 활동'이 서로 상보적(相補的)이고,

조립 FDI에 드는 비용과 '중간재 FDI 활동' 이 서로 상보적이다.

중간재 FDI에 드는 비용 ⟶ 상보적 ⟶ 조립 FDI 활동

조립 FDI에 드는 비용 ⟶ 상보적 ⟶ 중간재 FDI 활동

둘째, **부품 원천의 상보성**을 살펴보기로 하자. 국가(국경) 간에 최종재를 수송하는 데 드는 비용이 비싸다면(그러나 중간재 수송에는 비용이 없다면) 〈그림 6.3〉에 나타난 FDI의 여러 유형은 여전히 적용될 수 있다(단 수송비가 매우 낮아야만 함). 만약 수송비용이 높으면 더 긴밀한 통합의 유형들을 볼 수 있을 것이다. 이것은 부분적으로 두 가지 유형의 FDI들(중간재 FDI와 조립 FDI) 간에 발생하는 **새로운** 원천의 상보성에 기인하고 있다. 이를 '부품 원천의 상보성' 이라 부른다. 부품 원천의 상보성은 필리핀에서 **조립활동**을 수행함으로써 절감되는 비용이 필리핀에서 **중간재**를 생산할 때보다 상대적으로 더 크다는 사실에서 비롯된다. 이는 단위 비용 상보성으로부터 나타나는 전략적 효과를 강화시켜 주는 역할을 한다. 그러나 수송비가 없는 경우에서와 **달리** 현재에서는 다른 선진국인 **프랑스에서 조립 FDI**에 참여할 '유인' 이 발생한다. 이러한 유인은 중간재들이 후진국인 필리핀에서 낮은 비용으로 생산될 때 더 강할 것이다.

최종재의 수송비용이 높고[250] 필리핀 시장이 작다고 가정해 보자. 이때 중간재 FDI에 드는 고정비용이 낮은 경우 한 가지 흥미 있는 FDI 유형이 발생한다. 이러한 유형은 〈그림 6.4〉에 표시되어 있다.

---

250) [역자 주] 단위 비용 상보성의 경우 최종재 및 중간재에 대한 수송비용은 '없다' 고 가정했다.

그림 6.4 **FDI의 여러 유형 [가정 : (i) 최종재에 대한 수송비가 높고, (ii) 중간재 FDI에 드는 고정비용이 낮고, (iii) 후진국(필리핀) 시장이 작은 경우]**

(1) 생산성이 낮은 기업들은 본국에서 통합된 생산시설들을 가동하여 제품을 생산한 후 최종재를 필리핀과 다른 선진국인 프랑스로 수출한다. 이는 그림에서 'FDI가 발생하는 경우' 에 해당된다. (2) 생산성이 약간 높은 기업들은 필리핀에서 중간재들을 생산하여 이들을 다시 본국으로 수입하여 최종재로 조립한다. 이는 그림에서 '후진국(필리핀)에서 중간재 FDI가 발생하는 경우' 에 해당된다. 이 경우에 '순수 수직적 FDI' 가 존재하며, 두 선진국 기업은 필리핀과 다른 선진국에 최종재를 수출한다. (3) 생산성이 좀더 높은 기업들은 여전히 필리핀(후진국)에서 중간재를 생산한다('수직적 FDI' 에 종사한다.). 그러나 이 경우에 이들 기업은 **다른 선진국에서** 자회사들을 설립할 수 있다. 이러한 자회사들은 필리핀(후진국)에 있는 해당 계열기업으로부터 선적해 온 중간재들을 사용하

여 **선진국에서 최종재를 조립**한다. 이는 '수평적 FDI' 에 해당된다. 이 경우에 다른 선진국에서의 **수평적 FDI**는 후진국(필리핀)에서의 수직적 FDI에 의해 이루어진다는 사실을 기억하기 바란다. 그러므로 이러한 두 가지 유형의 FDI는 상호 관련되어 있다. 그러나 미국과 프랑스 간에는 최종재 무역이 발생하지 않는다. 그 대신 선진국 기업들은 최종재의 수출을 통해 필리핀 시장에 제품을 공급한다. 그러나 필리핀은 선진국의 '수출 플랫폼(export platform)' 임을 유의하기 바란다. 왜냐하면 필리핀에서 생산되는 중간재들은 필리핀에서 사용되지 않고, 선진국인 미국과 프랑스로 수출되기 때문이다. 이는 그림에서 '후진국(필리핀)에서 중간재 FDI가 발생하고, **선진국에서 조립 FDI**가 발생하는 경우' 에 해당된다. (4) 가장 생산성이 높은 기업들은 **필리핀에서 중간재**를 생산하고 **3국(선진국과 후진국) 모두에서 최종재**를 조립한다. 이 경우 필리핀은 또 다시 **중간재**에 대한 '수출 플랫폼' 의 역할을 한다. 그러나 이러한 중간재들의 일부는 현지(필리핀)에서의 **조립**활동에 사용되며, 조립된 최종재들은 필리핀에서 판매된다. 이는 그림에서 '후진국(필리핀)에서 중간재 FDI가 발생하고, **선진국과 후진국 모두에서 조립 FDI**가 발생하는 경우' 에 해당된다.

우리는 본 절에서 FDI와 가변비용, 고정비용, 그리고 수송비용들 간에 존재하는 단순한 상충관계를 이용하여 **복잡한** FDI 유형들에 관해 자세히 설명하였다. 이 이론이 아직까지 실증적으로 검증되지는 않았지만 이러한 FDI의 유형들이 해외에서 활동하고 있는 미국 자회사들의 실제 FDI 활동들과 일치한다고 '예측' 할 수 있다.

6.7 내부화

이제까지 우리는 다국적 기업들의 FDI 참여 및 유형들에 관해 설명해 왔다. 그러나 다국적 기업들이 **왜** '내부화(internalization)' 하려는지에 대해서는 어떠한 논의도 전개하지 않았다. 즉, "어떤 다국적 기업이 수출이 아니라 **왜** '자회사 판매' 를 통해 해외시장에 제품을 공급하려 하는가?" 또는 "어떤 다국적 기업은 **왜** '해외 자회사에서 중간재' 를 생산하려 하는가?"에 대해 명시적으로 분석하지 않았다. 물론, 이러한 두 가지 경우의 각각에 당해 다국적 기업은 자신과 자매(계열)회사 관계에 있지 **않은** 어떤 '해외기업' 을 이용할 수 있다. 예를 들면, 당해 다국적 기업은 현지 판매를 목적으로 **최종재**를 생산하기 위해 '해외기업' 에게 **면허나 허가권**을 부여해 줄 수 있다. 예를 들어, 해외기업에게 다국적 기업 자신의 상표명(brand name)을 사용할 수 있는 허가권을 제공해 줄 수 있다. 또는 당해 다국적 기업은 '해외기업' 에게 **중간재**를 생산할 수 있는 **면허나 허가권**을 줄 수 있다. 이제 이러한 경우에 다음 질문이 제기될 수 있다. "당해 다국적 기업은 **언제** '해외 생산자' (해외기업)를 소유하려 하는가?" 또는 "당해 다국적 기업은 **언제** '국내 부품 공급업자' 를 소유하려 하는가?" 이러한 '통합' 결정들은 **해외 소싱**(foreign sourcing, 해외에서 최종재 또는 중간재를 공급하느냐) 및 **국내 소싱**(domestic sourcing, 국내에서 최종재 또는 중간재를 공급하느냐) 모두에 대해 관련되어 있다. 그 결과, 다국적 기업들은 선택 가능한 **다수의** 조직 형태(organizational forms, '해외 소싱' 이냐 또는 '국내 소싱' 이냐)를 갖게 되며, 각 다국적 기업은 자신에게 맞는 고유의 전략을 선택할 수 있다.

우선, (i) 다국적 기업들의 조직 형태에 관한 결정들(국내 조직이냐 또는 해외 조직이냐)과 (ii) 이들이 무역과 FDI에 미치는 영향을 검토하기 위하여 연구자들은 수많은 분석 방법들을 채택해 왔다. 첫째, 기업 영역들에 대한 '거래비용(transaction cost) 접근법' 이 있다. 이러한 접근법은 Dunning(1977)의 '절충적 접근법' 에서 사용되고 있다.[251] 둘째, **내부화**에 대한 '경영유인(managerial incentive) 접근법' 이 있다. 이는 Grossman과 Helpman(2004), Marin과 Verdier(2008a, b)에 의해 사용된 접근법이다.[252] 셋째, **기업 조직들**에 대한 '재산권(property rights) 접근법' 이 있다. 이는 '불완전 계약이론' 에 바탕을 두고 있으며, Grossman과 Helpman(2002a), Antràs(2003), Antràs와 Helpman (2004), 그리고 기타 최근의 연구들 등에서 사용되고 있는 접근법이다.[253] 본서에서는 세 번째 접근법에 초점을 맞추어 다국적 기업의 내부화 과정을 설명하고자 한다. 왜냐하면 세 번째 접근법은 다양한 실증 자료들을 가지고 성공적으로 연구되어 왔으며, 그 결과 여러 의미 있는 예측들을 제공해 주기 때문이다.

이러한 연구들에서 나타나는 기본적인 상충관계는 다국적 기업의 내부화로부터 발생하는 '비용' 과 내부화로부터 얻는 '편익' 에 관련되어 있다. 가장 단순한 형태의 내부화의 경우에 우리는 최종재를 생산하기 위하여 수행되어야 하는 **두 가지 활동들**을 고려해 볼 수 있다. 이를 위해 두 명의 당사자가 필요하다고 가정하자. 첫 번째 당사자(이를 H라고 부

---

251) 특히, Williamson(1975)은 기업 이론을 '거래비용 접근법' 으로 설명하고 있다.
252) Grossman과 Helpman(2004)은 Holmstrom과 Milgrom(1991)에 바탕을 두고 있으나, Marin과 Verdier(2008a, b)는 Aghion과 Tirole(1997)에 바탕을 두고 있다.
253) '불완전 계약이론' 에 바탕에 둔 '재산권 접근법' 은 Grossman과 Hart(1986), Hart와 Moore(1990)에 의해 개발되었다.

르기로 하자. 여기서 H는 본사(Headquarter)에 근무하는 당사자를 말함)는 최종재를 생산하기 위한 '기술과 노하우'를 소유하고 있다. 또한 최종재를 생산하려면 H가 소속된 '본사에서 제공하는 서비스(headquarter service)'가 필요하며, 이는 첫 번째 당사자인 H만이 제공할 수 있다. 다른 하나의 활동은 두 번째 당사자(이를 S라고 부르기로 하자. 여기서 S는 Second를 나타내며 부품 공급자를 의미함)에 의해 수행된다. 여기서 두 번째 당사자는 H 기업의 계열(자매)기업이거나, 아니면 독립적인 공급자일 수 있다. 두 번째 당사자인 S는 최종재 생산에 필요한 **부품들을 공급**한다. 한 가지 중요한 점은 첫 번째 당사자인 H가 필요로 하는 부품들은 고도로 전문화된 부품들이다.(이를 편의상 '전문 부품' 또는 '특수 부품'이라고 하자.) 그래서 만약 S가 그 부품들을 H가 요구하는 대로 정확히 공급한다면 오직 H만이 그 부품들을 사용할 수 있다. 왜냐하면 그 부품들은 H와 S 당사자 이외에는 아무런 가치가 없기 때문이다. 이러한 이유로 일단 S가 그 부품들을 생산하기만 한다면 S는 'H의 볼모'가 된다. 그러나 S만이 그러한 부품들을 공급할 수 있다면(이는 논의를 단순하게 하기 위해 도입된 가정임) H 또한 'S의 볼모'가 된다. 왜냐하면 H는 S가 공급하는 특수 부품 없이는 최종재를 생산할 수 없기 때문이다. 이러한 상황하에서 H와 S는 부품대금 지급과 관련하여 사후적으로(ex-post, 부품 공급 후에) **교섭**(또는 계약)을 체결할 수 있을 것이다. 즉, S 당사자는 자신이 만든 특수 부품들을 공급하고 H로부터 대금을 지불받기 때문이다. 이것이 발생하려면 두 당사자는 부품들의 특성을 규정하는 세부 계약서에 서명할 수 없다고 가정해야 한다. 왜냐하면 부품에 관한 필수적인 특성들을 상세히 규정하는 것은 매우 복잡하며, 그 결과 판사 또는 배심원들은 중간재(부품)가 명세서나 계약서를 정

확히 충족시키는지에 대해 확신할 수 없기 때문이다.[254)]

이러한 사후적 교섭의 결과는 어떻게 될 것인가? 이와 같은 상황에서 그 대답(즉, 계약의 결과)은 (i) H와 S가 서로 **협조**함으로써 이끌어낼 수 있는 **잉여**(surplus)뿐만 아니라, (ii) 그들의 관계가 **깨어지는** 경우에 양 당사자 각각의 자산으로부터 얻을 수 있는 **자산 가치**에 달려 있다. 다시 말하면, 그러한 사후적 교섭의 결과는 그들이 선택할 수 있는 '외부 옵션들(outside options, 양 당사자의 계약관계 **밖에서**의 선택 여지)' 에 달려 있다. 만약 S가 (H와 아무런 계열 또는 자매관계가 없는) 독립적인 공급업자라면 S가 공급하는 특수(또는 전문) 부품들은 이러한 관계 **밖에서**는 아무런 가치가 없을 것이다. 따라서 이 경우에 S의 '외부 옵션' 은 0이 될 것이다. 즉, S가 현재의 계약관계 밖에서 선택할 수 있는 여지는 아무것도 없을 것이다. 왜냐하면 S는 H가 요구하는 **특수한** 부품들만 공급하기 때문이다. 만약 둘 간의 이러한 거래 및 계약관계가 깨어진다면 S는 자신이 생산하는 특수한 부품들을 다른 기업들에게 공급할 수 없게 된다. 또한 H의 경우에도 이와 유사할 것이다. 만약 H가 (S가 제공하는) 특수 부품들 없이 최종재를 생산할 수 없다면 H의 외부 옵션 또한 0이 될 것이다. 두 당사자의 교섭력(bargaining power)을 주어진 것으로 가정하고, 각 당사자는 자신의 '외부 옵션' (이 경우에는 0임)과 '각자의 교섭력에 따라 얻는 잉여비중' 을 얻을 수 있다. 이때 잉여는 어떻게 얻는가? 양 당사자가 얻는 **잉여**는 다음과 같이 정의(定義)된다. 양 당사자가 얻는 잉여는 '최종재의 판매로부터 얻는 수입(收入)' 에서 'H와 S가 선택하는 각각의 외부 옵션' 을 뺀 것이다. 아웃소싱(outsourcing)의 경우에 외부

254) 독자들이 예상하듯이 이러한 설정은 매우 단순화된 경우이다. 그러나 이는 '불완전계약' 에 대한 기본 접근법의 핵심을 잘 반영하고 있다.

옵션이 0이기 때문에 각 당사자가 얻는 잉여는 최종재로부터 얻는 수입과 같다. 즉, 아웃소싱의 경우 각 당사자가 얻는 잉여는 '최종재로부터의 수입이 각 당사자의 교섭력에 비례하여 분배되는 것' 을 의미한다.

다음으로, 다른 유형의 조직 형태를 고려해 보기로 하자. 즉, S가 H 기업으로 **'통합'** 되는 경우를 고려해 보자. 이 경우에 H는 S가 생산하는 중간재들(부품들)을 **소유**하게 된다. 또한 이 경우에 S는 자신과 H 간의 거래관계가 깨어지면(예 : S 자신이 거래를 그만두거나 아니면 H에 의해 해고되는 경우) 중간재들을 생산할 수 없게 된다. 그러므로 이 경우에는 아웃소싱의 경우에서처럼 S의 외부 옵션은 0이 된다. 그러나 H의 경우에는 '통합' 전략으로 인해 아웃소싱의 경우와 다르다! 왜냐하면 **통합** 전략하에서 H는 중간재들을 소유할 수 있기 때문이다. H는 중간재(부품) 공급업자 없이(S의 협조 없이) 중간재들과 본사 서비스들을 최종재로 효율적으로 전환(조립)할 수 없을 것이다. 그 결과 H는 S와 협조할 때 얻는 수익보다 **더 낮은** 수익을 얻게 된다. 그럼에도 불구하고, H의 **더 낮아진** 수익은 이제 이러한 교섭 게임에서 H의 **외부 옵션**이 된다. 따라서 이러한 '교섭게임' 에서 H의 외부 옵션은 '아웃소싱' 하에서의 H의 외부 옵션의 가치(=0임)보다 더 크다는 것을 알 수 있다. 이러한 이유로 H는 아웃소싱의 경우에서보다 '통합' 전략의 경우에 **더 큰 수익**을 얻을 수 있다. 그러므로 최종재 판매로부터 얻는 수익의 증가는 H가 통합 전략을 선택함으로써 얻는 주요 이점이다. 바꾸어 말하면, 최종재 판매 수익의 증가는 H가 **통합** 전략을 선택하는 주요 이유이다.

이것이 과연 사실인가? H가 자신에게 더 큰 수익을 가져다주는 조직 형태(즉, '통합')를 반드시 선호한다고 생각하는 것은 **잘못**이다. 왜냐하면 다국적 기업들에게 수익의 증가는 확실히 수익의 감소보다 선호될 것이기 때문이다. 만약 조직의 형태가 최종재의 판매 수익에 **영향을 미치지 않는다면** 이것은 사실이다. 그러나 이러한 추론은 결코 진실이 **아니다**. 그 이유는 다음과 같다. 만약 S가 양 당사자가 협력(통합)하여 얻는 공동 수익 중에서 자신이 얻는 비중이 더 적을 것이라고 예상한다면 S는 고품질의 중간재들을 생산하기 위하여 열심히 일하려 하지 **않을** 것이다. 또한 H의 경우에도 이와 마찬가지이다. 즉, H도 양 당사자가 협력(통합)하여 얻는 공동 수익 중에서 자신이 얻는 비중이 더 적다면 고품질의 본사 서비스를 생산하기 위하여 열심히 일할 유인을 갖지 **않을** 것이다. 따라서 양 당사자에 의한 근로 태만 또는 투자 감소는 얻을 수 있는 총 수익을 감소시킬 것이고, 그 결과 양 당사자는 나누어 가질 수 있는 파이가 더 적어질 것이다. 이러한 이유로 H는 더 큰 수익을 얻기 위하여 언제나 **통합을 선택하지 않을** 것이다. 특히 최종재를 생산하는 데 본사 서비스에 비해 **부품들(중간재)이 더 중요한 역할**을 한다면 H는 '아웃소싱'을 선호할 것이다. 왜냐하면 H는 아웃소싱을 통해 S에게 투자하고 열심히 일하려는 유인을 제공해 주려고 하기 때문이다. Antràs(2003)는 본사 서비스에 비해 중간재(부품)들이 가지는 '상대적 중요성(relative importance)'과 관련하여 '적정 수준(cutoff level, 아웃소싱 또는 통합을 결정해 주는 수준을 의미함)'이 존재한다고 주장하였다. 그리고 나서 Antràs는 중간재(부품)들의 상대적 중요성이 적정 수준을 초과하는 기업들은 아웃소싱'을 선호하고, 적정 수준 아래에 있는 기업들은 **통합** 전략을 선호함을 보여주었다.

Antràs(2003)는 이러한 구조(결과)를 '두 국가, 두 생산부문, 두 투입물'로 이루어진 국제무역 모형에 적용하였다. 여기서 본사 서비스에 대한 '중간재(부품)의 상대적 중요성'을 한 생산부문에서의 **노동집약도**(labor intensity)[255]로 측정하였다. 그 결과, 기업들은 '노동집약적인(labor-intensive) 부문'에서는 **아웃소싱**을 선택하고, '자본집약적인(capital-intensive) 부문'에서는 **통합**을 선택한다. 따라서 Antràs의 모형은 '자본집약적인 부문'에서는 **기업 내 무역**(intrafirm trade)을 선택하고, '노동집약적인 부문'에서는 **독립기업 간 무역**(arm's length trade)을 선택할 것이라고 예측할 수 있다. 이를 느슨하게 해석한다면 다음 두 가지를 추론할 수 있다. 첫째, 어느 한 국가의 수입 유형을 알 수 있다. 즉, 어느 한 국가의 자본 풍부국(capital-rich country)으로부터의 수입이 노동 풍부국(labor-rich country)으로부터의 수입에 비해 **기업 내 무역비중이 더 크다**는 것을 의미한다. 왜냐하면 자본 풍부국은 자본집약재를 생산하여 통합 전략을 통해 기업 내 무역을 선호하기 때문이다. 둘째, 어느 한 생산부문의 무역의 형태를 알 수 있다. 즉, 어떤 생산부문이 자본집약적일수록 어느 한 국가의 **기업 내 수입비중**은 더 커질 것이다.

Antràs(2003)는 28개 국가와 23개 산업으로부터 미국 수입에 대한 실제 자료를 사용하여 분석할 결과 위의 '두 예측'이 실제 자료와 **부합**함을 보여주었다.[256] 〈그림 6.5〉는 1992년 미국의 '기업 내 무역비중'과

생산부문	조직의 형태	무역의 형태
노동집약적인 부문	아웃소싱 선택	독립기업 간 무역 선호
자본집약적인 부문	통합 전략 선택	기업 내 무역 선호

255) [역자 주] 정확히 말하면, 어떤 산업부문에서의 '요소집약도(factor intensity)'를 말함.

256) 실증분석에 사용된 자료는 1987년, 1989년, 1992년, 1994년 자료들이다.

그림 6.5 1992년 미국의 기업 내 수입비중(미국의 28개 국가로부터의 수입의 경우)

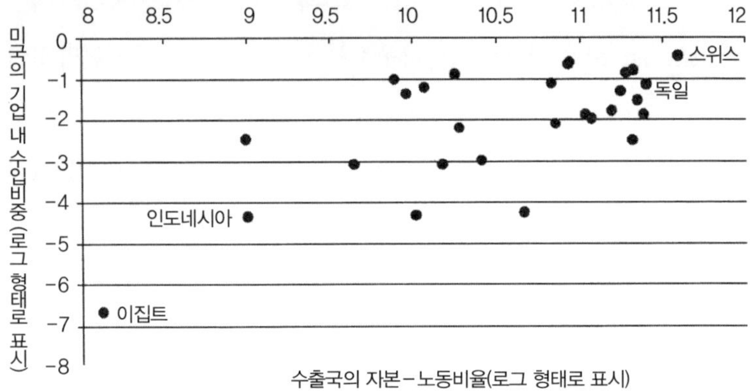

자료 : Antràs(2003)의 자료를 이용하여 그린 것임.

'수출국의 자본-노동비율' 간의 관계를 보여주고 있다.[257](그림에서 종축은 미국의 기업 내 수입비중을 나타내고, 횡축은 수출국의 자본-노동비율을 나타낸다. 횡축의 경우 원점에 가까울수록 노동 풍부국을 의미하고, 원점에서 멀어질수록 자본 풍부국을 의미함) 〈그림 6.5〉에서 양자 간의 관계가 양(+)의 상관관계를 띠고 있음을 볼 수 있다. 즉, 미국의 기업 내 수입비중이 클수록 수출국의 자본-노동비율이 크다는 것을 알 수 있다. 예를 들면, 미국이 이집트와 인도네시아와 같이 **노동 풍부국들로부터 수입**하는 경우 미국의 **기업 내 수입비중이 낮고**, 독일과 스위스와 같이 '자본 풍부국들로부터 수입' 하는 경우에는 '기업 내 수입비중이 높음'을 볼 수 있다.

Antràs의 이론적 모형에 따르면 산업부문별 수입은 **모두** '기업 내 수

257) 이 그림을 그리기 위하여 자료를 제공해 준 Pol Antràs 교수에게 감사를 드린다. 사실 〈그림 6.5〉는 Antràs(2003)가 그린 〈그림 2〉를 다시 그린 것에 불과하다.

입' 이거나 또는 **모두** '독립기업 간 수입' 임을 의미하고 있다. 그러나 실증 자료에 따르면 양자가 혼합되어 있고, 또한 기업 내 무역비중이 산업부문들 간에 서로 '다르다' 는 것을 보여주고 있다. 이러한 특징뿐만 아니라 무역 및 FDI의 추가적 특성을 고려하기 위하여 Antràs와 Helpman(2004)은 각 산업부문에 **기업의 이질성**과 조직 형태별 **고정비용의 차이**를 새로이 도입하였다. 특히, 이들은 고정비용과 관련하여 다음 두 가지 가정을 새로이 도입하였다. 첫째, Antràs와 Helpman (2004)은 국내에서의 활동보다 **옵쇼어**(offshore, **해외**) 활동에 고정비용이 더 많이 든다고 가정하였다. 왜냐하면 (i) **해외에서의 아웃소싱**은 국내에서의 아웃소싱보다 고정비용이 더 많이 들고, (ii) **FDI에 드는 고정비용**이 국내에서의 통합에 드는 고정비용보다 더 많이 들기 때문이다. 둘째, Antràs와 Helpman(2004)은 **통합**에 드는 고정비용이 아웃소싱의 경우보다 더 높다고 가정하였다. 왜냐하면 (i) **국내에서의 통합에 드는 고정비용**이 국내에서의 아웃소싱에 드는 고정비용보다 더 높고, (ii) **FDI에 드는 고정비용**이 '해외에서의 아웃소싱' 에 드는 고정비용보다 더 높기 때문이다. 첫 번째 가정은 매우 합당하지만, 두 번째 가정은 합리화하기 어렵다. 그 이유는 다음과 같다. 어느 **통합된** 기업이 '규모의 경제(economies of scope)' 를 가지고 있다면 그 기업은 고정비용을 절약할 수 있다. 다시 말하면, 어떤 통합된 기업이 자사의 생산활동을 **수평적으로 확장**할 수 있다면(규모의 경제를 가지고 있다면) 그 기업은 각 활동에 대해 고정비용을 절약할 수 있다.(그러나 **통합된** 그 기업은 이로 인해 경영관리 면에서 부담이 증가할 수 있으며, 그 결과 그 기업의 생산활동에 드는 고정비용이 증가할 수 있다.) 따라서 두 번째 가정과 달리 '통합에 드는 고정비용' 이 **아웃소싱에 드는 고정비용**보다 반드시 더 높을 필요가

그림 6.6 Antràs와 Helpman 모형에서의 기업활동의 분류

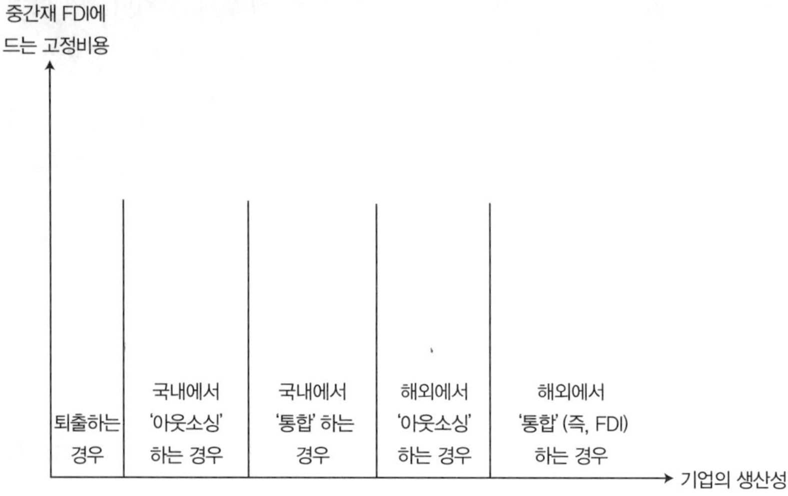

출처 : Antràs and Helpman(2004).

없다.[258] 물론, 이러한 이론적 모형은 두 가지 가정 각각에 대해 분석될 수 있을 것이다. 또한 아래에서 두 가지 상이한 가정하에서 도출되는 시사점의 차이에 대해서 논의하고자 한다.

Antràs와 Helpman(2004)이 예측한 이러한 '분류 유형(sorting pattern)'은 〈그림 6.6〉에 나타나 있다. 〈그림 6.6〉은 생산비용이 국내에서보다 **해외에서** 더 낮은 경우를 나타내고 있다. 고정비용이 존재하는

258) Defever와 Toubal(2010)은 프랑스 산업통계청이 조사한 프랑스 다국적 기업들의 설문조사를 다음과 같이 보고하였다. 즉, 설문조사 결과에 따르면 "프랑스 다국적 기업들은 아웃소싱에 드는 고정비용이 '수직적 통합(vertical integration)'에 드는 고정비용보다 더 높다고 인식하고 있음"을 보여주었다. 이러한 프랑스 실증 자료에 대해서는 나중에 다시 논의할 것이다.

경우 일반적으로 생산성이 가장 낮은 기업들은 시장에서 퇴출될 것이다. 생존 기업들 중에서 생산성이 '낮은' 기업들은 '국내에서' 중간재(부품)를 생산하고, 생산성이 높은 기업들은 **해외에서** 중간재를 획득할 것이다. 첫째, **국내에서**(onshore, 온쇼어) 중간재들을 획득하는 기업 집단들 내에서 (i) 생산성이 가장 낮은 기업들은 **국내 아웃소싱**을 통해 중간재들을 획득하지만, (ii) 생산성이 높은 기업들은 중간재들을 **기업(자사) 내**에서 생산할 것이다. 둘째, **해외에서**(offshore, 옵쇼어) 중간재를 획득하는 기업 집단들 내에서 (i) 생산성이 가장 낮은 기업들은 **해외 아웃소싱**을 통해 중간재들을 획득하지만, (ii) 생산성이 높은 기업들은 중간재들의 **통합**을 통해 획득할 것이다. **아웃소싱**을 선택하는 기업들은 중간재들을 **독립기업들**을 통해 수입하지만, '통합' 을 선택하는 기업들은 중간재들을 '자회사들' 로부터 수입할 것이다. 즉, 통합을 선택하는 기업들은 '기업 내 무역' 에 종사하게 된다. 수평적 FDI 모형에서와 같이 여기에서도 가장 생산성이 높은 기업들이 '다국적 기업' 이 될 것이다.

아웃소싱에 드는 고정비용과 통합에 드는 고정비용의 **순서**를 바꾸어도 결과(예측)에는 아무런 영향을 미치지 못한다. 즉, 생산성이 '낮은' 기업들은 '국내에서(onshore)' 중간재를 생산하고, 생산성이 **높은** 기업들은 중간재를 **해외에서**(offshore) 생산할 것이다. 이러한 결과는 위에서의 결과와 동일하다. 그러나 **통합**이 아웃소싱의 경우보다 고정비용이 **더 적게** 든다면 생산성이 낮은 기업들은 '통합' 을 선택하지만, 생산성이 높은 기업들은 '국내 아웃소싱' 과 '해외 아웃소싱' 을 선택할 것이다. 다시 말하면, 첫째 국내에서 중간재들을 생산하는 기업들 간에 생산성이 가장 낮은 기업들은 '통합' 을 선택하고, 생산성이 가장 높은 기업들은 '국내 아웃소싱' 을 선택할 것이다. 둘째, 해외에서 중간재들을 생산하는 기업들 간에 생산성이 가장 낮은 기업들은 '다국적 기업'이 되고, 생산성이 가장 높은 기업들은 '해외 아웃소싱'을 선택할 것이다.

〈그림 6.6〉은 네 가지 조직 유형을 보여주고 있다. 즉, 2×2의 조직 구조(국내 대 해외, 통합 대 아웃소싱)로부터 유도할 수 있는 네 가지의 조직 유형을 보여주고 있다. 그러나 어떤 생산부문의 경우에는 4개의 칸들 중에서 빈칸이 있을 수 있다. 예를 들면, 본사 집중도(headquarter intensity)가 매우 낮은 생산부문의 경우 어떤 기업은 부품 공급자에게 강력한 유인을 제공해 줄 것이다. 왜냐하면 그 부품들이 생산과정에서 매우 중요하기 때문이다. 그 결과, 그 기업은 자신의 생산성과 관계없이 '아웃소싱'을 선택할 것이다. 왜냐하면 아웃소싱은 공급업자에게 투자하고 열심히 일할 최상의 유인을 제공해 줄 뿐만 아니라, 또 아웃소싱하에서 고정비용이 더 낮기 때문이다. 이러한 상황에서 다음의 한 가지 질문이 제기될 수 있다. 본사 집중도가 매우 낮은 기업이 과연 중간재들을 해외에서 공급할 것인가? 그 대답은 다음과 같다. 생산성이 **낮은** 기업들은 '국내 아웃소싱(domestic outsourcing)'을 선택하지만, 생산성이 **높은** 기업들은 '해외 아웃소싱(foreign outsourcing)'을 선택할 것이다. 왜냐하면 전자의 경우는 FDI에 드는 '고정비용'을 절약하고, 후자의 경우는 **가변비용**을 절약할 수 있기 때문이다.

이러한 분류 유형을 사용함으로써 우리는 기업들이 어떤 조직 형태를 선택하는지, 각 조직 형태별 기업이 차지하는 비중, 그리고 그들의 시장 점유율 등을 파악할 수 있다. Antràs와 Helpman은 (i) 본사 집중도가 **더 낮은** 생산부문에서 옵쇼어링(offshoring)은 더 높게 나타나고, (ii) 생산성 분산도가 더 높은 생산부문에서 **옵쇼어링**이 더 높게 나타난다는 것을

		기업의 위치	
		국내	해외(옵쇼어)
기업의 활동	통합	국내에서 '통합' 하는 경우	해외에서 '통합' (즉, FDI)하는 경우
	아웃소싱	국내에서 '아웃소싱' 하는 경우	해외에서 '아웃소싱' 하는 경우

보여주었다. 반면에 본사 집중도가 더 높은 생산부문의 경우 다음 결과를 보여주었다. 즉, 어떤 생산부문의 본사 집중도가 높을수록 또는 그 부문의 생산성 분산도가 더 클수록, 국내 및 해외 아웃소싱에 비해 **통합**이 더 높게 나타난다는 것을 보여주었다.(참고로 〈그림 6.6〉의 분류 유형은 본사 집중도가 높은 부문들을 나타내고 있다.)

Yeaple(2006)은 1994년의 미국 기업 단위의 자료를 사용하여 두 가지 시사점들을 검토해 보았다. (i) **본사 집중도**가 '기업 내 수입비중' 에 미치는 효과와 (ii) **생산성 분산도**가 '기업 내 수입비중' 에 미치는 효과를 실증적으로 분석해 보았다. 이러한 자료들은 51개 제조업 부문을 대상으로 하여 58개 국가로부터의 수입을 다루고 있다. Yeaple은 **자본집약도**와 **R&D 집약도**를 '본사 집중도' 에 대한 대리변수(proxy)로 사용하여 분석한 결과 다음 결과들을 도출하였다. 즉, (i) 자본집약도와 R&D 집약도가 **더 높은** 부문들에서 기업 내 수입비중이 **더 높고**, (ii) 생산성 분산도가 **더 큰** 부문들에서 기업 내 수입비중이 **더 높게** 나타났다. Yeaple(2006)의 이러한 두 가지 결과들은 이론적 예측과 일치하고 있으며, 특히 전자의 결과는 Antràs(2003)의 예측과 일치하고 있음을 알 수 있다.

본사 집중도와 기업 내 수입비중 간의 양(+)의 상관관계에 대한 추가적인 증거는 Nunn과 Trefler(2008)에 의해 제시되었다. Nunn과 Trefler(2008)는 미국 무역에 대한 다른(훨씬 더 자세한) 자료를 사용하였다.[259] 이러한 자료들은 5,000개 이상의 제품, 370개의 산업부문을 대상으로 하여 2000년과 2005년에 210개 국가로부터의 미국의 수입을 다루고 있다. Nunn과 Trefler는 다음 결과를 발견하였다. 첫째, 자본집약도와 숙련집약도가 더 높은 산업부문들에서 기업 내 무역비중이 더 높은 것으로 나타났다. Nunn과 Trefler는 자본집약도와 숙련집약도가 더 높은 부문들을 본사 집중도가 더 높은 부문들로 해석하였다.[260] 이러한 양(+)의 상관관계는 수출국의 특성을 통제한 후에도 여전히 유효하였다. 둘째, 생산성 분산도가 더 높은 부문들에서 기업 내 수입비중이 더 높게 나타났다. 이는 Yeaple(2006)의 결과와 유사하다. 그러나 Yeaple(2006)과 달리 Nunn과 Trefler는 본사 집중도를 5개 유형으로 나누어 각 유형별로 본사 집중도의 변화 효과를 추정하였다. 이론이 예측하는 바에 따르면 이러한 효과는 본사 집중도가 낮은 부문들에서는 0이 되고, 본사 집중도가 높은 부문들에서는 양(+)의 값을 가져야만 한다. Nunn과 Trefler의 실증 분석 결과도 이와 일치한다. 셋째, Nunn과 Trefler의 추정 결과는 본사 집중도를 자본 집약도로 측정하든지 또는 숙련집약도로 측정하든지 관계없이 서로 비슷하게 나타났다.[261]

---

259) Yeaple(2006)은 미국 경제분석국의 자료를 사용하였고, Nunn과 Trefler(2008)는 미 통계조사국의 자료를 사용하였다. 전자의 자료는 비공개 기밀 자료이지만, 후자의 자료는 공개 자료이다.

260) 미시적 수준에서 R&D 집약도에 대한 자료를 구할 수 없기 때문에 Nunn과 Trefler는 본사 집중도에 대한 또 다른 대리변수로 '숙련집약도(skill intensity)'를 고려하였다.

261) 또한 Bernard, Jensen, Redding, Schott(2010a)도 1997년의 경우 이와 비슷한 자료를 사용하여 "어느 한 산업부문의 자본집약도(capital intensity)와 당해 산업

이제까지 우리의 이론적 논의는 어떤 기업이 '한 가지 유형의 부품' 만 필요로 한다고 가정하였다. 그러나 실제에서는 최종재를 조립하는 데 **수많은 다양한** 중간재(부품)들이 필요하다. 그 결과, 어떤 기업은 **여러** 중간재들을 사용하기 위한 **여러** 통합 전략을 선택할 수 있다. 예를 들면, 자동차의 경우, 제조업자(기업)들은 본국에 있는 **기업 내에서** '엔진' 을 생산하고, 본국에 있는 현지 공급자에게 '브레이크' 를 **아웃소싱**하고, 해외에 있는 **독립 공급자**로부터 '좌석' 을 수입하고, 다른 외국에 있는 **자회사**로부터 '바람막이 유리' 를 수입하는 경우를 고려해 보자. 이 경우에 이 기업은 앞에서 열거한 네 가지 조직 형태 모두에 종사하게 된다. 좀 더 일반적으로 말하면, 세부적인 기술의 복잡성에 따라 어떤 기업은 많은 수의 조직 형태에 종사할 수 있다. 이 점은 Kohler와 Smolka(2009)가 분석한 스페인 자료에서 분명하게 나타나고 있다. Kohler와 Smolka는 스페인 기업들의 기업 전략들에 대한 설문조사를 바탕으로 구체적인 기업 자료들을 사용하였다. 이러한 자료의 한 가지 매력적인 특징은 각 기업들이 최종재를 생산하는 데 **얼마나** 많은 중간재들을 사용하는지를 보여주는 데 있다. 즉, 기업들이 (i) 아웃소싱 또는 통합을 통해, (ii) 국내 또는 해외

의 기업 내 수입비중 간에 정(+)의 상관관계가 존재함"을 보여주었다. 다음으로, 이들은 "자본 풍부국들로부터 자본집약적인 산업부문들에서의 수입의 경우 '기업 내 수입비중' 이 상대적으로 더 높음"을 보여주었다. 셋째, 이들은 "숙련집약도(skill intensity)가 높을수록 '기업 내 수입비중' 이 증가함"을 보여주었다. 이러한 결과는 Nunn과 Trefler(2008)의 결과와 일치한다. 넷째, 그러나 이들은 "숙련희소국들(skill-scarce countries)로부터의 수입의 경우 '기업 내 수입비중' 이 더 높음"을 보여주었다. 다시 말하면, 이들은 " '자본 풍부국들(capital-abundant countries)로부터의 수입' 의 경우 기업 내 무역(수입)비중이 더 높지만, '숙련풍부국들(skill-abundant countries)로부터의 수입' 의 경우 기업 내 무역(수입)비중이 오히려 더 낮음"을 보여주었다. 자본과 숙련 간의 이러한 차이는 현재로서는 하나의 '수수께끼' 이며, 이의 발생 원인에 대해 아직까지 만족할 만한 설명을 내놓지 못하고 있다.(일반적으로 자본과 숙련은 생산에서 보완재 관계에 있다고 여겨진다.)

에서 얼마의 중간재들을 사용하는가를 보여주는 장점이 있다.

아래의 〈표 6.2〉는 네 가지 이론적인 조직 형태들(통합 대 아웃소싱, 국내 대 해외) 각각에서 중간재들을 획득하는 **대기업들**(200명 이상의 종업원들을 거느린 기업을 말함)의 **비중**을 보여주고 있다. 즉, 스페인의 경우 2007년 대기업들 중에서 34%의 기업들은 자신의 중간재들을 **스페인(국내)에서** 생산하고(국내 통합의 경우) 있고, 91%의 기업들은 중간재들을 **국내에서** 독립 공급자들로부터 구매하고(국내 아웃소싱의 경우) 있음을 알 수 있다. 반면에 대기업들 중 28%의 기업들은 중간재들을 **해외 자회사들**로부터 수입하고(해외 통합의 경우), 66%의 기업들은 **해외 독립기업들**로부터 수입하고(해외 아웃소싱의 경우) 있음을 볼 수 있다. 〈표 6.2〉에서 보면 국내 열(列)에서의 합과 아웃소싱 행(行)에서의 합이 1을 초과하고 있다. 왜냐하면 몇몇 기업은 복수의 아웃소싱 전략에 참여하고 있기 때문이다.[262] 복수의 아웃소싱 전략에 참여하고 있는 기업들 중에서 단지 1.5%만이 전적으로 스페인 국내에 있는 기업 내에서 중간재들을 생산하고 있고, 17.7%만이 스페인 국내에서 중간재들을 아웃소싱하

표 6.2 스페인의 대기업들 중에서 조직 형태별 기업비중 : 2007년

	국내	해외
통합	0.34	0.28
아웃소싱	0.91	0.66

출처 : Kohler and Smolka(2009, Table 2)

주 : 여기서의 자료는 종업원들이 200명 이상인 기업들의 경우임.

262) 이러한 결과는 종업원이 200명 미만인 '소기업들'의 경우에서도 나타나고 있다. 소기업들은 대기업들에 비해 '국내 아웃소싱'과 '해외 아웃소싱'에 더 많이 참여하고 있다. 이에 대해서는 Kohler와 Smolka(2009, Table 2)를 참조하기 바람.

고 있다. 또한 이들 기업 중에서 0.5%만이 전적으로 해외 자회사들을 통해 중간재들을 아웃소싱하고 있고, 2.6%만이 전적으로 해외 독립기업들을 통해 중간재들을 아웃소싱하고 있다. 이들을 종합하면, 22.3%(=1.5%+17.7%+0.5%+2.6%)의 기업들만이 중간재들을 획득하기 위해 '단일' 조직 형태를 채택하고, 나머지 기업들은 **복수의** 조직 형태를 채택하고 있음을 의미한다. 특히 복수의 조직 형태를 채택하고 있는 기업들 가운데 9.1%는 네 가지 조직 형태를 **모두** 채택하고 있다. 또한 복수의 조직 형태를 채택하고 있는 기업들 중에서 26.3%(가장 많은 비중을 차지함)의 기업들은 전적으로 국내 아웃소싱과 해외 아웃소싱을 채택하고 있다.

한편 Kohler와 Smolka(2009)의 분석 결과에 따르면 종업원이 200명 미만인 '소기업들' 중에서 대다수(56.3%)의 기업은 전적으로 국내 아웃소싱을 이용하고 있고, 28.4%의 기업들은 전적으로 국내 아웃소싱과 해외 아웃소싱을 이용하고 있음을 보여주고 있다.[263)]

다음으로 조직 형태별 생산성 우위의 정도를 살펴보기로 하자. Kohler와 Smolka(2009)는 각 기업에게 〈표 6.2〉에 표현된 네 가지 조직 유형들 중에서 정확히 **하나의** 유형만을 배정한[264)] 후 조직 형태별 국내 아웃소싱에 대한 '생산성 우위(productivity advantage)'의 정도를 추정해 보았다. Kohler와 Smolka의 분석 결과는 〈그림 6.6〉에 나타난 '분류 유형'과 일치함을 보여주었다. 즉, "국내에서 아웃소싱을 하는 기업들의

263) 이에 대해서는 Kohler와 Smolka(2009, Table 1)를 참조하기 바람.
264) [역자 주] Kohler와 Smolka(2009)는 '고정비용'을 기초로 해서 조직 형태를 배정하였다.

생산성 우위가 **가장 낮게** 나타났고, 해외 자회사들로부터 중간재들을 수입하는 다국적 기업들의 생산성 우위가 **가장 높게** 나타났다." 또한 중간재들을 독립기업들로부터 수입하는 스페인 기업들은 '중간재'에 생산성 우위가 있는 것으로 나타났다. 그러나 국내 통합기업들의 생산성 우위는 독립기업들로부터 중간재들을 수입하는 기업들의 생산성 우위와 (통계적으로) 크게 다르지 않았다.

그러나 각 기업에 대해 이와 다르게 조직 형태가 배정되면(즉, 어느 한 기업에 대해 네 가지 조직 형태들 중에서 **하나 이상**이 배정될 때) 생산성 우위의 순위는 그렇게 분명하지 않다. 비록 '국내 아웃소싱'에 종사하는 기업들이 다른 기업들에 비해 덜 생산적인 것은 여전히 사실이지만, 나머지 세 가지 조직 형태들에 대한 생산성 우위는 (통계적으로) 서로 간에 큰 차이가 없는 것으로 나타났다. 이러한 결과를 해석하려면 우리는 더 정교한 '소싱 모형'이 필요하다. 그러나 아직까지 그러한 모형은 개발되지 않았다.

Antràs와 Helpman(2004) 모형에 대한 실증적 지지는 Defever와 Toubal(2010)에 의해 제시되었다. Defever와 Toubal은 1999년 프랑스 다국적 기업들을 상대로 Antràs와 Helpman 모형을 실증적으로 추정해 보았다. 이를 위해 먼저, Defever와 Toubal은 통합과 아웃소싱에 있어서 고정비용의 차이를 가정하였다. 즉, 프랑스 다국적 기업들의 경우 통합에 드는 고정비용이 아웃소싱에 드는 고정비용보다 더 낮은 것으로 여겨지고 있다. 다음으로 고정비용의 이러한 순위(차이)와 함께 Defever와 Toubal의 이론은 다음을 예측하였다. 즉, "옵쇼어링에 종사하는 기업들 간에 생산성이 가장 낮은 기업들이 '다국적 기업들'이 되어야 하고, 이들 기업은 해외 자회사에서 중간재를 생산해야만 한다. 반면에 생산성이 가장 높은 기업들은 중간재들을 '아웃소싱' 해야만 한다." 이 경우에 '기업 내 무역' 은 생산성이 낮은 기업들 간에서 발생해야 한다. 그 결과 생산성 분산도가 더 클수록 기업 내 무역비중은 더 적어야만 한다.

이러한 이론을 프랑스 자료를 사용하여 추정한 결과는 다음과 같다. 즉, 모든 거래들 가운데 21%는 자회사들로부터의 수입을 나타내고, 64%는 독립기업들로부터의 수입을 나타내고, 15%는 두 가지 유형들로부터의 수입을 나타내고 있다. 다시 말하면, 스페인 자료에서와 같이 프랑스의 경우에도 아웃소싱과 통합 간의 구분은 이론이 제시하는 바와 달리 그렇게 명확하지 않다. 그러나 생산성 순위는 이론과 일치하고 있다. 즉, 총요소생산성(Total Factor Productivity, TFP)의 평균이 자회사들로부터 수입하는 기업들과 독립기업들로부터 수입하는 기업들 간에 서로 다르게 나타났다. 즉, 독립기업들로부터 수입하는 기업들의 총요소생산성 평균이 자회사들로부터 수입하는 기업들의 총요소생산성 평균보다 20% 더 높게 나타났다(Defever and Toubal, 2010, Table 1 참조). 또한 생산성 분산도가 더 큰 부문들에서 기업 내 수입비중이 더 낮게 나타났다.

마지막으로 '계약상 마찰' 의 **크기**가 갖는 역할에 대해 살펴보기로 하자. 여기서 '계약상 마찰의 크기' 란 '계약 내용을 상세히 규정하거나 이를 이행하기 어려운 정도' 를 의미한다. 이제까지의 논의에서 우리는 중간재들의 공급의 경우 **계약이 불가능하다**고 가정하였다. 즉, 중간재의 경우 구매자와 판매자 간의 계약이 구체적으로 명시되기 어렵다고 가정하였다. 그러나 계약 가능성의 정도는 중간재들 간에 서로 다를 수 있다.

예를 들면, 계약 가능성의 정도가 본사 서비스의 경우와 중간재(부품)들의 경우 간에 서로 다를 수 있다. Antràs와 Helpman(2008)은 기존의 이론을 확장하여 이러한 유형의 변화를 고려하였다. 그런 다음에 Antràs와 Helpman(2008)은 이 경우에 중요한 것은 '본사 서비스 자체의 상대적 중요성' 이 아니라 '본사 서비스 중에서 **계약이 불가능한 부분**의 상대적 중요성' 이라는 것을 보여주었다. 이를 위해 우선 [계약이 불가능한 본사 서비스의 비중]×[계약이 불가능한 부품(중간재)들이 차지하는 비중 대비 본사 서비스의 집중도]×[생산과정에서의 부품들의 집중도]를 구체적으로 고려해야만 한다. 또한 본사 집중도가 낮은 생산부문들의 경우 계약 가능성의 정도가 기업 내 수입비중에 영향을 미쳐서는 안 된다(본사 집중도가 낮은 생산부문들의 경우에는 통합보다 아웃소싱이 우세하다.). 이러한 가설들을 증명하기 위해 Nunn과 Trefler(2008)는 미국 자료를 사용하여 실증 분석한 결과 이러한 예측들이 실증적으로 지지됨을 보여주었다.

6.8 결론

이제까지 우리는 국가수준에서의 무역이 아니라 **'기업수준에서의 무역**(firm-level trade, '기업 내 무역')' 에 초점을 맞추고 설명해 왔다. 이러한 접근법(또는 분석방법)은 (i) 국제적 생산조직과 (ii) 기업의 소싱(sourcing) 유형, 그리고 (iii) 무역의 생산부문별 구조 등에 중요하고도 새로운 통찰력들을 제공해 준다. 이러한 주제들은 리카도(Ricardo), 헥셔-올린(Heckscher-Ohlin), 또는 헬프먼-크루그먼(Helpman-Krugman) 등이 제시한 기존의 무역모형을 훨씬 초월하는 것이다. 국제 전문화(특화)의 패턴들이 시간이 지나면서 더욱 복잡해짐에 따라 '국제무역이론' 및 '투자이론' 도 더욱 복잡해지고 있다. 이에 따라 무역의 흐름과 다국적 기업들의 활동들에 대한 '실증적 연구들' 도 더욱 정교화되고 있다. 현재 이 장에서 검토한 여러 주제들은 국제경제학의 연구 분야들 중에서 **가장 활발하게** 연구가 진행되고 있으며, 또 미래에도 그럴 것이다.

제7장

맺는말

기업의 국제활동에 대한 **총량적** 측정 — 예를 들면, 무역량이나 FDI량 — 은 '국제적 상호의존성'의 정도를 충분히 반영하지 못한다. 시간이 경과함에 따라 무역량이나 FDI량이 종종 **경제적, 기술적, 정치적 요인들**에 의해 '변화'가 발생한다. 또한 경제적, 기술적, 정치적 요인들은 전 세계의 **무역 및 투자흐름의 성질**을 '변화' 시키고, 그에 따라 각국이 다른 국가들과 상호연결되는 **형태**와 **정도**에 영향을 미친다. 이러한 변화와 발전은 국가들 및 기업들 간의 상호연관성을 더욱 더 **복잡하게** 만든다. 그 결과 각국이 서로의 경제에 영향을 미치는 '변화하는(또는 동태적인) 경로들(evolving channels)'을 제대로 인식하고 또 더 잘 이해하기 위하여 국제경제 활동에 대한 연구는 **재조명**되어야만 한다.

그러한 이해를 효과적으로 돕기 위하여 이 책은 지난 2세기 동안의 학문적 연구들로부터 얻을 수 있는 통찰력이나 시사점들에 대한 '종합적 개관(槪觀)'을 제공해 주고자 하는 데 근본 목적이 있다. 그러한 연구문헌들은 광범위하고 다양할 뿐만 아니라 **이론적**, **실증적** 그리고 **역사적** 연구들로 이루어져 있다. 이러한 연구들은 글로벌 경제의 활동과 역할에 대한 풍부하고도 유익한 이야기들을 제공해 준다. 그러나 이러한 연구들의 많은 양들은 사실상 기술적(분석적)이며, 주로 수학적 모형과 통계적 기법들을 사용하고 있다. 그로 인해 대학원에서 수년 동안 공부하고 훈련을 받은 전문가들만이 이해할 수 있는 내용들이었다고 해도 과언이 아니다. 그러나 이러한 연구문헌들로 얻을 수 있는 중요한 통찰력들은 이 책의 여러 장에서 설명했듯이 **쉬운** 말로도 설명될 수 있다. 물론, 이러한 쉬운 설명들에는 많은 구체적 내용들이 결여되어 있다. 그러나 이들 설명은 원래의 결과들을 충실히 반영하고 있다.

국가들 간의 무역의 흐름(trade flows, 수출과 수입)은 다음 두 가지 접근법을 사용하여 연구할 수 있다. 첫째, 국제무역의 흐름은 '산업부문' —예를 들면, 제조업 또는 농업부문—을 바탕으로 연구될 수 있다. 이러한 접근법은 **전통적으로** 리카도(David Ricardo), 헥셔(Eli Heckscher), 올린(Bertil Ohlin) 등에 의해 선구적으로 연구되었다. 둘째, 국제무역의 흐름은 **기업수준**을 바탕으로 해서 연구될 수 있다. 이러한 접근법에 의한 연구들은 비교적 **최근에** 유행하고 있다. 이러한 두 가지 접근법 각각은 '상이한' 주제들(즉, 산업부문이냐 또는 기업수준이냐)을 설명하는 데 적합하다. 실제로 두 접근법 모두 세계 경제의 중요한 특징들을 이해하기 위한 시도로 발전되어 왔다. 왜냐하면 세계 경제의 주요 특징들은 시간이 경과함에 따라 변화하거나 또는 새로운 증거의 결과로서 부상되기 때문이다. 이 책의 여러 장은 (i) 이러한 '역사적 발전'을 염두에 두고 구성되었으며, (ii) 새로운 증거들과 변화하는 상황들에 대한 전문 연구자들의 반응을 강조하고 있다. 예를 들면, 이러한 역사적 발전과정에서 (i) '독점적 경쟁(monopolistic competition)' 이 무역이론과 그 실증적 응용들에 **도입**되었고, (ii) 새로운 이슈들을 고찰하기 위하여 '기업의 이질성(firm heterogeneity)' 이 무역이론에 **추가**되었다. 또한 (iii) 생산 조직에 대한 전통적 접근법이 좀더 '정교한' 견해와 방식으로 **대체**되었다. 생산 조직에 대한 전통적 접근법에서는 기업의 범위(또는 영역)가 잘 정의되지 못하는 단점이 있었다. 그러나 최근의 좀 더 정교한 방식에 따르면 기업의 가치체인(value chain)을 '옵쇼어(offshore)하는 부분' 과 '아웃소싱(outsourcing)하는 부분' 으로 구분하고 있다. 이제 우리는 국가 경제들 간의 상호의존성에 대한 수많은 경로들을 밝혀낼 수 있는 풍부한 이론과 여러 증거를 가지고 있다. 그뿐만 아니라 우리는 글로벌 경제에서 무역구조와 FDI의 구조에 대한 훨씬 더 정교하고 세밀한 이론을 가지고 있다.

7.1 새로운 이슈 1 : '다수의 제품' 을 생산하는 기업 존재

이제까지 이 책의 여러 장에서 많은 내용을 다루어 왔지만 아직까지 언급되지 않은 수많은 주제들이 있다. 그러한 주제들 중에서 특히 다음 두 가지는 최근의 연구들에서 큰 주목을 받고 있다. 이 책에서 이제까지 다루지 않은 두 가지 주요 주제는 (i) '다수의 제품(multiproduct)' 을 생산하는 기업들과 (ii) 교역되는 '제품들의 질' 에 관한 것이다. 아래에서는 이들 두 가지 주제 각각에 대해 자세히 설명하고자 한다.

첫 번째 주제는 **'다수의 제품**(多製品)을 생산하는 기업들(multiproduct

firms)의 역할'에 관한 것이다. 그러한 기업들은 본서의 이전 장들에서 논의되지 않았다. 이전 장들에서는 각 기업은 '단일 제품(single product)의 판매자' 또는 '차별화된 제품의 단일 상표'로 취급되었다. 그러나 많은 기업이 **다수의** 제품을 생산하고 있으며, 또한 이러한 기업들이 대규모라는 점은 잘 알려진 사실이다. Bernard, Redding, 그리고 Schott(2010a, 표 1)의 분류에 따르면 1997년 제조업 부문에 종사하는 미국 기업들의 39%가 '다수의' 제품을 공급하고 있으며, 이들 기업들은 제품 생산의 89%를 담당하고 있다고 보고하였다. 즉, '다수의' 제품을 생산하는 기업들이 기업 집단 내에서 소수(39%)를 차지하고 있지만, 생산에 있어서는 다수(87%)를 차지하고 있다. 또한 그러한 기업들은 주로 **국제무역**에서 두드러진 활동들을 하고 있다. Bernard, Jensen, Redding, 그리고 Schott(2007, 표 4)에 따르면 2000년 미국 제조업 부문에서 '단일' 제품을 수출하는 기업들이 제조업 부문에 종사하는 미국의 총 수출기업들 중에서 42.2%를 차지하는 것으로 나타났다. 반면에 최소한 5개의 제품을 수출하는 기업들은 미국의 총 수출기업들 중에서 25.9%를 차지하고 있는 것으로 나타났다. 다른 한편으로 금액 면에서 볼 때, 단일 제품을 수출하는 기업들은 총 수출액의 0.4%를 차지하고 있으나, 최소한 5개의 제품을 수출하는 기업은 총 수출액의 98%를 차지하는 것으로 나타났다. 다시 말하면, 최소한 5개의 제품을 수출하는 기업들이 전체 기업 중에서 소수(25.9%)를 차지하고 있지만, 총 수출액 면에서는 다수(98%)를 차지하고 있다. 따라서 최소한 5개의 제품을 수출하는 기업이 미국 수출을 압도적으로 주도하고 있음을 알 수 있다. 그러므로 미국의 경우 **다수의 제품**을 생산하거나 수출하는 기업이 숫자 면에서는 소수를 차지하고 있지만 비율 면에서는 '다수'를 차지하고 있다. 글로벌 경제에서 다제품(multi-products, 多製品)을 생산하거나 수출하는 기업들의 역할은 앞으로 더욱 중요해질 전망이다.

이러한 **새로운** 증거들에 비추어 볼 때 우리는 과거의 '단순한 사고나 세계관' 으로 현재의 **복잡한** 글로벌 무역흐름을 이해하는 데에 많은 어려움이 있다는 것을 알 수 있다. 왜냐하면 과거의 단순한 세계관에서는 '다수의 제품을 생산하는 기업' 의 존재를 무시하고 있기 때문이다. 그러면 과거의 단순한 지식이 현재의 복잡한 현상을 설명하는 데 얼마나 부족한가? 이 질문에 대한 대답은 그렇게 분명하지 않을 것이다. 한편으로, **다제품(多製品)을 생산하는 기업들을 무역에 명시적으로 고려하는** 현재의 이론적 연구들은 '제품의 수' 와 관련하여 폭넓은 여지(즉, 한 기업이 생산하는 제품의 수)를 강조하고 있다. 왜냐하면 한 기업이 생산하는 제품의 수는 무역 및 무역자유화에 따라 **변동**하기 때문이다.[265] 실제로 생산성과 규모 면에서 수출기업들과 비수출기업들과 큰 차이가 있다. 또한 수출기업들은 비수출기업들에 비해 더 많은 제품을 생산하고 있으며, 국가들 간에 수출하는 제품의 수도 서로 다르다. 이러한 이유들 때문에 **국제무역에서 다제품(多製品)을 생산하는 기업들**의 '역할' 을 연구하는 것은 충분한 가치가 있다. 그러나 이러한 이론적 예측은 아직까지 실증적 증거들에 의해 충분히 뒷받침되지 못하고 있다. 왜냐하면 기존의 실증적 연구들 — 예를 들면, Bernard, Redding, 그리고 Schott(2010b), Arkolakis와 Muendler(2008) 등 — 은 **다제품을 생산하는 기업들**의 존재로 인해 기존의 '무역관(貿易觀)' 을 획기적으로 바꿀 필요가 있다는

---

265) 이에 대해서는 Nocke와 Yeaple(2006), Bernard, Redding, 그리고 Schott (2006), Feenstra와 Ma(2008), Arkolakis와 Muendler(2008), Eckel과 Neary(2010) 등을 참고하기 바람.

사실을 아직까지 설득력 있게 보여주지 못하고 있기 때문이다. 그러나 이러한 연구결과들에 대한 판단은 아직까지 최종이라고 단정 지을 수 없으며, 다국적 기업들과 경제성장을 종합적으로 검토하는 좀더 자세한 연구들이 필요할 것이다. 다국적 기업들과 경제성장 간의 관계를 검토함으로써 기존의 결과들과 다른 결론들이 도출될 수 있을 것이다.

7.2 새로운 이슈 2 : '제품의 품질' 문제

두 번째 주제는 **'교역되는 제품들의 품질**(quality)' 에 관한 것이다. 이것에 관해서는 제4장에서 매우 간단히 언급한 적이 있다. 무엇보다도 제품들의 양이 아니라 '품질' 과 관련해서는 '측정(measurement)의 문제' ("제품의 품질을 어떻게 측정하는가?" 의 문제)가 대두된다. 특히 수많은 국가들 간의 무역을 분석할 때에는 더욱 그러하다. 왜냐하면 우리는 제품들의 품질에 관한 자료들을 쉽게 구할 수 없기 때문이다. 그 결과, 연구자들은 제품들의 품질을 다른 경제적 변수들로부터 **간접적으로** 추론해 왔다. 이러한 상황하에서 이제까지 누적된 증거들은 **해외무역에서 제품의 품질**이 차지하는 '역할' 에 대해 아주 분명하게 설명해 주지 **못하고** 있다.

제품들의 품질을 측정하는 하나의 접근법은 **'수출품의 단위가치**(unit values, 수출 단위당 가치)' 를 '제품의 품질' 로서 간주하는 방식이 있다. 여기서 '수출품의 단위가치' 란 수출 바스켓(export baskets, 여러 수출품목)의 가격 지수(price index)를 나타낸다.[266] 이 접근법에 따르면

---

266) 수출품의 단위가치(unit value)는 다음과 같이 계산된다. 즉, 수출품의 가치를 '수출품을 측정하는 단위' 로 나눈 것을 말한다. 수출량을 측정하는 단위는 '무게' (예 : 철강의 무게) 또는 '단위의 수' (예 : TV의 대수)가 될 수 있다. 후자의 예에서 TV의 단

"단위가치가 더 높으면 제품의 품질도 더 높다."고 말할 수 있다. 상대적으로 부유한 국가들(즉, 1인당 소득 수준이 높은 국가들)이 단위가치가 더 높은 제품들을 수출하기 때문에 이것은 다음을 의미한다. "어떤 한 국가의 **1인당 소득**은 그 국가의 수출품의 **품질**과 양(+)의 상관관계가 있다."는 것으로 해석할 수 있다.[267] 다시 말하면, 어떤 한 국가의 1인당 소득 수준이 높을수록 그 국가가 수출하는 제품의 품질도 높다고 해석할 수 있다. 또한 많은 연구자들은 이러한 측정방식을 사용하여 "어떤 한 국가의 **고품질**의 수출이 **고소득** 국가들에 불균형적으로 편중되어 있다."는 사실도 발견하였다(Hallak, 2006 참조).

그러나 문제는 수출품의 단위가치들이 수출품의 품질을 '부정확하게' 측정한다는 점이다. 왜냐하면 수출품의 단위가치들이 수출품의 품질 이외의 다른 이유들로 인해 **국가들 간에 서로 다르기** 때문이다. 예를 들면, 만약 수직적 제품 차별화(vertical product differentiation, '제품의 품질에 의한 차별화')뿐만 아니라 제4장~제6장에 논의한 그런 유형의 **수평적 제품 차별화**(horizontal product differentiation)가 존재한다면 **국가들 간에 서로 다를** 수 있다. 여기서 '수평적 제품 차별화'란 어떤 국가가 수출품의 품질은 같지만 다른 상표명으로 수출할 때를 말한다. 이러한 상황에서 **더 다양한** 수출품을 소유한 국가들의 경우 수출품의 단위가치가 **더 낮을** 것이다. 다시 말하면, 수평적 제품 차별화하에서 어떤 국가의 수출품이 더 다양화될수록 수출품의 단위가치는 더 낮아진

위가치는 평균가격(average price)을 나타낼 수 있다. 이때 평균가격은 대형 스크린 TV가 얼마나 수출되는지 또는 소형 스크린 TV가 얼마나 수출되는지에 달려 있다.

267) 이에 대해서는 Schott(2004), Hummels와 Klenow(2005), Hallak과 Schott(2010) 등을 참고하기 바람.

다는 의미이다. Hallak과 Schott(2010)은 수출품의 품질을 측정하는 좀 더 믿을 만한 측정치를 구하기 위하여 생산부문별 자료에서 이러한 요인(수평적 제품 차별화)을 '제거하는' 새로운 방식을 개발하였다. 그 결과, Hallak과 Schott은 이러한 교정이 "여러 국가들로부터의 대미 수출품의 품질에 대해 아주 의미 있는 시사점을 나타낸다."는 사실을 보여주었다. Hallak과 Schott(2010)은 1989~2003년 동안 43개 국가로부터의 대미 수출품을 대상으로 실증 분석을 실시하였다.[268] 그 결과, 이들은 횡단면(cross-section) 자료에서 '수출품의 품질이 수출국의 1인당 소득과 여전히 양(+)의 상관관계가 있음'을 발견하였다. 그러나 또한 이들은 같은 기간 동안 다른 국가들의 수출품의 품질 수준들은 수렴하였지만 그들 국가의 1인당 소득 수준들은 수렴하지 않음을 발견하였다.

또한 Hallak과 Schott은 '수출품의 품질'에 대한 국가별 순위들이 시간이 지남에 따라 크게 변한다는 사실도 보여주었다(Hallak and Schott, 2010, Table 4 참조). 예를 들면, 스위스는 1989년에 수출품의 품질이 가장 높았으나(즉, 1위였으나) 2003년에는 4위로 하락하였다. 반면에 아일랜드는 동 기간 동안(1989~2003년) 11위에서 1위로 급상승하였다. 싱가포르와 말레이시아는 동 기간 동안 순위가 크게 상승하였다. 즉, 싱가포르는 동 기간 동안 수출품의 품질 순위가 27위에서 2위로 크게 상승하였고, 말레이시아도 42위에서 7위로 상승하였다. 그러나 호주와 뉴질랜드의 경우 동 기간 동안 수출품의 품질 순위가 하락하였고, 중국은 35위에서 37위로 약간 하락하였다. 이러한 결과들은 모두 흥미

268) Khandelwal(2010)은 미국 수입품의 질을 추정하기 위하여 수평적 제품 차별화를 고려하는 '다른 방법'을 사용하였다.

로우나 수출품의 품질과 관련하여 내재된 **측정상의 오차문제**를 가지고 있다. 측정 오차의 크기는 아직까지 얼마인지 밝혀지지 않고 있다.

7.3 새로운 이슈 3 : 기업의 이질성 문제

수출품의 품질을 측정하는 또 다른 방법으로 '수출품의 가격(export prices)' 이 사용될 수 있다. 품질이 다양한 제품에 대한 무역패턴을 연구하는 데 수출품의 **가격**이 사용될 수 있다. 즉, 우리는 기업 수준의 자료에서 얻은 '수출가격' 을 이용하여 제품들의 품질이 상이한 경우의 무역패턴을 연구해 볼 수 있다. 이는 '특정 산업 내에서 **기업의 이질성**(heterogeneity)' 을 설명하는 데 유용하다.[269] 불운하게도 이 접근법에서도 불편함이 존재한다. 산업부문별 수출품의 품질을 측정하기 위하여 '수출품의 가격' 을 이용할 수 있지만 여기에도 불만(단점)이 존재한다. 그러나 Verhoogen(2008)의 연구는 하나의 예외이다. Verhoogen(2008)은 가격 대신에 수출품의 품질을 측정하기 위하여 '품질검정 기준(certification standard)' 을 사용하고 있다(Verhoogen, 2008 참조). Verhoogen은 특히 환율 쇼크 이후에 멕시코 기업들의 대미 수출품의 '품질 향상(quality upgrading)' 을 연구하기 위하여 이 방식을 사용하였다. 그러나 심지어 Verhoogen의 연구에서도 품질의 측정은 여전히 정교하지 못하였다.

---

269) 예를 들면, 이에 대해서는 Johnson(2010), Manova과 Zhang(2009)을 참고하기 바람.

7.4 새로운 이슈 4 : 연구방법론

또 다른 주요 이슈는 '연구방법론(methodology)' 에 관한 것이다. 대부분의 연구들은 수평적 및 수직적 제품 차별화를 논의하기 위하여 '불변 대체탄력성(Constant Elasticity of Substitution, CES) 함수' 를 사용하였지만, Khandelwal(2009)과 Verhoogen(2008)은 로짓 모형(logit model)의 변형을 사용하였다. 그러나 Sheu(2010)는 제품 다양화로부터 발생하는 이익에 대한 추정치들이 '추정방법' 에 따라 **다르다**는 것을 보여주었다. Sheu(2010)는 인도의 프린터기 수입에 대한 상세한 자료들을 사용하였다. 이 자료들에는 프린터기들의 주요 특성들(예 : 프린터기의 속도)도 포함되어 있다. 이러한 자료들로부터 Sheu는 Feenstra (1994)가 제시한 방법론을 사용하여 무역으로부터의 후생이득(welfare gains)을 추정하였다. Feenstra(1994)가 제시한 방법론은 두 가지 유형의 불변 대체탄력성(CES) 수요함수들과 랜덤 계수(random-coefficient) 이산적 선택 모형(discrete choice model)[270)]을 가정하고 있다. 그러고 나서 Sheu는 추정치들의 결과가 추정방법에 따라 **얼마나 다른지**를 보여주었다. Sheu는 추정치들이 추정방법에 얼마나 의존하는지를 알아보기 위하여 하나의 특정 제품을 사용하였다. 물론 다른 제품들의 경우 다른 결과들이 나타날 수 있다. 이는 우리들이 추정 결과를 해석하는 데 유의해야 함을 경고하고 있다. 왜냐하면 추정 결과들이 '추정방법' 에 따라 서로 **다르게** 나타나기 때문이다.

---

270) [역자 주] 여기서 '랜덤 계수(random-coefficient) 이산적 선택 모형(discrete choice model)' 은 Berry, Levinsohn과 Pakes(1995)의 모형과 유사하다.

이러한 어려움들에도 불구하고 우리가 "**다양한 품질을 가진 제품들의 교역**을 더 잘 이해함으로써 얻는 잠재적 이득이 매우 크다."고 생각된다. '제품의 품질'이 특히 중요한 역할을 하는 한 분야를 꼽으라면 그것은 아마 **'경제성장과 발전'** 분야일 것이다. 왜냐하면 경제성장과 발전의 경우 **다제품**(多製品)을 생산하는 기업들에 대한 연구가 매우 중요한 역할을 하기 때문이다. 이러한 평가를 내리는 이유는 경제성장이 인적 자본(human capital)과 물적 자본(physical capital)의 축적, 그리고 **총요소생산성**(Total Factor Productivity, TFP)의 증가에 기인하기 때문이다. 이 중에서 총요소생산성(TFP)의 증가가 특히 중요하다. 이러한 사실은 지난 25여 년 간 경제성장 관련 연구문헌들에서 강조되어 왔다.[271] 이러한 견해에 의하면 총요소생산성(TFP)은 '기술혁신'의 결과로 증가될 수 있다. 왜냐하면 기술혁신은 비용을 감소시키고 중간재 및 최종재 생산을 증가시키거나, 중간재와 소비재의 품질을 증가시킬 수 있기 때문이다. 또한 기술혁신뿐만 아니라 '다목적 기술 및 제도들'의 발전도 총요소생산성을 증가시키는 데 기여할 수 있다. 특히 제도의 발전은 기술변화를 가능케 하는 촉매제 역할을 한다. 그러나 현재의 목적상 **제품 다양화 증대**(variety growth)와 **품질 향상**(quality upgrading)이 특히 중요하며, 이들 각각은 장기 경제성장과 발전을 촉진시킬 수 있다. '국제무역'이 완전히 새로운 제품들을 개발하고, 기존 제품의 품질을 향상시키는 유인들을 자극하기 때문에 **국제무역**은 상기 경로들을 통하여 '경제성정과 발전'에 커다란 영향을 미친다. 이러한 이유로 **국제무역이 제품의 다양화와 품질에 어떻게 영향을 미치는지**에 대한 더 나은 이해는 **'경제성장과 발전'**

---

271) 이에 대한 개관(槪觀)에 관해서는 Helpman(2004)을 참고하기 바람.

에 대한 더 나은 이해를 가져다줄 뿐만 아니라, 또한 우리의 **'생활수준을 향상'** 시키는 데 좀더 효과적인 경제정책들을 가져다줄 수 있을 것이다. 즉, 국제무역이 제품의 다양화와 품질에 어떻게 영향을 미치는지를 잘 이해함으로써 우리는 '경제성장과 발전' 에 대해 더 잘 이해할 수 있을 것이다. 또한 이러한 결과로 우리의 '생활수준을 향상' 시키는 데 좀더 효과적인 경제정책들을 고안하는 데에도 기여할 수 있을 것이다.

국제무역 → 제품 다양화와 품질 향상 → 경제성장과 발전 → 생활수준의 향상

경제성장 관련 연구문헌들이 이러한 경로들에 대한 이해를 증진시키는 데 기여하지만 본질적으로 그 통찰력은 1990년대 이후의 모형들에 바탕을 두고 있다.[272] 특히 이러한 모형들은 국제무역에 대한 여러 조정 여지(adjustment margin)를 고려하지 않고 있다. 국제무역에 대한 조정 여지는 최근에 비로소 밝혀지고 있으며, 대표적으로 '광범위한 무역폭' 과 '교역되는 제품들의 품질' 이라고 설명되고 있다.[273] 만약 광범위한 무역폭이 **경제성장**에 중요하다고 입증된다면 **다제품**(多製品)을 생산하는 기업들 또한 **경제성장**에 중요하다고 말할 수 있다. 왜냐하면 다제품을 생산하는 기업들이 국가 간에 교역되는 제품들의 '범위' 를 결정하는 데 중요한 역할을 하기 때문이다. 또한 **수직적** 제품 차별화가 이루어지는 산업들 내에서 품질 수준에 따른 **전문화도 경제성장**에 커다란 영향

272) 이에 대해서는 Helpman(2004, 제5장)을 참고하기 바람.

273) 그러나 최근에 등장한 한 가지 예외에 관해서는 Atkeson과 Burstein(2010)을 참고하기 바람.

을 미칠 수 있다. 기존의 품질 다양화(quality ladder) 모형들 — 예를 들면, Grossman과 Helpman(1991), Aghion과 Howitt(1992) 등 — 은 초보적인 방식으로 이 점을 언급하고 있지만, 최근 **다양한 품질의 제품들**을 명시적으로 고려한 국제무역이론의 진보는 이러한 메커니즘의 작동과 관련하여 새로운 통찰력을 제시해 주고 있다. 특히 최근의 이론은 기존의 단순한 '품질 다양화 모형들' 을 크게 능가하고 있다.

또한 경제성장의 관점이나 맥락에서 보면 어느 한 기업의 **생산성**이 기술향상의 결과로서 **변할 수** 있을 것이다. 이러한 상황하에서 기업 생산성의 분포는 내생적(endogenous)이며, 시간이 지남에 따라 변할 수 있다. 그러나 상이한 생산성 수준을 가진 기업들이 자신들의 기술수준을 향상시키려는 유인들은 주로 '해외무역' 에 달려 있다. 이러한 결과는 국제무역과 생산성 증가 간의 새로운 연결고리를 설명해 줄 수 있다.[274] 결론적으로 '현대적인 경제성장 및 발전 모형' 에 **국제무역의 새로운 견해들을 통합**함으로써 우리는 글로벌 세상에서 '우리의 생활수준이 어떻게 향상될 수 있는지' 를 더 잘 이해할 수 있을 것이다.

---

274) 이에 대해서는 Costantini와 Melitz(2008), 그리고 Bustos(2009)를 참고하기 바람. 이들은 이러한 연결고리를 검토하려고 시도하였다. 이와 관련하여 최근에 진행 중인 연구에서 Burstein과 Melitz는 흥미 있는 '이행적 동태과정(transitional dynamics)' 을 주장하고 있다. Burstein과 Melitz에 따르면 이행적 동태과정은 기업들의 '수출 결정' 과 '기술 투자 결정' 간의 상호관계로부터 초래된다.

참고문헌

Abraham, Katharine G. and Susan K. Taylor. 1996. "Firms' Use of Outside Contractors: Theory and Evidence." *Journal of Labor Economics* 14: 394–424.

Acemoglu, Daron, Simon Johnson, and James Robinson. 2005. "The Rise of Europe: Atlantic Trade, Institutional Change, and Economic Growth." *American Economic Review* 95: 546–579.

Aghion, Philippe and Peter Howitt. 1992. "A Model of Growth through Creative Destruction." *Econometrica* 60: 323–351.

Aghion, Philippe and Jean Tirole. 1997. "Formal and Real Authority in Organizations." *Journal of Political Economy* 105: 1–29.

Alfaro, Laura and Andrew Charlton. 2009. "Intra-Industry Foreign Direct Investment." *American Economic Review* 99: 2096–2119.

Allen, Robert C. 2009. *The British Industrial Revolution in Global Perspective* (Cambridge, UK: Cambridge University Press).

Alvarez, Fernando and Robert E. Lucas, Jr. 2007. "General Equilibrium Analysis of the Eaton-Kortum Model of International Trade." *Journal of Monetary Economics* 54: 1726–1768.

Anderson, James and Eric van Wincoop. 2003. "Gravity with Gravitas: A Solution to the Border Puzzle." *American Economic Review* 93: 170–192.

Antràs, Pol. 2003. "Firms, Contracts, and Trade Structure." *Quarterly Journal of Economics* 118: 1375–1418.

Antràs, Pol and Elhanan Helpman. 2004. "Global Sourcing." *Journal of Political Economy* 112: 552–580.

Antràs, Pol and Elhanan Helpman. 2008. "Contractual Frictions and Global Sourcing." In Elhanan Helpman, Dalia Marin, and Thierry Verdier (eds.), *The Organization of Firms in a Global Economy* (Cambridge, MA: Harvard University Press).

Antweiler, Werner and Daniel Trefler. 2002. "Increasing Returns and All That: A View from Trade." *American Economic Review* 92: 93–119.

Arkolakis, Costas, Svetlana Demidova, Peter J. Klenow, and Andrés Rodríguez-Clare. 2008. "Endogenous Variety and the Gains from Trade." *American Economic Review* (Papers and Proceedings) 98: 444–450.

Arkolakis, Costas and Marc-Andreas Muendler. 2008. "The Extensive Margin of Exporting Goods: A Firm-Level Analysis." Mimeo.

Arrow, Kenneth J. and Frank H. Hahn. 1971. *General Competitive Analysis* (San Francisco: Holden-Day).

Atkeson, Andrew and Ariel Burstein. 2010. "Innovation, Firm Dynamics, and International Trade." *Journal of Political Economy* 118: 433–484.

Autor, David H., Lawrence F. Katz, and Melissa Schettini Kearney. 2008. "Trends in U.S. Wage Inequality: Re-assessing the Revisionists." *Review of Economics and Statistics* 90: 300–323.

Aw, Bee-Yan, Sukkyun Chung, and Mark J. Roberts. 2000. "Productivity and Turnover in the Export Market: Micro-level Evidence from the Republic of Korea and Taiwan (China)." *World Bank Economic Review* 14: 65–90.

Balassa, Bela. 1966. "Tariff Reductions and Trade in Manufactures among the Industrial Countries." *American Economic Review* 56: 466–473.

Balassa, Bela. 1967. *Trade Liberalization among Industrial Countries* (New York: McGraw-Hill).

Baldwin, John R. and Wulong Gu. 2003. "Export Market Participation and Productivity Performance in Canadian Manufacturing." *Canadian Journal of Economics* 36: 634–657.

Baldwin, Robert E. 1971. "Determinants of the Commodity Structure of U.S. Trade." *American Economic Review* 61: 126–146.

Balistreri, Edward J., Russel H. Hillberry, and Thomas F. Rutherford. 2008. "Structural Estimation and Solution of International Trade Models with Heterogeneous Firms." Working Paper 09/89, CER-ETH—Center of Economic Research at ETH Zurich.

Bardi, Edward J. and Michael Tracey. 1991. "Transportation Outsourcing: A Survey of U.S. Practices." *International Journal of Physical Distribution and Logistics Management* 21: 15–21.

Bartel, Ann, Saul Lach, and Nachum Sicherman. 2005. "Outsourcing and Technological Change." National Bureau of Economic Research (NBER) Working Paper No. 11158.

Bernard, Andrew B., Jonathan Eaton, J. Bradford Jensen, and Samuel Kortum. 2003. "Plants and Productivity in International Trade." *American Economic Review* 93: 1268–1290.

Bernard, Andrew B. and J. Bradford Jensen. 1995. "Exporters, Jobs, and Wages in U.S. Manufacturing, 1976–1987." *Brookings Papers on Economic Activity, Microeconomics* 67–119.

Bernard, Andrew B. and J. Bradford Jensen. 1999. "Exceptional Exporter Performance: Cause, Effect, or Both?" *Journal of International Economics* 47: 1–25.

Bernard, Andrew B. and J. Bradford Jensen. 2004. "Why Some Firms Export." *Review of Economics and Statistics* 86: 561–569.

Bernard, Andrew B., J. Bradford Jensen, Stephen J. Redding, and Peter K. Schott. 2007. "Firms in International Trade." *Journal of Economic Perspectives* 21: 105–130.

Bernard, Andrew B., J. Bradford Jensen, Stephen J. Redding, and Peter K. Schott. 2010a. "Intra-Firm Trade and Product Contractibility." *American Economic Review* (Papers and Proceedings) 100: 444–448.

Bernard, Andrew B., J. Bradford Jensen, Stephen J. Redding, and Peter K. Schott. 2010b. "Intra-Firm Trade and Product Contractibility (Long Version)." NBER Working Paper No. 15881.

Bernard, Andrew B., J. Bradford Jensen, and Peter K. Schott. 2009. "Importers, Exporters, and Multinationals: A Portrait of U.S. Firms that Trade Goods." In Timothy Dunne, J. Bradford Jensen, and Mark J. Roberts (eds.), *Producer Dynamics: New Evidence from Micro Data* (Chicago: University of Chicago Press).

Bernard, Andrew B., Stephen J. Redding, and Peter K. Schott. 2006. "Multi-Product Firms and Product Switching." NBER Working Paper No. 12782.

Bernard, Andrew B., Stephen J. Redding, and Pete K. Schott. 2007. "Comparative Advantage and Heterogeneous Firms." *Review of Economic Studies* 74: 31–66.

Bernard, Andrew B., Stephen J. Redding, and Pete K. Schott. 2010a. "Multi-Product Firms and Product Switching." *American Economic Review* 100: 70–97.

Bernard, Andrew B., Stephen J. Redding, and Pete K. Schott. 2010b. "Multi-Product Firms and Trade Liberalization." *Quarterly Journal of Economics*, forthcoming.

Bernhofen, Daniel M. and John C. Brown. 2004. "A Direct Test of the Theory of Comparative Advantage: The Case of Japan," *Journal of Political Economy* 112: 48–67.

Bernhofen, Daniel M. and John C. Brown. 2005. "An Empirical Assessment of the Comparative Advantage Gains from Trade: Evidence from Japan." *American Economic Review* 95: 208–225.

Berry, Steven, James Levinsohn and Ariel Pakes. 1995. "Automobile Prices in Market Equilibrium." *Econometrica* 63: 841–890.

Blanchard, Olivier J. and Pedro Portugal. 2001. "What Hides Behind an Unemployment Rate: Comparing Portuguese and US Unemployment." *American Economic Review* 91: 187–207.

Blanchard, Olivier J. and Justin Wolfers. 2000. "The Role of Shocks and Institutions in the Rise of European Unemployment: The Aggregate Evidence." *Economic Journal* 110: C1-C33.

Blonigen, Bruce A. 2005. "A Review of the Empirical Literature on FDI Determinants." *Atlantic Economic Journal* 33: 383–403.

Botero, Juan C., Simeon Djankov, Rafael La Porta, Florencio Lopez-de-Silanes, and Andrei Shleifer. 2004. "The Regulation of Labor." *Quarterly Journal of Economics* 119: 1339–1382.

Bowen, Harry P., Edward E. Leamer, and Leo Sveikauskas. 1987. "Multicountry, Multifactor Tests of the Factor Abundance Theory." *American Economic Review* 77: 791–809.

Brainard, Lael S. 1997. "An Empirical Assessment of Proximity-Concentration Tradeoff between Multinational Sales and Trade." *American Economic Review* 87: 520–544.

Brecher, Richard. 1974. "Minimum Wage Rates and the Pure Theory of International Trade." *Quarterly Journal of Economics* 88: 98–116.

Brecher, Richard A. and Ehsan U. Choudhri. 1982. "The Leontief Paradox, Continued." *Journal of Political Economy* 90: 264–267.

Broda, Christian and David E. Weinstein. 2006. "Globalization and the Gains from Variety." *Quarterly Journal of Economics* 121: 541–585.

Bustos, Paula. 2009. "Trade Liberalization, Exports and Technology Upgrading: Evidence on the Impact of MERCOSUR on Argentinean Firms." *American Economic Review*, forthcoming.

Campa, Jose and Linda S. Goldberg. 1997. "The Evolving External Orientation of Manufacturing Industries: Evidence from Four Countries." *Federal Reserve Bank of New York Economic Policy Review* 4: 79–99.

Carr, David, James Markusen, and Keith Maskus. 2001. "Estimating the Knowledge-Capital Model of the Multinational Enterprise." *American Economic Review* 91: 691–708.

Caves, Douglas W., Laurits R. Christensen, and Joseph A. Swanson. 1981. "Productivity Growth, Scale Economies, and Capacity Utilization in U.S. Railroads, 1955–74." *American Economic Review* 71: 994–1002.

Caves, Richard E. 2007. *Multinational Enterprise and Economic Analysis* (Cambridge, UK: Cambridge University Press, 3rd ed.).

Chamberlin, Edward H. 1933. *The Theory of Monopolistic Competition* (Cambridge, MA: Harvard University Press).

Chipman, John S. 1966. "A Survey of the Theory of International Trade: Part 3, the Modern Theory." *Econometrica* 34: 18–76.

Christensen, Laurits R. and William H. Greene. 1976. "Economies of Scale in U.S. Electric Power Generation." *Journal of Political Economy* 84: 655–676.

Cieślik, Andrzej. 2005. "Intraindustry Trade and Relative Factor Endowments." *Review of International Economics* 13: 904–926.

Clerides, Sofronis K., Saul Lach, and James R. Tybout. 1998. "Is Learning by Exporting Important? Micro-Dynamic Evidence from Colombia, Mexico, and Morocco." *Quarterly Journal of Economics* 113: 903–947.

Copeland, Brian. 1989. "Efficiency Wages in a Ricardian Model of International Trade." *Journal of International Economics* 27: 221–244.

Costantini, James A. and Marc Melitz. 2008. "The Dynamics of Firm-Level Adjustment to Trade Liberalization." In Elhanan Helpman, Dalia Marin, and Thierry Verdier (eds.), *The Organization of Firms in a Global Economy* (Cambridge, MA: Harvard University Press).

Costinot, Arnaud. 2009. "On the Origins of Comparative Advantage." *Journal of International Economics* 77: 255–264.

Council on Foreign Relations. 2002. *America—Still Unprepared, Still in Danger* (New York: Council on Foreign Relations).

Das, Mita, Mark Roberts, and James R. Tybout. 2007. "Market Entry Costs, Producer Heterogeneity and Export Dynamics." *Econometrica* 75: 837–873.

Davidson, Carl, Lawrence Martin, and Steven Matusz. 1999. "Trade and Search Generated Unemployment." *Journal of International Economics* 48: 271–299.

Davis, Donald R., David E. Weinstein, Scott C. Bradford, and Kazushige Shimpo. 1997. "Using International and Japanese Regional Data to Determine When the Factor Abundance Theory of Trade Works." *American Economic Review* 87: 421–446.

Davis, Donald R. and David E. Weinstein. 1999. "Economic Geography and Regional Production Structure: An Empirical Investigation." *European Economic Review* 43: 379–407.

Davis, Donald R. and David E. Weinstein. 2001. "An Account of Global Factor Trade." *American Economic Review* 91: 1423–1453.

Davis, Donald R. and David E. Weinstein. 2003. "Market Access, Economic Geography and Comparative Advantage: An Empirical Assessment." *Journal of International Economics* 59: 1–24.

Deardorff, Alan V. 1980. "The General Validity of the Law of Comparative Advantage." *Journal of Political Economy* 88: 941–957.

Debaere, Peter. 2005. "Monopolistic Competition and Trade Revisited: Testing the Model without Testing for Gravity." *Journal of International Economics* 66: 249–266.

Defever, Fabrice and Farid Toubal. 2010. "Productivity, Relation-Specific Inputs and the Sourcing Modes of Multinational Firms." Mimeo, January.

Delgado, Miguel A., Jose C. Fariñas, and Sonia Ruano. 2002. "Firm Productivity and Export Markets: A Non-Parametric Approach." *Journal of International Economics* 57: 397–422.

Diamond, Peter A. 1982a. "Demand Management in Search Equilibrium." *Journal of Political Economy* 90: 881–894.

Diamond, Peter A. 1982b. "Wage Determination and Efficiency in Search Equilibrium." *Review of Economic Studies* 49: 217–227.

Dixit, Avinash K. and Victor Norman. 1980. *Theory of International Trade* (Cambridge, UK: Cambridge University Press).

Dixit, Avinash K. and Victor Norman. 1986. "Gains from Trade without Lump-Sum Compensation." *Journal of International Economics* 21: 111–121.

Dixit, Avinash K. and Joseph E. Stiglitz. 1977. "Monopolistic Competition and Optimum Product Diversity." *American Economic Review* 67: 297–308.

Dollar, David and Edward N. Wolff. 1993. *Competitiveness, Convergence, and International Specialization* (Cambridge, MA: MIT Press).

Dornbusch, Rudiger, Stanley Fischer, and Paul A. Samuelson. 1977. "Comparative Advantage, Trade and Payments in a Ricardian Model with a Continuum of Goods." *American Economic Review* 67: 823–839.

Dornbusch, Rudiger, Stanley Fischer, and Paul A. Samuelson. 1980. "Heckscher-Ohlin Trade Theory with a Continuum of Goods." *Quarterly Journal of Economics* 95: 203–224.

Drelichman, Mauricio. 2005. "All that Glitters: Precious Metals, Rent Seeking, and the Decline of Spain." *European Review of Economic History* 9: 313–336.

Drelichman, Mauricio and Hans-Joachim Voth. 2008. "Institutions and the Resource Curse in Early Modern Spain." In Elhanan Helpman (ed.), *Institutions and Economic Performance* (Cambridge, MA: Harvard University Press).

Dunning, John H. 1977. "Trade, Location of Economic Activity and the MNE: A Search for an Eclectic Approach." In B. Ohlin, P.-O. Hesselborn, and P. M. Wijkman (eds.), *The International Allocation of Economic Activity: Proceedings of a Nobel Symposium Held at Stockholm* (London: Macmillan).

Dunning, John H. 1988. "The Eclectic Paradigm of International Business: A Restatement and Extensions." *Journal of International Business Studies* 19: 1–31.

Eaton, Jonathan and Samuel Kortum. 2002. "Technology, Geography, and Trade." *Econometrica* 70: 1741–1779.

Eaton, Jonathan, Samuel Kortum, and Francis Kramarz. 2004. "Dissecting Trade: Firms, Industries, and Export Destination." *American Economic Review* (Papers and Proceedings) 94: 150–154.

Eckel, Carsten and Peter J. Neary. 2010. "Multi-Product Firms and Flexible Manufacturing in the Global Economy." *Review of Economic Studies* 77: 188–217.

Ekholm, Karolina, Rikard Forslid, and James R. Markusen. 2007. "Export-Platform Foreign Direct Investment." *Journal of the European Economic Association* 5: 776–795.

Estevadeordal, Antoni, Brian Frantz, and Alan M. Taylor. 2003. "The Rise and Fall of World Trade: 1870–1939.". *Quarterly Journal of Economics* 118: 359–407.

Ethier, Wilfred J. 1982a. "Decreasing Costs in International Trade and Frank Graham's Argument for Protection." *Econometrica* 50: 1243–1268.

Ethier, Wilfred J. 1982b. "National and International Returns to Scale in the Modern Theory of International Trade." *American Economic Review* 72: 389–405.

Ethier, Wilfred J. 1986. "The Multinational Firm." *Quarterly Journal of Economics* 101: 805–833.

Evenett, Simon J. and Wolfgang Keller. 2002. "On Theories Explaining the Success of the Gravity Equation." *Journal of Political Economy* 110: 281–316.

Fajgelbaum, Pablo, Gene M. Grossman, and Elhanan Helpman. 2009. "Income Distribution, Product Quality, and International Trade." NBER Working Paper No. 15329.

Feenstra, Robert C. 1994. "New Product Varieties and the Measurement of International Prices." *American Economic Review* 84: 157–177.

Feenstra, Robert C. 2009. "Measuring the Gains from Trade under Monopolistic Competition." Mimeo.

Feenstra, Robert C. and Gordon H. Hanson. 1996a. "Foreign Investment, Outsourcing and Relative Wages." In Robert C. Feenstra, Gene M. Grossman, and Douglas A. Irwin (eds.), *The Political Economy of Trade Policy* (Cambridge, MA: MIT Press).

Feenstra, Robert C. and Gordon H. Hanson. 1996b. "Globalization, Outsourcing, and Wage Inequality." *American Economic Review* (Papers and Proceedings) 86: 240–245.

Feenstra, Robert C. and Gordon H. Hanson. 1997. "Foreign Direct Investment and Relative Wages: Evidence from Mexico's Maquiladoras." *Journal of International Economics* 42: 371–393.

Feenstra, Robert C. and Hong Ma. 2008. "Optimal Choice of Product Scope for Multiproduct Firms." In Elhanan Helpman, Dalia Marin, and Thierry Verdier (eds.), *The Organization of Firms in a Global Economy* (Cambridge, MA: Harvard University Press).

Feenstra, Robert C. and David E. Weinstein. 2010. "Globalization, Markups, and the U.S. Price Level." NBER Working Paper No. 5749.

Findlay, Ronald and Kevin H. O'Rourke. 2007. *Power and Plenty: Trade, War, and the World Economy in the Second Millennium* (Princeton: Princeton University Press).

Fitzgerald, Doireann and Juan Carlos Hallak. 2004. "Specialization, Factor Accumulation and Development." *Journal of International Economics* 64: 277–302.

Flam, Harry and M. June Flanders. 1991. *Heckscher-Ohlin Trade Theory* (Cambridge, MA: MIT Press).

Ford, John L. 1982. "The Ricardian and Heckscher-Ohlin Explanations of Trade: A General Proof of an Equivalence Theorem and Its Implications." *Oxford Economic Papers* 34: 141–149.

Gardner, Elizabeth. 1991. "Going On Line with Outsiders." *Modern Healthcare* 21: 35–47.

Girma, Sourafel, Holger Görg, and Eric Strobl. 2004. "Exports, International Investment, and Plant Performance: Evidence from a Non-Parametric Test." *Economics Letters* 83: 317–324.

Girma, Sourafel, Richard Kneller, and Mauro Pisu. 2005. "Exports versus FDI: An Empirical Test." *Review of World Economics* 141: 193–218.

Goldberg, Pinelopi and Nina Pavcnik. 2007. "Distributional Effects of Globalization in Developing Countries." *Journal of Economic Literature* 45: 39–82.

Graham, Frank D. 1923. "Some Aspects of Protection Further Considered." *Quarterly Journal of Economics* 37: 199–227.

Graham, Frank D. 1948. *The Theory of International Values* (Princeton: Princeton University Press).

Grossman, Gene M. and Elhanan Helpman. 1991. *Innovation and Growth in the Global Economy* (Cambridge, MA: MIT Press).

Grossman, Gene M. and Elhanan Helpman. 1996. "Foreign Investment with Endogenous Protection." In Robert C. Feenstra, Gene M. Grossman, and Douglas A. Irwin (eds.), *The Political Economy of Trade Policy* (Cambridge, MA: MIT Press).

Grossman, Gene M. and Elhanan Helpman. 2002a. "Integration versus Outsourcing in Industry Equilibrium." *Quarterly Journal of Economics* 117: 85–120.

Grossman, Gene M. and Elhanan Helpman. 2002b. *Interest Groups and Trade Policy* (Princeton: Princeton University Press).

Grossman, Gene M. and Elhanan Helpman. 2004. "Managerial Incentives and the International Organization of Production." *Journal of International Economics* 63: 237–262.

Grossman, Gene M., Elhanan Helpman, and Adam Szeidl. 2006. "Optimal Integration Strategies for the Multinational Firm." *Journal of International Economics* 70: 216–238.

Grossman, Gene M. and Esteban Rossi-Hansberg. 2008. "Trading Tasks: A Simple Theory of Offshoring." *American Economic Review* 98: 1978–1997.

Grossman, Gene M. and Esteban Rossi-Hansberg. 2010. "External Economies and International Trade Redux." *Quarterly Journal of Economics* 125: 829–858.

Grossman, Sanford J. and Oliver D. Hart. 1986. "The Costs and Benefits of Ownership: A Theory of Vertical and Lateral Integration." *Journal of Political Economy* 94: 691–719.

Grubel, Herbert G. and Peter J. Lloyd. 1975. *Intra-Industry Trade: The Theory and Measurement of International Trade in Differentiated Products* (London: Macmillan).

Hakura, Dalia S. 2001. "Why Does HOV Fail? The Role of Technological Differences within the EC." *Journal of International Economics* 54: 361–382.

Hallak, Juan Carlos. 2006. "Product Quality and the Direction of Trade." *Journal of International Economics* 68: 238–265.

Hallak, Juan Carlos and Peter K. Schott. 2010. "Estimating Cross-Country Differences in Product Quality." *Quarterly Journal of Economics*, forthcoming.

Hanson, Gordon H. and Chong Xiang. 2004. "The Home-Market Effect and Bilateral Trade Patterns." *American Economic Review* 94: 1108–1129.

Hanson, Gordon H., Raymond J. Mataloni, Jr., and Matthew J. Slaughter. 2001. "Expansion Strategies of U.S. Multinational Firms." In Dani Rodrik and Susan Collins (eds.), *Brookings Trade Forum 2001* (Washington, DC: Brookings Institution).

Hanson, Gordon H., Raymond J. Mataloni, Jr., and Matthew J. Slaughter. 2005. "Vertical Production Networks in Multinational Firms." *Review of Economics and Statistics* 87: 664–678.

Harrigan, James. 1995. "Factor Endowments and the International Location of Production: Econometric Evidence for the OECD, 1970–1985." *Journal of International Economics* 39: 123–141.

Hart, Oliver D. and John Moore. 1990. "Property Rights and the Nature of the Firm." *Journal of Political Economy* 98: 1119–1158.

Head, Keith and John Ries. 2001. "Increasing Returns versus National Product Differentiation as an Explanation for the Pattern of US-Canada Trade." *American Economic Review* 91: 858–876.

Head, Keith and John Ries. 2003. "Heterogeneity and the FDI versus Export Decision of Japanese Manufacturers." *Journal of the Japanese and International Economy* 17: 448–467.

Heckscher, Eli F. 1919. "The Effect of Foreign Trade on the Distribution of Income." In Harry Flam and M. June Flanders, *Heckscher-Ohlin Trade Theory* (Cambridge, MA: MIT Press, 2001).

Helper, Susan. 1991. "Strategy and Irreversibility in Supplier Relations: The Case of the U.S. Automobile Industry." *Business History Review 65*: 781–824.

Helpman, Elhanan. 1976. "Solutions of General Equilibrium Problems for a Trading World." *Econometrica* 44: 547–559.

Helpman, Elhanan. 1981. "International Trade in the Presence of Product Differentiation, Economies of Scale and Monopolistic Competition: A Chamberlin-Hechscher-Ohlin Approach." *Journal of International Economics* 11: 305–340.

Helpman, Elhanan. 1984. "A Simple Theory of International Trade with Multinational Corporations." *Journal of Political Economy* 92: 451–471.

Helpman, Elhanan. 1987. "Imperfect Competition and International Trade: Evidence from Fourteen Industrial Countries." *Journal of the Japanese and International Economies* 1: 62–81.

Helpman, Elhanan. 2004. *The Mystery of Economic Growth* (Cambridge, MA: Belknap Press of Harvard University Press).

Helpman, Elhanan and Oleg Itskhoki. 2010. "Labor Market Rigidities, Trade and Unemployment." *Review of Economic Studies* 77: 1100–1137.

Helpman, Elhanan, Oleg Itskhoki, and Stephen J. Redding. 2010a. "Inequality and Unemployment in a Global Economy." *Econometrica* 78: 1239–1283.

Helpman, Elhanan, Oleg Itskhoki, and Stephen J. Redding. 2010b. "Unequal Effects of Trade on Workers with Different Abilities." *Journal of the European Economic Association* (Papers and Proceedings) 8 (2–3): 421–433.

Helpman, Elhanan and Paul R. Krugman. 1985. *Market Structure and Foreign Trade* (Cambridge, MA: MIT Press).

Helpman, Elhanan, Marc J. Melitz, and Yona Rubinstein. 2008. "Trading Partners and Trading Volumes." *Quarterly Journal of Economics* 123: 441–487.

Helpman, Elhanan, Marc J. Melitz, and Stephen R. Yeaple. 2004. "Export versus FDI with Heterogeneous Firms." *American Economic Review* 94: 300–316.

Holmström, Bengt and Paul Milgrom. 1991. "Multitask Principal-Agent Analyses: Incentive Contracts, Asset Ownership, and Job Design." *Journal of Law, Economics and Organization* 7: 24–52.

Huber, J. Richard. 1971. "Effect on Prices of Japan's Entry into World Commerce after 1858." *Journal of Political Economy* 79: 614–628.

Hummels, David, Jun Ishii, and Kei-Mu Yi. 2001. "The Nature and Growth of Vertical Specialization in World Trade." *Journal of International Economics* 54: 75–96.

Hummels, David and Peter J. Klenow. 2005. "The Variety and Quality of a Nation's Exports." *American Economic Review* 95: 704–723.

Hummels, David and James Levinsohn. 1995. "Monopolistic Competition and International Trade: Reconsidering the Evidence." *Quarterly Journal of Economics* 110: 799–836.

Hunter, Linda. 1991. "The Contribution of Non-Homothetic Preferences to Trade." *Journal of International Economics* 30: 345–358.

Irwin, Douglas A. 2005. "The Welfare Costs of Autarky: Evidence from the Jeffersonian Embargo, 1807–1809." *Review of International Economics* 13: 631–645.

Johnson, Robert. 2010. "Trade and Prices with Heterogeneous Firms." Mimeo.

Jones, Ronald W. 1965. "The Structure of Simple General Equilibrium Models." *Journal of Political Economy* 73: 557–572.

Jones, Ronald W. 1971. "A Three-Factor Model in Theory, Trade and History." In Jagdish N. Bhagwati, Ronald W. Jones, Robert A. Mundell, and Jaroslav Vanek (eds.), *Trade, Balance of Payments and Growth: Papers in International Economics in Honor of Charles P. Kindleberger* (Amsterdam: North-Holland): 3–21.

Jones, Ronald W. 1980. "Comparative and Absolute Advantage." *Schweizerische Zeitschrift für Volkswirtschaft und Statistik* 3: 235–260.

Jones, Ronald W. and Jose A. Scheinkman. 1977. "The Relevance of the Two-Sector Production Model in Trade Theory." *Journal of Political Economy* 85: 909–935.

Juhn, Chinhui, Kevin M. Murphy, and Robert H. Topel. 1991. "Why Has the Natural Rate of Unemployment Increased over Time?" *Brookings Papers on Economic Activity* 2: 75–142.

Kemp, Murray C. 1962. "The Gains from International Trade." *Economic Journal* 72: 803–819.

Khandelwal, Amit. 2010. "The Long and Short (of) Quality Ladders." *Review of Economic Studies* 77: 1450–1476.

Knight, Frank H. 1924. "Some Fallacies in the Interpretation of Social Costs." *Quarterly Journal of Economics* 38: 582–606.

Kohler, Wilhelm K. and Marcel Smolka. 2009. "Global Sourcing Decisions and Firm Productivity: Evidence from Spain." CESifo Working Paper No. 2903.

Krugman, Paul R. 1979. "Increasing Returns, Monopolistic Competition, and International Trade." *Journal of International Economics* 9: 469–479.

Krugman, Paul R. 1980. "Scale Economies, Product Differentiation, and the Pattern of Trade." *American Economic Review* 70: 950–959.

Krugman, Paul R. 1981. "Intraindustry Specialization and the Gains from Trade." *Journal of Political Economy* 89: 959–973.

Krugman, Paul R. and Maurice Obstfeld. 2009. *International Economics: Theory and Policy*, 8th ed. (Boston: Pearson, Addison Wesley).

Lancaster, Kelvin. 1979. *Variety, Equity, and Efficiency* (New York: Columbia University Press).

Lancaster, Kelvin. 1980. "Intra-Industry Trade under Perfectly Monopolistic Competition." *Journal of International Economics* 10: 151–175.

Leamer, Edward E. 1980. "The Leontief Paradox, Reconsidered." *Journal of Political Economy* 88: 495–503.

Leamer, Edward E. 1984. *Sources of International Comparative Advantage* (Cambridge, MA: MIT Press).

Leamer, Edward E. and James Levinsohn. 1995. "International Trade Theory: The Evidence." In Gene M. Grossman and Kenneth S. Rogoff (eds.), *Handbook of International Economics*, vol. 3 (New York: Elsevier Science).

Lemieux, Thomas. 2006. "Increasing Residual Wage Inequality: Composition Effects, Noisy Data or Rising Skill Returns?" *American Economic Review* 96: 461–498.

Leontief, Wassily. 1953. "Domestic Production and Foreign Trade: The American Capital Position Re-Examined." *Proceedings of the American Philosophical Society* 97: 332–349.

Levchenko, Andrei. 2007. "Institutional Quality and International Trade." *Review of Economic Studies* 74: 791–819.

McCormick, Michael. 2001. *Origins of the European Economy: Communications and Commerce, AD 300–900* (New York: Cambridge University Press).

McDougall, G. D. A. 1951. "British and American Exports: A Study Suggested by the Theory of Comparative Costs, Part 1." *Economic Journal* 61: 697–724.

McDougall, G. D. A. 1952. "British and American Exports: A Study Suggested by the Theory of Comparative Costs, Part 2." *Economic Journal* 62: 487–521.

McKenzie, Lionel W. 1953–1954. "Specialization and Efficiency in World Production." *Review of Economic Studies* 21: 165–180.

McKenzie, Lionel W. 1954. "On Equilibrium in Graham's Model of World Trade and Other Competitive Systems." *Econometrica* 22: 147–161.

Manova, Kalina and Zhiwei Zhang. 2009. "Quality Heterogeneity across Firms and Export Destinations." Mimeo.

Marin, Dalia and Thierry Verdier. 2008a. "Competing in Organizations: Firm Heterogeneity and International Trade." In Elhanan Helpman, Dalia Marin, and Thierry Verdier (eds.), *The Organization of Firms in a Global Economy* (Cambridge, MA: Harvard University Press).

Marin, Dalia and Thierry Verdier. 2008b. "Power Inside the Firm and the Market: A General Equilibrium Approach." *Journal of the European Economic Association* 6: 758–788.

Markusen, James R. 1984. "Multinationals, Multi-Plant Economies and the Gain from Trade." *Journal of International Economics* 16: 205–216.

Markusen, James R. 2002. *Multinational Firms and the Theory of International Trade* (Cambridge, MA: MIT Press).

Marshall, Alfred. 1920. *Principles of Economics*, 8th ed. (London: Macmillan).

Matsuyama, Kiminori. 2007. "Beyond Icebergs: Towards a Theory of Biased Globalization." *Review of Economic Studies* 74: 237–253.

Matusz, Steven J. 1986. "Implicit Contracts, Unemployment and International Trade." *Economic Journal* 96: 71–84.

Mayda, Anna Maria and Dani Rodrik. 2005. "Why Are Some People (and Countries) More Protectionist Than Others?" *European Economic Review* 49: 1393–1691.

Melitz, Marc J. 2003. "The Impact of Trade on Intra-Industry Reallocations and Aggregate Industry Productivity." *Econometrica* 71: 1695–1725.

Melitz, Marc J. and Gianmarco Ottaviano. 2008. "Market Size, Trade, and Productivity." *Review of Economic Studies* 75: 295–316.

Mill, John Stuart. 1909. *Principles of Political Economy* (London: Longmans, Green) (original ed., 1848).

Mortensen, Dale T. and Christopher A. Pissarides. 1994. "Job Creation and Job Destruction in the Theory of Unemployment." *Review of Economic Studies* 61: 397–415.

Mussa, Michael. 1974. "Tariffs and the Distribution of Income: The Importance of Factor Specificity, Substitutability, and Intensity in the Short and Long Run." *Journal of Political Economy* 82: 1191–1204.

Neary, J. Peter. 1978. "Short-Run Capital Specificity and the Pure Theory of International Trade." *Economic Journal* 88: 488–510.

Nickell, Steven, Luca Nunziata, Wolfgang Ochel, and Glenda Quintini. 2002. "The Beveridge Curve, Unemployment and Wages in the OECD from the 1960s to the 1990s." CEP Discussion Paper, London School of Economics Centre for Economic Performance.

Nocke, Volker and Stephen R. Yeaple. 2006. "Globalization and Endogenous Firm Scope." NBER Working Paper No. 12322.

North, Douglas C. and Barry R. Weingast. 1989. "Constitutions and Commitment: Evolution of Institutions Governing Public Choice in Seventeenth

Century England." *Journal of Economic History* 49: 803–832.

Nunn, Nathan. 2007. "Relationship-Specificity, Incomplete Contracts, and the Pattern of Trade." *Quarterly Journal of Economics* 132: 569–600.

Nunn, Nathan and Daniel Trefler. 2008. "The Boundaries of the Multinational Firm: An Empirical Analysis." In Elhanan Helpman, Dalia Marin, and Thierry Verdier (eds.), *The Organization of Firms in a Global Economy* (Cambridge, MA: Harvard University Press).

Obstfeld, Maurice and Alan M. Taylor. 2004. *Global Capital Markets: Integration, Crisis, and Growth* (New York: Cambridge University Press).

Ohlin, Bertil. 1924. "The Theory of Trade." In Harry Flam and M. June Flanders, *Heckscher-Ohlin Trade Theory* (Cambridge, MA: MIT Press, 2001).

Ohlin, Bertil. 1933. *Interregional and International Trade* (Cambridge, MA: Harvard University Press).

Ohyama, Michihiro. 1972. "Trade and Welfare in General Equilibrium." *Keio Economic Studies* 9: 37–73.

Oi, Walter Y. and T. L. Idson. 1999. "Firm Size and Wages." In Orly Ashenfelter and David Card (eds.), *Handbook of Labor Economics*, vol. 3 (Amsterdam: Elsevier).

Organization for Economic Cooperation and Development. 2002. *OECD Economic Outlook 71* (Paris: OECD).

O'Rourke, Kevin H. and Richard Sinnott. 2001. "What Determines Attitudes Towards Protection? Some Cross-Country Evidence." In Susan M. Collins and Dani Rodrik (eds.), *Brookings Trade Forum 2001* (Washington, DC: Brookings Institute Press).

O'Rourke, Kevin H. and Jeffrey G. Williamson. 1999. *Globalization and History: The Evolution of the Nineteenth-Century Atlantic Economy* (Cambridge, MA: MIT Press).

O'Rourke, Kevin H. and Jeffrey G. Williamson. 2002. "When Did Globalization Begin?" *European Review of Economic History* 6: 23–50.

Pavcnik, Nina. 2002. "Trade Liberalization, Exit, and Productivity Improvements: Evidence from Chilean Plants." *Review of Economic Studies* 69: 245–276.

Pissarides, Christopher A. 2000. *Equilibrium Unemployment Theory* (Cambridge, MA: MIT Press, 2nd ed.).

Pomeranz, Kenneth. 2000. *The Great Divergence: China, Europe, and the Making of the Modern World Economy* (Princeton: Princeton University Press).

Porter, Michael E. 1990. *The Competitive Advantage of Nations* (New York: Free Press).

Rajan, Raghuram and Julie Wulf. 2006. "The Flattening Firm: Evidence from

Panel Data on the Changing Nature of Corporate Hierarchies." *Review of Economics and Statistics* 88: 759–773.

Reeve, Trevor A. 2006. "Factor Endowments and Industrial Structure." *Review of International Economics* 14: 30–53.

Ricardo, David. 1971. *On the Principles of Political Economy, and Taxation* (Harmondsworth: Pelican Books [text, 3rd ed., 1821; original ed., 1817]).

Roberts, Mark J. and James R. Tybout. 1997. "The Decision to Export in Colombia: An Empirical Model of Entry with Sunk Costs." *American Economic Review* 87: 545–564.

Romalis, John. 2004. "Factor Proportions and the Structure of Commodity Trade." *American Economic Review* 94: 67–97.

Rybczynski, Tadeusz N. 1955. "Factor Endowments and Relative Commodity Prices." *Economica* 22: 336–341.

Samuelson, Paul A. 1939. "The Gains from International Trade." *Canadian Journal of Economics and Political Science* 5: 195–205.

Samuelson, Paul A. 1948. "International Trade and the Equalization of Factor Prices." *Economic Journal* 58: 163–184.

Samuelson, Paul A. 1954. "Transfer Problem and Transport Cost, II: Analysis of Effects of Trade Impediments." *Economic Journal* 64: 264–289.

Samuelson, Paul A. 1962. "The Gains from International Trade Once Again." *Economic Journal* 72: 820–829.

Scheve, Kenneth F. and Matthew J. Slaughter. 2001. "What Determines Individual Trade-Policy Preferences?" *Journal of International Economics* 54: 267–292.

Schott, Peter K. 2004. "Across-Product versus Within-Product Specialization in International Trade." *Quarterly Journal of Economics* 119: 647–678.

Sheu, Gloria Yah-Shing. 2010. "Product Differentiation and Firm Heterogeneity in International Trade." Ph.D. thesis, Harvard University.

Shimer, Robert. 2005. "The Cyclical Behavior of Equilibrium Unemployment and Vacancies." *American Economic Review* 95: 25–49.

Smith, Adam. 1937. *The Wealth of Nations* (New York: Modern Library [original ed., 1776]).

Stern, Robert M. 1962. "British and American Productivity and Comparative Costs in International Trade." *Oxford Economic Papers* 14: 275–296.

Stole, Lars A. and Jeffrey Zwiebel. 1996a. "Intra-Firm Bargaining under Non-Binding Contracts." *Review of Economic Studies* 63: 375–410.

Stole, Lars A. and Jeffrey Zwiebel. 1996b. "Organizational Design and Technology Choice under Intrafirm Bargaining." *American Economic Review* 86: 195–222.

Stolper, Wolfgang W. and Paul A. Samuelson. 1941. "Protection and Real

Wages." *Review of Economic Studies* 9: 58–73.

Tinbergen, Jan. 1962. *Shaping the World Economy* (New York: Twentieth Century Fund).

Tomiura, Eiichi. 2007. "Foreign Outsourcing, Exporting, and FDI: A Productivity Comparison at the Firm Level." *Journal of International Economics* 72: 113–127.

Trefler, Daniel. 1993. "International Factor Price Differences: Leontief Was Right!" *Journal of Political Economy* 101: 961–987.

Trefler, Daniel. 1995. "The Case of the Missing Trade and Other Mysteries." *American Economic Review* 85: 1029–1046.

Trefler, Daniel. 2004. "The Long and Short of the Canada-U.S. Free Trade Agreement." *American Economic Review* 94: 870–895.

Tybout, James R. and M. Daniel Westbrook. 1995. "Trade Liberalization and the Dimensions of Efficiency Changes in Mexican Manufacturing Industries." *Journal of International Economics* 39: 53–78.

UNCTAD. 1998. *World Investment Report: Trends and Determinants* (New York and Geneva: United Nations Conference on Trade and Development).

UNCTAD. 2004. *World Investment Report: The Shift Towards Services* (New York and Geneva: United Nations Conference on Trade and Development).

UNCTAD. 2008. *World Investment Report: Transnational Corporations and the Infrastructure Challenge* (New York and Geneva: United Nations Conference on Trade and Development).

UNCTAD. 2009. *World Investment Report: Transnational Corporations, Agricultural Production and Development* (New York and Geneva: United Nations Conference on Trade and Development).

Vanek, Jaroslav. 1968. "The Factor Proportions Theory: The N-Factor Case." *Kyklos* 21: 749–754.

Verhoogen, Eric. 2008. "Trade, Quality Upgrading, and Wage Inequality in the Mexican Manufacturing Sector: Theory and Evidence from an Exchange Rate Shock." *Quarterly Journal of Economics* 123: 489–530.

Viner, Jacob. 1965. *Studies in the Theory of International Trade* (New York: Harper and Brothers [original ed., 1937]).

de Vries, Jan. 1993. "Between Purchasing Power and the World of Goods: Understanding the Household Economy in Early Modern Europe." In John Brewer and Roy Porter (eds.), *Consumption and the World of Goods* (London: Routledge).

Wake, C. H. H. 1986. "The Volume of European Spice Imports at the Beginning and End of the Fifteenth Century." *Journal of European Economic History*

15: 621–635.

Ward-Perkins, Bryan. 2005. *The Fall of Rome and the End of Civilization* (Oxford: Oxford University Press).

Williamson, Oliver E. 1975. *Markets and Hierarchies: Analysis and Antitrust Implications* (New York: Free Press).

Wilson, Charles A. 1980. "On the General Structure of Ricardian Models with a Continuum of Goods: Applications to Growth, Tariff Theory, and Technical Change." *Econometrica* 48: 1675–1702.

World Trade Organization. 2006. *International Trade Statistics 2006* (Geneva: World Trade Organization).

World Trade Organization. 2008. *World Trade Report 2008: Transnational Corporations, and the Infrastructure Challenge* (Geneva: World Trade Organization).

Yeaple, Stephen R. 2003a. "The Complex Integration Strategies of Multinationals and Cross Country Dependencies in the Structure of Foreign Direct Investment." *Journal of International Economics* 60: 293–314.

Yeaple, Stephen R. 2003b. "The Role of Skill Endowments in the Structure of U.S. Outward Foreign Direct Investment." *Review of Economics and Statistics* 85: 726–734.

Yeaple, Stephen R. 2006. "Offshoring, Foreign Direct Investment, and the Structure of U.S. Trade." *Journal of the European Economic Association* (Papers and Proceedings) 4: 602–611.

Yeaple, Stephen R. 2009. "Firm Heterogeneity and the Structure of U.S. Multinational Activity." *Journal of International Economics* 78: 206–215.

Yeats, Alexander J. 2001. "Just How Big Is Global Production Sharing?" In Sven W. Arndt and Henryk Kierzkowski (eds.), *Fragmentation: New Production Patterns in the World Economy* (Oxford: Oxford University Press).

Yi, Kei-Mu. 2003. "Can Vertical Specialization Explain the Growth of World Trade?" *Journal of Political Economy* 111: 52–102.

Zhu, Susan Chun and Daniel Trefler. 2005. "Trade and Inequality in Developing Countries: A General Equilibrium Analysis." *Journal of International Economics* 65: 21–48.

찾아보기

저자 소개

앨허넌 헬프먼(Elhanan Helpman)

- 이스라엘 텔아비브대학교 경제학 학 · 석사
- 미국 하버드대학교 경제학 박사
- 텔아비브대학교 · 하버드대학교 교수
- 마할라노비스기념상(1990), 이스라엘상(1991), 네머스상(2010), 오나시스상(2012) 등 수상
- 이스라엘 은행 자문위원, 이스라엘 경제학회장, 미국 계량경제학회장 등 역임

저서

- 『국제무역의 이해』(2011), 『경제성장의 미스터리』(2004), 『세계경제의 혁신과 성장』(1993) 외 다수

역자 소개

■ 이성규

영국 사우스햄튼대학교(Southampton Univ.) 경제학 박사

현 국립안동대학교 무역학과 교수
한국제도 · 경제학회 편집위원장
한국공공선택학연구소 소장

전 국회예산정책처 경제분석관
한국외국어대, 서울여대, 성신여대, 명지대학교 강사
한국무역학회 이사

저서 및 역서

『Essays on Voting, Tax Policy and Campaigning』, 『International Trade and Strategic Trade Policy』, 『무역정책의 정치경제학』, 『공공선택』(공저), 『합리적 투표자에 대한 미신』(공역), 『공공경제학』(공역), 『나쁜 민주주의: 왜 정치인 · 관료들은 사익만 추구하는가?』(공역), 『경제학 이해』(공역), 『집단행동의 논리』(공역)

■ 황해두

영국 서섹스대학교(Sussex Univ.) 경제학 박사

현 건국대학교 무역학과 교수

전 경제경영연구소 소장
서울유럽연구소 소장

서섹스대학교(Sussex Univ.) 초청교수 및 교육부 파견 교환교수
아일랜드 리머릭대학교(Limerick Univ.) 유로-아시아 센터 초청교수
한국개발연구원 초청연구위원

저서

『영작중심의 기업영어』, 무역경영사(2012)
『경제통합과 세계화, 제3판』, 무역경영사(2011)